权威·前沿·原创

皮书系列为

“十二五”“十三五”国家重点图书出版规划项目

中国新能源汽车动力电池产业发展报告（2019）

ANNUAL REPORT ON THE DEVELOPMENT OF NEW ENERGY VEHICLE POWER BATTERY INDUSTRY IN CHINA (2019)

中国汽车技术研究中心有限公司
大连松下汽车能源有限公司 ／主 编

社会科学文献出版社
SOCIAL SCIENCES ACADEMIC PRESS (CHINA)

图书在版编目（CIP）数据

中国新能源汽车动力电池产业发展报告. 2019 / 中国汽车技术研究中心有限公司，大连松下汽车能源有限公司主编. --北京：社会科学文献出版社，2019.9
（动力电池蓝皮书）
ISBN 978-7-5201-5467-3

Ⅰ. ①中… Ⅱ. ①中… ②大… Ⅲ. ①电动汽车-蓄电池-产业发展-研究报告-中国-2019 Ⅳ. ①F426.471

中国版本图书馆CIP数据核字（2019）第190860号

动力电池蓝皮书
中国新能源汽车动力电池产业发展报告（2019）

主　　编 / 中国汽车技术研究中心有限公司
　　　　　大连松下汽车能源有限公司

出 版 人 / 谢寿光
组稿编辑 / 曹义恒　岳梦夏
责任编辑 / 赵慧英　岳梦夏

出　　版 / 社会科学文献出版社·社会政法分社（010）59367156
　　　　　地址：北京市北三环中路甲29号院华龙大厦　邮编：100029
　　　　　网址：www.ssap.com.cn
发　　行 / 市场营销中心（010）59367081　59367083
印　　装 / 三河市东方印刷有限公司

规　　格 / 开 本：787mm×1092mm　1/16
　　　　　印 张：24　字 数：357千字
版　　次 / 2019年9月第1版　2019年9月第1次印刷
书　　号 / ISBN 978-7-5201-5467-3
定　　价 / 99.00元

动力电池蓝皮书编委会

摘　要

当前，全球汽车工业正在积极进行电动化的发展转型。中国新能源汽车的发展规模已经连续多年位居世界第一。2018 年，我国新能源汽车产量突破 120 万辆，带动动力电池配套量达到 57GWh。在新能源汽车财政补贴稳步退坡的形势下，在新能源汽车强调高质量、低成本发展的背景下，动力电池产业发展正面对日益严峻的市场竞争和挑战，同时也对我国众多的动力电池从业企业提出了新的发展课题。

从新的发展课题着手，2019 年的《动力电池蓝皮书》继续针对产业的共性问题以及热点问题进行了研究和探讨。本期蓝皮书共设计策划了八大板块内容，分别为“总报告”“企业发展篇”“产业篇”“政策篇”“国际篇”“探讨篇”“热点专题篇”以及附录。在总报告中，除了针对 2018 年动力电池产业的发展进行了综述，还进行了新能源汽车以及动力电池安全的专题论述。“企业发展篇”是新增内容，主要是从企业看产业的角度来倾听企业在发展过程中的心声。“产业篇”集合了动力电池单体、四大关键原材料、资源材料、回收利用以及燃料电池方面的发展报告。“政策篇”对最新的产业政策进行了梳理和分析。“国际篇”是新增板块，着重对日、韩、欧、美等国家和地区的新能源汽车以及动力电池产业发展情况进行了梳理和分析。“探讨篇”也是新增板块，主要是基于不同的市场预测假设，在若干维度对产业的发展趋势进行了综合的分析探讨。“热点专题篇”则分别对动力电池安全、固态电池、系统集成及测评、智能制造以及产业投资等情况进行了分析和介绍。“附录”则是产业相关的数据集合。

未来，中国动力电池产业发展应是高质量的全面发展，《动力电池蓝皮书》将持续进行专业特色建设，跟踪见证中国动力电池产业的提升和飞跃，与产业共同成长和进步。

Abstract

Auto industries around the world are taking a transition towards electric power. China has been leading the world for many years in terms of new energy autos development scale. In 2018, China produced more than 1.2 million new energy autos, driving a production of 57GWh power batteries to match them. With government subsidies for new energy autos contracting steadily and great emphasis on high-quality and cost-efficiency development, domestic power battery industry is facing ever-increasing market competition and challenges, presenting new developmental tasks for numerous Chinese power battery companies.

Eyeing new developmental tasks, the *Power Battery Blue Paper 2019* continues to look into general problems and much-debated ones of the industry. The *Blue Paper* consists of eight chapters including *Overview*, *Enterprises Development*, *the Industry*, *the Policy*, *Around the World*, *Discussions*, *Hot Focuses* and *Appendix*. The *Overview* not only describes general development of the power battery industry in 2018 but looks specifically at the safety of new energy autos and batteries. The newly-added *Enterprises Development* chapter looks the industry through the eyes of companies, listening to their voice as they grow. *The Industry* chapter covers the battery itself, four critical raw materials, resource material, recycle & reuse and fuel cell development. *The Policy* chapter summarizes and analyzes industry policy updates. The also newly-added *Around the World* chapter focuses on the development of overseas new energy autos and power battery industries in Japan, South Korea, Europe and the US. The *Discussions* chapter, also newly added, gives a comprehensive discuss about industrial trends by several dimensions based on different market prediction assumptions. The *Hot Focuses* chapter deals with battery safety, solid state battery, system integration and tests, intelligent manufacturing and industry investment. The *Appendix* contains relevant industrial data.

For the future, China's power battery industry has to pursue high-quality development across the board. The *Power Battery Blue Paper* will continue to improve both its relevance and characteristics, being a witness to the leap forward of China's power battery industry and growing together with it.

目 录

Ⅰ 总报告

Ⅱ 企业发展篇

Ⅲ 产业篇

Ⅳ 政策篇

Ⅴ 国际篇

Ⅵ 探讨篇

Ⅶ 热点专题篇

Ⅷ 附录

CONTENTS

Ⅰ General Report

Ⅱ Enterprise Report

Ⅲ Industry Reports

Ⅳ Policy Report

Ⅴ International Report

Ⅵ Discussion Report

Ⅶ Hot Issue Reports

Ⅷ Appendices

总 报 告

General Report

B.1 2018年中国动力电池产业发展综述

王 成 朱 成 方凯正*

摘 要： 2018年，我国动力电池产业在新能源汽车产业的带动下继续保持高速增长。行业格局不断演变，整体集中度继续提升。企业技术水平以及市场竞争力持续优化和增强，国产高端产品打入国际车企供应链增多，行业示范带动作用显著。当前，随着纯电动乘用车产销量的占比增高，三元电池已占据主流市场，并将在未来长期处于领先地位。同时，动力电池回收需要给予更多的重视，以保障产业的持久发展。对于目前广受关注的安全问题需要仔细认真分析原因，制定和实施更加

* 王成，高级工程师，中国汽车技术研究中心有限公司北京工作部，主任；朱成，博士，高级工程师，中国汽车技术研究中心有限公司新能源汽车技术服务中心，主任；方凯正，博士，中国汽车技术研究中心有限公司新能源汽车技术服务中心新能源汽车动力电池产业发展研究室，总监。

清晰可落地的引导政策。

关键词： 动力电池 高质量发展 回收体系 安全性

2018年，中国新能源汽车产销均突破120万辆，向2020年新能源汽车当年200万辆的产量目标迈出了坚实步伐，并且同比增长60%，成为暂处于下行状态车市中的一处亮点，以及未来拉动汽车产业再增长的重要力量。

在汽车智能化的大潮推动下，具有先天优势的新能源汽车将成为发展智能汽车的重要载体，并将在此轮汽车智能化的进程中扮演重要的角色。新能源汽车产业不断壮大与完善，也带动了动力电池产业的发展与进步，动力电池技术、品质及成本均有突出的提升表现。在未来日趋激烈的市场竞争以及国际上越来越重视发展动力电池产业的情况下，我国动力电池产业仍需深练内功，夯实基础，见微知著，用高品质的发展去迎接未来的挑战。

一 动力电池产业发展特征

（一）市场表现持续强劲，三元电池占据主流

2018年，中国新能源汽车实际生产122.1万辆，同比增长51%，新能源乘用车总产量突破100万辆，为100.7万辆，其中纯电动乘用车为75.2万辆，插电式混合动力乘用车为25.5万辆（见图1）。自2014年起，近5年来，乘用车逐渐成长为最大的新能源车型市场，预测未来在双积分政策的驱动与刺激下，新能源乘用车市场将持续保持一种高速增长的态势（见图2）。

新能源汽车的优势增长也持续激活了动力电池的市场表现。2018年动力电池总配套量达到571.1亿瓦时，同比增长53%。与新能源整车市场表现相同，从2014年起，近五年来，动力电池配套量每年都在保持高速增长。

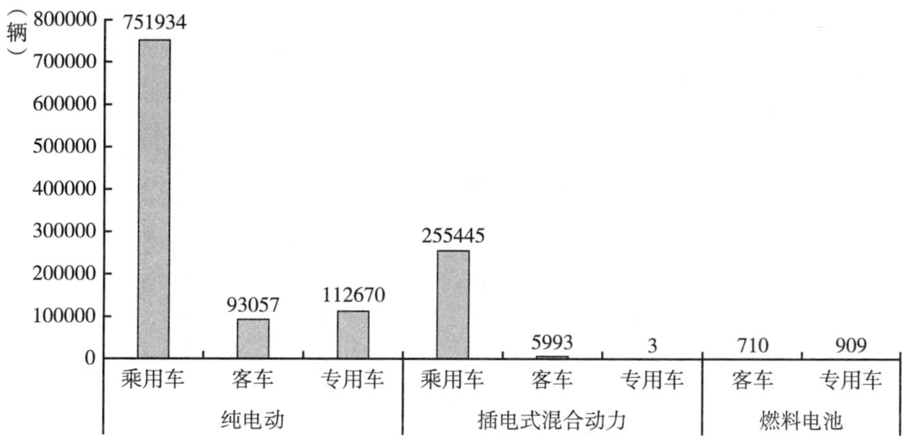

图1　2018年新能源汽车产量情况

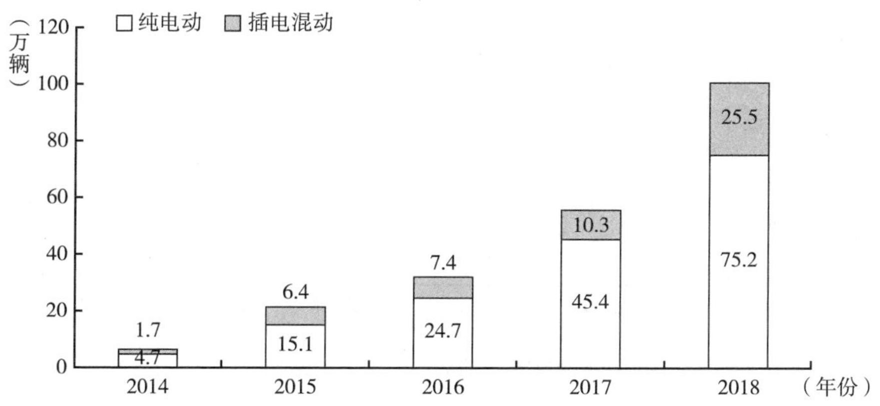

图2　2014～2018年新能源乘用车产量情况

从电池类型上看，2018年由于乘用车市场的强势表现，三元电池的总配套量首年度超过磷酸铁锂电池，占据市场头把交椅，市场份额占比达到58%。磷酸铁锂电池市场份额占比39%，主要应用于客车市场。二者总计的市场份额达到97%。锰酸锂电池目前主要应用于插电式混合动力客车领域。钛酸锂电池主要应用于纯电动客车领域。其他种类动力电池的市场份额则相对少很多（见图3～图6）。

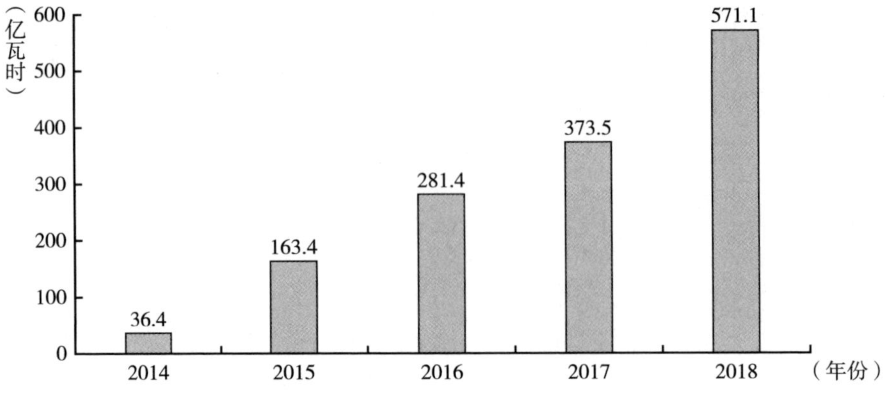

图 3　近 5 年动力电池配套量情况

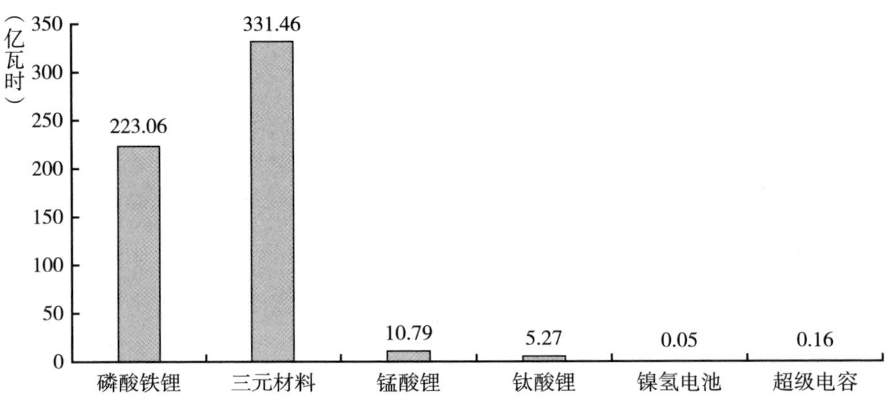

图 4　2018 年动力电池配套量情况

（二）企业竞争日趋激烈，行业集中度继续提升

据中汽中心动力电池产业发展研究室的持续跟踪统计，自 2016 年起，新能源汽车的动力电池配套企业数量每年都在下降，2018 年，按集团口径统计，配套企业的数量为 93 家，有企业出于种种原因退出了新能源汽车配套市场，同时亦有新兴企业进入。整体来说，动力电池行业仍处于大浪淘沙的时期，潮水过后留下的会是具有真正核心竞争力的企业。图 7 为历年动力电池企业数量变化，图 8 为 2018 年配套量前二十的单体企业。

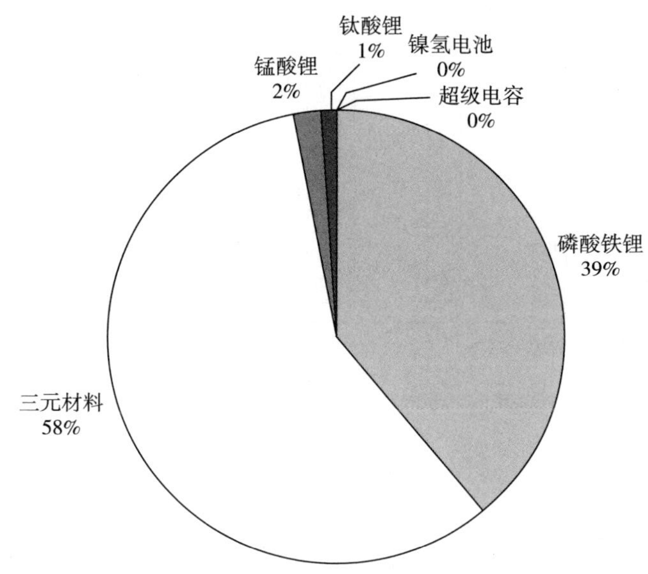

图5　2018 年不同电池类型配套量市场占比

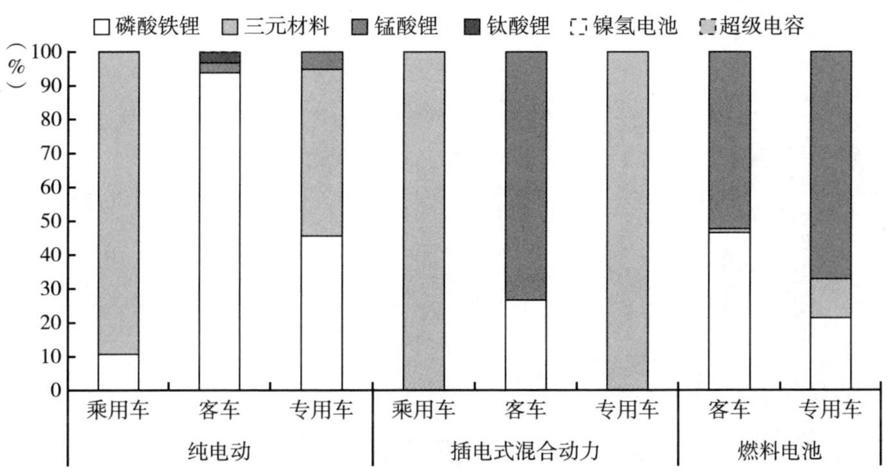

图6　2018 年不同电池类型在车型领域的配套情况

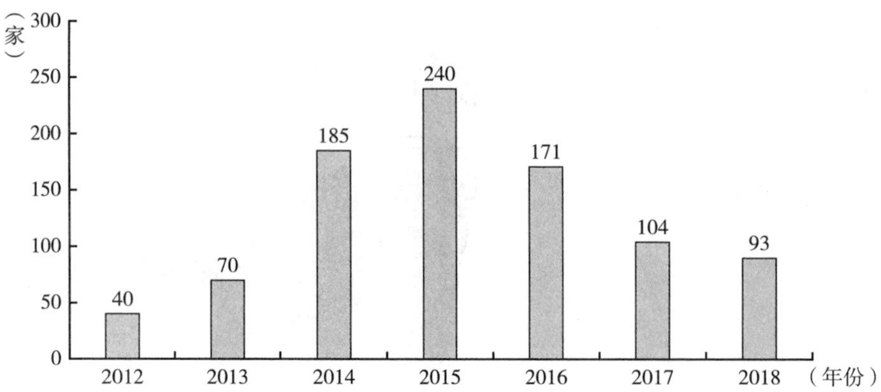

图 7　历年动力电池企业数量变化

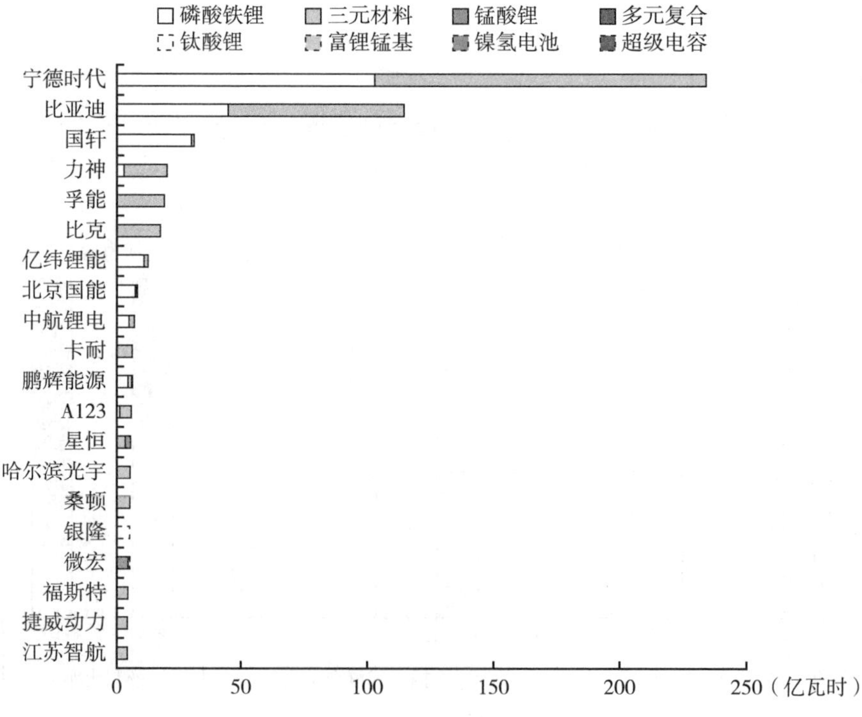

图 8　2018 年配套量前二十的单体企业

在配套量前二十的企业中，宁德时代的市场占比为41%，其主要产品类型为磷酸铁锂和三元电池均衡发展。宁德时代从2017年已经超过比亚迪成为行业第一，其配套车企数量以及车型数量也均为行业第一。商用车方面，宁德时代配套车企共有60余家，主要客户为宇通、中通、金龙、金旅、东风等。乘用车方面，宁德时代配套车企共有30余家，主要客户为北汽、吉利、上汽、奇瑞、蔚来等。比亚迪的市场占比为20%，其三元电池产量已经超过磷酸铁锂电池，但是比亚迪主要为集团内部提供配套，因此在配套量方面落后宁德时代较多。除了龙头企业之外，传统的几家实力较强的动力电池企业，如国轩、力神、孚能、比克、亿纬锂能、国能、中航锂电、卡耐这8家企业的总配套量为123.1亿瓦时，占比为22%。表1为单体企业配套情况统计。

表1　单体企业配套情况统计

企业排名	企业数(家)	配套量(亿瓦时)	占比(%)
1~2	2	348.5	61
3~10	8	123.1	22
11~20	10	52	9
总计	20	523.6	92

综观全年，单体企业配套量在1亿瓦时以上的企业共有35家，总配套量为557亿瓦时，占比98%；而其他五十多家企业的配套量均为1亿瓦时以下，总配套量为13.8亿瓦时，占比2%。

配套量排名前20的企业全部为锂离子电池企业，并且全部是国内企业。镍氢电池企业和超级电容器企业由于市场体量较小，整体配套量均不高，镍氢电池企业里面，淄博国利配套量为0.047亿瓦时，对应车型产量为40辆。南京积雄配套量为0.00086亿瓦时，对应车型产量为1辆。超级电容器企业里面，全部为国内企业，宁波中车、集盛星泰以及今朝时代配套较多。

当前阶段，虽然国内动力电池行业产能规模巨大，但是优质产能仍然缺乏。在国内市场扩大开放、国际竞争日渐激烈的背景下，国内众多动力电池企业需要夯实基础，潜心进行技术的提升，顺应市场化的发展要求，方能在未来占据有利的地位。

（三）宏观引导成效显著，技术水平持续进步

在近几年的新能源汽车财政补贴政策对动力电池提升技术能力要求的背景下，车企与动力电池企业共同努力在提升动力电池系统能量密度方面取得了长足进展，使车辆具有了更高的续航里程以及更优的能耗水平。从材料到单体再到成组集成，基于单体电池能量密度以及系统成组率的不断优化，动力电池系统的能量密度持续增长。磷酸铁锂电池在材料纳米化技术、颗粒包覆技术不断进步以及单体制造工艺不断优化的情况下，目前高水平的能量密度可以达到190Wh/kg。三元电池在622以及811材料体系的加持下，单体能量密度已经达到270Wh/kg。2018年，在纯电动乘用车领域，90%以上的动力电池系统能量密度超过120Wh/kg，补贴政策的要求也使得三元电池成为纯电动乘用车领域的绝对选择。在纯电动客车领域，70%以上的动力电池系统能量密度超过135Wh/kg，而纯电动专用车则大多在115Wh/kg以上，与之对应的则是车辆续航里程的全面提高（具体见图9、图10和图11）。

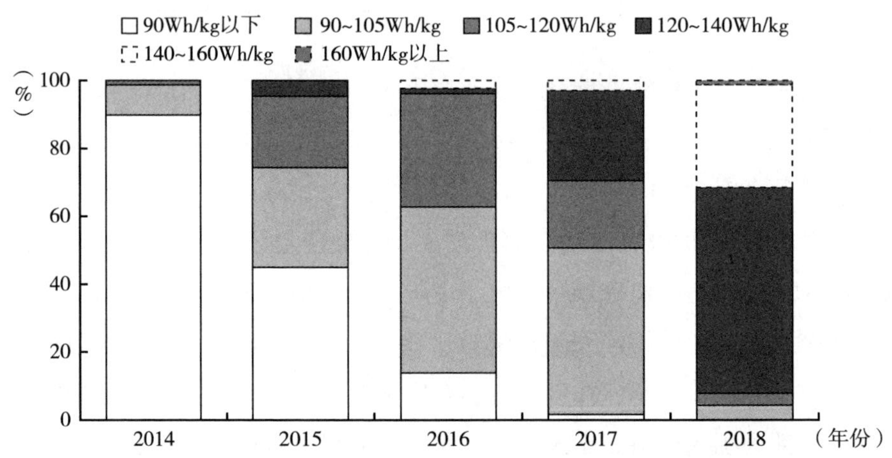

图9　纯电动乘用车PACK能量密度发展情况

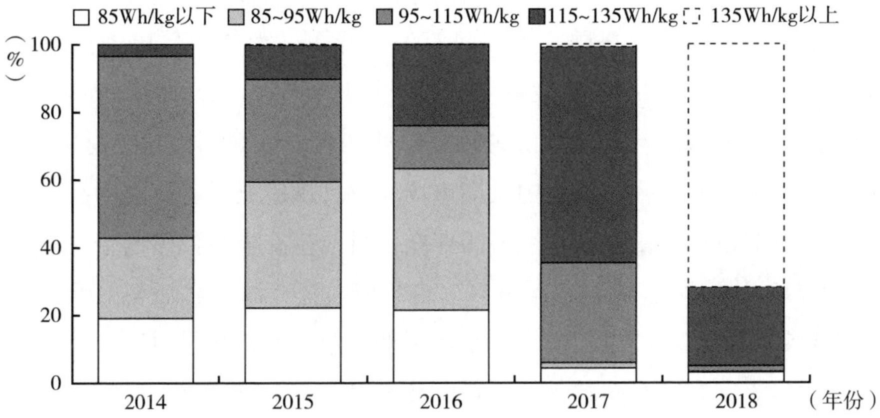

图 10 纯电动客车 PACK 能量密度发展情况

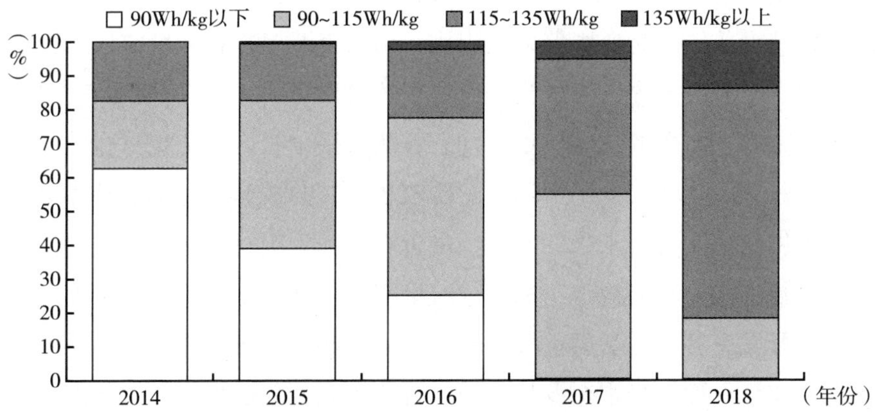

图 11 纯电动专用车 PACK 能量密度发展情况

（四）产业链条更加完善，高端产品仍需发力

在动力电池四大关键材料领域，经过近些年的培育与发展，我国已形成比较健全的产业链条，每个领域均涌现出了代表性的企业，所供产品不仅满足了国内市场需求，在开拓国际市场方面也不断取得可观成效，进入国际动力电池企业供应链体系。

在正极材料领域，正极材料占动力电池成本比例最高，是提高动力电池能量密度的关键环节。在国家宏观政策的引导下，面向单体电池能量密度300Wh/kg以及350Wh/kg的发展要求，正极材料高镍三元体系的应用方向愈加清晰，也使得三元材料的市场份额逐渐加大。综观国内正极材料市场，国产三元正极材料已基本占据中低端市场，并且供应充足，产能存在过剩情况。而在高端市场，由于技术壁垒的存在，目前仅有极少数国内企业能够供应NCM 811以及NCA高镍三元材料，多数国内企业没有掌握相关的技术要素，也导致高端市场的供不应求。对比国外企业，如传统材料巨头优美科以及日亚化学等，国内在高端正极材料的技术发展方面仍需努力追赶，缩小差距，加速低端产能向高端产能的升级转换。

在负极材料领域，除了钛酸锂电池，目前应用最广的仍然是以天然石墨和人造石墨为主的石墨基材料体系。天然石墨由于比较高的克容量性能在日韩企业以及少数国内企业中有较大应用。而人工石墨在材料稳定性方面优于天然石墨，已成为国内动力电池企业首选的负极材料，并且在不断改善技术的作用下，人工石墨的比容量正在接近天然石墨。国内的负极材料发展比较成熟，一些龙头企业的国际市场开发比较成功，并成为国外知名动力电池企业的稳定供应商。对于未来的发展，由于石墨类负极材料的容量发展接近瓶颈，已经很难满足新能源汽车的高续航里程以及动力电池高能量密度的发展要求，而开发高容量硅基类负极材料成为未来的重要方向。在高容量硅碳负极材料商业化方面，日本企业目前处于行业领先，并已稳定进入特斯拉的供应链，而国内企业在发展硅碳材料方面尚不如国外企业成熟，目前仍在加快技术攻关，并有望在未来两年发展成熟。

在隔膜领域，虽然隔膜的技术壁垒较高，但是在国内企业协同攻关下，国产隔膜的发展成熟度已经大幅提高，国产隔膜不断抢占进口隔膜在国内乃至国际的市场份额，并且为动力电池成本下降做出了突出贡献。在动力电池追求提高能量密度的背景下，湿法隔膜的市场份额不断加大，已占据绝对的高端动力电池市场应用。同样因为动力电池能量密度的提升，湿法隔膜在高温时的安全稳定性受到极大挑战。未来的技术发展需要在湿法隔膜的安全稳定性方面加大研发力度，以更好地保障高能量密度动力电池的发展需求。

在电解液领域，国内电解液企业的发展成熟度最高，已占据绝对的国内市场份额，并且龙头企业已进入国际知名动力电池企业供应链体系。在未来电解液的技术发展中，核心添加剂的研发是抢占高端市场的重要手段。无论是高能量密度体系还是高电压体系的动力电池均需要特殊的电解液添加剂作为基础保障，而这一块也是国内外行业巨头争夺的主要战场。

（五）回收体系建设加速，运营模式仍需创新

动力电池回收关系到新能源汽车产业的可持续发展，关系到社会资源节约以及环境保护等民生问题。在近年来的新能源汽车高速发展过程中，动力电池累计配套量超过 131GWh，而 2014 年之前装车的动力电池正面临大范围退役，同时预测到 2020 年，我国退役的动力电池将累计达到 25GWh。

面对已经到来的动力电池退役大潮，行业主管部门正在积极引导回收体系的建设，建立回收利用管理机制，明确动力电池溯源要求以及推动建设新能源汽车国家监测与动力蓄电池回收利用溯源综合管理平台，为动力电池的梯次利用以及再生利用指明了工作方向。梯次利用方面，以中国铁塔为代表的企业正在积极履行社会责任，明确将全部采购梯次利用电池作为通信基站的备用电源，截至 2018 年底，中国铁塔已在全国 31 个省份约 12 万个基站使用梯次电池约 1. 5GWh。中国铁塔也与一汽、东风、上汽大型整车企业达成合作协议，以疏通回收渠道。再生利用方面，以格林美、邦普为代表的企业已形成规模化的再生利用能力，在单体自动化拆解、材料自动分选以及高效破碎等方面取得积极成效，综合回收率达到 98% 以上，而贵重金属的回收率可以达到 100% 。

动力电池回收利用目前仍处在探索阶段，梯次利用以及再生利用仍面临诸多问题等待解决。虽然车企已建立起动力电池回收服务网点，并且网点的数量已经超过 3500 个，但是回收效果十分有限，无法规模化有效回收已成为制约梯次利用的主要因素。而再生利用虽然已经形成以湿法冶金技术为主流的技术路线，但是低值组分的回收效率低、回收过程环境污染严重是亟须

解决的主要问题。因此对于以上问题，需要在顶层设计方面继续提升政策的可操作性，明确和界定各方责任范畴，完善回收网点的布局，推动新型自动化回收技术的研发和应用，进一步提高回收效率和相关收益，保障动力电池安全走完全生命流程。

（六）锂离子电池渐趋成熟，固态电池热度持续

经过多年的技术发展和迭代，锂离子电池体系已成为新能源汽车稳定的动力能源系统，基于该体系的磷酸铁锂电池和三元材料电池占据了新能源汽车的主要市场。2010 年起，在新能源汽车发展的初期，磷酸铁锂电池为我国新能源汽车的起步和发展做出了突出贡献。但在新能源汽车的私人市场推广应用过程中，磷酸铁锂电池暴露出低温性能差以及能量密度低等缺点，而三元材料电池出于能量密度性能较高的原因开始在我国新能源汽车市场普及和推广，并逐渐成为新能源乘用车的首选能源系统，支撑纯电动乘用车续航里程从 200km 提升至当前的 500km。

从技术迭代过程来看，三元材料电池从最初的 333 体系到目前的 532 体系以及 622 体系，并在向着 811 体系进军。当前市场发布的一些高端纯电动乘用车已经开始搭载 811 三元电池，单体能量密度接近 300Wh/kg，支持整车工况续航里程达到 500km。目前来看，811 三元材料电池的技术发展以及产业化还不够成熟，技术壁垒以及对生产控制能力的高要求使其还不能大规模量产，并且较高的安全风险仍不能有效解决，因此预测 811 三元材料电池的大规模成熟应用还将推后几年。而在下一个十年里，预计锂离子体系电池仍将是新能源汽车的主流动力能源系统。而市场对更高能量密度以及更优安全性能动力电池的需求使固态电池成为新型动力电池的研发热点。

固态电池也叫固态锂二次电池，其不属于传统的锂离子二次电池体系，是一种新型动力电池，最突出的特点是使用具有离子导电能力的固态电解质替代传统锂离子电池的电解液，因此安全性能大幅提高，同时可以使用更高比容量的锂金属作为负极，能量密度能够显著提升。基于以上的应用优势，固态电池在车载领域的开发成为一股热潮，国内外均有相当数量的研究机构

和企业致力于固态电池以及相关材料的研发。整体来看，目前还没有企业做出兼具高能量密度、高安全性的大容量全固态动力电池，开发出来的样品能量密度可以达到280Wh/kg，与当前811体系的三元材料电池能量密度相当，尚不能体现出绝对优势，并且在电解质的应用方面添加了一定比例的液体电解质，因此还不能算是严格意义的全固态电池。世界范围来看，美国和日本在固态电池研究方面行动比较积极，尤其是美国的初创公司数量较多，时常发布一些比较前沿的技术观点，但是固态电池的成熟还需要时间的积累，可能要等到2025年左右才能成熟应用。

二　关于安全的思考

（一）特征分析

从2017年起，新能源汽车发生多起安全事故，尤其是2018年的夏季，事故数量比较突出，给电动汽车的安全使用敲响了警钟，引起社会广泛关注和重视。从统计结果来看，2018年新能源安全事故车型中乘用车型占有较大比例，为57%，客车占比为24%，专用车占比为19%。这导致有不少声音在质疑当前应用较多的三元电池的安全性。事实上，引起安全问题的原因有多种，对于2018年的相关安全事故，大概可以分为四个主要方面。

第一，电池系统故障，比例较大为47%，其中电子电器方面的故障占比35%，机械冲击方面为12%。

第二，单体电池故障，占比为18%，其中电芯一致性差比例为6%，电解液漏液比例为3%，内短路或其他不明原因比例为9%。

第三，整车电器故障，占比为26%，这里面包含了一些私自改装导致的线束破损、短路以及不规范充电等。

第四，其他外部故障，占比为9%。

2017~2018年国内新能源汽车安全事故统计见图12。图13为安全事故故障类型。

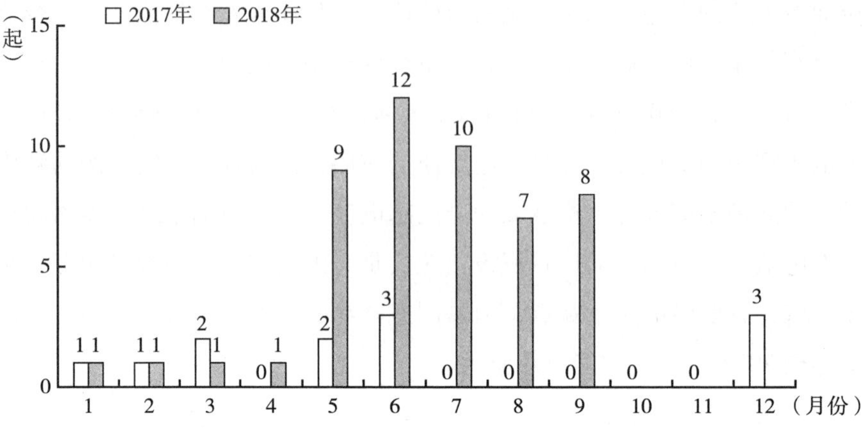

图 12　2017～2018 年国内新能源汽车安全事故统计

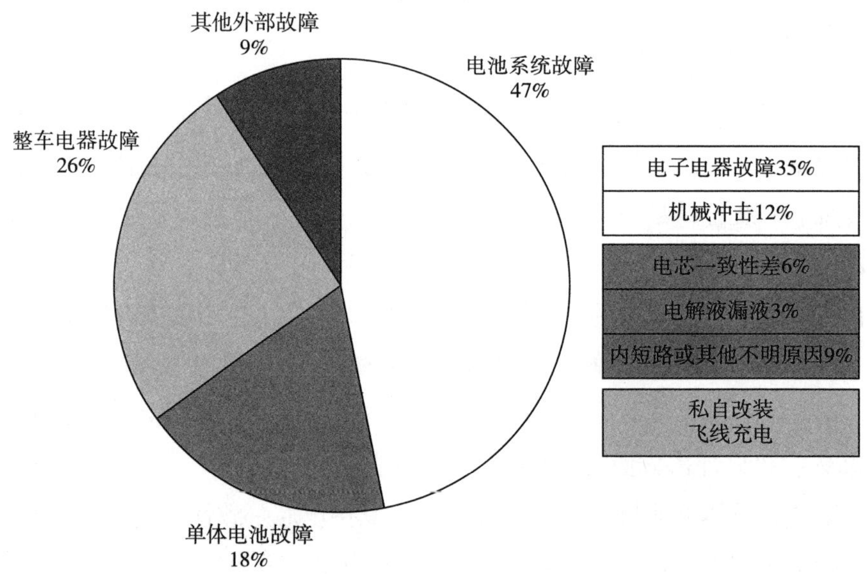

图 13　安全事故故障类型

在新能源汽车发展的初期，在追求产业规模以及数量发展的形势下，企业对新能源汽车产品质量以及产品安全有一定的忽视，这也表现在动力电池产品的测试验证不足，尤其是补贴对动力电池能量密度不断提升的要求导致产品的迭代周期过快，一些产品未得到充分成熟验证即装车应用，埋下了安全隐患。此外，还缺少动力电池全生命周期安全性的测试验证手段，对于动力电池中后期的老化安全无法在新产品阶段有效验证。在车辆端，车辆经过一定年限的使用之后出现防水性能下降、关键电器件失效等问题，加上缺少行之有效的定期安全检车制度，一些小问题未及时发现进而导致安全事故发生。

从以上分析以及结合新能源汽车产品全生命周期特征可以看出，新能源汽车安全是一项比较复杂的系统工程，涉及多方面技术发展以及管理水平，如电池方面涵盖电池材料、单体设计、制造、系统集成工艺、电池管理、线束、接插件。整车方面涵盖电池机械防护、电磁兼容、整车碰撞、电器安全、维修安全。充电方面涵盖通信规范、网络安全、功能安全设计。其他使用方面涵盖不规范充电、涉水、暴晒、强烈颠簸等。其中核心的环节是运用综合有效措施来防范电池发生热失控及热扩散。

（二）现阶段安全管理措施

国家行业主管部门非常重视新能源汽车的安全管理。2016 年，工信部发布通知要求进一步做好新能源汽车推广应用安全监管工作，提出 4 个方向的要求，分别是提升产品的质量安全水平，建立健全企业的监测平台，提高售后服务能力，做好产品的质量检查工作。在监控监管方面构建了三级平台体系，分别是企业平台、地方平台以及国家平台，每个平台各司其职，共同构成新能源汽车安全运营保障体系。地方政府要贯彻执行新能源汽车工作联席会议制度，牵头部门要加强组织领导、加大安全监管力度，建立健全地方的监测平台，及时发现安全隐患，完善安全事故的处理机制，对出现的安全问题要及时启动调查研究。在最新的安全隐患排查工作要求中，进一步指出企业平台要完善各项功能设置承担安全预警的工作任务（见图 14）。

在标准引导上，电池管理方面有 QC/T 897 –2011《电动汽车用电池管理系统技术条件》；充电方面有 GB/T 27930 –2015《电动汽车非车载传导式充电机与电池管理系统之间的通信协议》；监控方面有 GB/T 32960. 3 –2016

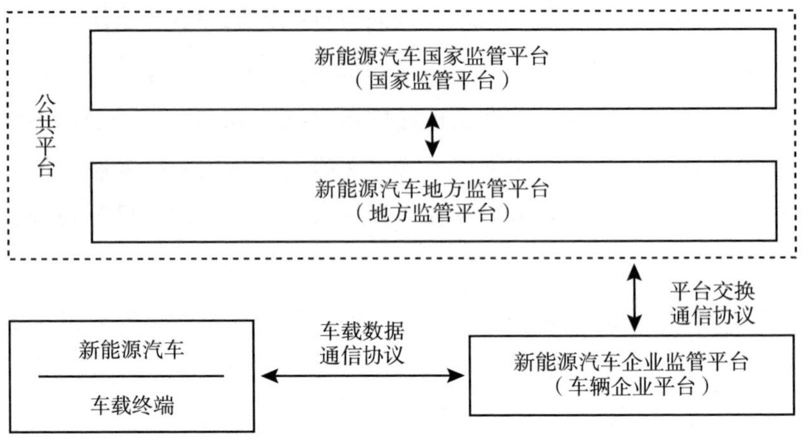

图 14　监控平台体系

《电动汽车远程服务与管理系统技术规范第 3 部分：通信协议及数据格式》；电池单体方面有 GB/T 31485 – 2015《电动汽车用动力蓄电池安全要求及试验方法》；电池系统方面有 GB/T 31467. 3 – 2015《电动汽车用锂离子动力蓄电池包和系统第 3 部分：安全性要求与测试方法》，另外还有政策性的技术规范《电动客车安全技术条件》。在未来，部分推荐性标准即将转成强制性标准，如基于 GB/T 31485 以及 GB/T 31467. 3 将转成 GB《电动汽车用锂离子动力蓄电池安全要求》，基于《电动客车安全技术条件》将转成 GB《电动客车安全要求》，并且还有新 GB《电动汽车安全要求》。这些强制性标准也即将正式发布实施。

（三）发展建议

1. 企业层面

第一，新能源整车以及动力电池企业要牢固树立质量安全责任意识，加强技术研发投入，加强核心关键技术攻关，提升技术能力水平，以技术保安全，确保产品一致性。

第二，认真详细调查和梳理产品安全技术细节、技术失效模式以及各方面的危险系数界定和严重性、危害性评估。

第三，企业内部形成科学、严格的产品安全流程管理制度，树立安全管理的权威性和一票否决制。

第四，加强相关人员对安全的理解和认识，形成有效的安全人才培养、培训体制，确保企业的安全人才不流失、不断档。

第五，建设和完善新能源汽车企业监测平台，对新能源汽车及动力电池等关键系统运行安全状态进行准确监测和管理。

第六，做好新能源汽车定期安全检查、保养等服务；配合做好产品质量检查、安全隐患排查等工作。

第七，对于发现的设计问题和潜在隐患，及时召回进行干预整改，保障已售在用车辆的安全。

2. 行业层面

安全是行业的共性问题，是关系到国家发展战略和新能源汽车可持续发展的关键问题。行业层面要积极组织国内外安全技术交流研讨，互通有无，分享安全技术的最新进展和经验。组织编制团体标准，形成行业共识并积极遵守。同时，加强和普及电动汽车使用方面的社会公众安全教育。

3. 政府层面

第一，政策引导要使企业能够有效进行技术积累，科学规律地进行产品迭代。

第二，加强对企业以及产品的事中事后监管，建立有效的抽查抽检制度，进一步完善市场退出机制。

第三，实施规范的电动汽车定期安全检查制度，对不同车型以及不同用途车型实施特定的安全查验制度。

第四，推动电动汽车及动力电池安全消防相关规范及标准的制定和实施。

第五，设立专项科研支持，研究动力电池内生老化机理，研究单体以及材料层级的安全预测模型。

第六，推进低成本电动汽车抗损毁数据记录系统研究，确保事故之后的数据分析，形成有效预防措施。

企业发展篇

Enterprise Report

B.2

企业发展评述

（按作者姓氏音序排列）

对动力电池产业的几点思考

蔡　栋*

一　政策的变化

2009 年开始国家对指定范围内的新能源汽车给予购置补贴，实施了"电动汽车补贴政策"为生产和购买电动汽车提供补贴。2018 年 4 月开始实施《乘用车企业平均燃料消耗量与新能源汽车积分并行管理办法》（简称"双积分政策"），以激励新能源汽车产业发展。随着行业的不断发展，国家适时对补贴政策进行了数次调整。2018 年，补贴政策降低了对插电式混动车和低续

* 远东福斯特新能源有限公司总经理。

航里程（<300km）电动车的补贴额度，并同时加大了对高续航里程电动车的补贴力度。2019 年，国家补贴政策继续退坡，取消了地方性补贴，补贴门槛提高，补贴金额大幅减少。可以预期，国家对新能源汽车的补贴政策将会随着动力电池行业的发展而不断减少，并最终完成历史使命，退出舞台。

二　圆柱、软包、方形之争

补贴政策的重要导向作用之一是提升动力电池的能量密度。新能源汽车发展的初级阶段，由于 18650 电池产品应用灵活，一致性好，良品率高，广泛应用于逆向开发的新能源汽车早期型号。随着技术的积累和产能需求的提升，在新能源汽车企业正向开发的产品中，18650 圆柱电池被空间利用率更高、单体数量更少的方形或软包电池替代。方形、软包电池的整包能量密度对比 18650 圆柱电池的整包能量密度优势明显。

在未来 10 年，由于正极材料能量密度的瓶颈限制，锂硫、锂氧电池还无法快速产业化，固态电解质锂离子电池将是研究的重点。固态电解质刚性大，只能使用叠片方式组装，因此固态电池在理论上只能使用软包或方形封装方式。但是如果方形电池使用铝制外壳，能量密度将大大降低，不具备优势。

三　动力电池行业洗牌

在新能源汽车产业发展的初期，国内众多锂离子电池企业乘着政策的东风，转型动力电池行业，并快速扩大产能。行业内涌现出了多家同时具备技术实力和产能优势的企业，提升了中国动力锂离子电池的综合实力。但是，部分动力电池企业在盲目扩大产能的同时没有提升研发实力，缺乏技术积累，产品体系单一，品质管理欠缺。在补贴大幅下滑、上游原材料涨价、下游主机厂压价、产能大幅扩充、市场竞争加剧等多重影响之下，当前锂电企业普遍面临着净利率和毛利率下滑、资金链紧张、账期延长等压力，部分企业面临资金链断裂而淘汰。如今，三星 SDI、LG 化学等韩国企业在华合资公司已进入我国动力电池企业白名单。国家补贴政策退坡后更多国际优势企业进入，我国动力电池行业洗牌必将加速。

四　圆柱电池企业的出路

当下在车企开始转投方形和软包电池后，18650 动力电池的产能开始出现过剩。像福斯特等 18650 动力电池企业开始将目光转向电动自行车、低速车、储能、电动工具等领域，不断提高电池的安全性，实施“两条路”战略：第一，坚持走高端路线，不断提高电池的综合性能，衍生出具有特定功能的锂离子电池产品系列，与国内外高端客户建立稳固的合作关系，打造品牌效应；第二，降低电池综合成本，在激烈的低端市场中占据一席之地。

五　电池材料的发展趋势

动力电池能量密度继续提升的瓶颈在于材料本身，尤其是正极材料。在锂硫、锂氧还未能产业化的时期，锂离子电池的发展重点是提升电池的综合性能，尤其是提升电池的安全性。

正极。当前国内已经可以稳定生产 MCN 622 材料，但是高能量密度的 NCM 811 及 NCA 材料还只有少数几家可以生产供货，产能和品质稳定性还存在较大的提升空间。未来 5 年，国内 NCM 811 及 NCA 材料技术逐步成熟，在市场需求不断增长的要求下，高镍材料将成为主流。另外，单晶材料由于性质稳定，产气少，也将是未来正极的发展方向。补贴政策退坡后电池能量密度的需求相对会减弱，所以磷酸铁锂、锰酸锂这类材料在锂电池领域又将迎来春天。

负极。高能量密度电池倒逼材料能量密度的提升。正极性能的提升空间有限，负极能量密度的提升带来了新的解决方案。但是硅材料在应用时必须直面体积膨胀带来的众多问题，这也对负极粘结剂、电解液、电池体系和结构设计提出了更高的要求。目前电池行业可以稳定量产高性能硅材料的厂家屈指可数，硅负极材料价格虚高，性价比稍低；此外，能够成熟应用硅材料的厂家也为数不多。补贴政策退坡后，对电池能量密度的需求开始减弱，行业对硅材料的兴趣也开始减弱。未来几年，硅材料技术将掌握在少数企业手中，并稳步发展壮大。

隔膜。当前国内动力电池行业主流应用9～12um PE基膜的陶瓷隔膜。低水分含量的勃姆石涂层，锂离子导体涂层隔膜也开始逐步有所应用。当前隔膜是限制电池安全性的一个重要因素，隔膜减薄是大趋势，耐高温基膜材料是未来几年研究的重点。

电解液。传统的碳酸酯类电解液体系已能满足当前电池行业的需求，未来电解液的发展方向主要集中在新型锂盐和新型添加剂方面，并衍生出针对不同体系的特异性配方满足不同需求。

辅材类（粘合剂、导电剂、功能性添加剂）。粘合剂方面，针对硅负极材料的粘合剂是研发的重点；导电剂方面，多壁碳纳米管在行业里面的应用已比较普遍，高品质低杂质碳纳米管的使用量将随着制造成本的下降而不断提升；随着市场对更低直流内阻产品需求的增加，特殊的单壁碳纳米管、石墨烯等导电剂也会逐步发展起来。

六 政府政策

锂离子电池产业具有显著的集聚效应。地方政府在发展锂离子电池产业的思路上应积极结合本地资源，从锂离子电池产业链的角度寻求突破。重点评估本地优势资源，首先做大做强本地传统领域，以传统强势环节为抓手吸引产业链其他环节的入驻。宜春市被誉为亚洲锂都，蕴藏着锂云母资源。但是与锂矿卤水提锂技术相比，锂云母提锂的成本会高很多，大批量生产后产生的尾矿处理将成为一大难题。当地政府需要因地制宜，规划布局好产业链，在技术突破的前提下（锂回收率、尾矿处理等问题），逐步释放云母提锂产能。

七 人才

动力电池行业属于技术密集型行业。远东福斯特坐落于自然资源丰富的江西宜春经济开发区。但是与长三角、珠三角等锂电企业相比，宜春地区的经济和生活水平较低，社会基础设施不完善，锂电企业对人才的吸引力小。

此外，福斯特也没有如宁德时代那样的巨大体量和高技术平台可以吸引到行业顶尖技术人才。尽管福斯特自身加大了投入以吸引各方技术人才，但是目前为止收效甚微。同时，宜春市政府对企业人才的优惠、吸引政策力度非常小，这造成了部分已经在福斯特工作的人才流失。政府对此需要引起重视，落实人才政策。

科技创新、规范管理，实现可持续发展

冯全玉*

近年来，在国家政策的大力扶持下，国内新能源汽车行业迎来了大发展的浪潮，已经占据世界新能源汽车市场的半壁江山。中国新能源汽车市场的发展已经吸引了全世界的目光，成为引领中国乃至世界绿色能源革命的助推器。然而，繁荣的表象之下已经暗潮涌动，进入2019年，随着国家补贴政策的大幅退坡，新能源汽车和行业的分化必将日益严重，只有拥有技术和资本优势的企业才能破茧而出，成为时代的领航者。

一　2019年新能源汽车发展的展望

2018年，是中国汽车市场的转折之年。经历了28年高速增长的中国汽车市场，首次迎来负增长。在汽车行业整体低迷的市场环境下，新能源汽车却一枝独秀，全年销量突破122万辆，实现动力电池装机量57GWh，仍然保持了大幅度增长态势。

进入2019年，新能源汽车市场仍然保持高速增长态势。据中国汽车工业协会统计，1～4月，新能源汽车产销分别完成36.8万辆和36.0万辆，比上年同期分别增长58.5%和59.8%。其中纯电动汽车产销分别完成28.6万辆和27.8万辆，比上年同期分别增长66.1%和65.2%；插电式混合动力汽车产销分别完成8.1万辆和8.2万辆，比上年同期分别增长36.3%和43.7%；燃料电池汽车产销分别完成237辆和230辆，比上年同期分别增长154.8%和289.8%。

由此可见，在汽车市场整体低迷的背景下，新能源汽车市场仍然会保持一枝独秀的发展势头，全年的产销量有望突破200万辆。虽然国家补贴政策大幅退坡，地补全面取消，但是作为国家战略新兴产业，新能源汽车行业仍

---

* 荣盛盟固利新能源科技有限公司董事长。

然受到国家政策支持，只是分化会更加剧烈，市场份额将日益集中于技术水平高、市场口碑好、资本实力充足的一流企业。

二　新能源汽车市场存在的问题

随着新能源汽车产业规模的迅速扩大，产业发展过程中出现了一些新情况、新问题。

第一，长期执行补贴政策导致一些企业形成“补贴依赖症”，产业竞争力不强。毋庸置疑，国家补贴政策对促进我国新能源汽车市场的快速发展起到了十分关键的作用。但是，我们也应该看到，高额补贴的导向作用使得一些企业在发展过程中钻漏洞、走捷径，不是以技术为引领，为社会提供最优产品，而是专门挖空心思骗补，浪费了大量社会资源，也严重影响了新能源汽车产业的形象。

第二，新能源汽车里程焦虑成为制约产业发展的严重瓶颈。虽然近年来我国新能源汽车产业迎来了爆发式增长，但是技术水平并没有同步大幅提高，市场上的产品质量参差不齐，且受环境制约比较明显，冬天怕开热风，夏天怕开空调，严重影响了用户体验，在高寒地区更是无法实现正常应用。高续航里程、全天候电池成为消费者的迫切呼声。

第三，随着新能源汽车的保有量快速增长及使用频率不断提升，新能源汽车产品运行安全风险增大，亟须加强安全监管，确保产业安全发展。2018年频频出现的新能源汽车安全事故，为我们每个从业者敲响了警钟。作为绿色能源、绿色出行方式的倡导者，我们必须确保消费者的安全，为消费者提供更高安全性、更高功率的电池产品。

第四，新能源汽车还是没有抛开传统燃油汽车的设计理念，针对动力电池和电机的特点进行整车的正向开发，新能源汽车后补贴时代已经来临，市场引领的作用越来越强，消费者急迫地需要正向开发整车产品，我们希望和整车一起组成工作小组共同进行整车的正向开发设计，最大限度地满足用户对新能源汽车便捷和舒适性的需求。

三 盟固利的技术特色和优势

作为国内最早进军新能源汽车动力电池的企业之一，盟固利公司在新能源汽车动力电池领域深度耕耘18年，已经形成了完备的自主创新研发体系，在先进材料分析、快速充电、高能量电池、高功率电池等多项技术领域处于行业领先水平。

2019年，公司多项关键技术项目取得重大突破。超低温快速自加热锂离子动力电池系统（简称ACB电池）在海拉尔成功完成整车测试，在-40℃超低温环境下，可实现6分钟内快速自加热启动，温升速度超过5℃/min，低温启动环节电池加热能耗不高于5%，车辆行驶过程无需再给电池加热，填补了低温电池领域的技术空白，具备了服务2022年冬奥会的技术条件；“电动汽车用300Wh/kg级三元系高比能量锂离子电池研制”项目通过了北京市科委专家组验收，单体电池质量比能量达310.3Wh/kg，体积比能量达659.3Wh/L，电池循环寿命可以达到1000次，打通了高能量密度电池上下游产业链，同时具备了300Wh/kg级高比能量电池的规模化量产能力，将显著提高现有新能源电动汽车的续航里程。同时，公司产品在轨道交通、通用航空领域也取得了重大突破。

依托2018年技术的沉淀和积累，盟固利将不断促进先进技术成果的转化应用，在实现自身发展的同时，努力为新能源汽车行业、为消费者提供最安全、最高效的出行方式。

四 盟固利的发展愿景

2018年，盟固利进行增资扩股，荣盛控股集团投资40亿元战略入股盟固利，极大地推动了技术与资本的紧密结合，为公司未来发展成为行业领军企业奠定了坚实的资金基础。

2019年，不忘初心，方得始终，盟固利正以博大的胸怀和宽广的视野，不断构建更加宏伟的发展蓝图，努力提升国际化竞争环境下的全球运营实力，用最领先的技术引领产品战略方向，为全球客户提供最优的新能源动力解决方案。

未来，盟固利将紧紧围绕绿色发展理念，加快形成产业发展的规模聚集效应，在京津冀、长三角、珠三角以及成渝经济圈分别打造新能源产业园区；五年内规划产能60GWh，建成产能不低于50GWh、销售收入跻身行业前三；实现公司上市目标，市值达到500亿元；业务领域贯通产业链上下游，延伸至资源领域，使公司发展成为新能源汽车行业卓越的动力电池供应商。

创新源于使命，科技改变生活。关注新型能源，共创美好家园。盟固利愿与更多有志于绿色能源产业的同人一道，为中国新能源事业的发展进步、为人类未来的美好生活而携手共进、努力奋斗！

高安全、高性价比，为动力电池装上向传统能源挑战的双翼

冯　笑*

过去 5 年，新能源汽车产业快速发展，受新能源汽车市场带动，动力电池产业产销量也大幅增长，2018 年装机量达到 56. 9GWh。从 2019 年第一季度的产量数据来看，同比 2018 年，动力电池装机量保持高速增长。而在补贴退坡的重压之下，新能源汽车整体行业进入攻关期，动力电池产业也处于爬坡过坎的关键期，同时，消费市场的选择作用将更加凸显。作为动力电池企业，提供安全可靠、品质过硬、性价比更高的优质产品，满足消费市场的使用需求，才能在优胜劣汰的战争中，站稳脚跟。

低头拉车也要抬头看路，行业快速发展让一些问题凸显和暴露。

产品安全问题不容忽视。随着新能源汽车保有量的快速增长，安全问题日益突出，特别是起火事件备受关注。近期，几家车企产品自燃、起火事件相继登上媒体头条。尽管事件并未造成严重的人员伤害，但频频曝出的新能源汽车安全事故，再次将“火”引到了电池身上。我们始终认为做电池要非常务实且严谨，不能犯一丝一毫的错误，要坚持自己的底线，坚守自己的职责，为整车、为消费者负责。特别是在锂电池爆发式的增长过程中，做电池要守得住安全质量底线，锂电池的高安全性永远是第一位的。

成本压力日益凸显。从 2018 年开始，伴随着补贴退坡，降价压力从主机厂向电池厂乃至整个动力电池供应链传导。无论是动力电池还是正极、负极材料的供应商，又或者是隔膜、电解液，包括上游的矿资源供应商，都经受着全面的降价压力。而每一轮降价，动力电池厂都首当其冲，既承受降本压力，又承受账期冲击甚至坏账的可能。

产能结构性过剩仍然存在。官方数据显示，在 2016 年，我国新能源汽

* 星恒电源股份有限公司董事长兼总经理。

车动力电池的生产企业数量达到155家，算得上是一个黄金时代，不过在2年之后，截至到2018年底，有实际装机量的动力电池企业已经缩减到了99家，减少了三分之一还要多。部分新增产能同质化严重，低端产能大量闲置，高端产能供不应求，还不能充分满足新能源汽车市场快速发展的需要，盲目追求能量密度，没有形成自己独有的技术和积淀，导致产品竞争力弱，很容易出局。

“锰系多元复合锂”——星恒用科学发展观定义高性价比汽车电池。

星恒电源在动力电池行业已经耕耘了15年，对动力电池的研发、生产和应用有自己的理解和判断。我们把“做让老百姓买得起、用得放心的电动汽车动力锂电池”作为己任，始终将安全、质量放在第一位。

要保证动力电池的安全性，又要兼顾综合性能，我们认为三元材料掺混一定比例的锰酸锂，是必由之路。从目前主流的动力锂离子电池正极材料来看，三元、锰酸锂和磷酸铁锂三类材料在安全性、能量密度、循环寿命以及成本方面各有千秋，三元材料虽然能量密度高，但是最活跃、安全性比较低，磷酸铁锂的安全性高但低温性能不好，而锰酸锂的各项性能介于以上两种材料之间，安全性能接近磷酸铁锂，能量密度略逊于三元材料，最大的优点是低温性能最佳，能在－20～60℃使用。如果从全球的市场来看，国际上锰酸锂和三元电池都属于动力电池的主流。日产Leaf搭载的就是锰酸锂电池，全球累计销售超过34万辆。我们的判断是三元材料掺混一定比例锰酸锂是最可行的选择，具备很高的安全性，能量密度适中，能够到达180～200Wh/kg，兼具循环寿命、低温性能、二次寿命，更有性价比高的优势。

能够让老百姓买得起的电动汽车，是要看价格的。2019年电动汽车的补贴大幅下降，2020年后会取消，这对星恒来说是早有准备的。因为星恒在十五年前，就把目标设定成了，让老百姓能够买得起装我们电池的电动汽车，而不是国家补贴补得起的电动汽车。这不是一蹴而就的，是一个长期的战争，而占领滩头阵地的关键就是性价比。

星恒实现性价比的核心，简单地说，就是用电芯二十多年的经验，来最大限度地简化整个生产流程，极大地增加自动化的投入。今天我们通过技术创新在成本上做出了巨大的贡献，通过技术创新，我们成功创造了锰系多元复合锂材料体系，提高了电性能，大幅降低了成本，我们的综合配组率达到了 99%，提升了 6 个百分点，这就能够让成本下降 2 个百分点。

要做到高安全性、高性价比，离不开技术攻关。星恒一方面会在三元掺混锰酸锂电池上，做更深入的探索和研究，如在三元 523 掺混锰酸锂的基础上，进行三元 622 掺混锰酸锂、三元 811 掺混锰酸锂，甚至镍酸锂掺混锰酸锂，向低钴化、去钴化方向发展，做性价比第一的动力锂电池；另一方面，会在锰酸锂高温性能、能量密度、循环寿命方面做进一步的提升，将其性能发挥到极致。同时，我们还将进行高镍硅碳补锂技术的研究和尝试，开发高能量密度电池。

展望未来，星恒将练好内功、脚踏实地，定义高品质、高性价比的动力锂电池产品，用五年时间，在国内的电动汽车领域成为主力乘用车电池供应商，用八到十年的时间成为国际新能源产业的龙头企业。

加强多方合作，促进动力电池产业健康高质量发展

龙绘锦 *

动力电池是新能源汽车的心脏和灵魂，也是新能源汽车产业链上附加值最高的环节，居于三大核心技术之首。动力电池性能的升级和关键技术的突破，是破解新能源汽车动力系统发展瓶颈的重要途径。近年来，我国动力电池产业发展势头强劲，展现出供销两旺的良好局面，与此同时，电动汽车的自燃事件频现、结构性产能过剩等问题突出，迫切需要加强多方合作，促进动力电池产业健康高质量发展。

一　当前中国动力电池发展状况

1. 产业规模大且市场集中度显著提高

在新能源汽车产业快速发展的带动下，作为核心部件的动力电池产业也得到了迅猛发展，从市场份额来看，中、韩、日三国企业生产的电池配套了全球近 95% 的汽车，其中中国品牌电池配套占比超过 60%，在产业规模上已经领先国际。另外，在补贴大幅度下滑、能量密度及续航门槛大幅提高、企业资金链紧张等多重压力下，动力电池产业也在不断加速洗牌，市场占有率逐渐呈现集中趋势。

2. 核心技术显著增强，与国外仍存在一定差距

经过几年的技术积累，我国动力电池产业核心技术显著增强。目前，我国动力电池发展目标已与日韩为代表的国外企业大致相当，即通过不断提升单体电芯的能量密度，实现电动汽车续航里程的增加。具体来说，高镍三元正极搭配硅碳负极的材料体系，已经成为开发高能量密度电芯（>250Wh/kg）的主要技术路线，固态电池则被认为是高能量高安全动力电池的最终形态。例如，松下生产的镍钴铝（NCA）/硅碳 21700 电芯，是目前市场上

* 江苏塔菲尔新能源科技股份有限公司董事长兼总裁。

能量密度最高的单体电芯产品（~340Wh/kg），其在产品一致性和成本控制方面，存在一定优势。但还需要清醒地认识到，国内企业在工程制造能力方面与国外企业相比稍显落后，产品的合格率及一致性存在较大差异。传统汽车工业要求核心零部件企业的 CPK 值为 1.67，而我国动力电池企业大部分在 1.5 以下，CPK 值反映的是电池的品质，直接影响电池的成本和安全。目前，塔菲尔的电芯制造，已经具备 CPK 1.67 的制程能力，公司建立了一组高标准制造管理体系，建造了一批智能化、自动化、信息化生产车间，对产品进行全生命周期的追溯，及 1508 个工艺点的精准控制，用匠心精神，将每一个环节、每一个细节都做到精益求精。

3. 盲目扩张，引发安全危机

新能源汽车产业发展市场潜力大，加之早期政府补贴高、利润丰厚，吸引了大量资本投资，促使动力电池产业在短期内呈现惊人的发展速度。这种野蛮增长，导致相关企业盲目扩张，缺乏对化学材料基础和电芯结构的深入研究，产品稳定性和一致性较差，成为近期安全事件频发的主要原因，也反映出部分电池企业对于社会责任担当的严重缺失。安全是企业的生命线，更是对客户生命财产的承诺，没有任何商量的余地。不断改进产品安全设计，提升品控和产品的一致性，确保将高质量产品交付给客户，永远是电池制造企业的首要课题。

二　动力电池产业面临的挑战

1. 降本与高质量的平衡

雄鹰搏击长空必要经历暴风雨的洗礼与考验，受政府补贴退坡影响，目前国内许多电池制造企业面临资金压力，部分企业单纯依靠降低成本、放松品质来保证利润率，致使部分问题产品流入市场，造成安全隐患。因此，在毛利率普遍大幅下滑的背景下，动力电池行业更加需要关注产品安全和提升质量控制水平。

2. 研发实力弱，产业核心技术和知识产权缺失

动力电池属于资金－技术密集型产业，国内企业在前端技术方面，与先

进国家仍存在较大差距。早期我国的动力电池技术是在和国际知名车企的合作与模仿中发展而来的，尽管经过了几年的发展，企业技术实力普遍有所提升，但缺少相对完整的研发经历、对关键材料和关键技术缺乏深入理解、对核心技术和知识产权重视程度不足等，必然会导致企业无法掌握产业发展和转型的主导权。在后补贴时代，动力电池企业更应该重视基础科学问题的研究，增加企业的技术积累，持续提升研发投入，只有这样才能够在激烈的市场竞争中更好地生存和发展。

3. 产能过剩亟待化解

目前，动力电池市场中两极分化严重，低水平重复建设问题突出，行业结构性风险上升。从市场集中度来看，2015 年出货量前 10 家企业的市场占有率为 75.3%，整个动力电池产业 121 家企业中，真正能进入整车供应体系的企业不超过 20 家。从产能利用率看，2017 年，我国汽车动力锂电池产能达到 142GWh，同比增长 119.0%；自 2015 年开始，汽车动力锂电池行业的产能利用率持续下降，2017 年行业的产能利用率仅为 31.3%；截止到 2018 年我国汽车动力锂电池产能约 182GWh，产能利用率约为 29.5%，行业产能过剩问题突出。原因主要包含以下两点：一是从中央到地方的一系列补贴和优惠，吸引了大量资金进入新能源汽车配套领域，导致大部分锂电池企业盲目扩大产能；二是政策导向过度强调能量密度的提升，对安全性关注不足，客观上超出了行业现有的技术水平，导致部分技术实力欠缺的企业盲目提高单体电池能量密度，而忽视了热失控等因素带来的安全风险，不利于整个行业的健康稳定发展。

三 对策与建议

1. 增强企业研发实力，提升产业核心技术竞争力

作为动力电池企业本身，创新是企业的灵魂，国内电池企业在补贴退坡、外资大量进场等多重不利条件下，要想获得长期发展，必须摒弃急功近利的心态，不断加大研发投入，提升技术研发实力，通过对基础研究和科学问题的深入探索，推进产品安全性、可靠性的不断升级，以更加积极的姿态

参与到市场竞争中。塔菲尔深知技术积累和研发体系建设的重要性，研发人员大部分拥有博士、硕士学历以及顶尖企业从业经验，同时与中科院化学研究所等多家科研机构和院校展开深度合作，进行新材料和电池体系的研究开发。公司计划2019年下半年推出255Wh/kg NCM 811产品，2021年量产采用硅碳负极材料的300Wh/kg NCM 811产品，并适时推出固态电池相关产品。

2. 加强顶层设计，引导产业有效化解产能过剩，实现高质量发展

中国动力电池行业的健康发展，除了市场本身调控以外，离不开政府的宏观指导，补贴退坡后，通过政府引导弱化对能量密度的过度关注，引导企业加强对提升电池系统安全的关注，切实保障消费者的生命财产安全。同时，进一步明确动力电池产业技术水平的规范化和标准化，鼓励动力电池企业通过重组、延伸产业链等方式做大做强，避免动力电池产业出现同质化、低端化发展，实现整个产业高质量的发展。

四 结束语

我国电动汽车已经进入产业化阶段。2018年我国电动汽车销量已达到125万辆，持续成为全球最大电动汽车市场。动力锂离子电池市场需求巨大，但行业竞争激烈，行业的整合正在持续进行中，市场将进一步向优势企业集中。未来三到四年，将是动力电池产业链上下游企业最为艰难的一段时间，尤其是在降本压力方面，上下游企业将面临前所未有的挑战。塔菲尔作为一家专注于新能源锂离子动力电池及储能电池研发、生产的高新技术企业，将继续大力推动科技创新的进程，加大重点领域的科研投入，培养优秀高层次科技领军人才以及青年科技人才，争做创新驱动的排头兵，合力与上下游企业接受挑战，与整个产业链协作配合，共渡难关，为动力电池产业的创新发展奉献自己的力量，为中国新能源事业发展贡献更多智慧。

动力电池要走高品质发展道路

孟祥峰*

近年来，随着国家对新能源汽车产业的支持，新能源汽车市场在快速发展的同时，市场竞争也日趋激烈。动力电池作为新能源汽车核心部件之一，也不断吸引新进入者通过直接投资、产业转型或收购兼并等方式参与竞争，同时现有动力电池企业亦纷纷扩充产能，市场竞争日益激烈。

宁德时代新能源科技股份有限公司（以下简称宁德时代）在电池材料、电池系统、电池回收等产业链关键领域拥有核心技术优势及可持续研发能力，形成了全面、完善的研发、生产、销售服务体系。2018 年，宁德时代完成了 A 股首次公开发行并在创业板挂牌上市，由此提升了品牌影响力、公信力，丰富了资本市场融资渠道，完善了员工长效激励机制，首发募集资金的到位也为公司进一步提升研发、生产能力提供支持。

2018 年全年，公司实现营业总收入 2961126.54 万元，与上年同期相比增长了 48.08%。在新能源汽车行业补贴幅度调整、技术标准提高、行业进一步规范的情况下，宁德时代在新能源汽车动力锂电池领域保持技术、规模、供应链与客户等领先优势，产能逐渐释放，销量持续增长，市场占有率进一步提高。

在产品技术方面，宁德时代致力于技术领先，目前公司已经在各个细分市场全面布局，在磷酸铁锂长寿命、三元高能量密度、快充等差异化产品方面加大研发投入，抢占技术制高点；公司通过进一步完善电池安全管控系统，持续从多方面提高动力电池安全性能；不断完善从材料到电芯到系统的基础性研究体系，提高创新性研究的针对性和高效性。同时，公司将通过技术创新等手段降低动力电池制造成本，推动电动车市场的发展。

截至 2018 年末，公司拥有研发技术人员 4217 名，其中，拥有博士学历

---

* 宁德时代新能源科技股份有限公司董事长助理。

的112名、硕士学历的958名，还包括2名国家千人计划专家和6名福建省百人计划及创新人才，整体研发团队规模和实力在行业内处于领先。完善的研发体系、强大的研发团队推动公司研发技术水平持续提升。

在市场销售方面，宁德时代在国内市场为上汽、吉利、宇通、北汽、广汽、长安、东风、金龙和江铃等品牌车企以及蔚来、威马、小鹏等新兴车企配套动力电池产品。在海外市场进一步与宝马、戴姆勒、现代、捷豹路虎、标致雪铁龙、大众和沃尔沃等国际车企品牌深化合作，获得其多个重要项目的定点，配套车型将在未来几年内陆续上市，公司角色已经开始从海外客户的中国项目首选供应商演变为全球战略合作伙伴。

在战略布局方面，宁德时代目前在宁德、青海、溧阳建有生产基地，在宁德、德国慕尼黑设有研发中心，在中国香港、法国、美国、加拿大和日本建有办事处。2018年，为应对快速增长的市场需求，公司逐步提升基地产能，其中溧阳基地已正式投产，并开始筹划在德国建设首个海外生产基地。同时，公司一方面持续推进与上汽、东风、广汽、吉利、一汽等下游重要车企客户的合资合作，与下游领军企业共同发展；另一方面加强与上游优质供应商的技术、商务合作，以保证技术领先、成本领先。

随着全球能源危机和环境污染问题日益突出，节能、环保有关行业的发展被高度重视，发展新能源汽车已经在全球范围内形成共识。不仅各国政府先后公布了禁售燃油车的时间计划，各大国际整车企业也陆续发布新能源汽车战略。未来随着支持政策持续推动、技术进步、消费者习惯改变、配套设施普及等因素影响不断深入，全球新能源汽车市场潜力有望加速释放。

新能源汽车市场的不断发展，带动了整个产业链的共同进步，新能源汽车的增长已经成为拉动汽车产业发展的重要力量。随着产业链的日益完善和技术的不断进步，新能源汽车及动力电池的性能、质量快速提升。同时，产业链的完善和产业规模的扩大推动锂离子电池产品的成本和售价下降，相应降低了新能源汽车成本。此外，相比燃油车而言，智能化在电动车领域更具优势，更多全新设计的车型也为电动车提供了更好的智能化载体和平台，尤其是自动驾驶技术的不断迭代升级将为汽车产业带来巨大的变革。在市场整体快速发展和技术进步的双重推动下，新能源汽车动力电池行业亦呈现良好的发展态势。

目前，我国对于新能源汽车行业已建立了从研发、生产、购买、使用到基础设施等方面的较为完善的政策支持体系，有助于新能源汽车产业的进一步发展，新能源汽车逐步替代燃油车已成为汽车行业发展趋势。

从2009年我国开始新能源汽车推广试点以来，一直在推行新能源汽车补贴政策，但随着新能源汽车市场的发展，国家逐步降低了新能源汽车的补贴额度，提高了补贴门槛，引导行业淘汰劣质产能，发展综合性能更优质的产品，加速产业集中。因此，宁德时代将通过加大研发投入、加强技术突破、充分发挥市场龙头优势和产业链协同、挖掘潜能降本增效等措施，持续应对补贴退坡。同时，从政策的持续性和产业发展的稳定性出发，建议政府在补贴退坡的同时，继续加大对使用端的支持力度，如进行差异化交通管理、加强充电基础设施建设，并明确后补贴时代的扶持政策，如延长免征购置税、推动“双积分”等措施，给予行业明确预期。

迎接未来挑战，做优做强动力电池产业

孙华军*

2018 年我国动力电池需求仍然呈现高速增长态势。2014～2018 年中国汽车动力锂电池出货量分别为 4.4GWh、15.8GWh、28.6GWh、37.3GWh、57.0GWh，2018 年较 2017 年同比增长 53%，预计 2020 年将达到 100GWh，2025 年将达到 430GWh，其主要受益于下游新能源汽车市场的带动。2018 年中国新能源汽车总销量 125.6 万辆，同比增长 62%，新能源乘用车销售 105.3 万辆，同比增长 82%；这其中比亚迪占据相当大的份额，2018 年比亚迪新能源汽车共销售了 24.78 万辆，连续 4 年蝉联全球新能源汽车销量第一，其搭载的动力电池全年装机量达 11.4GWh，占据了国内动力电池 19.4% 的装机总量。

2018 年新能源乘用车成为主要增长的拉动力，且受新能源汽车补贴政策的影响，高端新能源乘用车产量比例开始上升。新能源汽车产量结构的变化带动了动力电池市场结构的同步变化，三元锂电池累计销售占比 55.4%，超过磷酸铁锂电池成为市场产品的绝对主体；技术上快速进步，一是动力电池能量密度提升较快，高镍三元、硅碳负极等高比容量材料实现批量应用，磷酸铁锂电池系统能量密度均值提高到 120～140Wh/kg，三元材料电池系统提高到 140～160Wh/kg，二是电池成本下降明显，2018 年动力电池行业系统每瓦时成本相比 2017 年降低 20%，预计电池价格在未来三年将继续下滑 20%～30%。

与电池产业高速增长和技术大幅提升相对比的是，受补贴退坡带来的利润摊薄，2018 年国内超半数动力电池企业净利润集体下滑，部分企业甚至出现亏损，行业的优胜劣汰进一步加剧，产业集中度提升。2019 年新能源汽车补贴新政加大了退坡幅度，动力电池价格将继续走低，国内电池企业面

---

* 比亚迪电池事业群，深圳研发中心总监。

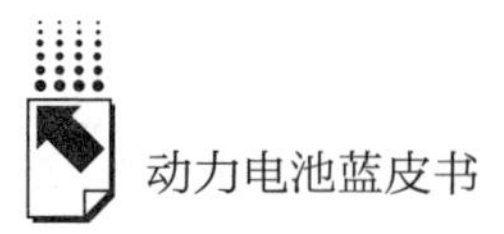

临的降价压力更为严峻，外围环境上诸如特斯拉、LG、松下等外资电池企业巨头皆已重启布局补贴取消后的中国市场，其品牌、技术、布局等方面的优势将是国内电动车产业链的重大挑战。

未来的动力电池市场仍然广阔，动力电池出货量预计2020年将达到100GWh，2025年将达到430GWh，而中国将成为动力电池竞争的主战场。政策的指引很明确，就是要通过设立较高的门槛清除低端无效的产能，打开国门面对强大的日韩对手，倒逼国内电池企业实现技术进步和成本控制，从而迈入国际市场参与全球化竞争。参考消费类电池企业的情况，电池之争最终将是技术、成本和渠道之争，技术和成本的最终立足点即为渠道之争，技术与成本有效结合才能保证争取高端渠道，打入国际巨头的整车供应链。

日韩电池企业在技术研发和制造工艺等方面仍然具有一定优势，尤其是日本企业依然具备全球顶尖的锂电材料研发实力，对于国内电池企业来说，最重要的是要掌握自己的核心技术，应以全球的视野生产一代、开发一代、预研一代，确保始终站在行业前沿，其中，最关键的是要凝聚人才，保持足够的研发投入，寻求技术突破。国内企业规模普遍不大，无法投入大量的技术研发资金，这也是大多数国内企业无法进入所在行业高端市场的重要原因。建议在政府层面上推进新能源科技创新体系建设，积极开展动力电池企业与高等院校、研究机构的合作，加大动力电池的相关基础研究力度；同时以新能源实验室和研发基地为平台培养或引进相关产业短板专业人才，掌握核心技术。

降低电池成本是电池企业要解决的另一大问题。当前动力电池的成本在整车成本中的比重仍大于1/3，对于电池价格的变化更加敏感，如果电池成本不能缩减，新能源汽车在价格方面无法与传统燃油车竞争。电池企业降低成本的主要途径包括大规模生产、技术进步、原材料及设备等的进一步国产化。除此之外，在主要的汽车工业城市建立动力电池生产工厂，既可以更好地与下游客户绑定，也是降低运输成本的方法。其中值得注意的是，低成本意味着规模效应和技术进步的持续提升，如果不关注技术进步，而仅仅是通过扩大规模来降低成本，则只能是在低端市场重复生产，甚至会给行业发展带来负面影响。比如，据不完全统计，自2018年以来国内电动汽车起火事件已超过40起，而起火的车辆几乎全部是纯电动汽车，动力电池产品的安全性已受到公众质疑，提质降本应成为动力电池企业发展的核心任务。

未来，新能源汽车补贴政策取消势在必行，下一步行业发展不再一味追求动力电池能量密度提升，整车厂对于不同市场会有不同的技术要求，但归根结底成本和安全性是主机厂考虑的首要因素。比如动力电池技术路线的选择，当前主要是磷酸铁锂和三元材料两种体系，当补贴的砝码不足以抵消能量密度提升带来的成本增加时，技术路线势必会向着更具性价比的方向倾斜。当前，磷酸铁锂电池系统能量密度可达140Wh/kg，成本较三元电池便宜10%～15%，单台乘用车使用磷酸铁锂电池可获得约0.5万元的成本节约。未来，在兼顾安全和成本控制的基础上，将技术成熟度高、生产成本较低的磷酸铁锂体系应用于如A00和A0级等的中低端和续航要求较低的车型，或者部分针对细分市场开发的车型上；高端车型对能量密度及续驶里程依然有明确要求，可应用能量密度更高、充放电倍率和低温性能好，但成本相对较高的三元材料体系电池。

在全球动力电池的角力与共生中，我国动力电池产业的“凛冬”已至，对于中国动力电池企业来说，是挑战也是机遇。电池企业应将质量和安全放到首位，深推产品技术创新，完善全产业链建设，理性市场定位和快速反应。自2017年以来，国内电池企业已经呈现强者恒强的局面，国内大型动力电池企业如CATL、BYD、孚能等正不断获得欧美传统车企的认可，未来有望与日韩企业在全球范围展开竞争，对于这些企业来说应加强技术创新，掌握核心和前沿技术，在提质降本的同时布局高端产能，加强与上下游产业链的垂直合作，车企和电池企业可开启多元合作模式，更多关注共性技术的联合研发和使用，降低技术研发成本，推动技术水平的快速提升，助力我国新能源产业在全球市场的角逐；中小型电池企业则应尽快明确其产品的市场定位，找准细分市场发力，最终赢得市场。

新能源汽车锂电池路线未来十年地位不可撼动

文一波*

自从世界上第一辆新能源汽车问世以来，汽车市场的动向就一直牵动着汽车行业人的心。作为目前大热门的话题，围绕新能源汽车路线的争议一直未曾停歇。当特斯拉将工厂落户上海的消息传遍全球时，昭示着汽车行业竞争进入新阶段。

如今，全球汽车业电动化的风潮正席卷而来，站在汽车业变化的风口，对于新能源汽车行业来说，如何快速实现新能源汽车全面替代燃油车并以何种动力体系维持其地位，是每一个从业者不得不考虑的问题。随着我国新能源汽车产业的发展，未来的动力电池体系是多种技术路线共存的，而锂电池路线将是新能源汽车产业未来十年的核心发展路线。

一　为什么是锂电池?

众所周知，在新能源汽车领域，锂离子电池是影响电动汽车性能的核心因素，随着锂离子电池技术的快速升级，新能源汽车续航能力与安全性正在逐步加强。如今，氢燃料电池的入局和铅酸电池的落幕成为这场新能源汽车产业发展路线竞争的注脚。

从属性上来说，燃料电池与锂电池各有千秋。锂离子动力电池的安全性、高效率能量转换和逐渐降低的成本等优点为新能源汽车领域打开市场。随着新能源整车厂对动力电池企业技术升级的要求不断提升，不可逆转的高能量密度趋势和长久的续航能力，使得三元电池成为大势所趋，而轻量化的要求又为新材料的进入奠定基础，不断强化的安全性需求，为实现新能源汽车产业高质量发展提供了强有力的科技支撑。反观氢燃料电池，中国燃料电池汽车虽已获得一定的发展，但在关键技术层面与国外先进水平相比仍有一

---

* 桑德集团有限公司总裁。

定差距。另外，燃料电池在安全性、环保性、便捷性、高催化剂成本以及氢的来源和储运等方面存在的问题也成为燃料电池发展的掣肘。

对于新能源车企和电池企业而言，只有按照既定政策要求，切实更新产品技术，保障新能源汽车技术的成熟稳定才能与传统燃油汽车分庭抗礼。到2025 年，高能量密度锂电池的大规模应用，新能源汽车性价比将全面超越传统燃油车。可以预见，随着新能源汽车的高速发展，传统燃油车在未来必将退出历史舞台。

二　锂电池回收体系不完善?

锂电技术快速迭代与新能源汽车产业链上下游发展命运紧密相连，作为产业链中至关重要的环节，锂电池的梯次利用和电池材料循环再利用已进入规模化的发展浪潮中。锂电池企业应加大力度建设再生循环项目，拓展锂电产业链，建立一个完善健全的锂电池回收体系，减小锂电池原材料对环境造成的危害，回收提炼有价金属实现锂电池使用价值最大化，让锂电产业在新能源可持续发展之路不断焕发出生机。从而提高资源利用效率，减少进口，可以降低对外依存度，保护国家资源的安全，促进我国新能源汽车产业健康持续发展。

锂电池产业的发展也带动了产业链上下游许多产业的崛起。伴随电网储能的快速发展，锂电池技术的发展与应用将渐趋成熟与稳定，锂电池体系的高速发展极大地刺激了可再生能源端储能的应用。作为锂电池另一大终端应用，锂电池体系与风电光伏储能充电等新能源产业发展阶段历史性衔接。《中国制造 2025》提出 2020 年我国动力电池达到能量密度 300Wh/kg，2025 年达到 400Wh/kg，目前三元电池技术可实现的最高单体能量密度为300Wh/kg。依托锂电池的优秀产品竞争力，预计到 2025 年以新能源汽车为代表的锂电体系产品将成为能源市场的核心支柱。

三　抓住智能化“东风”

如今汽车产业正身处于新旧动能转换的时期，智能化、智慧化趋势愈演愈烈，如何优化锂电池生产制造技术、加速锂电智能化进程成为能源发展路上的重要课题。未来汽车产业链将与互联网产业链、高端制造产业链、信息产业链等发生深度链合、聚合，新能源汽车和5G、无人驾驶、人工智能等技术高度协同。作为新能源汽车“心脏”的锂电池也需要紧跟时代的步伐，抢占智能制造的高地。

当前，我国正处于工业化和信息化深度融合发展和汽车产业转型升级的关键时期，要抓住新能源汽车和智能车联网发展的机遇，积极探索新能源产业B端构建，用于城市商用、公用、乘用化场景，提供动力与运维支持、数据赋能，从数字化、智能化层面实现锂电池重大技术突破，乘着“智能化”深度发展的东风，锂电池前景不容小觑。

中国的新能源汽车行业如今已迈入发展黄金期，动力电池市场正“群雄逐鹿”，锂电池在未来十年大有可为。新能源汽车产业正以无限延伸的广度和深度开创新的时代。

对动力电池产业发展现状和趋势的认识

徐兴无*

2018 年是我国动力电池市场的关键一年，政策更加细化了续航里程档次，能量密度及续航门槛大幅提高，准入门槛提升；加强了电池组高能量密度的政策引导方向；高镍三元、硅碳负极以及软包电池路线快速商业化应用；各企业面临电池价格下滑、资金链紧张等多重压力，市场进入洗牌阶段。近年来动力锂离子电池行业呈现产能结构性过剩，但优质动力电池市场需求仍持续提高，2018 年全年我国动力电池装车量共计 56.9GWh，同比增长 56.3%，其中国轩高科生产的动力电池全年装车量 3.1GWh，位居全国第三位。国轩高科系专业从事新型锂离子电池及其材料的研发、生产和经营的高新技术企业，拥有合肥、庐江、南京、苏州、青岛、唐山、南通七大生产基地，建有合肥、上海、美国硅谷、美国独立城、日本、新加坡六大研发中心，公司主要产品涵盖磷酸铁锂正极材料、动力电池（组）、电池管理系统、储能电池系统、电动汽车电池远程监控系统等，多年来在动力电池行业始终位居前列，对行业发展有着独具国轩特色的理念和见解。

一 对动力电池产业发展的现状的认识

第一，我国动力电池行业集中度进一步提高。2018 年全年全国动力电池产业共计有 93 家企业实现装车配套，较 2017 年减少 9 家，全年装车量排名前三名的企业共计生产 38.0GWh，占比 66.8%；前五名的企业共计装车 42.0GWh，占比 73.8%；前十名的企业共计装车 47.1GWh，占比 82.8%。

第二，乘用车型已成为市场配套主体，三元电池和磷酸铁锂电池仍占主导地位。2018 年全年动力电池装车量按电池材料分，三元电池和磷酸铁锂电池全年装车量分别为 33.1GWh 和 22.2GWh，占装车总量比例分别为

* 合肥国轩高科动力能源有限公司工程研究总院常务副院长。

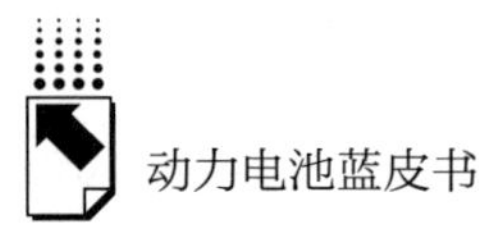

58.1%和39.0%；按配套车型分，2018年全年新能源乘用车和新能源商用车电池装车量分别为33.1GWh和23.8GWh。

第三，在技术上我国与国际先进技术水平差距不明显，但在产品质量、一致性等方面仍有不足，特别是在BMS、生产设备和原材料方面尚存在很多问题。例如目前国产的核心零部件在高频率复杂工况下的使用在精度和寿命方面与国外产品还是有一定的差距，涉及装备内部的PLC、伺服电机、运动控制器、Sensor等关键器件，仍然是需要进口，我们完全自动高安全自主装备的开发仍有多项技术难题需克服。

二　对动力电池产业发展趋势的几点认识

第一，磷酸铁锂电池将迎来回暖潮。2018年三元电池占比快速上升，但由于2019年补贴退坡幅度较大，磷酸铁锂电池的低成本、长寿命、高安全性等优势在部分细分市场会显现出来，再加上其在商用车市场的主导地位以及后期磷酸铁锂电池在储能领域的应用，其市场空间将十分广阔。2020年补贴取消后，根据市场应用的需要，磷酸铁锂电池、三元电池将会占据不同的发展空间。

第二，市场将更注重动力电池的成本。从新能源汽车发展的长远角度来看，要实现“油电同价”，动力电池系统成本下降是必然的。国家工信部在《汽车产业中长期发展规划》中规定：“到2020年，新能源汽车动力电池系统比能量力争达到260瓦时/公斤、成本降至1元/瓦时以下。”有专家认为，当新能源汽车的电池系统成本降至“1元/瓦时”时，新能源汽车将有望迎来“油电同价”时代，整个产业将出现发展的拐点。要实现动力电池系统成本大幅度的下降，整个新能源汽车产业需要深度融合，动力电池的正极、负极、隔膜、电解液等原材料企业需稳定供应，动力电池企业需进一步提高能量密度、提升生产制造水平等。

第三，动力材料的技术创新仍将是电池技术进步的关键。目前三元和磷酸铁锂仍是主流电池材料体系：三元技术方面，高镍三元材料电池被业界普遍看好，技术路线从目前主流的NCM 523体系正向NCM 622、NCM 811和

NCA 快速推进；磷酸铁锂技术方面，高压实、高克容量正极材料改性，磷酸铁锂软包电池的开发是主要发展趋势；另外，在优化现有体系锂离子动力电池技术的同时，开发新型锂离子动力电池，提升其安全性、一致性和寿命等已成为行业共识，固态锂电池在继承传统锂电池优点的基础上，安全性、能量密度都有了大幅进步，将成为下一代高能量密度动力和储能电池技术的重要发展方向。

第四，混合动力车辆将快速发展，混合动力车型用电池技术值得关注。在国内外纯电动车取得较快发展的同时，混合动力车辆，特别是插电式混合动力车、微混车辆等各种节能汽车也得到快速发展。加之 2020 年补贴取消后，各种混合动力车型用电池技术值得关注，例如功率型电池、车用 48V 电源系统将会加速发展与应用，目前国内一些企业已经分别开发出 48V LFP/C、NMC/C、NMC/LTO 等不同锂离子电池体系产品。

第五，退役电池的回收利用动力电池企业应高度重视。随着新能源汽车的快速发展，我国动力电池退役将渐成规模，预计 2020 年动力蓄电池退役量达 20 万吨（约 25GWh）；至 2025 年，累计退役量约为 78 万吨（约 116GWh），其中磷酸铁锂电池占比约 44%，三元电池占比约 50%。不论是从社会责任还是环保角度，动力电池回收已经成为亟待解决的重要问题。近年来，国家逐步在搭建回收体系，出台相关规范条件，鼓励企业布局回收利用，动力电池企业在电池梯次利用和回收利用方面具有绝对的技术优势和责任义务，未来几年市场空间巨大。

总之，动力电池市场需求巨大，行业竞争激烈，未来几年，动力电池产业链上下游企业将在成本及技术方面都面临前所未有的挑战。只有将质量和安全放到首位，企业才能在未来激烈的市场竞争中占得先机，赢得市场。

产 业 篇

Industry Reports

B.3
2018年动力电池单体行业发展报告

周 波 杨海燕*

摘 要： 2018 年三元动力电池搭载比例仍大幅提升，从 2017 年的 44% 提升至 2018 年的 58%；新能源乘用车中应用三元电池的比例逐渐提高，占比超过 90%，从而拉动了三元正极材料需求的上涨；新补贴政策出台，对新能源汽车动力电池能量密度要求进一步提高，国内主流动力电池企业加大三元动力电池的布局力度。从电池外形来看，方形电池仍占据大部分市场，占比达到 74.24%。2018 年动力电池企业装机量排名前 10 的方形、软包、圆柱电池企业数量分布比例相差不大，但方形电池装机量远高于圆柱及软包电池。在市场和政策双重压力之下，再加上行业内技术趋势，企业以及科研机构均

* 周波，中国化学与物理电源行业协会动力电池应用分会标准化工作组、行业主任；杨海燕，中国化学与物理电源行业协会动力电池应用分会研究部经理。

开始研发更高能量密度的动力电池。新能源汽车行业崛起，动力电池企业纷纷扩大产能，部分大型企业跨界布局新能源，动力电池快速发展，产能急剧扩大，但高端产能不足、低端产能过剩情况仍旧存在。未来，具有技术优势、规模优势的企业将增加市场占有率。

关键词： 动力电池　技术路线　能量密度　外形规格　装机量

一　动力电池总体规模概况

在我国新能源汽车产业政策调整后，2018 年国内新能源汽车行业各项指标还创了新高。2018 年全年新能源汽车动力电池装机量为 56.89GWh，较上年同期增长 56.88%；其中，12 月新能源汽车装机量达到 13.36GWh，较上年同期增长 13.56%。与此同时，2018 年动力电池企业产能扩张势头持续增长，尤其是方形电池产能增长比较明显；一些生产圆柱动力电池的企业也纷纷布局方形电池产线，而以生产方形电池为主的企业，通过调整电池产品尺寸，研发大容量的电池产品来加大产能布局。目前国内生产方形动力电池的企业主要包括宁德时代、比亚迪、国轩高科、亿纬锂能、天津力神、中航锂电、星恒电源、迈科新能源、中天科技、力信能源、南都电源、哈尔滨光宇、骆驼新能源、珠海银隆等。

当前国内动力电池竞争格局中，方形电池仍占据大部分市场。2018 年动力电池企业装机量数据显示，装机量排名前 10 的方形、软包、圆柱电池企业数量分布比例相差不大，但方形电池总装机量远高于圆柱及软包电池。

2018 年全年主要电池企业的投产和扩展情况，装机量排名靠前的企业：宁德时代、比亚迪、孚能科技、国轩高科、比克动力、亿纬锂能、北京国能、广州辉鹏等，都有扩产情况；其中，宁德时代和比亚迪 2022 年的规划产能预计将超过 130GWh，孚能科技 2020 年规划产能将达到 40GWh，很明显产能集中度向龙头企业聚拢；另外，塔菲尔、星恒电源、盟固利、猛狮科技等规划产能基本不少于10GWh。

从电池类型来看，方形、圆柱、软包都有涉及。数据显示，2018年底全行业总产能约为182GWh；其中，方形电池产能约为93.5GWh，圆柱电池产能约为50.5GWh，软包电池产能约为38GWh，占比分别为51%、28%、21%。

动力电池市场一方面高端产能需求的增量在持续攀升，另一方面在供应的增长上却难以与市场形成同步，短期内高端产能的缺口很难补足。预计2020年左右，高端产能基本可以实现供需平衡。

高能量密度的发展趋势使得越来越多的电池厂商转而研发三元电池，研发力量的集聚必然导致研发速度的提升，高端电池产能放量无疑也会越来越快，但这种强化不仅要体现在产量的增长上，更应体现在提质降本上。

动力电池企业将着力加强新体系动力电池基础研究，大力推进新型锂离子动力电池研发和产业化。目前我国动力电池产业正处于由高速增长向高质量增长转型的攻关阶段。产业发展取决于产品的技术进步、安全可靠性提升以及成本下降，同时顶层政策设计也有重要影响，并且中国动力电池产业将面临进一步开放形势的严峻挑战。

2019年国内动力电池产能扩张将会更加向龙头企业集中，短期内这个趋势将会进一步加强。从电池企业产能扩张技术路线来看，圆柱电池企业产能扩张将不会太大，基本主要集中在日本的松下，国内的天津力神、远东福斯特等以圆柱电池为代表的企业；而方形电池企业产能扩张将主要集中在龙头企业，但从目前投资的情况来看，企业投资热情并不是很高。

从目前的发展趋势来看，软包电池企业未来产能扩张将会成为市场关注的重点，例如目前吉利汽车旗下的新能源汽车“御用”动力电池供应商，洪桥集团旗下浙江衡远新能源，当前厂房设计年产2GWh三元圆柱锂电池产能，所有主要建筑工程已经完毕。

2018年11月13日，天津市捷威动力工业有限公司20GWh三元动力锂电池项目正式签约落户浙江省嘉兴秀洲区。该项目投资约108亿元，将分期建设年产20GWh三元软包动力锂电池生产基地和研发中心项目。

2019年1月24日，恒大以10.6亿元入股动力电池企业卡耐新能源，迅速扩大卡耐新能源生产规模，计划在10年内建设多个年产能达60GWh的软包电池超级工厂。

2019年3月11日蜂巢能源与捷威动力签署合资项目协会，拟在江苏盐城投资15亿元，建设4条三元软包动力电池生产线，首期实现产能2.5GWh，项目计划于2020年上半年建成投产。

从企业产能规划来看，未来可能将由主要的1~2家电池龙头企业来引领市场的发展。

另外，目前国内龙头企业宁德时代、比亚迪等，也在快速扩充产能。但是从产能扩张速度来看，仍跟不上市场需求，像比亚迪尽管2019年底整体产能有望达到40GWh，但是这也将取决于其在青海工厂的生产是否顺利，比亚迪汽车2019年预计产销达到40万~50万辆，这将会占用比亚迪大部分的自有动力电池，使得企业很难对外形成大规模的供货；而宁德时代整体产能预计将达到45.9GWh，2019年产能将会处于极度紧张的态势。

目前，软包电池在新能源汽车乘用车中的占比较高，软包电池可能会是未来一些高端车型的主要选择方向之一。

从国内外各企业积极布局软包电池的趋势，我们可以看出，软包电池已经进入了飞速发展阶段。对于不断发掘新增长点的“大资本”来说，新能源软包电池领域很可能将成为下一个行业爆发点。

二　动力电池企业技术路线分析

动力电池应用分会针对国内50家主流电池企业的技术路线进行了详细的分析（见表1和表2）。

配套三元电池和磷酸铁锂电池车辆分布在不同的车辆类型领域里，三元动力电池有着能量密度大、体积小、大倍率充电和低温性能良好等方面的优势，但循环性能方面，磷酸铁锂电池的优势则相对明显，在安全方面磷酸铁

表 1　三元电池主要生产企业

电池类型	企业名称	主要应用领域
三元圆柱	比克电池、天津力神、远东福斯特、江苏智航、上海德朗能、振华新能源、亿纬锂能、天鹏电源、鹏辉能源、江苏金阳光等	纯电动乘用车、专用车
三元方形	宁德时代、比亚迪、哈光宇、星恒电源、东莞塔菲尔、中航锂电、力神、国轩高科、欣旺达等	纯电动乘用车、专用车以及部分插电式混合动力乘用车
三元软包	孚能科技、卡耐新能源、桑顿新能源、万向一二三、捷威动力、宁德时代、广东天劲、多氟多、河南锂动、遨优动力电池等	纯电动乘用车、专用车以及部分插电式混合动力乘用车

资料来源：动力电池应用分会制作。

表 2　磷酸铁锂电池主要生产企业

电池类型	企业名称	主要应用领域
磷酸铁锂圆柱	国轩高科、深圳沃特玛、实联长宜、东莞迈科新能源、中天储能、河南新太行电源等	纯电动乘用车、专用车、客车
磷酸铁锂方形	宁德时代、比亚迪、国轩高科、亿纬锂能、中航锂电、鹏辉能源、力神、芜湖天弋、江苏春兰、江苏力信能源、江西安驰等	纯电动客车、专用车、乘用车以及部分插电式混合动力客车
磷酸铁锂软包	北京国能、万向一二三、惠州亿鹏、遨优动力电池、河南力旋科技、钱江锂电、江苏富朗特、福建巨电、中兴派能等	纯电动客车、专用车、乘用车

资料来源：动力电池应用分会制作。

锂电池也优于三元动力电池。制造不同类型新能源车辆的厂商，在选用电池时可根据不同用途选择，新能源客车空间相对较大，对电池的能量密度和比功率要求相对较低，车企选择磷酸铁锂动力电池居多，发挥了其循环性能好的特性；而新能源乘用车空间有限，电池用量较少，各个厂商则选用高能量密度与高比功率三元动力电池较多。

三　动力电池能量密度分析

在补贴金额与电池系统能量密度挂钩的压力之下，国内动力企业都加紧了研发新一代高性能动力电池的步伐；除了改进原材料属性提升电芯单体比能量之外，做大电芯尺寸规格以增加容量成为电池企业提升能量密度的重点。能量密度的提升，一方面是新能源汽车发展追求更长续航里程的必然结果；另一方面，与政府补贴金额密切相关。图 1 为 2017 ~ 2018 年动力电池系统能量密度区间对比。

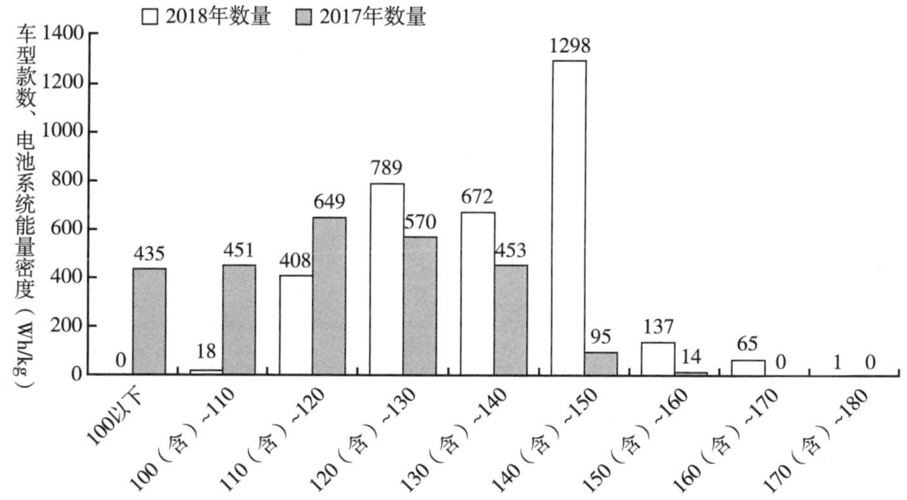

图 1　2017 ~ 2018 年动力电池系统能量密度区间对比

数据来源：动力电池应用分会。

通过对比 2017 年及 2018 年新能源汽车推广应用推荐车型目录，我们可以看出，整体电池系统能量密度有所提升，2017 年电池系统能量密度在 110 ~ 130Wh/kg 区间的居多，而 2018 年电池系统能量密度多集中在 140 ~ 150Wh/kg。而从 2018 ~ 2019 年的推荐目录，我们也发现，当前已有 24 家动力电池企业（含 PACK 企业）给主机厂配套的电池系统能量密度达到了 160Wh/kg。

根据 2018 年补贴政策技术要求，系统能量密度达到 160Wh/kg 就可以获得 1.2 倍的补贴系数，因此成为 2018 年动力电池行业的技术标杆。大量的电池企业通过改进材料体系和轻量化设计等方式，使系统能量密度从 2017 年 140Wh/kg 的水平提升至 2018 年的 160Wh/kg。表 3 为 2018 ~ 2019 年 6 月主要动力电池企业系统能量密度区间占比。

表 3　2018～2019 年 6 月主要动力电池企业系统能量密度区间占比

单位：%

宁德时代	2018 年占比	2019 年 1～6 月占比
105Wh/kg 以下	1.07	0.00
105(含)～120Wh/kg	0.81	0.00
120(含)～140Wh/kg	37.50	8.00
140(含)～160Wh/kg	57.04	79.68
160Wh/kg 及以上	3.57	12.32
比亚迪	2018 年占比	2019 年 1～6 月占比
105Wh/kg 以下	0.10	0.04
105(含)～120Wh/kg	1.70	0.00
120(含)～140Wh/kg	20.06	0.00
140(含)～160Wh/kg	69.24	22.00
160Wh/kg 及以上	8.90	77.96
国轩高科	2018 年占比	2019 年 1～6 月占比
105Wh/kg 以下	0.48	0.00
105(含)～120Wh/kg	30.81	0.00
120(含)～140Wh/kg	67.01	10.04
140(含)～160Wh/kg	1.70	89.96
天津力神	2018 年占比	2019 年 1～6 月占比
105Wh/kg 以下	5.54	2.92
105(含)～120Wh/kg	0.32	0.02
120(含)～140Wh/kg	10.60	9.36
140(含)～160Wh/kg	82.78	86.36
160Wh/kg 及以上	0.76	1.35
孚能科技	2018 年占比	2019 年 1～6 月占比
105Wh/kg 以下	5.55	0.03
105(含)～120Wh/kg	2.67	0.00
120(含)～140Wh/kg	82.53	0.00
140(含)～160Wh/kg	9.25	99.97

数据来源：动力电池应用分会。

进入 2019 年，电池企业在 160Wh/kg 水平的基础上进一步提升，向 180Wh/kg 的目标进发，以应对补贴新政技术门槛提升和提升企业市场竞争力。

从电池企业来看，在160Wh/kg以上的电池系统中，宁德时代的能量密度水平最高达182.44Wh/kg，但比亚迪的产品数量最多，从正面体现了两家龙头企业的技术领先优势。

此外，除上述企业外，包括力神电池、比克电池、卡耐新能源、远东福斯特等20多家电池企业也基本实现了电池能量密度160Wh/kg，对于实现电池能量密度180Wh/kg目标也在2019年的规划当中。

四 单体电芯市场装机量分析

动力电池作为新能源汽车电源的动力来源，随着新能源汽车补贴政策对整车技术的要求越来越高，它的性能和质量等因素直接影响着新能源汽车的发展。

根据动力电池应用分会的统计数据，2018年1～12月国内新能源汽车配套三元电池装机量为33.10GWh，同比增长103.71%；从配套车辆类型来看，主要配套在纯电动乘用车A级车型和A0级车型上，占比分别为52.89%和19.66%。2019年1～6月国内新能源汽车配套三元电池装机量合计为21.35GWh，同比增长142.84%（见图2）。

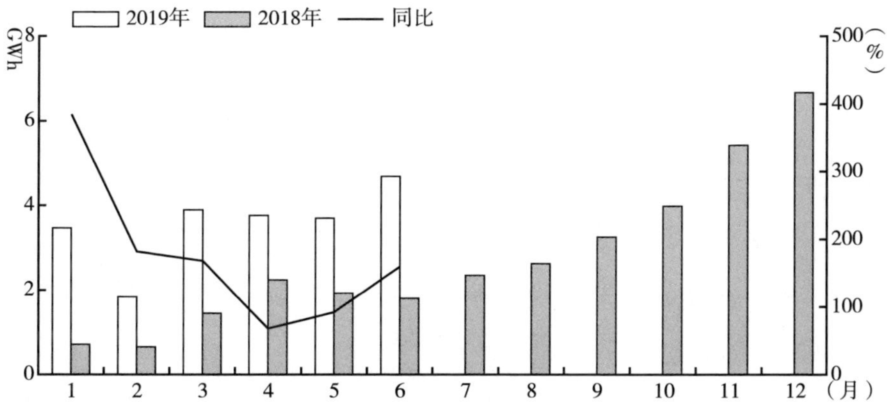

图2 2018年至2019年6月国内新能源汽车配套三元电池装机量分析

数据来源：动力电池应用分会。

2018 年 1 ~ 12 月国内新能源汽车配套磷酸铁锂电池装机量为 22.19GWh，同比增长 23.51%；从配套车型类别来看，磷酸铁锂电池主要配套在纯电动客车上，占比 71.75%；从车型来看，主要集中在 10 米以上的纯电动客车中，占比 59.93%。2019 年 1 ~6 月国内新能源汽车配套磷酸铁锂电池装机量合计为 8.09GWh，同比增长 30.86%（见图 3）。

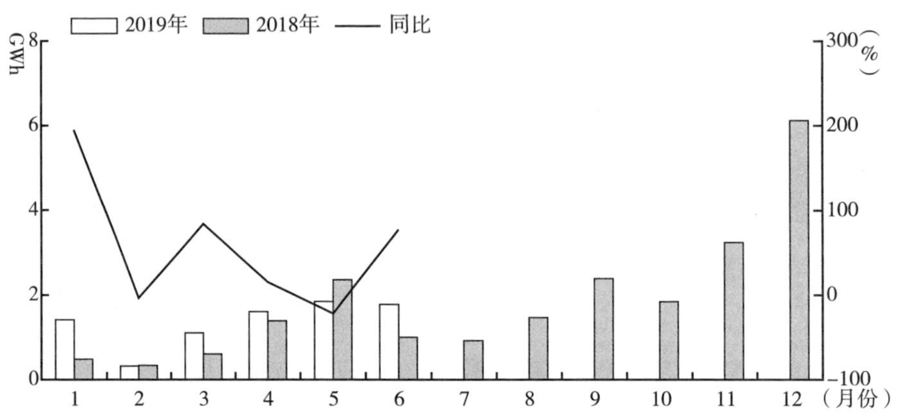

图 3　2018 年至 2019 年 6 月国内新能源汽车配套磷酸铁锂电池装机量

数据来源：动力电池应用分会。

2018 年 1 ~12 月国内新能源汽车配套锰酸锂电池装机量为 1.10GWh，同比下降 26.7%；主要应用在纯电动客车上。2019 年 1 ~6 月国内新能源汽车配套锰酸锂电池装机量合计为 0.28GWh，同比减少 10.92%（见图 4）。

2018 年 1 ~12 月国内新能源汽车配套钛酸锂电池装机量为 0.52GWh，同比下降 8.99%；这种电池主要是作为快充电池应用在 10 米以上的纯电动客车中，快充倍率主要集中在 3 ~5C 和 5 ~15C。2019 年 1 ~6 月国内新能源汽车配套钛酸锂电池装机量合计为 0.28GWh，同比增加 87.48%（见图5）。

从配套在各类车辆的动力电池来看，三元动力电池主要应用在新能源乘用车上，磷酸铁锂动力电池主要应用在新能源客车上，锰酸锂动力电池主要应用在纯电动物流车和纯电动客车上，钛酸锂电池主要作为快充电池配套在

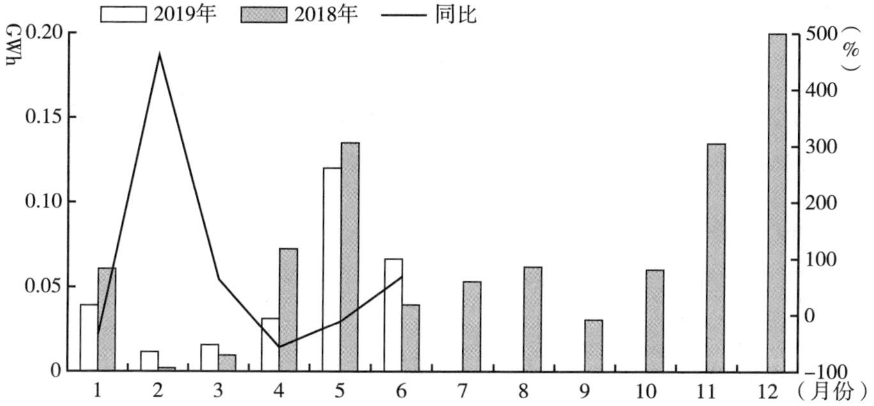

图 4　2018 年至 2019 年 6 月国内新能源汽车配套锰酸锂电池装机量

数据来源：动力电池应用分会。

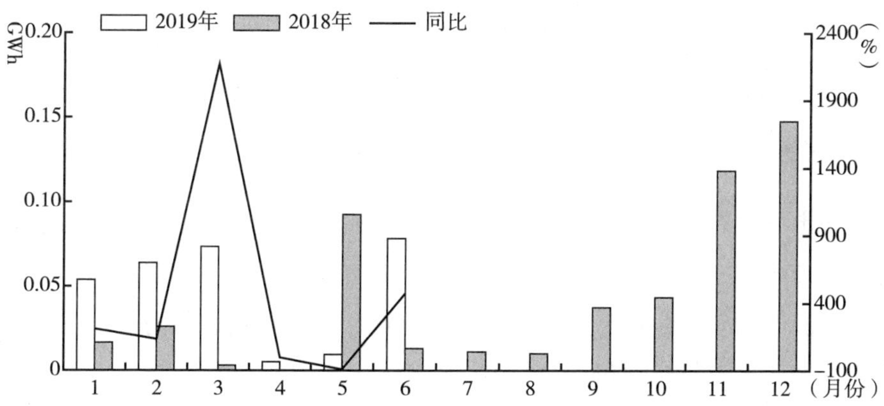

图 5　2018 年至 2019 年 6 月国内新能源汽车配套钛酸锂电池装机量

数据来源：动力电池应用分会。

纯电动客车上；在各类动力电池方面，目前市场三元电池和磷酸铁锂电池占据主导地位。

从动力电池单体电芯封装形式来看，不同的封装形式有着不同的特点。2018 年 1～12 月方形电芯累计装机量为 42.24GWh，占总装机量的 74.24%，整体处于上升趋势；其中 12 月装机量为 9.76GWh，同比增长 41.43%，环比增长 54.82%，占比 73.05%；软包单体电芯电池 2018 年 1～12 月装机量在不断扩大市场，累计7.55GWh，占总装机量的13.27%（见图6）。

2019年1～6月方形电芯累计装机量为24.70GWh，占总装机量的82.30%，整体处于上升趋势；软包电芯累计装机量为2.64GWh，占总装机量的8.79%；圆柱电芯累计装机量为2.67GWh，占总装机量的8.91%。

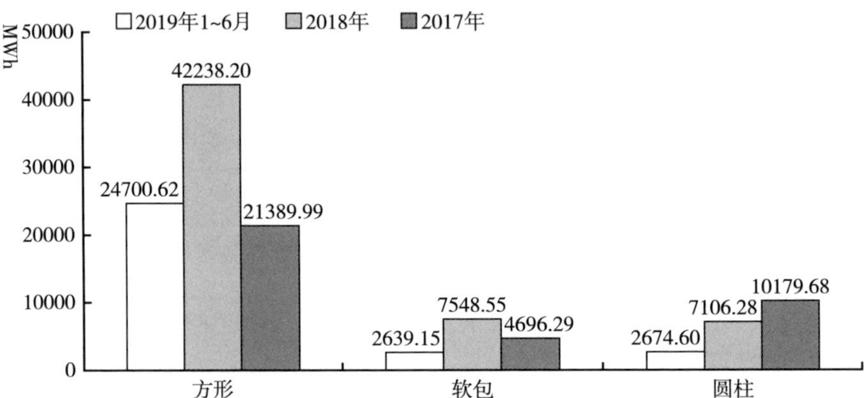

图6　2017年至2019年6月中国新能源汽车电芯外形装机量占比

数据来源：动力电池应用分会。

从市场占有率来看，软包动力电池的装机量市场占有率略高于圆柱动力电池的市场占有率。像国内北京新能源汽车、上海汽车、奇瑞汽车、江铃控股等主流电动车企业都已尝试软包动力电池，孚能科技、万向一二三、北京国能等企业大力投建软包动力电池生产线。

五　主流电企配套电芯规格尺寸分析

（一）新能源乘用车领域

根据动力电池应用分会研究部的统计分析，从目前装机量排名靠前的几家主流电池企业配套的新能源乘用车单体电芯尺寸来看，宁德时代搭载最多的单体电芯尺寸是79×148×97（单位：mm），比亚迪搭载最多的单体电芯尺寸是173×122.5×50（单位：mm），具体见表4。

表 4　2017 年至 2019 年 6 月主流电企搭载新能源乘用车主要电芯尺寸分析

电芯生产企业 装机量:MWh	主要单体外形尺寸(mm)	2017 年	2018 年	2019 年 1～6 月
宁德时代	79×148×97		3552.29	5876.47
	(79±1)×(148±1)×(97±1)		642.12	1253.84
	(148±1)×(52±1)×(95±1)	3.84	882.02	1154.29
	52×148×95	726.62	1916.07	256.62
	262×217×8		341.70	183.12
	148×39.5×91	26.24	214.31	36.54
	148×52×95		1001.44	27.06
比亚迪	173×122.5×50		4959.06	4484.11
	173.0×122.5×50			253.78
	(173±0.5)×(122.5±1)×(50+1/-0.5)		161.53	250.71
	173×122.5×36.8			155.19
	416×145.5×57	437.31	907.31	1.98
	173×121.5×45	1085.61	0.19	
	39×109×420	255.69	103.91	
	173×121×45	156.24		
	173×121.4×45	1.54		
国轩高科	Φ32×135		89.77	716.43
	22.5×65×146			270.44
	148×27×97		28.43	167.36
	22×65×146		526.13	44.00
	28×148×115			8.72
	(27±1)×(148±1)×(91±1)	0.90	55.13	0.47
	19.5×65×140	490.09	335.69	
	Φ(32±1)×(131±1)		430.06	
	Φ32×131	145.36	186.87	
	148×27×91	167.11	18.32	
	18×65×140	44.83		

数据来源：动力电池应用分会。

三元方形电芯的技术标准，目前以三元 148 系列为主，像宁德时代、比亚迪、力神电池、塔菲尔、中航锂电等；比亚迪的电池电芯尺寸多集中在 173×122.5×50mm，采用在原有 PHEV2 规格上增加宽度和高度来提高电芯的容量和能量密度。下一代方形电芯 VDA590 模组尺寸将会往 221 ×44 × 103mm 靠拢。

（二）新能源客车领域

根据动力电池应用分会研究部的统计分析，从目前装机量排名靠前的几家主流电池企业，配套的新能源客车单体电芯尺寸来看，宁德时代搭载最多的单体电芯尺寸是 54 ×174 ×201 （单位：mm），比亚迪搭载最多的单体电芯尺寸是 416 ×145. 5 ×57. 5 （单位：mm），具体见表 5。

表 5　2017 年至 2019 年 6 月主流电企搭载新能源客车主要电芯尺寸分析

电芯生产企业装机量:MWh	单体外形尺寸(mm)	2017 年	2018 年	2019 年 1 ~6 月
宁德时代	54 ×174 ×201		1602. 15	1019. 81
	(54 ±1) ×(174 ±1) ×(201 ±1)		1973. 18	936. 16
	(72 ±1) ×(174 ±1) ×(201 ±1)		2121. 43	678. 24
	72 ×174 ×201		1186. 27	635. 54
	72 ×174 ×205			7. 24
	(72 ±1) ×(174 ±1) ×(200 ±1)	1497. 13	763. 69	4. 81
	54 ×174 ×200	1802. 37	767. 54	2. 56
比亚迪	416 ×145. 5 ×57. 5		2400. 98	389. 31
	416 ×145. 5 ×37		853. 81	22. 04
	416 ×145. 5 ×57	2096. 52	29. 89	
	416 ×146 ×57	297. 68	0. 66	
	416 ×145 ×57	141. 74		
	173 ×121. 4 ×45	0. 09		
国轩高科	(27 ±0. 5) ×(175 ±0. 3) ×(200 ±0. 3)		236. 09	211. 42
	27 ×175 ×200		13. 07	0. 26
	(20. 5 ±0. 5) ×(100 ±1) ×(140 ±1)	379. 30	258. 54	
	140 ×100 ×20. 5	515. 41	87. 62	
	20 ×100 ×140	48. 41		
	20. 5 ×100 ×140	15. 08	12. 49	
	Φ32 ×131	23. 19	2. 50	

数据来源：动力电池应用分会。

未来动力电池企业软包电芯的研发也会逐步往 VDA 标准上靠拢，电芯及模组尺寸将向 VDA 标准集中；电池企业方面，包括宁德时代、力神电池、国轩高科、鹏辉能源、中天储能、捷威动力、孚能科技、迈科新能源、中信国安盟固利等多家电池企业均已走在 VDA 标准化生产的前列。

（三）新能源专用车领域

根据动力电池应用分会研究部的统计分析，从目前装机量排名靠前的几家主流电池企业配套的新能源专用车单体电芯尺寸来看，宁德时代搭载最多的单体电芯尺寸是（45±1）×（173±1）×（125±1）（单位：mm）；比亚迪搭载最多的单体电芯尺寸是416×145.5×57.5（单位：mm），具体见表6。

表6　2017年至2019年6月主流电企搭载新能源专用车主要电芯尺寸分析

电芯生产企业 装机量:MWh	单体外形尺寸(mm)	2017年	2018年	2019年 1~6月
宁德时代	(45±1)×(173±1)×(125±1)	698.41	663.25	35.37
	(72±1)×(174±1)×(201±1)		4.32	33.57
	(54±1)×(174±1)×(201±1)		119.99	32.13
	72×174×201		19.87	25.05
	54×174×201		12.11	14.05
	(148±1)×(52±1)×(95±1)		0.32	5.46
	(45±1)×(200±1)×(167±1)	86.13	609.28	2.70
比亚迪	416×145.5×57.5		111.19	1219.43
	416×145.5×57	185.60	17.73	30.02
	173×122.5×50		2.41	4.06
	416×145.5×37		33.08	0.25
	173×121×45	14.31	0.54	
	173×121.4×45	9.41		
国轩高科	(20.5±0.5)×(100±1)×(140±1)	42.90	748.30	335.99
	(27±0.5)×(175±0.3)×(200±0.3)			6.72
	Φ(32±1)×(131±1)	0.04	39.44	0.84
	20.5×100×140	22.79	0.47	0.27
	148×27×91	139.50		

数据来源：动力电池应用分会。

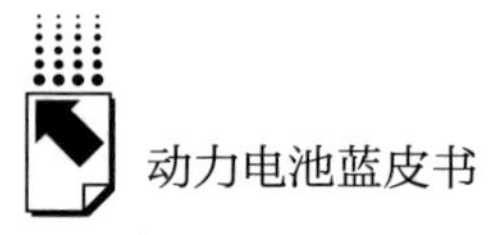

（四）小结

通过分析主流电企新能源汽车配套电芯尺寸，我们可以看出，圆柱电芯方面，未来将可能以21700电池为主。国外电池企业三星SDI、松下推出了相同规格的新型电池21700，LG也表示21700电池将在2021年量产；由此21700掀起电池的改革热潮，国内电池企业也纷纷布局和研发，像力神电池、远东福斯特、比克电池、亿纬锂能、智慧能源等均有布局21700电池产线，预计未来21700电池市场将会呈现供不应求的态势。

三元方形电芯的技术标准，目前以三元148系列为主，像宁德时代、比亚迪、力神电池、塔菲尔、中航锂电等；从比亚迪汽车目前配套的电池电芯尺寸来看，尺寸多集中在173×122.5×50mm，采用在原有PHEV2规格上增加宽度和高度来提高电芯的容量和能量密度。下一代方形电芯VDA590模组尺寸将会往221×44×103mm靠拢。

未来动力电池企业软包电芯的研发也会逐步往VDA标准上靠拢，电芯及模组尺寸将向VDA标准集中；电池企业方面，包括宁德时代、力神电池、国轩高科、鹏辉能源、中天储能、捷威动力、孚能科技、迈科新能源、中信国安盟固利等多家电池企业均已走在VDA标准化生产的前列。

六　主流电池企业合作整车供应商分析

中国汽车工业协会的统计数据显示，2018年1～12月新能源汽车累计生产127万辆，比上年同期增长59.9%，累计销量为125.6万辆，比上年同期增长61.7%。随着新能源汽车补贴政策的退坡，以及外资品牌车企的不断注入，在政策引导产业向提质增效、实现高质量发展的背景下，2019年中国新能源汽车产业发展将迈向一个新台阶。

动力电池应用分会针对2018年新能源汽车装机量排名前十的动力电池企业的配套车企进行了分析（见表7）。

表 7　2018 年新能源汽车主要电企配套电池类型及装机量分析

序号	电池企业	装机量：MWh	配套电池类型	配套车企数量
1	宁德时代	23433.30	三元、磷酸铁锂	73 家
2	比亚迪	11428.50	三元、磷酸铁锂	5 家
3	国轩高科	3069.98	三元、磷酸铁锂	38 家
4	力神动力	2050.43	三元	49 家
5	孚能科技	1909.20	三元、磷酸铁锂	5 家
6	比克动力	1737.60	三元	26 家
7	亿纬锂能	1273.23	三元、磷酸铁锂	31 家
8	国能电池	807.91	三元、磷酸铁锂	47 家
9	中航锂电	716.31	三元、磷酸铁锂	16 家
10	卡耐新能源	634.02	三元	5 家

资料来源：动力电池应用分会。

通过以上数据，我们可以看出，在新能源车企配套数量方面，宁德时代以总数 73 家高居榜首，力神动力为 49 家，国能电池为 47 家，国轩高科为 38 家，亿纬锂能为 31 家，而比亚迪 2018 年除了供自家车企使用电池外，也与 4 家车企有合作。

表 8 为 2018 年新能源汽车主要配套电池企业及车企。

表 8　2018 年新能源汽车主要配套电池企业及车企

序号	电池企业	配套车企数量	相应配套车企
1	宁德时代	73 家	北汽集团、上汽集团、吉利汽车、奇瑞汽车、东风汽车、郑州宇通、华晨宝马、重庆长安、广汽集团、上汽大众、江淮汽车、厦门金龙汽车集团、长城汽车、上汽通用五菱、威马汽车、中通汽车集团、上汽通用、中国中车集团、江铃汽车、上海申龙等
2	比亚迪	5 家	比亚迪汽车、广汽比亚迪、北京华林特装车、山东泰开、徐工集团
3	国轩高科	38 家	江淮汽车、北汽集团、奇瑞汽车、湖北新楚风、汉腾汽车、安凯汽车、中通汽车集团、江南汽车、浙江普朗特、上海申龙、珠海广客、南京市公共交通车辆厂、山东沂星、成都大运汽车、东莞中汽宏远、郑州宇通、北汽福田、金龙汽车集团、吉利汽车、湖北三环专用车等
4	力神动力	49 家	长安汽车、江淮汽车、重庆力帆、华晨汽车、上汽通用五菱、江南汽车、东风悦达起亚、北京现代、北汽福田、猎豹汽车、陕西汽车集团、郑州日产、郑州宇通、北汽集团、海马汽车、上海申龙、东风汽车、国宏汽车、扬子江汽车集团、一汽集团等

续表

序号	电池企业	配套车企数量	相应配套车企
5	孚能科技	5家	北汽集团、江铃汽车、长城汽车、长安汽车、江西志骋汽车
6	比克动力	26家	江南汽车、海马汽车、领途汽车、江淮汽车、江铃汽车、吉利汽车、东风汽车、郑州日产、云度新能源、上汽集团、一汽集团、北汽集团、上汽通用五菱、东南汽车、河北中兴汽车、长安汽车、航天新长征、飞碟汽车、金龙汽车集团、福建新龙马汽车等
7	亿纬锂能	31家	南京金龙、江苏陆地方舟、江南汽车、吉利汽车、郑州日产、华泰汽车集团、衡阳客车专用车厂、扬州亚星客车、东风汽车、郑州宇通、江苏银宝专用车、云南航天神州、厦门金龙汽车集团、芜湖中骐、湖南恒润汽车、福建新龙马、成都通途交通机械、一汽集团、成都雅骏汽车、广东顺肇专用车等
8	国能电池	47家	奇瑞汽车、江铃汽车、东风汽车、一汽集团、湖北新楚风、珠海广通、烟台舒驰客车、河北中兴汽车、江西宜春客车厂、贵州航天成功汽车、重庆力帆、长沙梅花汽车、中植汽车、安凯汽车、九龙汽车、江西凯马百路佳、陕西秦星汽车、上海申龙、四川省客车制造、长沙中联重科等
9	中航锂电	16家	长安汽车、东风汽车、江铃汽车、江淮汽车、重庆金康、重庆瑞驰、江西大乘、北汽福田、郑州宇通、安徽星凯龙、中通汽车集团、中国中车集团、广东圣宝、广西华奥、成都雅骏汽车、扬州亚星等
10	卡耐新能源	5家	上汽通用五菱、江铃汽车、长安汽车、前途汽车、东风

资料来源：动力电池应用分会。

从2018年新能源汽车装机量排名前十的电池企业合作车企，我们可以看出，新能源整车企业在选择电池企业时，并不局限于一家电池企业；多数电池企业与20家以上的车企进行合作。也就是说，双方在合作中追求长期性、稳定性的同时，也在追求灵活性，以降低政策或者市场变化带来的不利影响。动力电池企业与车企之前的合作往往是强强联合：一方面，可以让两者成为利益共同体，有利于两者达成更加牢固的合作关系；另一方面，企业有利于将高端电池产能快速绑定。

动力电池作为新能源汽车的核心部分，其发展势头持续高涨。目前对于电池企业来说，原材料价格不断上涨，车企亟待降低供应价格，企业面临双向压力；对于新能源车企来说，动力电池的成本、技术与制造等水平，决定了新能源汽车的成本、续航里程、性能、安全性与舒适度等，双方是相互依存的关系。

总体而言，国内新能源汽车企业和动力电池企业已进入深度融合阶段，产业洗牌期也就此展开。当前，动力电池市场低端产能严重过剩，从稀缺到泛滥，动力电池企业之间的竞争更多取决于其产品的质量，而车企选择与之合作的电池供应商也将遵循安全、实用以及全生命周期价值。从市场趋势来看，车企和电池企业已由单纯的供需关系转变为基于市场、商业模式创新等的深度绑定合作。除了自建配套电池厂的整车厂外，其他车企与电池厂商合作模式还有战略合作模式、联盟合作模式以及外购模式。未来中国市场会涌现一批新能源汽车合资企业和独资企业，它们使用谁的电池，将对动力电池企业的生存发展具有至关重要的影响。

七　未来应用趋势

在当前行业大背景之下，动力电池企业开始重视标准化制造问题，国内很多车企也纷纷探索产业发展的模式创新，以降低动力电池的使用成本。随着新能源汽车车型和结构的稳定，标准电芯、标准模组将逐步降低整车的制造成本。

随着新能源乘用车市场需求的逐年增长，三元将占据主导地位，而对于磷酸铁锂电池，除了新能源客车领域占据绝对优势，在一些细分领域中，也正在焕发出新的应用机会。从需求侧的角度来看，这种趋势已经非常明显。面对着补贴政策的大幅退坡，车企已经转换过去盲目追求能量密度拿补贴的思路，而开始全面市场化的导向，在A00级车型、电动物流车、48V微混系统、电动网约车、电动叉车等细分领域上开始出现明显的需求；同时，在基站储能、电网储能等领域，这将为磷酸铁锂的应用提供更大的空间。

中国虽然是全球最大的新能源汽车市场，但目前中国新能源汽车在整个汽车市场的渗透率还不到5%，市场前景依然十分广阔，中国的锂电池企业将依然占据全球市场的最大份额。随着国内外新能源汽车市场的快速发展，未来几年动力电池产业的市场需求也将持续增长；动力电池产业集中度将会进一步提高，强者恒强、优胜劣汰，在 2019 年将表现得更加明显。

B.4

2018年动力电池关键材料产业发展报告

于化鹏　陈 佚*

摘　要： 动力电池四大材料中，正极材料的市场规模相对最大，2018年约531亿元，但毛利率相对最低，在15%左右。其市场空间出现明显的结构性分化，低端的磷酸铁锂材料需求放缓，而三元材料是主要增长点。负极材料的市场规模较小，2018年约81亿元，其技术路线和市场空间相对稳定，市场集中度很高，其中人造石墨循环寿命长、倍率性能好，是主流的负极品种。得益于产品差异化和不透明的成本结构，负极盈利能力稳定，毛利率在30%左右。隔膜行业的市场规模相对最小，2018年约40亿元，由于技术含量高，2017年的毛利率曾高达55%，但是在2018年受到降价冲击也最大，隔膜行业市场竞争格局较为集中。技术路线上受电池产能向三元升级的影响，湿法替代干法的趋势也比较明显。电解液行业的市场规模在四大材料中排名第三，2018年约61亿元，毛利率在24%左右。随着高镍三元的趋势愈加明朗，动力电池对电解液要求更高，推动电解液往高压、高安全性方向发展，添加剂配方引领未来核心竞争力。

关键词： 新能源汽车　动力电池　关键材料　行业规模

* 于华鹏，硕士，方正证券股份有限公司资深新能源分析师；陈佚，硕士工程师，中国汽车技术研究中心有限公司新能源汽车技术服务中心新能源汽车动力电池产业发展研究室项目经理。

2018 年，中国新能源汽车产销均突破 120 万辆，较上年大幅增长。在渗透率方面，2018 年中国新能源汽车销量占汽车总销量比例已超过 4%，2018 年第四季度更是达到 6%。第八届清洁能源部长级会议上，中国提出了“到 2030 年新能源汽车保有量达到 30%”的倡议。毋庸置疑，汽车电动化时代势不可挡。

新能源汽车上游产业链包括电池的四大材料（正极、负极、隔膜、电解液），电池管理系统（BMS），锂电池生产设备，电机材料，以及更上游的铁矿及有色金属行业。自 2015 年起，新能源汽车取代消费电子成为锂电池的主要增长驱动力。未来新能源汽车销量增长确定性强，下游整车的需求放量将带动中游动力电池的需求量上升，由此传导至上游动力电池四大材料环节，因此未来上游产业链受益确定性最强环节将是动力电池四大材料。

一　正极材料

锂离子电池的主要构成部分包括正极、负极、隔膜、电解液等材料。在锂离子电池成本当中，正极材料的占比最大，此外正极材料的使用直接影响着锂离子电池能量密度、循环、高低温等性能，因此，正极材料的使用对锂离子电池产品来说具有重要意义。目前应用于锂离子电池的主要正极材料包括钴酸锂（LCO）、磷酸铁锂（LFP）、锰酸锂（LMO）和三元材料（NCM/NCA）。锂离子电池主流正极材料性能及优劣势对比见表 1。电动汽车使用锂电池正极材料的选择需要综合考虑材料的能量密度、安全性、循环性、经济性等，因此目前主要采用 NCM/NCA 及 LFP。随着三元技术的普及，磷酸锂铁在动力电池领域的发展空间受到挤压，自 2015 年起产量占比逐渐下滑，2018 年低于 20%。同时三元材料（NCM）的市场占比逐年增加，2018 年达到 55%。2014～2018 年正极材料市场结构如图 1 所示。

表1 锂离子电池主流正极材料性能及优劣势对比

项目	三元材料	磷酸铁锂	钴酸锂	锰酸锂
循环寿命(次)	800～1200	1500～2000	400～600	600～1000
理论容量	274mah/g	170mah/g	274mah/g	148mah/g
成本	高	适中	较高	低
耐热性能	高温性能不佳	低温性能差	高温性能不佳	高温性能不佳
主要优势	容量密度高	成本低、安全性能高、循环寿命好	电压平台高	成本低、原料来源广、倍率性能较好
主要劣势	安全性能差、循环寿命短	容量密度低	成本高	高温性能差、克容量低

资料来源：方正证券研究所。

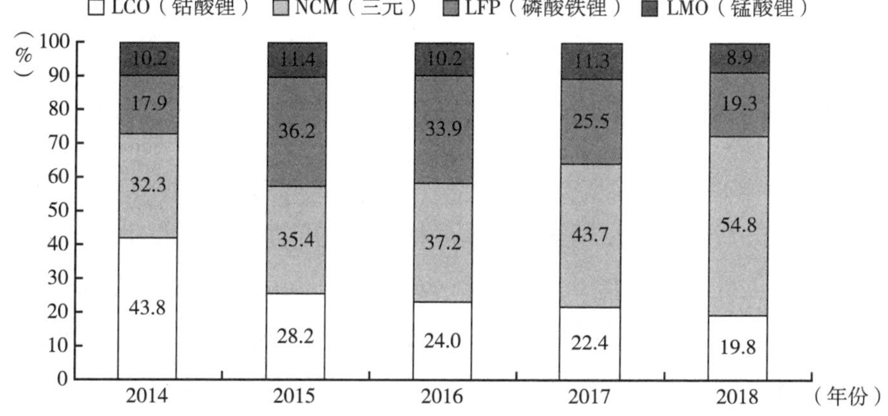

图1 2014～2018年国内正极分技术路线产量结构（吨）

资料来源：方正证券研究所。

（一）全球格局

纵观整个世界锂电池正极发展历程，国外的巨头如日亚化学、优美科等相比起国内的正极厂商，具有相当程度的先发优势：1991年，索尼和旭化成联合推出首款商用锂离子电池。5年后，科学家发现LFP可以作为正极；同年，日亚化学开始涉足锂电池材料领域。2000年，优美科开始生产LCO，

2002 年，当升科技开始量产 LCO。2012 年，住友金属矿山开始向松下提供 NCA，2015 年，巴斯夫携手户田工业也开始生产 NCA。

正极高端领域被日韩垄断，国产厂商正奋力追赶。世界范围内的正极竞争在中日韩三个国家之间进行，我国目前主要集中在中低端领域，日韩相对高端，但近年来技术差距在不断缩小。海外正极的市场集中度较高，CR5 高达 73%，top5 的企业是比利时的优美科（25%）、住友金属矿山（19%）、日亚化学（15%）、L&F（8%）和统一 GS（6%）。海外 NCM 的 CR3 超过了 30%，由优美科（16%）、日亚化学（12%）和统一 GS EM（7%）领头，该领域没有出现绝对的龙头，市场较为分散；NCA 市场集中度更高，第一的日本金属矿山（71%）、第二的 ECOPRO（16%）和第三的巴斯夫户田拓夫（2%）占据了整个市场份额的 89%，世界范围内这个领域基本没有国产厂商。

（二）国内产业情况

国内正极材料产能产量稳步提升，2018 年正极材料产量为 27.5 万吨，同比上年增长 27.8%。在供给上，锂电材料产能扩张迅速，根据统计数据，2018 年国内正极材料产能 98.9 万吨，同比增长 24%，由于产能远大于需求，2018 年锂电正极材料产量 27.5 万吨，虽然同比增长 29%，但产能利用率不到 28%，产能过剩问题十分突出，其中，三元材料 2018 年产能利用率为 36%，较上年提升 6 个百分点；磷酸铁锂 2018 年产能利用率不到 14%，较上年下降 3 个百分点；优势企业凭借质量稳定性、新产品开发能力较强继续占有较大市场份额。正极材料种类较多，性能和应用场景也有所不同，正极厂商各自在不同的细分领域发力。2018 年三元材料生产量为 10.4 万吨，长远锂科以 10% 的市场份额居国内第一，容百锂电和当升科技紧随其后；磷酸锂铁总产量 10 万吨，磷酸锂铁领域德方纳米以 24% 的市场份额排名第一；钴酸锂领域厦门钨业以 27% 的市场份额排名国内第一；锰酸锂领域桑顿新能源以 17% 的份额居国内第一。图 2 为 2014 ~2018 年国内正极产量合计（吨），表 2 为国内 2018 年不同类型正极材料企业产量前五名。

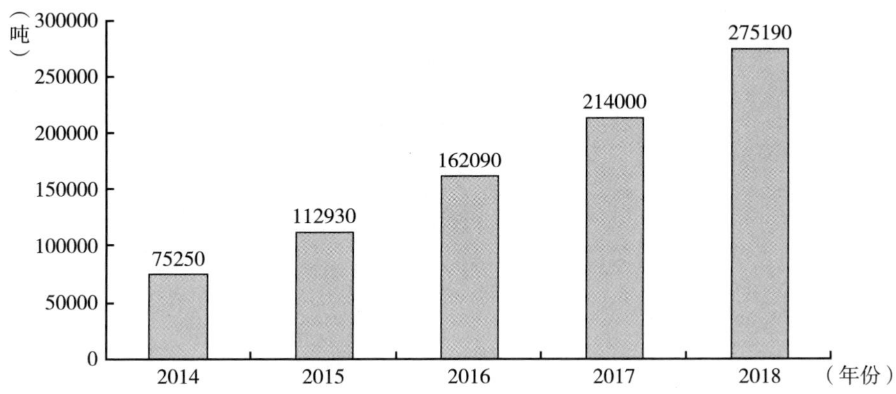

图 2　2014～2018 年国内正极产量合计

资料来源：方正证券研究所。

表 2　国内 2018 年不同类型正极材料企业产量前五名

正极材料	前五名企业	正极材料	前五名企业
三元材料	长远锂科 容百锂电 当升科技 振华新材料 湖南杉杉	钴酸锂	厦门钨业 湖南杉杉 天津巴莫 格林美 北大先行
磷酸铁锂	德方纳米 贵州安达 北大先行 贝特瑞 天津斯特兰	锰酸锂	桑顿新能源 青岛乾运 赵县强能 无锡晶石 无界科技

资料来源：方正证券研究所。

从市场份额来看，正极材料市场整体比较分散，细分市场三元正极材料集中度相对正极材料整体市场来说较高（见图 3 和图 4）。国内正极材料市场，top5 企业占比为 34% 且企业之间差距并不大。细分到三元正极材料（NCM）来看，top5 企业占比为 47%，但同样这五家企业之间差距并不大。目前正极材料国内集中度低，没有特别出众的厂商，国内 CR5 仅为 30% 左

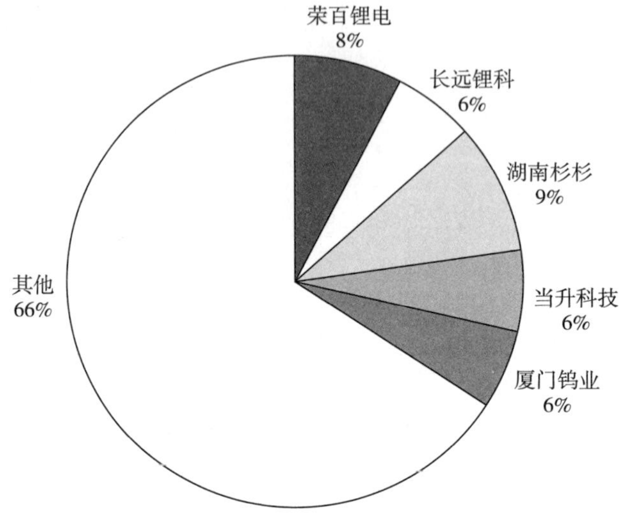

图 3　2018 年国内正极材料市场格局

资料来源：方正证券研究所。

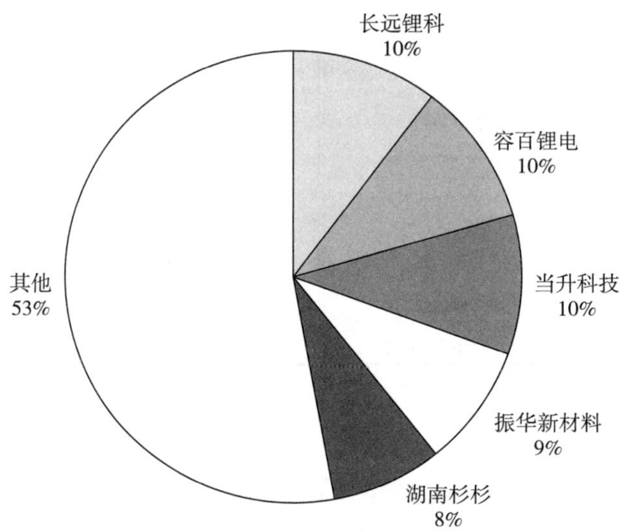

图 4　2018 年国内三元正极市场格局

资料来源：方正证券研究所。

右，而国外则达到70%以上。正极材料在国际市场上也尚未受到主流动力电池企业的认可，随着集中度提升和国外市场的进入，龙头公司未来发展空间巨大，带来的收益也越来越大，成为项目投资的重要选择依据。表3为国内主要三元正极材料企业与电池企业的供应关系情况。

表3　国内主要三元正极材料企业与电池企业的供应关系情况

三元正极企业	主要客户
长远锂科	CATL、亿纬锂能
当升科技	LG化学、SK创新、比亚迪、孚能科技、天津力神、亿纬锂能
湖南杉杉	比亚迪、深圳比克
厦门钨业	CATL、比亚迪
天津巴莫	LG化学、三星SDI、CATL、天津力神
宁波金和	三星SDI、CATL、孚能科技、深圳比克、天津力神、亿纬锂能
湖南瑞翔	SK创新

资料来源：方正证券研究所。

1. 成本加成模式致使毛利率偏低

据调研，正极材料定价模式为成本加成模式。正极材料产品成本价格透明。国际定价模式一般是根据上月几种金属的价格来约定当前产品的价格，加工费包含了一定的合理利润。企业一般在年底或年初商谈加工费的价格，除非出现行业重大突发情况，加工费一般不变。国内定价模式一般是根据目前几种金属的时点价格，一季度对加工费有大致约定。因此当金属价格相对稳定的时候，行业赚取的是加工利润。锂、钴价格的波动，导致不同客户、不同时期有不同的利润率。加工费的差异主要来自客户产品所需的烧结工艺成本的不同，如一次、两次、多次烧结。表4为三元正极定价模式。

表4　三元正极定价模式

	国际定价	国内定价
镍钴锰金属	按上月价格约定当前价格	时点价格
加工费	一年约定一次，高镍价格高	一季度约定一次

资料来源：方正证券研究所。

成本加成定价模式下，主要正极企业的毛利率总体较低，但变化较大，主要原因是上游锂和钴价格波动较大。根据统计，四大材料主流企业，正极材料企业毛利率分布在 12% ~25%，负极材料 15% ~39%，隔膜 48% ~64%，电解液 23% ~44%。由此可见，锂电四大材料中，正极材料毛利率相对较低。

2. 正极产值高，发展意义重大

锂离子电池电芯的主要构成部分为正极材料、负极材料、电解液和隔膜等，其中正极材料占电芯的成本约为 33%，排在后面的是电解液、负极和隔膜材料，分别占到电芯成本的 10%、6% 和 6% 左右（见图 5）。从成本上看，正极材料在锂电池电芯的成本占比最大，且远高于其他电芯材料的成本占比。因此，正极材料是锂离子电池行业中不可忽视的一环，这部分所占的产值是锂电池行业中最大的，这也是正极吸引投资、厂商持续扩产最重要的原动力。

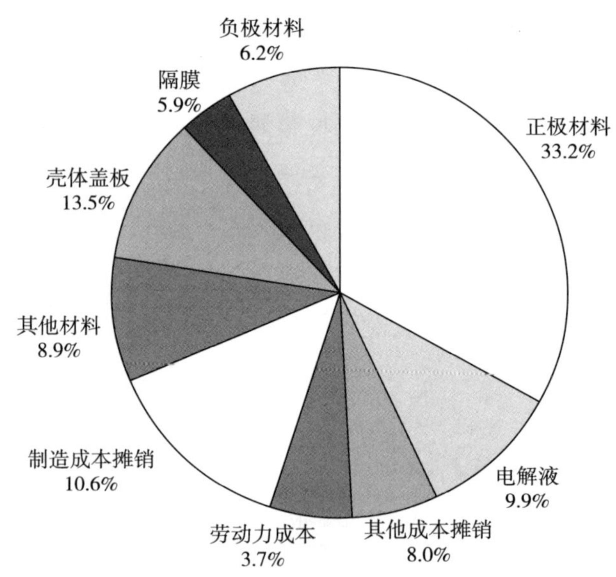

图 5　锂电池电芯成本构成

资料来源：方正证券研究所。

3. 集中度、毛利率低，企业却持续扩产

正极材料当前集中度、毛利率偏低，但国内外企业持续扩产。据统计，当前国内主流正极材料企业纷纷扩产，其中容百锂电、杉杉股份、当升科技均有大幅度扩产计划，设计扩产的产品主要集中在三元系列（见表5）。

表5　主流正极材料企业扩产计划

单位：万吨

企业	产品	当前产能	当前扩产项目
宁波容百	NCM 系列	1.8	余姚 10 万吨正极，项目分为三期建设，预计到 2025 年 12 月全部建成
杉杉股份	NCM	5.3	现有产能 5.3 万吨（截至 2018 年 12 月），并规划于 2025 年前分期建成年产 10 万吨高能量密度正极材料项目，其中一期一阶段 1 万吨项目已陆续投试产；公司现有长沙、宁乡、宁夏三大正极材料生产基地，计划总产能分别为 10、4.5、5.5 万吨，扩建计划逐步推进
当升科技	NCM/NCA	1.4	预计 2019 年 6 月海门新增 1 万吨高镍产能，2019 年底金坛新增 1 万吨高镍产能，全年有效预计 2.1 万吨，出货量预计在 2.5 万吨。常州锂电新材料产业基地远期规划建设 10 万吨产能，首期计划建成 5 万吨，有望缓解公司产能瓶颈。
厦门钨业	NCM/LCO/LFP/LMO	3	公司三明基地 6000 吨项目一期已建成投产；二期设备选型已经开始，计划 2019 年 8 月投产；宁德基地年产 1 万吨三元正极材料项目 20 年底进行设备安装，正在安装调试；海沧基地 1 万吨三元正极材料项目一期 6000 吨已建成投产，二期设备正在安装调试
格林美	NCM/NCA	3.0	公司于 2018 年 9 月完成非公开发行，以 5.46 元/股价格募集资金 18.4 亿元（原计划募集 29.5 亿元），主要用于建设包括年产 60000 吨的三元前驱体原料项目、年产 30000 吨的三元正极材料项目
	前驱体	6.0	
长远锂科	NCM/LCO/LFP/LMO	2.0	铜官基地 2 万吨正极材料 2018 年底投产，公司计划后续扩产总产能至 11.5 万吨
科恒股份	NCM、LCO	1.7	公司英德二期规划 5000 吨/年的动力三元和约 3000 吨/年的高电压钴酸锂目前已经接近建设完成，公司三元材料逐步向高端升级，动力三元方面主流动力电池厂商大部分已经开展试用、认证工作

资料来源：Wind、方正证券研究所。

（三）技术发展趋势

动力电池产业的快速发展离不开国家对于新能源汽车补贴政策的强力推动，从2009年国家首次提出新能源汽车发展目标开始，到近三年补贴逐步退坡并加入电池能量密度等更加严格的审核标准，共出台新能源汽车产业国家政策60余项，导向从初期以推广为主的普惠型，转变为如今针对新能源技术创新和市场环境等扶优扶强型。高能量密度电池的关键就在于正极材料，因此续航里程和能量密度双高的车型补贴导向推动正极材料企业淘汰落后产能，强力布局高镍三元产业。

高镍三元材料在动力电池领域的应用提速，也主要得益于钴价持续高位以及提质降本的巨大压力。据测算，采用高镍材料后，电池综合单位成本下降幅度最高在8%以上，成本优势明显。供需矛盾带来的钴价波动也正在助推厂商向低钴高镍产品转向。高镍三元成为目前主要的发展趋势，然而国内相关产业尚处于起步阶段，加上高镍生产技术难度远大于普通三元，国产化目前仍有较多难点需要突破。三元前驱体制备流程见图6。

（1）高镍三元是以前驱体及锂源烧结而成，前驱体的品质（形貌、粒径、粒径分布、比表面积、杂质含量、振实密度等）直接决定了最后烧结产物的理化指标。因此前驱体对三元材料的生产至关重要，前驱体的生产工艺是高镍技术的重要体现。前驱体的制备难点主要是pH值、沉淀温度、搅拌速度、络合剂浓度等的控制。

（2）高温固相法是正极材料工业化最常用的制备工艺，其核心工序是高温烧结。正极材料制备工艺中最核心的工序为两次烧结，其中烧结温度、保温时间、金属摩尔配比等因素对材料的结构、形貌、粒度和电化学性能有较大影响，对高镍三元正极工业化生产至关重要。为了保证高镍三元产品的高性能，除烧结过程工艺参数控制外，在锂源选择、生产设备上都存在苛刻要求，为正极产业提出诸多难题。

（3）高镍三元正极材料由于镍含量较高，在充放电过程中容易发生结构变化，尤其是在深度脱锂的状态下发生不可逆相变，因此存在一些缺点：

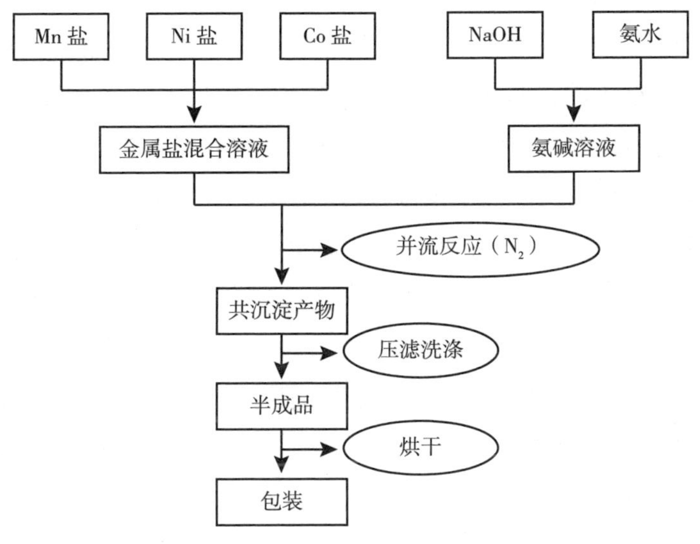

图 6　三元前驱体制备流程

资料来源：中国知网、方正证券研究所。

循环性能较差，充放电时阴阳离子混排，电导率不高。金属氧化物包覆及离子掺杂是目前改善其电化学性能较好的方法之一。表 6 为 NCM 系三元正极材料性能比较。

表 6　NCM 系三元正极材料性能比较

类型	111	523	622	811
分子式	$Li(Ni_{1/3}Co_{1/3}Mn_{1/3})O_2$	$Li(Ni_{0.5}Co_{0.2}Mn_{0.3})O_2$	$Li(Ni_{0.6}Co_{0.2}Mn_{0.2})O_2$	$Li(Ni_{0.8}Co_{0.1}Mn_{0.1})O_2$
比容量（mAh/g）	150	160	170	190

资料来源：CNKI、方正证券研究所。

综上所述，高镍三元正极产品因其高性能对生产制备工艺提出严苛要求。目前我国正极材料 CR5 =47%，行业集中度较低，较大的市场空间吸引了众多企业投产正极材料。其中排名前五的企业差距较小，年产量达到万吨，而前十以后的企业产能基本在千吨左右。显著差异的背后，也暗示着企业技术水平的差异。根据正极材料规模企业的产能以及扩产情况，预计2025年我国正极材料总产能超过55万吨，有产能过剩的担忧。虽然正极材料行业整体供过于求，但各家技术差异较大，622、811等高镍产能由于技术壁垒高，目前仅有当升科技、容百锂业等少数几家龙头掌握，因此高镍三元产能近期不存在过剩，有望成为稀缺产能，有价格优势。从盈利情况看，毛利率整体均处于较低水平，而具备上游资源优势的企业脱颖而出，业绩较好，因此技术、资源和产业链优势构成三元正极产业的关键命门。

二　负极材料

负极是锂电池的主要组成部分，它是由负极活性物质、粘合剂和添加剂混合制成糊状均匀涂抹在铜箔两侧，经干燥、滚压而成。我们所谈的负极材料主要指的是负极活性物质。

众所周知，锂离子电池的能量密度取决于其比容量和工作电压，其中比容量是由正极比容量和负极比容量共同决定（见式1），而工作电压是正极电压和负极电压的差值（又称为脱嵌锂电压）。由此可见，负极的比容量（越大越好）和工作电压（越低越好）直接决定了锂电池的能量密度，其重要性不言而喻。

$$x = \frac{PQ}{P+Q} mAh/g \tag{1}$$

负极材料可分为碳材料和非碳材料两大类（见图7）。硬碳软碳在技术上还不够成熟，硅基等合金类负极材料虽然已开始在特斯拉/松下动力电池上应用，但仍处于推广的初期，需求还比较有限。中间相碳微球具备倍率性能优异的特点，但是制备工艺复杂、产率低、成本难以下降，发展也比较受限。目前应用最广的负极材料仍然是天然石墨和人造石墨两大类（以及性能介于天然石墨和人造石墨之间，以天然石墨为基础和其他负极材料掺杂形成的复合石墨）。

天然石墨是从天然石墨矿中提炼出来的，它的颗粒外表面反应活性不均

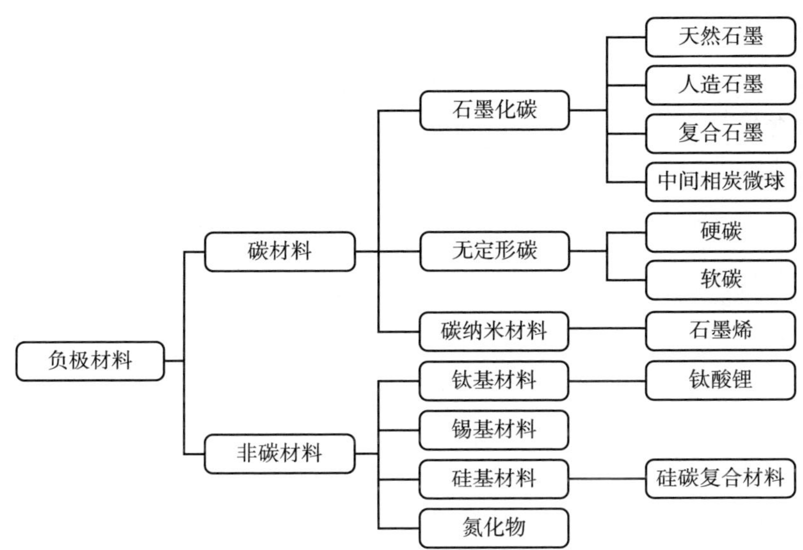

图7　负极材料的分类

匀，晶粒粒度较大，在充放电过程中表面晶体结构容易被破坏。为了解决这些问题，一般采用碳包覆工艺对天然石墨进行改性处理。其优势是比容量大、压实密度高、成本低，缺点是循环寿命短、倍率性能差。

人造石墨是焦炭类原料经过高温石墨化处理后转化成石墨的产品。它的石墨晶粒小、石墨化程度低、结晶取向度小，在倍率性能、循环寿命以及体积膨胀、防止电极反弹方面都好于天然石墨，比容量和压实密度同天然石墨也已经很接近，差距只有2%～3%，主要的缺点是成本高。表7为常见的负极材料性能对比。

表7　常见的负极材料性能对比

类型	天然石墨	人造石墨	中间相炭微球	硅碳材料
比容量	340～370mAh/g	310～360mAh/g	300～340mAh/g	>400mAh/g
首次效率	90%	93%	94%	84%
循环寿命	较好	较好	较好	较差
安全性	较好	较好	较好	较差
倍率性	较差	较差	较好	较好

续表

类型	天然石墨	人造石墨	中间相炭微球	硅碳材料
成本	最低	较低	较高	较高
优点	工艺简单、成熟	工艺成熟,循环性能好	倍率性较高,安全性好	理论能量密度高
缺点	电解液相容性较差,容量较低	容量较低	工艺复杂,成本较高	工艺复杂,首次不可逆程度高,循环性能较差
发展方向	降低成本,改善循环性能	降低成本,提高容量	简化制备过程,降低成本	提高首次效率,改善循环性能

资料来源：CNKI、方正证券研究所。

应用上，国内除比亚迪之外的动力电池基本全部使用人造石墨，比亚迪和日韩动力电池以天然石墨为主，但也在转向人造石墨；手机、笔记本电脑等小型锂电池，高端产品以人造石墨为主，中低端产品采用天然石墨较多。

（一）全球市场格局

自从贝特瑞和杉杉分别完成了天然石墨和人造石墨负极的国产化后，日本企业的份额就开始逐年降低。到 2017 年，除了日立化成还保持着领先地位外，日本其他的几家企业，JFE 化学、日本碳素、三菱化学都逐渐落后了，全球负极出货量的前四名中有三家（贝特瑞、杉杉、紫宸）都来自中国。

从 2002 年到 2012 年的十年间，杉杉是人造石墨龙头、贝特瑞是天然石墨龙头的格局从未发生过改变。但是从 2012 年开始，江西紫宸的成立开始威胁到了杉杉的人造石墨龙头地位，事实上到 2017 年，紫宸的收入规模和杉杉已经不相上下，都是 15 亿元，但是利润是杉杉的 5 倍（3.8 亿元对 7000 余万元），从利润规模来看，人造石墨负极龙头的位置已经易主了。

（二）国内产业情况

负极是最早实现国产化的材料品种，贝特瑞、上海杉杉等龙头企业早已经走向海外，进入了 LG、三星、松下等全球锂电池巨头的供应链。2018 年

国内负极材料产量为19.2万吨，与2017年相比增长了30%。经过长时间的竞争，负极行业的竞争格局已经非常稳定，行业集中度很高，前五名的市场占有率高达77%，远高于其他三种材料。具体见图8、图9和图10。

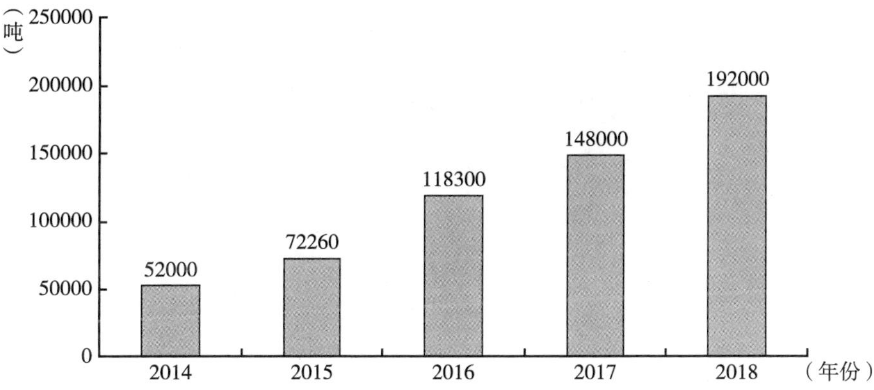

图8　2014～2018年国内负极材料产量

资料来源：方正证券研究所。

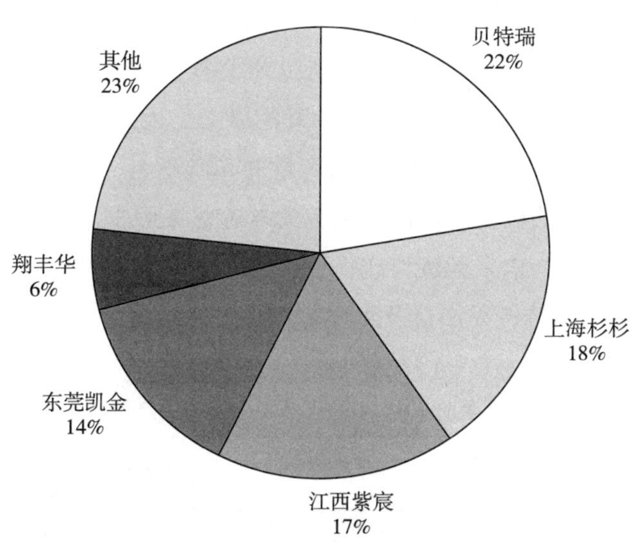

图9　2018年国内负极材料市场格局

资料来源：方正证券研究所。

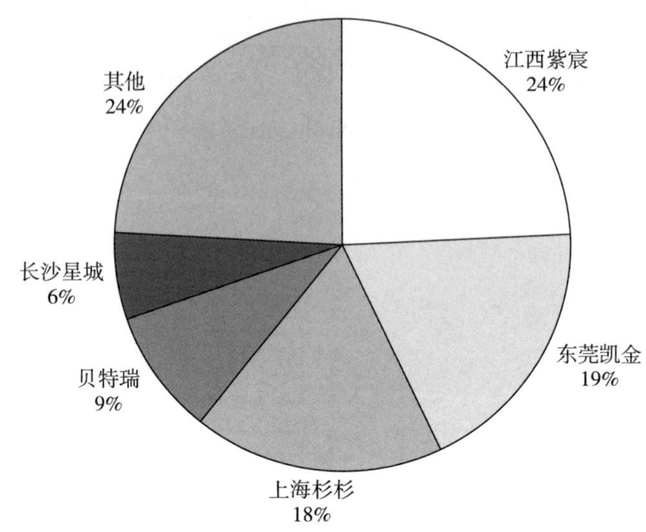

图 10　2018 年国内人造石墨市场格局

资料来源：方正证券研究所。

负极行业第一梯队是天然石墨龙头贝特瑞以及人造石墨龙头江西紫宸和上海杉杉，这 3 家企业 2018 年的负极材料总出货量均在 3 万吨以上。目前人造石墨市场已呈现江西紫宸、东莞凯金和上海杉杉三足鼎立的格局，3 家企业 2018 年的人造石墨出货量均在 2 万吨以上。天然石墨市场贝特瑞一枝独秀，2018 年出货量 2. 4 万吨，占总产量的 52%。

目前，主流的负极企业均已经和各大电芯龙头形成了绑定关系。绑定电芯龙头的负极企业，未来无疑将获得更好的发展前景。表 8 为八大负极企业 2018 年的天然、人造石墨产量及主要客户。

表 8　八大负极企业 2018 年的天然、人造石墨产量及主要客户

负极企业	天然石墨产量(吨)	人造石墨产量(吨)	主要客户
贝特瑞	24000	12000	三星、LG 化学、日本松下、索尼、ATL、力神电池、比克电池、比亚迪、国轩高科
上海杉杉	6700	23800	LG 化学、SONY、ATL、力神电池、比克电池、比亚迪、哈光宇
江西紫宸	—	32500	ATL、CATL

续表

负极企业	天然石墨产量(吨)	人造石墨产量(吨)	主要客户
东莞凯金	1150	25100	宁德时代、江苏天鹏、芜湖天弋、天津力神、广州鹏辉
翔丰华	2800	8200	比亚迪、鹏辉、卓能电池
长沙星城	2500	8300	远东福斯特、比亚迪、星恒电源、CATL
江西正拓	3400	4600	深圳华粤宝、中山天贸、宁波维科、比克电池
深圳斯诺	—	7000	远东福斯特、迪凯特

资料来源：方正证券研究所。

1. 人造石墨循环寿命长、倍率性能好，是主流的负极品种

从我国负极材料的产量结构看，2014 年时天然石墨占比接近 40%；但人造石墨的渗透率不断提升，到 2018 年，人造石墨的产量已经达到了天然石墨的 3 倍，成为最主要的负极材料品种。图 11 为 2014～2018 年我国天然石墨和人造石墨的产量结构。

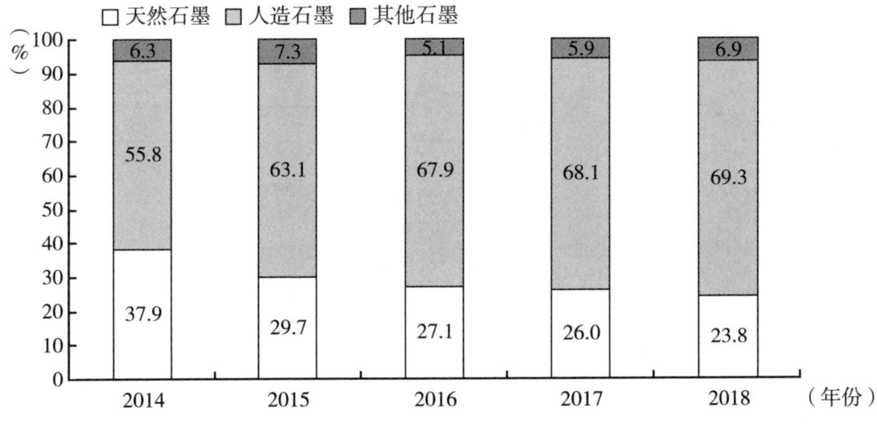

图 11　2014～2018 年我国天然石墨和人造石墨的产量结构（吨）

资料来源：方正证券研究所。

人造石墨的骨料分为煤系、石油系以及煤和石油混合系三大类。其中煤系针状焦、石油系针状焦以及石油焦应用最广：一般来讲，高比容量的负极采用针状焦作为原材料，普通比容量的负极采用价格更便宜的石油焦作为原

料。沥青则作为粘结剂。人造石墨是将骨料和粘结剂进行破碎、造粒、石墨化、筛分而制成。基本的工序流程是一致的，但具体到每家企业的制备工艺，又会有一定的差异。以人造石墨出货量排名国内第一的江西紫宸为例，人造石墨的四大工序中，破碎和筛分相对简单，体现负极行业技术门槛和企业生产水平的主要是造粒和石墨化两个环节。人造石墨晶粒小、石墨化程度低、结晶取向度小，在倍率性能、循环寿命以及体积膨胀、防止电极反弹方面都好于天然石墨，比容量和压实密度同天然石墨也已经很接近，随着生产工艺的成熟和生产规模的扩大，人造石墨的成本也在不断下降。图 12 为江西紫宸人造石墨的生产工序。

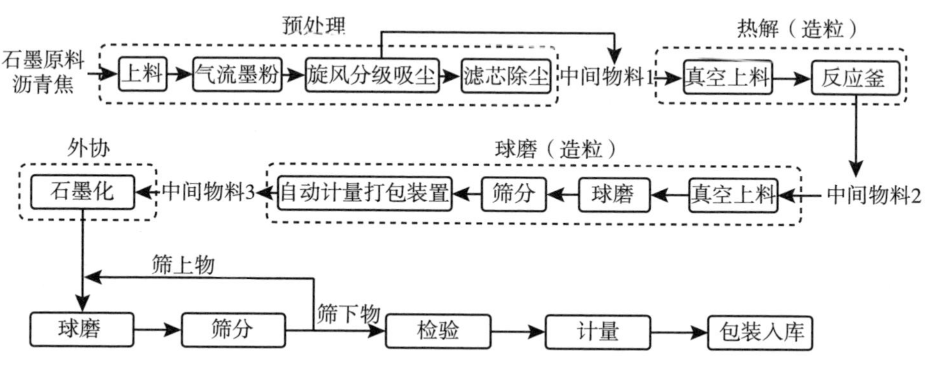

图 12　江西紫宸人造石墨的生产工序

资料来源：江西紫宸环评报告书。

2. 得益于产品差异化和不透明的成本结构，盈利能力稳定

负极的产品型号众多、差异化程度高。负极的型号之所以很多，原因一方面是它的性能指标很多，包括容量、倍率性能、加工性能、高低温性能、比表面积、循环寿命、膨胀和反弹、压实密度和成本等，不同应用场景对负极的需求不同，比如用于北方的动力电池需要好的低温性能，而消费类电池就没有这方面的需求；另一方面是负极需要与正极材料和电解液相匹配，才能实现锂电池整体性能的提升，也就是其“定制化”的属性比较强。

在主要负极厂商中，江西紫宸凭借其二次造粒技术定位高端人造石墨市场，产品均价7万元/吨以上，高于市场平均水平40%以上。上海杉杉作为人造石墨的“黄埔军校”，技术积淀深厚，但由于近几年团队变动，高端市场被紫宸超越，但公司人造石墨份额依然维持第一，主要定位动力电池市场，是CATL、国轩高科等动力电池厂商的主要供应商，整体产品竞争力较强，2017年均价5.6万元/吨，2018年上半年回升到6万元/吨，高于行业平均水平20%左右。东莞凯金发展势头较猛，产品定位在中低端，深度绑定CATL，CATL占其出货量50%左右，产品均价4.5万元/吨左右。星城石墨、翔丰华、正拓能源目前人造石墨规模较小，且产品定位低端，价格均较低。高端产品的盈利能力无疑远高于中低端产品。以3家以人造石墨为主营业务的公司：江西紫宸、东莞凯金和上海杉杉为例。江西紫宸的吨盈利远高于另外2家，主要原因就是紫宸的产品定位高端，而另外2家的产品偏中低端（具体见图13）。

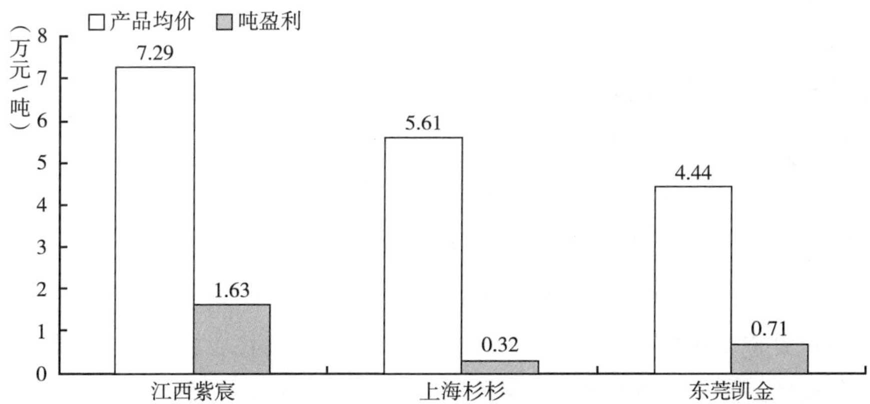

图13　2017年江西紫宸、上海杉杉、东莞凯金人造石墨产品均价和吨盈利

资料来源：Wind、方正证券研究所。

负极的成本非常不透明，可以类比成一个“黑匣子”，这使得其下游即电池厂，难以有效地向其传导降价压力。负极的成本高度不透明，主要有以下几方面的原因。

（1）原材料的种类繁多，如针状焦、石油焦、沥青焦、冶金焦等，这些原材料的价格相差极大。在本轮涨价之前，针状焦的单价达4000～5000元，而石油焦只有1000余元。而且其中还有生焦和煅后焦的区分，有的负极厂家直接采购煅后焦，有的厂家则采购生焦后自己煅烧。

（2）收得率的差异。高端产品的性能指标要求高，收得率就低；反之，中低端产品的收得率比较高。

（3）石墨化环节的差异。高端产品对石墨化的要求比较高，可能需要加一些催化剂或者进行特殊的高温石墨化，这些都会增加石墨化的成本。此外，委外加工而或自己掌控、电耗的高低，也会造成各家企业石墨化成本的差异。每吨负极的石墨化成本可以在1万元～2万元不等。

得益于产品差异化和不透明的成本结构，虽然负极行业的竞争一直很激烈，产品价格逐年下滑，但盈利能力一直很稳定，主要企业的毛利率水平一直维持在30%左右。

3. 工艺创新优化、产业链整合控制成本

人造石墨的单吨成本在过去几年得到了较大幅度的下降，从公司角度来讲主要有两个途径降低成本，第一是通过工艺创新优化提高收率、降低用电量；第二是产业链上下游打通。

（1）通过工艺的创新优化提高收率（单位质量原料所产出产品的量），降低成本。负极生产过程中的粉碎和球性化处理等工序会对产品的收率产生影响。在“一种高循环高容量石墨负极材料的制备方法”专利中，作者提出在制备过程中进行两次粉碎，第一次粉碎为预球形化粉碎，第二次粉碎为球形化粉碎，第二次粉碎物料为酚醛树脂预碳化石墨粉，通过这种分步粉碎的方式可以提高石墨粉碎加工的收率，另外二甲基硅油的加入可以防止石墨粉结团，也对提高收率有帮助。

（2）对石墨化工序进行改进，降低耗电量。石墨化工序的主要成本来自电耗，各家企业都在对石墨化的炉型和工艺进行改进以减少耗电量。其中一个方法是使用内串石墨化炉，它是将产品在炉内串接在一起，通电时使电流流经产品本身产生热能来实现石墨化，石墨化送电时间需要20～30个小时，单吨电耗在13000～13500度电，比艾奇逊炉节省了15%～20%。

（3）产业链上下游整合控制成本。一直以来，大多数负极厂商将石墨化环节进行外包，这出于两方面的原因：第一，石墨化环节的固定资产投资比较大，而且对环保有比较高的要求；第二，石墨化环节的耗电量非常大，而大部分负极厂商都分布在广东、上海、福建等沿海省份，在这些地区建设石墨化基地的电力成本太高，所以负极厂商更希望将石墨化委外给电价较低的内陆省份的碳素厂。

近几年来，为了降低成本并控制产业链的上下游，开始有负极厂商自建或收购石墨化基地，不再依赖于外部。如上海杉杉一方面扩建在郴州的石墨化基地，计划在现有基础上再新增7000吨/年的石墨化产能，另一方面于2016年收购元氏县槐阳碳素有限公司，打造郴州之外的第二个石墨化基地。贝特瑞也与山西晋沪碳素有限责任公司合资成立了山西贝特瑞，目前年石墨化产能也达到了5000吨。此外星城石墨等企业也在积极筹建自己的石墨化基地。表9为负极厂商筹建石墨化基地情况。

表9　负极厂商筹建石墨化基地情况

	石墨化厂商	年产能	类型
凯金能源	元氏县槐阳碳素有限公司	—	外部
	郴州杉杉新材料有限公司	—	外部
江西紫宸	青岛青北碳素制品有限公司	—	外部
	江西申田碳素有限公司	—	外部
	山东八三炭素厂	—	外部
江西正拓	四川都江堰西马炭素有限公司		外部
	江西申田炭素有限公司		外部
	江西新卡奔科技有限公司		外部
星城石墨	贵州格瑞特新材料有限公司		外部
	四川石棉集能材料有限公司		外部
	都江堰泰晶科技有限公司		外部
上海杉杉	元氏县槐阳碳素有限公司	—	内部
	郴州杉杉新材料有限公司	年产7000吨	内部
贝特瑞	山西贝特瑞（贝特瑞和山西晋沪碳素有限责任公司共同发起设立）	年产5000吨	内部

资料来源：方正证券研究所。

（三）技术发展趋势

锂电池的负极材料对于电池的安全性能、能量密度及循环寿命等技术指标有重要的影响。现有的负极材料分为碳材料和非碳材料，碳系负极材料主要包括人造石墨、天然石墨和中间相炭微球等；非碳材料负极主要包括钛基材料和硅基材料。目前，石墨负极材料（主要是天然石墨和人造石墨）凭借工艺成熟、成本较低和性能较好的优势占据90%的负极材料市场。然而，石墨材料虽有高电导率和稳定性的优势，但在能量密度方面的发展已接近其理论最大值（372mAh/g）。随着新能源汽车对续航能力要求不断提高，电池负极材料也在向着高能量密度方向发展。与石墨材料类负极相比，硅材料在克容量方面优势明显，硅理论克容量高达4200mAh/g，是石墨材料克容量的十倍，且地球的储量高，结合了碳材料高电导率、稳定性及硅材料高容量优点的硅基材料（Si/C、SiO/C）有着巨大的发展潜力。

但硅材料存在较大的缺陷，在充电时，锂离子从正极脱出，嵌入硅晶体中，会造成硅材料的严重膨胀（可达300%，而碳材料只有10%），在放电时锂离子从晶体中脱出，又形成较大间隙，通胀收缩带来体积的巨大变化会导致一系列问题：第一，硅颗粒破裂，材料粉化，极片脱落；第二，硅颗粒破裂，新裸露表面与电解液生成SEI膜，消耗有限电解液和正极中的锂；第三，硅颗粒的膨胀收缩导致表面SEI膜的不断破裂和生成，消耗有限电解液和正极中的锂，造成SEI膜增厚，电池内阻增大；第四，SEI膜不断地生成导致表面的导电剂、添加剂被SEI膜包覆，部分失去电子活性，内阻增大；第五，硅颗粒膨胀收缩导致表面粘结剂的粘性下降，造成活性物质脱落。同时，导电剂、添加剂不能很好地和活性物质接触，内阻增大；第六，硅颗粒膨胀收缩导致极片的横向和纵向承受较大应力，极片褶皱、电池变形，极片和隔膜不能很好地接触，内阻增大，造成电池内部孔隙率降低，减少锂离子移动通道，造成锂离子析出。

这些问题会严重影响电池的安全性、循环性能和容量。此外，硅为半导体，导电性比石墨差很多，导致锂离子脱嵌过程中不可逆程度大，从而降低其首次效率。

为了抑制硅材料的体积膨胀和改善硅颗粒之间的电接触，目前在硅的运用上主要是采用硅基材料（硅碳负极、硅氧负极）。采用碳材料作为硅基材料的缓冲基体有以下几点好处：第一，碳材料能有效缓解充放电过程中巨大的体积膨胀；第二，减少硅材料和电解液接触，可以生成稳定的SEI膜，提高首次库伦效率；第三，碳材料具有良好的电导性，提高硅基负极的电导率；第四，碳材料可以改善由于硅表面悬键引起的电解液分解，提高稳定性。现在常用的硅碳负极材料普遍能达到400mAh/g以上的能量密度，超过石墨的理论克容量。

除了硅碳负极，其他硅基负极（主要是硅氧负极）也进入了产业化生产，生产流程与硅碳负极有所区别（见表10）。

表10　硅基负极材料对比

主要种类	优势	劣势
SiO负极材料	1. 可逆容量高； 2. 膨胀率相对较低 3. 循环性能和倍率性能相对于其他硅基负极材料好	1. 首次库伦效率低(71.4%)，无法单独使用，需要预锂化处理； 2. SiO工艺复杂，生产成本非常高
硅碳复合负极材料	1. 克容量高； 2. 首次充放电效率高； 3. 工艺相对于其他硅基负极材料较为成熟	1. 大批量生产电化学性能优异的产品难度较高； 2. 循环性能和库伦效率有待提高； 3. 膨胀率较高
硅基合金负极材料	体积能量密度高	1. 工艺难度大、成本高； 2. 首次充放电效率低； 3. 循环性能差

资料来源：CNKI、方正证券研究所。

全球95%以上的负极材料销量来自中国和日本，两国在石墨负极材料领域各有优势，日本在技术水平方面处于领先地位，而中国拥有丰富石墨矿产资源，具有成本优势。但在硅碳负极领域，无论是材料的生产还是应用，国内发展与国外还有一段距离。

日立化成是全球最大的硅碳负极供应商，特斯拉使用的硅碳就由其供应。另外日本信越、吴宇化学、美国安普瑞斯等也可提供硅碳负极产品。国内，已有多个企业布局硅碳负极材料，但由于硅碳负极技术壁垒高，至今为止只有贝特瑞和上海杉杉实现量产。其他负极材料生产企业和电池厂商如江西紫宸、国轩高科、中科星城等正在不断地对硅基负极材料进行研究投入，预计未来两年将迎来硅碳负极应用的爆发期（见表 11）。

表 11　国内硅碳负极生产情况

相关企业	相关信息
上海杉杉	2018 年实现量产,达到 2000 吨/年产能
贝特瑞	国内最早从事硅碳负极产业化研发和生产的企业,也是唯一拥有硅碳负极外国订单的企业
中科星城	已就硅碳负极进行了数年的研发
国轩高科	募投了 5000 吨/年的硅碳负极材料项目,2018 年投产
璞泰来	全资子公司江西紫宸与中科院物理所合作量产硅碳负极材料,公司首次公开募集资金中 5.95 亿元用于投资年产 2 万吨高性能锂离子电池负极材料产能扩建及研发中心建设项目
湖州创亚	硅碳负极材料可以达到 600mAh/g,2017 上半年进入中试量产
深圳斯诺	2018 年达到 3000 吨/年产能

资料来源：方正证券研究所。

另一个制约硅碳石墨大批量使用的原因是电池企业本身的技术工艺还不够成熟。当然也有少部分企业已经取得了一定的技术突破。国外，2012 年，日本松下就已经将硅碳负极材料应用于最新的 NCA 18650C 型号电池，容量高达 4000mAh，并于 2013 年实现量产。2015 年，日立集团旗下的 Maxell 公司已经开发出以“SiO－C”为负极材料的新式锂电池，并成功地应用到智能手机商业化产品中。2019 年，特斯拉通过在人造石墨中加入 10% 的硅基材料作为动力电池负极（负极克容量达到 550mAh/g 以上，电池能量密度可达 300wh/kg）成功运用于 Model 3，开启硅碳负极材料运用于动力电池的里程碑。国外硅碳负极的成功应用说明其产业化前景广阔，未来需求将会迅速上升。表 12 为国外硅碳负极产业化情况。

表 12　国外硅碳负极产业化情况

相关企业	相关信息
日本松下	2012 年将硅碳负极材料应用于最新的 NCR 18650C 型号电池，容量高达 4000mAh，并于 2013 年实现量产
日立集团	2015 年，Maxell 公司已经开发出以“SiO－C”为负极材料的新式锂电池，并成功地应用到智能手机商业化产品中
日本 GS 汤浅公司	已经推出硅基负极材料锂电池，并成功应用在三菱汽车上
日本麦克赛尔	宣布已经开发出高电流容量硅负极锂电池
日本三井金属	将硅负极锂电池应用于消费电池和电动汽车领域
特斯拉	在人造石墨中加入 10% 的硅基材料作为动力电池负极（负极材料克容量达到 550mAh/g 以上，电池能量密度可达 300wh/kg）成功运用于 Model 3

资料来源：方正证券研究所。

我国在硅碳负极的应用上，也有部分企业走在前列，CATL、比亚迪、国轩高科、比克和天津力神等企业均在进行积极布局，比克电池目前更是已经将硅碳应用在其 811 的圆柱电池里，客户主要有江淮、东风等。

三　隔膜

（一）全球市场格局

隔膜是决定锂电池性能、安全性和成本的重要部分，其成本占整个动力电池成本的 5% 左右。隔膜主要作用是使电池的正、负极分隔开，防止两极接触而短路，此外还具有能使电解质离子通过的功能。另外，电解液为有机溶剂，因而隔膜还必须具备耐有机溶剂的性能。据统计，2018 年我国锂电池隔膜出货量为 20.1 亿平方米，同比增长 36.3%；支撑隔膜产量增长的主要原因是：第一，2018 年新能源汽车产量 122 万辆，同比增长 50%，带动国内动力电池产销同比增长超过 45%；第二，隔膜国产化率进一步提升，从 2017 年的 90% 上升到 2018 年的 93%。国内隔膜继续抢占进口隔膜在国内的市场；第三，出口量持续增加，随着国内隔膜技术逐步提升，隔膜出口比例加大，如上海恩捷、星源材质等出口量增加。

2018 年隔膜产值为 40 亿元，同比减少 14%，产值增速远小于产量增速，主要因为：第一，隔膜价格呈现下行趋势，2018 年湿法隔膜及干法单拉隔膜价格降幅超过 40%；第二，电池企业受到终端客户的降低成本压力，倒逼隔膜企业降价，以降低隔膜的毛利。一线湿法隔膜企业的毛利从 2016 年的 40% ~55% 下降到 2018 年的 30% ~45%，一线干法单拉隔膜企业的毛利从 2016 年的 40% ~65% 下降至 2018 年的 35% ~50%。图 14 为 2014 ~ 2018 年国内隔膜产量。

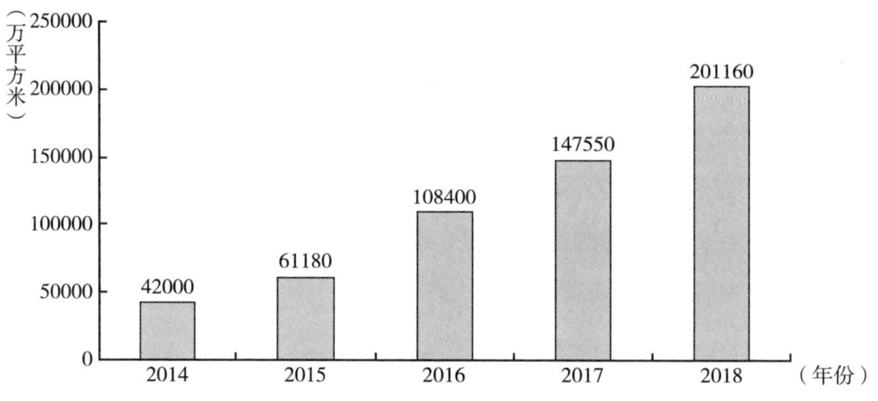

图 14　2014 ~ 2018 年国内隔膜产量

资料来源：方正证券研究所。

从各类隔膜细分上来看，湿法隔膜出货量 13.1 亿平方米，同比增长 76.5%。主要原因是高能量密度动力电池需求增长、国内数码电池中高端比例上升，对湿法隔膜需求上升。干法隔膜出货量 7.06 亿平方米，同比下降 4%。

（二）国内产业情况

近几年在湿法隔膜需求提升的背景下，国内湿法隔膜企业加大产能扩张力度，同时原先的干法隔膜企业也相继投资湿法隔膜产线。从 2017 年企业产能来看，我国的上海恩捷、苏州捷力、长园中锂等一批企业已完全转向湿法制备，而且产能巨大，该三家产能均超过 1 亿平方米；星源材质、沧州明珠、纽米科技、中科科技、河南义腾等企业仍以干法为主，但已经开始湿法转型。

由于隔膜环节毛利率较高，且干法制备的技术与资金壁垒相对较低，2017 年之前大批企业进入干法隔膜产业链，干法隔膜逐渐出现产能过剩的情况。湿法隔膜则因为受到三元锂电池需求增长的带动，当前具备技术与资金优势的企业已纷纷布局扩大湿法隔膜产能，而且湿法隔膜的技术壁垒已经在 2017 年被削弱，国内供不应求主要依赖进口的局面有所改变。随着国内湿法隔膜产能在 2018 年迅速扩张，预计 2019 年湿法隔膜领域或将面临产能过剩风险，产能利用率将下行。

隔膜行业市场竞争格局较为集中，随着隔膜产能不断扩张，行业利润率下降，未来龙头企业有望从中受益，形成强者恒强的局面。从主流技术领域来看，湿法隔膜行业 2018 年 CR5 为 66%，其中上海恩捷受益于其湿法隔膜技术端的高壁垒以及国际化的供应体系在国内湿法隔膜领域一家独大，市占率达到了 36%，相比 2017 年市占率的 25.6% 提升巨大，未来上海恩捷的领先优势有望继续扩大。隔膜是重资产、技术密集型行业，当前众多隔膜厂商纷纷扩产湿法隔膜，随着动力电池对高端隔膜的需求提升，率先通过产能扩张赢取先发优势，通过规模效应降低成本，同时拥有涂覆技术的龙头企业有望在未来的竞争中脱颖而出（具体见图 15、图 16 和表 13）。

（三）技术发展趋势

1. 技术更新，湿法隔膜成主流

目前，锂电池用隔膜主要使用聚乙烯和聚丙烯生产。聚烯烃具有较好的加工性能，适合加工成薄膜。同时，聚烯烃的化学稳定性较好、电子传输能力极差，非常适合用于隔离锂离子电池的电极。为了实现电池的充放电过程，隔膜需要存在微孔结构，使电解液充满通道，确保锂离子顺利地进行电迁移。根据制备工艺的不同，隔膜的制备工艺主要分为干法拉伸与湿法拉伸，其中干法拉伸又分为单向拉伸和双向拉伸两种工艺。湿法拉伸工艺主要

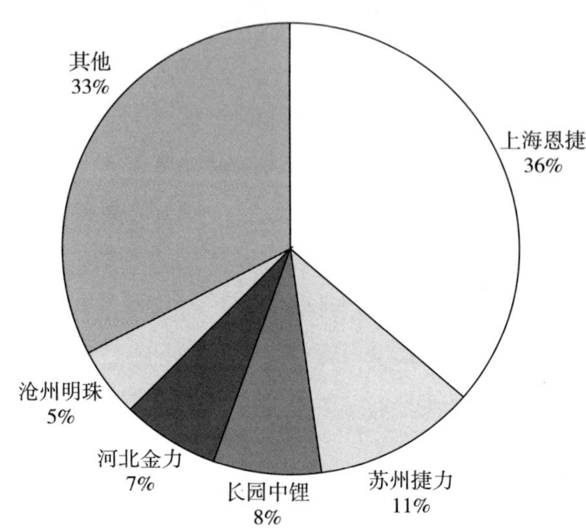

图 15　2018 年国内湿法隔膜市场格局

资料来源：方正证券研究所。

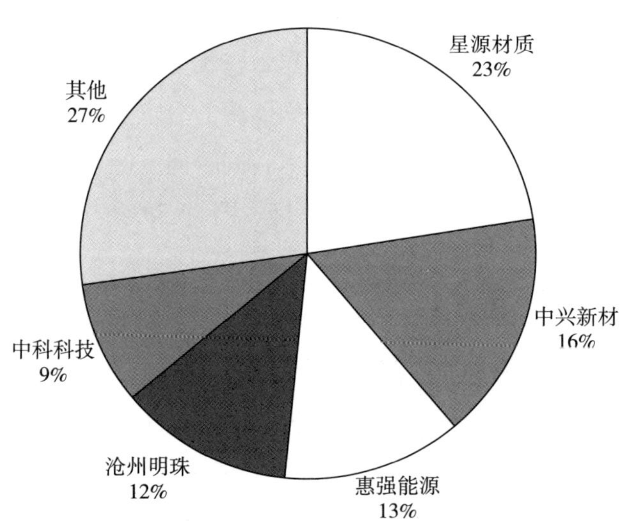

图 16　2018 年国内干法隔膜市场格局

资料来源：方正证券研究所。

表 13 国内主要隔膜企业与电池企业的供应关系情况

隔膜企业	主要客户
上海恩捷	LG 化学、三星 SDI、CATL、比亚迪、国轩高科、孚能科技、亿纬锂能、万向 A123
星源材质	LG 化学、比亚迪、国轩高科、孚能科技、天津力神、亿纬锂能、万向 A123
沧州明珠	比亚迪、天津力神、中航锂电

资料来源：方正证券研究所。

针对低密度的聚乙烯（PE）材料，目前较多应用于三元锂电池；干法拉伸工艺主要针对聚丙烯（PP）材料，目前较多用于磷酸铁锂电池。

干法单向拉伸工艺是利用聚烯烃结晶区和非结晶区的模量差异，通过晶片分离实现拉伸致孔。聚烯烃熔融后，先经过挤出、骤冷形成低结晶度的铸片，随后退火处理形成高结晶度、具有垂直于挤出方向而又平行排列的片晶结构的薄膜。随后，薄膜在辊轴上进行拉伸。薄膜先在低温下冷拉 6% ~ 30%，形成银纹等微缺陷，然后在高于聚合物玻璃化温度、低于聚合物结晶温度的环境下，热拉伸 80% ~150% 扩大缺陷。此时，薄膜内的片晶结构发生分离，同时产生大量的微纤，从而形成孔结构。经过热处理、强化热收缩性能后，即可得到稳定性较高的干法单拉薄膜。图 17 为干法单向拉伸隔膜生产工艺流程。

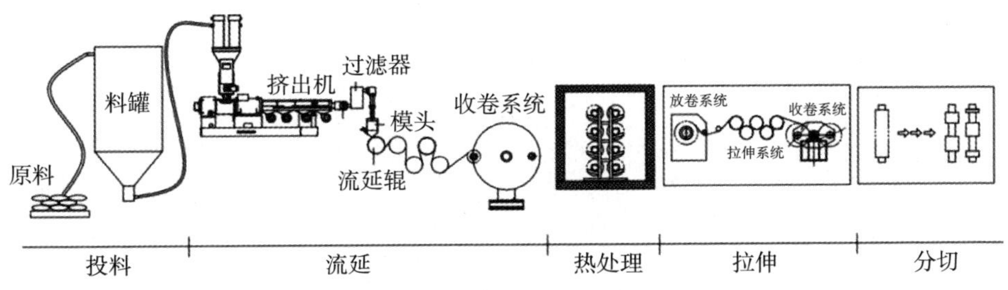

图 17 干法单向拉伸隔膜生产工艺流程

资料来源：方正证券研究所。

湿法工艺中，成孔剂与聚烯烃会经过熔融混合、冷却分离的过程，因此湿法也被称作热致相分离法。将高沸点的小分子化合物作为成孔剂，与聚烯烃混合加热后，两者会熔融混合，形成均相液体。当液体迅速冷却时，成孔剂会与聚烯烃发生相分离，以液滴的形式均匀分散在聚烯烃中。将聚烯烃压制成片，加热后进行双向拉伸，即可形成由成孔剂填充微孔结构的薄膜。将成孔剂进行萃取、回收后，薄膜进行烘干处理，即可得到具有三维纤维状结构的微孔膜。图 18 为湿法隔膜生产工艺流程。

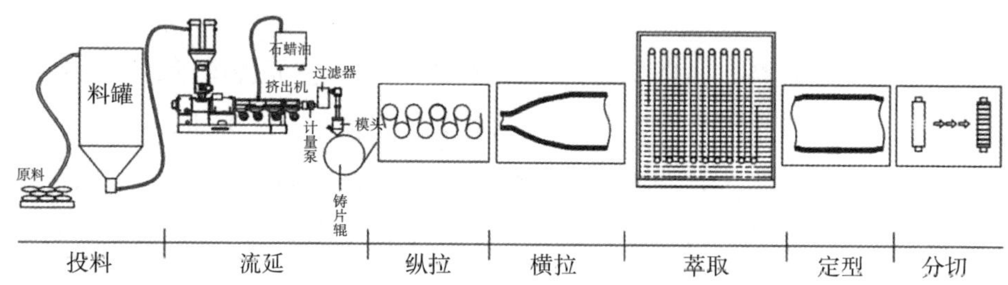

图 18　湿法隔膜生产工艺流程

资料来源：方正证券研究所。

表 14 为 2014 ~ 2018 我国湿法隔膜和干法隔膜的产量结构。

表 14　2014 ~ 2018 我国湿法隔膜和干法隔膜的产量结构

单位：万平方米

特性	干法		湿法
	单向拉伸	双向拉伸	纵向或双轴向分离
工艺原理	晶片分离	晶型转换	热致相分离
工艺特点	设备复杂，投资大而且生产工艺控制难度高，无污染	设备复杂，投资较大，一般需要成孔剂辅助成孔	成本高，投资大，设备精度高，生产周期长，难度大，能耗较大，一般用于制造高端产品
产品性能	孔隙率在 40%，纵向抗拉强度优于湿法隔膜，但横向抗拉强度较差，由于只进行单向拉伸，横向几乎无热收缩。闭孔温度、熔断温度较高。三层 PP - PE - PP 隔膜在热稳定性、耐高温性能方面均优于单层隔膜	微孔尺寸分布均匀，透气性较干法单向拉伸好，膜厚度范围宽，横向拉伸强度好，穿刺强度大，闭孔温度和熔断温度较湿法 PE 高	比干法隔膜具备更高的孔隙率和更好的透气性，微孔尺寸、分布均匀，适于生产较薄的单层膜产品和大功率电池的隔膜，但由于采用 PE 材料，熔点为 130℃，耐高温性能差，闭孔温度较低，熔融温度也较低

续表

特性	干法		湿法
	单向拉伸	双向拉伸	纵向或双轴向分离
主要厂家	美国 Celgard、日本宇部 UBE、高银化学、南通田丰、江苏讯腾、星源材质、沧州明珠	新乡格瑞恩、星源材质、大连新时、中科科技、河南义腾	日本旭化成、东燃、韩国 SK、美国 Entek、韩国 W-scope、日东电工、佛山金辉高科、日本住友、韩国 WIDE、上海恩捷、苏州捷力、沧州明珠、重庆纽米、鸿图隔膜
主要产品	单层 PE、PP-PE-PP	厚 PP 隔膜	单层 PE

资料来源：国信证券、招商银行研究院、方正证券研究所。

湿法隔膜技术一般用于制造高端隔膜产品，同时顺应动力电池高能量密度的要求，未来或将成为技术主流。2016 年及以前我国国内的隔膜需求以干法为主，在2016 年时干法市场份额高达58%，但到2017 年局势逆转，湿法出货量占比已超过干法。2018 年我国湿法隔膜出货量占比达到65%，湿法隔膜出货量占比继续保持领先。图 19 为 2014 ~2018 年我国湿法隔膜和干法隔膜的产量结构。

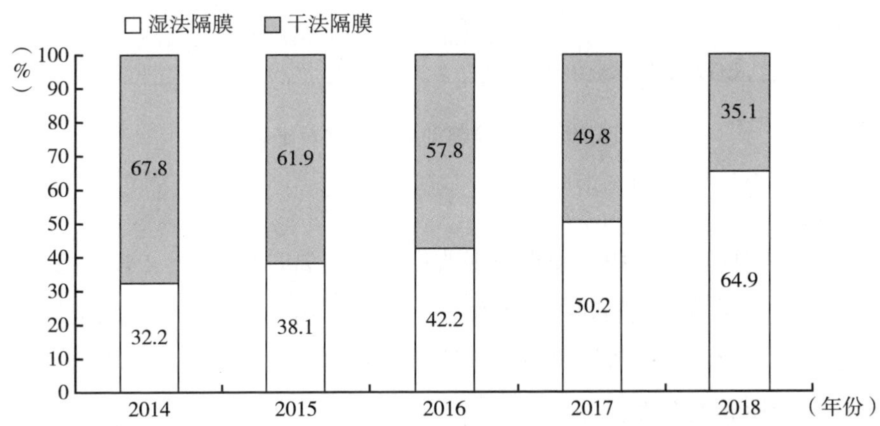

图 19　2014 ~2018 年我国湿法隔膜和干法隔膜的产量结构

资料来源：方正证券研究所整理。

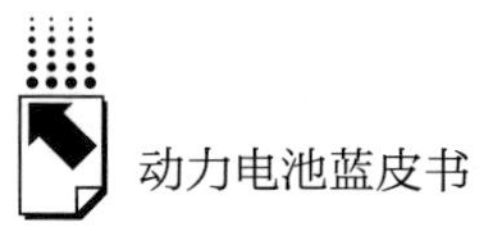

2. 破解湿法短板，涂覆成为首选

湿法隔膜相较于干法隔膜虽存在诸多优势，但其熔断温度低、耐热性差，高温（小于120℃）时收缩率高达10%，可能引起极片外露。为提升湿法隔膜的性能，目前主流的方向是在基膜表面涂覆一层陶瓷材料。涂覆工艺使用的浆料由陶瓷颗粒、粘结剂、溶剂和表面活性剂按一定配方配成。通过涂覆一是可提升隔膜的热稳定性、改善其机械强度，防止隔膜收缩而导致的正负极大面积接触；二是能提高其耐刺穿能力，防止电池长期循环锂枝晶刺穿隔膜引发的短路；三是陶瓷涂层的孔隙率大于隔膜的孔隙率，有利于增强隔膜的保液性和浸润性，从而延长电池循环寿命。图20为隔膜涂覆前后热收缩对比，图21为陶瓷隔膜结构图。

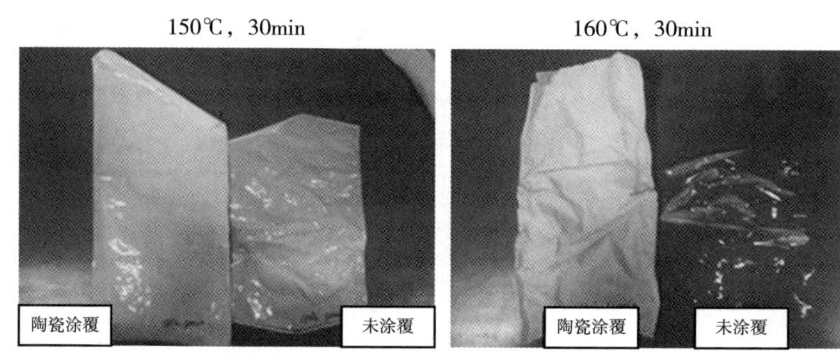

图20　隔膜涂覆前后热收缩对比

资料来源：方正证券研究所。

陶瓷的刚性支撑作用，使得陶瓷改性隔膜高温时具有优良的热稳定性和尺寸完整性，对高温下隔膜结构的维持有支撑作用，在高温下隔膜基体均已闭孔透明，未涂覆隔膜收缩严重，而涂覆隔膜由于陶瓷层存在抗收缩性大幅提升，机械性和安全性更好。

（1）浆料配方为涂覆技术核心。涂覆加工的技术核心在于浆料的配方，根据隔膜产品的定位和下游对特定性能的要求，企业需要使用不同的浆料配方，其在涂覆总的成本占比也高达到65%左右。陶瓷涂覆浆料主要包括陶

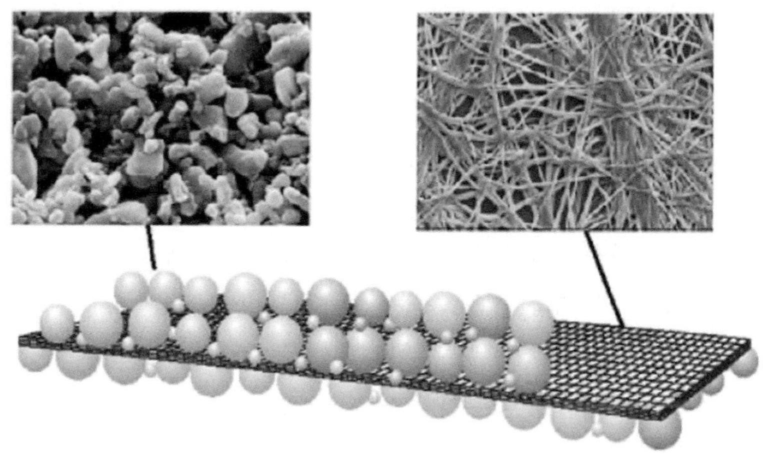

图 21 陶瓷隔膜结构图

资料来源：方正证券研究所。

瓷颗粒、粘结剂、溶剂和添加剂四种主要成分。一些 PVDF 涂覆隔膜则不含陶瓷颗粒，往往应用在软包电池中（见图 22）。

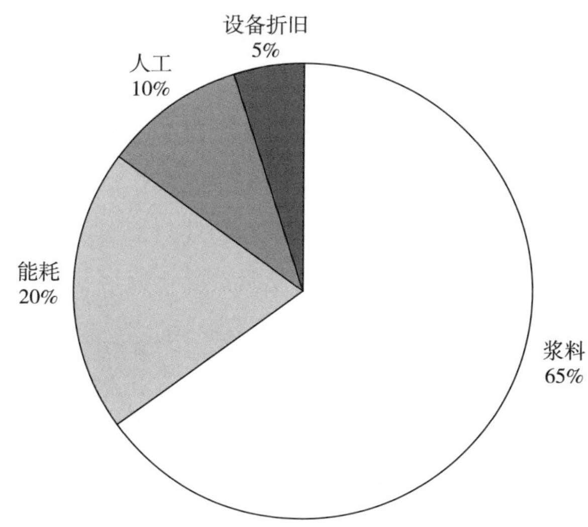

图 22 涂覆成本占比

资料来源：方正证券研究所。

（2）涂覆方式多样，灵活性大。隔膜涂覆在技术上难度不高，使用凹版辊涂、浸涂、窄涂或喷涂等方式，国内主流厂商和大量代工厂都能够实现，一些电池厂如比亚迪、国轩高科也开展了自己的涂覆业务以完善本身的产业链结构。隔膜涂覆厂商大多采用凹版辊涂方法，原因是凹版辊涂的加工速度、精度均较高，工艺成熟，同时辊的加工、维护相对窄涂简单，成本较低。窄涂往往也被选作优选方案，因为该工艺精度高，加工速度快，粘度灵活性大，但窄涂的挤压嘴加工、维修相对困难，成本相对较高。

（3）油性和水性，各有优势。涂覆工艺根据浆料的区别可以分为水性涂覆和油性涂覆，两种工艺各有优势和缺点。

水性涂覆的浆料溶剂使用去离子水、乙醇、丙三醇等极性溶剂，使用后无需回收，环境污染小。但由于隔膜本身存在亲油性，会导致产品的均匀性和粘附性下降，产品可能出现透光点（涂覆厚度太薄）和暗点（涂覆厚度太厚），水性涂覆隔膜价格和产品定位相对较低。

油性涂覆的浆料使用油性溶剂，如丙酮、NMP。该工艺中溶剂与粘结剂和隔膜本身亲和性好，产品的均匀性和粘附性较水性涂覆隔膜优秀，也更能减少透光点和暗点的发生，但油性溶剂价格高，污染较大，需要回收，成本较高，因此油性涂覆隔膜通常定位中高端。

水性和油性涂覆的使用取决于下游电池厂商的需求和应用场景，一定时期内两种技术将并行发展。未来随着三元动力电池占比的上升，湿法涂覆隔膜可以在一定程度上提升电池的安全性能从而降低风险。而成本的持续下降，也使得涂覆隔膜被大多数锂电池企业所接受，使用比例将越来越高。

（4）湿法涂覆或成主流，干法亦具备竞争力。随着三元材料的使用量提升，在涂覆隔膜中，湿法隔膜会更有可能受益。在动力电池中，电极片厚度一般在百微米的量级，使用 10μm 甚至更薄的隔膜，对于降低电池总体积的帮助有限。相反，为了提高动力电池的安全性，电池厂商可能会有意地提高隔膜厚度，以增强其机械性能。在同一厚度水平下，湿法隔膜的结构所带来的抗穿刺能力优势将得到体现，叠加涂覆层的强化作用，安全性有保障。

高能量密度动力电池对隔膜的使用性能也有较高要求，以满足电池的高功率充放电。在各类隔膜中，湿法隔膜的微孔分布均匀性最好，在锂离子迁移时不存在局部电流过大的问题，既可以保证电池高功率充放电的安全性，也可以提升离子迁移效率。

性价比优势明显，干法具有增长潜力。随着我国高能电池的市场不断发展，政府补贴互补退坡，隔膜的性价比将会成为企业考量的重点。干法隔膜拥有热稳定性高、价格低等优势，未来有望提升在三元电池市场的占比。百川资讯的数据显示，目前湿法隔膜主流价格在 1.8 ~2.4 元/平方米，干法隔膜主流价格在 1.0 ~1.4 元/平方米，部分产品达到 1 元/平方米以下，涂覆后的价格还会提高 1 ~2 元/平方米。虽然干法隔膜的抗穿刺强度和微孔分布均匀性可能不及湿法隔膜，但是具体到某一类电池或电极材料时，如果电极材料的颗粒均匀细腻、电极表面平整，隔膜的抗穿刺强度和微孔分布均匀性可以满足要求，干法隔膜将对湿法涂覆隔膜形成强有力的竞争。

四　电解液

电解液是锂离子电池体系的重要组成部分。锂离子电池四大材料为正极、负极、电解液和隔膜，其工作原理是锂离子在正负极之间往返脱嵌导致外电路电子定向移动形成电流。电解液是锂离子迁移和电荷传递的介质，被喻为“锂离子电池的血液”。电解液的电导率、水分和酸含量、稳定性等指标直接决定了锂离子电池的能量密度、充放电倍率、循环寿命、安全性等性能，是锂离子电池体系的重要组成部分。

电解液由高纯溶质、溶剂、添加剂在一定条件下按照一定的比例配路而成。一般单吨电解液中溶质、溶剂、添加剂的质量比为 0.12∶0.83∶0.05，不同的电解液配方会在此基础上有所调整。电解液对于溶质、溶剂、添加剂的纯度、水分和酸含量要求都非常高，其中纯度要求大于 99.95%，水分和酸含量控制在 PPM 级别，原料提纯和环境控制成为电解液生产过程的难点之一。

溶质是电解液的核心，很大程度上决定了电解液的电化学性能和成本，目前六氟磷酸锂是商业化应用最广的锂盐。溶剂在电解液中质量占比最高，目前主流溶剂包括环状碳酸酯 PC、EC 和链状碳酸酯 DMC、DEC 和 EMC 等，一般电解液企业会混合两类碳酸酯类溶剂以获得较好的电化学性能。此外随着电解液性能要求的提升，羧酸酯、氟代溶剂等新型溶剂也开始进入公众视野。添加剂种类众多、质量占比小、单位价值高，能够显著提升电解液性能，目前行业内应用较广的添加剂包括成膜添加剂、过充保护添加剂和除水、除酸添加剂等。随着高镍时代的到来，添加剂有望成为电解液厂商提升产品性能、提高盈利能力的秘密武器。表 15 为电解液配方构成。

表 15 电解液配方构成

组成	说 明
溶剂	环状碳酸酯（PC、EC）；链状碳酸酯（DEC、DMC、EMC）；羧酸酯类（MF、MA、EA、MA、MP 等）
添加剂	成膜添加剂、导电添加剂、阻燃添加剂、过充保护添加剂、控制电解液中 H_2O 和 HF 含量添加剂、改善低温性能添加剂、多功能添加剂
锂盐	$LiBF_4$：低温性能比较好，但是价格昂贵，溶解度比较低 $LiPF_6$：综合性能比较好，缺点是易吸水水解 $LiAsF_6$：综合性能比较好，具有高的电导率、稳定性和电池充电放电率，但是毒性太大 $LiClO_4$：综合性能比较好，但是强氧化性致安全性不高 LiBOB：高温性能比较好，尤其能抑制溶剂对负极的插入破坏，但溶解度太低 LiFSI：热稳定性高，耐水解、电导率高，但价格昂贵，且腐蚀正极铝箔

资料来源：方正证券研究所。

（一）全球格局

全球电池电解液供应商主要来自中日韩三国，占据电解液绝大部分市场份额。日本企业 Mitubushi、韩国企业 Panax-Etecyi 凭借发展早、技术领先优势在国际市场占据 30% 市场份额，近年来原料价格下降，依靠成本优势，国内电解液供应商发展迅速。

短期来看，海外供应链仍然是电解液企业的重要看点。一方面，深度绑定各大车企巨头的海外动力电池龙头扩产计划激进，电解液需求快速增长，市场空间广阔，国内电解液企业出海可以增加出货量，提升市场份额；另一方面，海外市场相比国内市场价格较高且较为稳定，存在一定的技术和客户的溢价，这对于提升国内电解液企业的盈利能力具有重要作用。虽然目前海外电池企业主要还是采购日韩电解液厂商的产品，但是国内电解液厂商在海外市场开拓上也取得了重大进展，其中新宙邦和江苏国泰已经进入了海外四大电池厂商供应链，且新宙邦在三星 SDI、江苏国泰在 LG 化学的供货份额均较高，得益于海外供应链溢价，电解液业务毛利率高于行业平均水平。天赐材料也进入了 LG 化学、索尼等的供应链，并积极开拓其他海外电池厂商，海外市场进展值得期待。

（二）国内产业情况

国产电解液经过多年的发展，已经成为四大材料中技术最为成熟的品种。据统计，2018 年我国锂电池电解液出货量为 13.8 万吨，同比增长 27.8%，产值为 61 亿元，与 2017 年相比产值基本持平。

电解液投资金额小（行业平均投资成本 0.8～1 万元/吨）、产能投建和复产速度快（万吨级项目建设周期 1 年以内），所以行业产能长期过剩，且产能利用率呈现不断下降的趋势。据统计，2018Q1 行业产能利用率不到 30%，降至历史最低点，2018Q2～Q4 产能利用率回升到约 48%。图 23 为 2014～2018 年国内电解液产能利用率。

随着动力电池需求的日渐提升，动力电解液出货量的占比有望继续提高。电解液根据不同的下游产品可以分为数码电解液、动力电解液和储能电解液。2018 年电解液分结构出货量占比中，动力电解液占比达到了 62%。假设 2019～2020 年动力电池电解液出货量占比分别为 62% 和 64%，同时电解液平均价格未来每年降幅为 5%。基于上述假设以及动力电池出货量的预测，按照 1kWh 锂电池平均需要消耗约 1.28kg 的电解液进行推算，预计 2019～2020 年我国电解液出货量分别为 21 万吨和 27 万吨，电解液行业产值将分别达到 85 亿元和 104 亿元，市场空间即将达到百亿元。图 24 为 2014～2018 年我国锂电池电解液出货量占比情况。

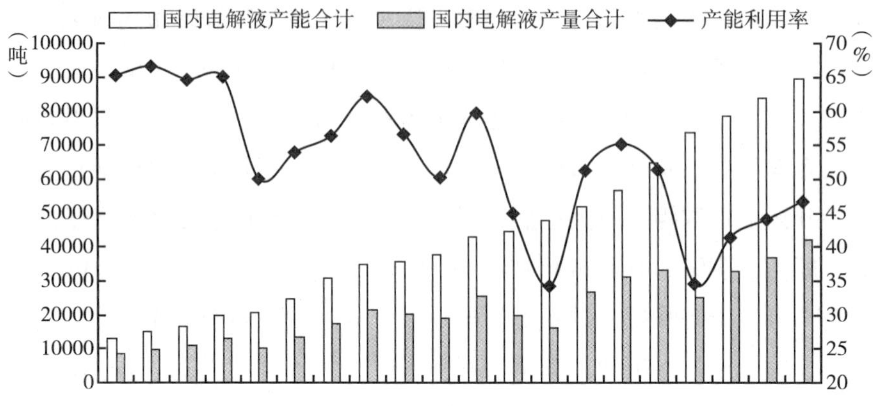

图 23　2014～2018 年国内电解液产能利用率

资料来源：方正证券研究所整理。

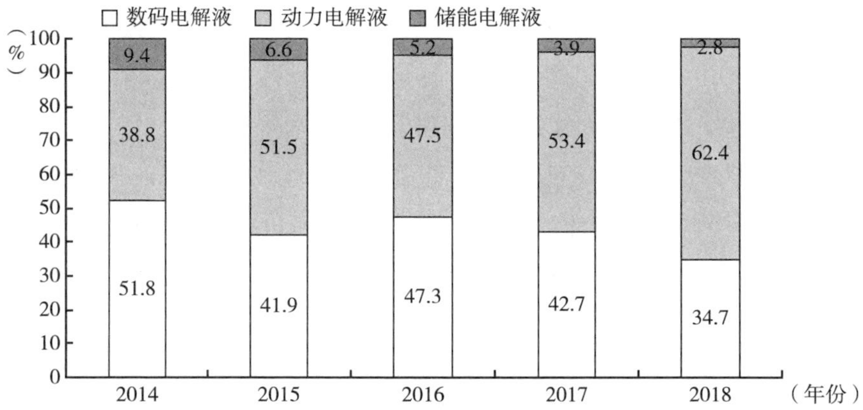

图 24　2014～2018 年我国锂电池电解液出货量占比情况

资料来源：方正证券研究所。

电解液行业格局呈现头部企业集中、中小企业众多的特点。2018 年行业前三大企业天赐材料、新宙邦、江苏国泰合计出货 7.82 万吨，市占率合计达到 55%，行业第一梯队基本确立。2016 年开始广州天赐总体产量及产值超过新宙邦，成为国内最大的电解液供应商，国内二线梯队供应商杉杉电解液（9%）、天津金牛（5%）、汕头金光（4%）等市占率相近。未来能够成为 LG、三星、松下等海外巨头重要供应商并且有能力在海外直接设立生产基地配套这些国际动力电池巨头的电解液龙头企业有望继续保持其领先优势，扩大其市场份额。电解液行业格局洗牌正在进行，头部企业发起价格战抢占市场份额，部分第二梯队企业试图进入行业第一梯队，导致价格竞争超预期，龙头企业难以形成价格联盟，行业整体议价能力较弱。再加上无效产能仍未完全出清，行业内中小企业数量仍然众多，进一步削弱了行业的议价能力。图 25 为 2018 年国内分企业电解液整体产量及格局。表 16 为国内主要电解液企业与电池企业的供应关系情况。

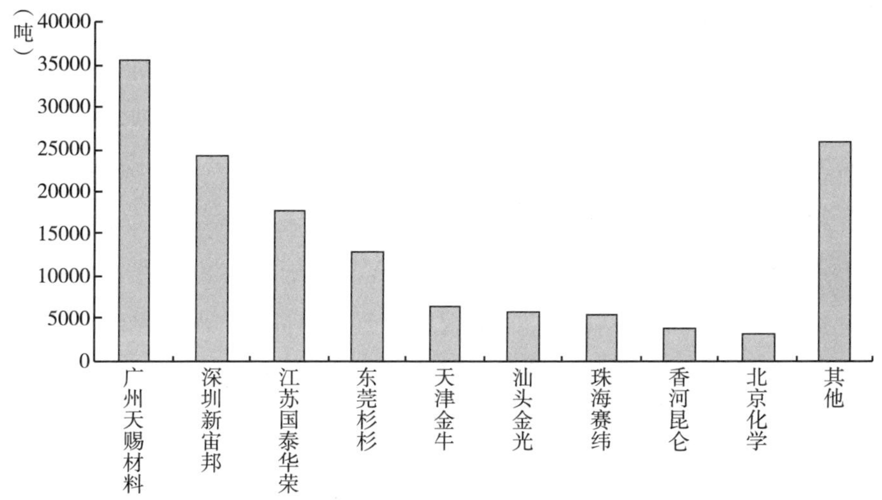

图 25　2018 年国内分企业电解液整体产量及格局

资料来源：方正证券研究所。

表 16　国内主要电解液企业与电池企业的供应关系情况

电解液企业	主要客户
天赐材料	LG 化学、索尼、CATL、比亚迪、国轩高科、孚能科技、万向 A123
新宙邦	松下、LG 化学、三星 SDI、索尼、CATL、比亚迪、孚能科技、天津力神、亿纬锂能、中航锂电、深圳比克
国泰华荣	松下、LG 化学、CATL、国轩高科、亿纬锂能
东莞杉杉	深圳比克
天津金牛	天津力神、中航锂电、深圳比克
香河昆仑	CATL、孚能科技
北京化学	中航锂电

资料来源：方正证券研究所。

（三）技术趋势

1. 添加剂配方引领未来核心竞争力

电解液是影响电池性能最重要的原材料之一，在电池企业的受重视程度异常之高。正负极和隔膜对电池企业而言更像是一种标准化的材料，而电解液在电池企业的使用上则更加多元化和复杂化。主要原因在于电解液与电池的设计、生产工艺、生产环境都有很大的关系，任何一项发生变化都可能会导致电解液的使用上做出更改。

电池升级换代，对正负极等材料提出更高的要求，但在材料逐步成熟之时，应用却迟迟未能实现，主要原因在于各种材料在组合成电池之时，体系的兼容及安全性等问题未能得到很好的解决。当下工艺水平逐步成熟、设备现代化程度较高，这些问题的重点在于如何使用合适的电解液。以目前消费类钴酸锂电池材料为例，每次电压升高 0.5V，对于负极和隔膜等材料变化要求并没有提高，而与之相伴的是电解液的改进与提升。所以电池升级对于电池企业而言最重要的是电解液的升级换代。

表 17 为高镍三元材料使用过程中的缺陷。

表 17　高镍三元材料使用过程中的缺陷

问题	具体描述
产气	正极材料中镍含量增加，高镍中 4 价镍离子具有较高的催化活性，它会催化电解液氧化分解，影响电池性能
破坏负极 SEI 膜	高镍体系电池循环过程中会有锰、钴等过渡金属溶出，破坏负极 SEI 膜
硅系负极添加剂	硅系负极由于有较高的膨胀特性，会破坏 SEI 膜、本身颗粒也会粉化，对于循环和安全性能不利
安全性	高镍电池生产制造过程当中容易出现循环性能减弱、安全性能下降、充电效率降低等不良反应

资料来源：中国知网、方正证券研究所。

国内动力电池所用正极材料呈现磷酸铁锂往三元、三元由低镍往高镍的发展趋势，三元材料高镍化过程中会产气，循环过程中金属溶出从而破坏负极 SEI 膜，硅系负极添加剂破坏 SEI 膜，高镍材料制作过程中造成的一系列安全问题，这些值得关注。在高镍体系中，对于电解液主要有两个方面要求，一是使用新型添加剂，二是电解液的配方。

（1）新型添加剂。添加剂可直接加入到基础电解液中，用量极少，加入量一般不超过电解液质量或体积分数的 5%，且操作过程简单、不改变电池生产工艺，在弥补电解液自身某些不足的同时，可显著提高电解液的电导率及其与正负极的匹配性，从而进一步提高电池的放电容量、使用寿命等多种电化学性能。

新型添加剂是当今电化学与电池学术界和工业界最为活跃的研究主题之一，因为所有的电池升级包括高能量密度（高镍）或高电压方向等，都需要新型添加剂的支持。表 18 为电解液添加剂种类。

表 18　电解液添加剂种类

添加剂类别	分类	功能
成膜类添加剂	无机成膜添加剂和有机成膜添加剂 例如：LiBr、VC	提高电池的循环效率和可逆容量
导电类添加剂	与阳离子作用型、与阴离子作用型及与电解质离子作用型 例如：亚氧化钛（Ti_4O_7）	提高导电锂盐的溶解和电离以防止溶剂共插对电极的破坏
阻燃类添加剂	有机磷化合物、有机氟化合物等高沸点不易燃化合物被用作阻燃添加剂 例如：四丙氧基硅烷（TPOS）、四甲氧基硅烷（TMOS）	降低电池放热值和电池自燃率，增加电解液自身的热稳定性
过充保护添加剂	有机胺和亚胺类、联苯类咔唑类等化合物被用作防止过充电 例如：环已基苯（CHB）和联苯（BP）	具有 4.2V～4.3V 的截止电压
控制电解液中 H_2O 和 HF 含量的添加剂	烷烃二亚胺类化合物、AL2O3、MgO、BaO 和锂或钙的碳酸盐等	降低 HF 的含量，提高电解液的稳定性
改善低温性能的添加剂	N，N－二甲基三氟乙酰胺（C4H6F3NO）	提高电池低温性能

资料来源：方正证券研究所。

以目前较为成熟的高电压添加剂为例，提高电压可以提升电池能量密度，但也随之带来了很多问题，而这些问题的解决是寻找更加稳定（不氧化）的电解液或者寻求正极/电解质界面的稳定等方法，无一例外都是通过选择添加剂来实现。对于高镍体系而言亦是如此，我们需要解决在正极表面的产气、负极的成膜稳定性以及安全性等方面的问题，最终的解决思路是和高电压类似的，通过添加剂来针对性地解决高镍遇到的问题。具有新型添加剂研发的能力的企业将显著受益。

以新宙邦开发的 LDY 269 为例，在高低温性能、阻抗等均要优于 VC。正极保护添加剂里传统的是 PS，RPS 也有一些应用，相较于传统的 PS、RPS 等正极保护添加剂，新宙邦开发的 LDY 196 在高电压和高镍正极上效果更好。新宙邦应用 LDY 196 等新型添加剂开发了 LBC3401A28、LBC424A21 两款电解液产品，分别应用于高镍三元圆柱和高镍三元软包/方形电池，目前国内外高端动力电池客户均有采购，其中的 LBC3401A28 电解液能满足动力电池循环 1000 周后容量仍保持在 80% 以上，领先于竞争对手。表 19 为 LBC3401A28 电解液性能数据，表 20 为 LBC424A21 电解液性能数据。

表 19　LBC3401A28 电解液性能数据

首次充放电效率(%)	倍率放电容量保持率(%)	常温 1C 循环容量保持率(%)		45℃ 1C 循环容量保持率(%)
	2C/0.2C	300 周	500 周	300 周
>85	>90	>90	>85	>85

资料来源：方正证券研究所。

表 20　LBC424A21 电解液性能数据

首次充放电效率(%)	倍率放电容量保持率(%)	常温 1C 循环容量保持率(%)		45℃ 1C 循环容量保持率(%)
	2C/0.2C	500 周	1000 周	-20℃ 1C
>80	>90	>90	>80	>70

资料来源：方正证券研究所。

（2）电解液配方。电解液配方开发周期长、成本高，电解液配方目前是电池企业壁垒最高的环节之一，所以电解液配方也成为电池企业的核心竞争力所在，电解液配方开发，目前主要有三种路径，分别为电解液厂商提供、电池企业独立开发以及联合开发。

电解液厂商配方优势不足：专注电解液生产研发，与业内电池企业合作广泛，熟知各种体系配方，并可以独立开发新型添加剂，综合优势明显。不足之处是对电池的实际生产和应用有所欠缺。

电池厂商优势和不足：电池企业熟悉自身生产工艺和电解液方面，但涉及面较为狭窄，不利于新体系的开发。

合作开发：电池厂商和电解液企业合作开发，可以起到优势互补的作用，开发成本低、效率高。

未来合作开发将是主要的方向，随着行业分工扩大，开发的重心会向电解液厂商倾斜，电解液厂商在配方的开发和添加剂的研发方面优势更大，专业的电解液厂话语权越来越大。在电池升级趋势之下，高镍体系的电解液配方也会更加复杂，电池高镍化之后电解液环节的价值量和附加值也会有很大的提升，不亚于正极从523到811的跨越。高镍电解液价值量显著高于普通电解液，也带来了更高的利润弹性。以电解液价格为例，三元532电解液价格在5万/每吨左右，三元622在6万/每吨，而配方体系复杂的811等高镍体系价格优势会更加明显。

2. 新型锂盐打造核心技术优势

按照国家发布的《节能与新能源汽车技术路线图》，2020年的纯电动汽车动力电池的能量密度目标为350Wh/kg，2025年目标为400Wh/kg，2030年目标为500Wh/kg。要实现这一目标，高镍三元是必然选择。随着高镍三元的趋势愈加明朗，动力电池对电解液要求更高，推动电解液往高压、高安全性方向发展，而传统锂盐六氟磷酸锂由于在高温下易分解且对水敏感，其在高温、高压电领域的应用受限，因此市场亟待新型锂盐在耐高温、高电压、阻燃等领域发挥作用。特别是抑制氟化氢生成，从而实现电池高温循环稳定性的提升，包括延长循环寿命、提高倍率性能和安全性。

新型锂盐双氟磺酰亚胺锂热稳定性高，耐水解、电导率高，其作为添加剂加入六氟磷酸锂电解液中，一方面通过抑制电解液中氟化氢生成，阻断六氟磷酸锂的缓慢持续分解，实现电解液化学稳定性的实质性提升；另一方面通过提高电解液的导电率和发挥其独特的SEI成膜能力，不仅提升了电池循环寿命，而且有效提高电池的低温放电性能以及高温保存后的容量保持率，同时还有抑制膨胀的效果。目前，LiFSI有两大原因使其推广受限，其一，价格昂贵，市场价格在100～150万元/吨，相较于六氟磷酸锂20万/吨，这是大多数电解液企业无法承受的；其二，腐蚀正极铝箔，LiFSI对电池正极集流体铝箔的腐蚀较为严重，故被限制使用。表21为LiFSI性能优势。

表21　LiFSI性能优势

优势	备注
拥有更加优异的导电率	这主要由于 Li^+ 与 FSI^- 之间具有较低的结合能，有利于 Li^+ 的解离，因此基于LiFSI的电解液的电导率较高
热稳定性高于六氟磷酸锂	六氟磷酸锂的热分解温度仅为80℃，容易受热分解是目前作为锂电池电解质的主要缺点之一，而LiFSI分解温度大于200℃，热稳定性明显更强
低温性能强	实验证明，在低于－20℃环境下，通过比较基于 $Li/LiCoO_2$ 和 $graphite/LiCoO_2$ 两种电池的电解液表现，LiFSI明显优于六氟磷酸锂

资料来源：方正证券研究所。

虽然 $LiPF_6$ 已经产业化推广，但是多年以来，锂电行业依然继续在寻找新型材料来优化电解液性能，目前来看，LiFSI是离产业化最近的产品。首先，LiFSI环境友好，且安全性能良好，具备产业化生产的基本条件。其次，打破国外垄断，产业化带动价格下降。2016年下半年到2017年为LiFSI的一个集中投产期，打破了其被国外企业垄断的市场格局。再次，正极腐蚀问题有望解决，随着工艺技术的进步，通过在正极铝箔上涂上导电石墨涂层或者将LiFSI和六氟磷酸锂混合使用，可以有效地降低LiFSI对铝箔的腐蚀作用；最后，未来发展趋势所需。未来新能源汽车市场对动力电池在安全和能量密度方面的要求逐步提高，而LiFSI能大幅提高电解液耐高温和高压性能，符合未来电解液的发展趋势，应用将进一步增加。基于此，我们预计LiFSI到2020年实现产业化推广后，行业产值将达到几十亿元的规模。

B.5

2018年动力电池资源材料产业发展报告

张江峰　刘 磊*

摘　要：　锂和钴是动力电池重要的资源材料，主要以矿藏形式存在。随着动力电池行业的发展，市场对锂、钴的需求也在日益扩大。本报告主要从锂、钴资源的分布、开发现状，行业格局发展状况以及市场价格发展变化情况等方面进行了分析，并对未来的发展走势进行了预测。

关键词：　锂资源　钴资源　动力电池

一　锂产业发展报告

（一）锂资源分布

1. 锂资源的分布情况

锂资源分为矿石锂资源和卤水锂资源，盐湖卤水锂资源约占全球锂资源的66%以上，目前盐湖提锂从成本上优于矿石提锂。近年来，全球锂资源勘探和开发的项目越来越多，不断有新的锂矿床被发现，探明的锂资源总量和储量也在不断变化。根据美国地质调查局 2019 年的最新数据，世界锂资源量约为 6200 万吨，储量约 1400 万吨，主要分布如表 1 所示。

* 张江峰，教授级高工，中国有色金属工业协会锂业分会秘书长，有色金属技术经济研究院副总工程师；刘磊，工程师，中国有色金属工业协会钴业分会秘书。

表 1　世界锂资源及储量（金属量）

单位：万吨

国家	储量	资源量
智利	800	850
中国	100	450
澳大利亚	270	770
阿根廷	200	1480
美国	3.5	680
玻利维亚	—	900
巴西	5.4	18
葡萄牙	6	13
津巴布韦	7	54
其他	—	墨西哥 170、秘鲁 13、加拿大 200、捷克 130、俄罗斯、塞尔维亚各 100、西班牙 40、德国 18、奥地利 7.5、芬兰 4、哈萨克斯坦 4、刚果（金）100、马里 40
世界总计（约）	1400	6200

数据来源：美国地质调查局。

盐湖卤水型锂资源主要集中在南美的锂三角（智利、阿根廷和玻利维亚），硬岩型锂资源主要集中在澳大利亚、加拿大及非洲刚果金、津巴布韦等国，中国卤水型和硬岩型两者都有，且资源储量巨大。

中国锂资源丰富，位居世界第六位。锂矿石资源主要位于四川、新疆、江西等地，盐湖锂资源主要位于青海和西藏。根据 2018 年全国矿产资源储量通报，我国锂矿资源量、储量及其主要分布如表 2 所示。

表 2　中国锂矿资源量、储量及其主要分布

地区	矿区数	基础储量		资源量	查明资源储量
			储量		
单位：Li_2O 万吨					
全国	52	77.19	34.50	234.87	312.06
山西	1	—	—	0.05	0.05
内蒙古	1	—	—	4.14	4.14
福建	1	—	—	0.45	0.45
江西	5	37.15	32.99	5.61	42.76
河南	10	—	—	7.02	7.02

续表

地区	矿区数	基础储量		资源量	查明资源储量
			储量		
湖北	1	1. 18	—	0. 46	1. 64
湖南	3	0. 01	0. 01	35. 53	35. 54
四川	16	36. 14	1. 42	153. 11	189. 25
贵州	4	—	—	16. 94	16. 94
新疆	10	2. 71	0. 08	11. 56	14. 27
单位:LiCl 万吨					
全国	14	1076. 30	359. 95	785. 07	1858. 37
湖北	1	—	—	309. 09	309. 09
四川	1	—	—	2. 33	2. 33
西藏	2	0. 07	—	0. 36	0. 43
青海	9	1073. 23	359. 96	472. 19	1545. 42
新疆	1	—	—	1. 10	1. 10
单位:锂辉石矿万吨					
全国	9	5. 50	2. 64	54. 98	60. 48
江西	2	2. 96	2. 64	3. 19	6. 15
四川	3	—	—	51. 25	51. 25
新疆	4	2. 54	—	0. 54	3. 08

数据来源：全国矿产资源储量通报。

2. 国内外锂资源开发现状

国内锂矿石资源主要位于四川、新疆、江西等地，盐湖锂资源主要位于青海和西藏。目前正在勘探开发的盐湖锂资源主要集中在青海，锂矿的开采主要在江西，四川原有的一些矿山仍处于停产中。

四川锂矿成矿条件优越，资源丰富，在我国占有重要地位，其中阿坝、甘孜两州探明储量大，具备大规模开发的条件。2017 年底，在四川阿坝州可尔因矿集区新发现锂矿 3341 资源量近 52 万吨，达到超大型矿规模，该锂矿平均品位 1. 77%，是国内为数不多的高品位锂矿之一，未来潜力巨大。江西宜春是中国最重要的锂云母矿产地，随着近几年生产技术的进步，生产工艺不断优化，已取得突破性进展，资源开发力度也在逐步加大。

2018 年，中国盐湖提锂产能、产量大幅度提升，锂盐总产能已达到 8

万吨，产量已超过3万吨碳酸锂当量（以下简称LCE）。国内锂辉石矿山出于自然环境恶劣、海拔高、基础设施配套差、开采和尾矿处理难度大、环保问题等原因，开发进展较为缓慢。2018年3月，江特电机在宜丰建设的“年采选60万吨锂瓷石高效综合利用项目”完成，并投入锂云母精矿试生产。2018年8月，雅化集团参股四川德鑫矿业公司“建设金川县李家沟锂辉石矿105万吨/年采选项目”获得批复。2018年3月，盐湖股份发布公告，启动建设5万吨/年电池及碳酸锂项目。2019年1月，藏格锂业“年产2万吨碳酸锂项目一期工程”（年产1万吨碳酸锂）顺利建成投产，首批产品全部达到电池级标准。2019年2月，江西赣锋锂业控股子公司海西锦泰矿业有限公司竞得青海省茫崖行委凤凰台地区深层卤水锂矿预查探矿权。

近年来，新能源汽车产业的高速发展，带动了全球范围内的锂资源勘探与开发，阿根廷、美国的盐湖开发进度加快，澳大利亚多座锂矿山投入或即将投入生产，加拿大、巴西和非洲、欧洲的锂矿勘探和开发项目也越来越活跃。

20世纪90年代，南美盐湖卤水提锂取得技术性突破后，盐湖提锂逐渐取代了矿石提锂，2018年，全球约有50%的锂盐从盐湖卤水中提取，主要由SQM、ALB、Livent和Orocobre四家公司提供。

澳大利亚格林布什矿（Greenbushes）总资源量为12060万吨（LCE为724万吨），探明及控制锂矿储量合计为6160万吨（LCE为430万吨），由泰利森锂业进行开发，目前锂精矿年产能为74万吨，第二个化学级锂精矿生产设施预计2019年投产，第三个化学级锂精矿生产设施正在筹备中，建成后泰利森锂精矿总产能将增加至134万吨/年（LCE约18万吨/年）。

由于中国在矿石提锂技术工艺和产能上的优势，绝大部分锂矿资源进入中国。根据中国有色金属工业协会锂业分会的统计分析，2018年，中国从澳大利亚进口矿量为锂辉石精矿137万吨，锂辉石原矿287万吨，锂行业原料对外依存度为70%左右。

（二）锂产品发展情况

1. 基础锂盐发展概况

碳酸锂为无色结晶体或白色粉末，微溶于水，是锂行业中用量最大的基础产品，也是最重要的锂产品，其他锂产品基本上都是碳酸锂的下游产品。碳酸锂可以根据其纯度、粒度和化学指标区分为工业级碳酸锂、电池级碳酸锂和高纯碳酸锂三大类。氢氧化锂为白色单斜细小晶体，强碱性、有腐蚀性；在空气中能吸收二氧化碳和水分；溶于水，微溶于乙醇，是重要的基础锂盐，用途广泛，可用做光谱分析的展开剂、润滑油，碱性蓄电池电解质的添加剂，锂盐及锂产品制造原料，二氧化碳的吸收剂等，也可用于医药、冶金、石油、玻璃、陶瓷、核工业等。碳酸锂和氢氧化锂都是锂离子电池的关键原料。

2018 年底国内碳酸锂产能 32 万吨，世界其他国家碳酸锂产能 16 万吨。2018 年，国内投产的碳酸锂项目主要包括：2018 年 10 月江西赣锋锂业股份有限公司年产 1. 75 万吨碳酸锂生产线建成投产；2018 年 11 月五矿盐湖有限公司 1 万吨碳酸锂生产线建成投产；四川能投鼎盛锂业有限公司 1 万吨锂盐生产线建成投产。2018 年底，藏格控股子公司藏格锂业 1 万吨电池级碳酸锂生产线建成投产。

国内盐湖卤水提锂工艺不断完善，企业现有产能利用率逐步提高，少数盐湖提锂企业产能利用率可达 90%。开发并掌握了沉淀法、煅烧法、萃取法、吸附法、纳滤膜法、离子交换膜法等多种技术工艺路径。2018 年，中国盐湖提锂产能大幅增加，锂盐总产能已达到 8 万吨，产量已超过 3 万吨碳酸锂当量。

国内氢氧化锂的生产大部分通过锂辉石精矿直接生产，还有一部分用工业碳酸锂或碳酸锂精矿生产。2018 年底国内氢氧化锂产能 10 万吨，世界其他国家产能 5. 5 万吨。

2018 年底国内基础锂盐产能约 42 万吨，与 2017 年底产能相比增加了 68%，主要产能分布在江西、青海、四川、江苏、山东等地，其中江西省新增产能约11万吨，四川省新增产能约2万吨，青海新增产能约2.5万吨。2018年6月江西赣锋锂业股份有限公司年产2万吨氢氧化锂生产线建成投产，10月1.75万吨碳酸锂生产线建成投产；2018年9月底山东瑞福锂业1万吨氢氧化锂生产线建成投产；2018年11月五矿盐湖有限公司1万吨碳酸锂生产线建成投产；2018年12月江西雅保锂业有限公司新增年产2万吨氢氧化锂生产线建成投产，四川能投鼎盛锂业有限公司1万吨锂盐生产线建成投产。

根据中国有色金属工业协会锂业分会初步统计，2018年中国锂盐产量16.7万吨，同比增长35.77%，详见表3。

表3　中国锂盐产量

单位：万吨

产品名称	2018年产量	2017年产量	同比增长(%)
碳酸锂	12.5	8.3	50.6
单水氢氧化锂	4.2	3.5	20
氯化锂	1.8	1.3	38.46
合计碳酸锂当量	16.7	12.3	35.77

数据来源：中国有色金属工业协会锂业分会。

国外主要的碳酸锂生产企业包括智利SQM、美国Livent、美国ALB和阿根廷Orocobre四家公司，这四家公司的碳酸锂产能约占全球的33%，除ALB外，其他三家碳酸锂均以盐湖卤水为原料。目前，这四家公司也在积极实施扩产规划和项目建设。

2. 正极材料发展概况

新能源汽车产业已经成为国家战略性新兴产业，被给予支撑未来经济发展和实现汽车产业转型升级的厚望。电动汽车的核心是锂离子电池，而从全球锂离子电池的供给格局来看，锂电产业经过多年的发展，形成了中国、日本、韩国三分天下的市场格局。中国、日本、韩国基本垄断了全球锂电池供应。由于我国锂电行业的蓬勃发展，锂电正极材料市场也面临前所未有的发展机遇。新能源汽车动力电池受政策性影响，能量密度不断提高，只有三元正极材料可以满足；2018 年，行业原先以铁锂材料为主的动力电池企业已经开始大批量转型三元，如比亚迪、CATL、国轩等；同时高镍三元材料企业产能建设完成，数码企业为了节省成本将逐步采用三元材料替代钴酸锂；高容量电芯逐步受到市场欢迎，特别是乘用车领域市场使用三元材料电池比例加大。同时，由于3C、储能、电动客车等领域的需求，钴酸锂、磷酸铁锂等产量也有一定的增长。得益于锰酸锂材料产品性能和锰酸锂电池市场份额的提升，锰酸锂正极材料市场增速显著。

根据中国有色金属工业协会锂业分会统计，2018 年中国锂离子电池正极材料产量 37. 7 万吨，同比增长 16. 72%，消耗碳酸锂约 12. 3 万吨，同比增长 11. 82%，详见表 4。有 15 家企业正极材料的产量超过了 1 万吨。

表 4　锂离子正极材料产量

单位：万吨

产品名称	2018 年产量	2017 年产量	同比增长(%)
磷酸铁锂	10. 3	10. 1	1. 98
三元材料	15. 9	12. 6	26. 19
锰酸锂	5. 3	3. 6	47. 22
钴酸锂	6. 2	6	3. 33
合　计	37. 7	32. 3	16. 72

数据来源：中国有色金属工业协会锂业分会。

从表 4 可以看出，由于补贴政策的调整，三元电池产品成为市场绝对主体，三元材料的产量持续增长，深圳振华新材料股份有限公司、宁波容百新能源科技股份有限公司、湖南长远锂科有限公司产量位居国内前三。2018 年，磷酸铁锂材料受新能源车补贴对能量密度继续提高的影响，仅能在客车方面有所应用，但由于其价格上的优势，迅速在储能等领域扩大应用，德方纳米、深圳贝特瑞、国轩高科产量位居前列。

2018 年，当升科技等企业正极材料业务持续保持旺盛增长态势，新产能充分释放，新产品快速投放市场，销售收入及利润同比大幅上升。但也有一些企业业绩突变。例如，2017 年沃特玛电池位居中国动力电池前三强，其动力电池在国内 25 个新能源汽车推广示范城市中已占有约 20% 的市场份额。2018 年沃特玛公司深陷债务危机，面临经营困难，同时无法支付正极材料厂的大量货款，导致部分磷酸铁锂企业出现了资金链断裂或停产停工现象。

（三）价格及市场

1. 价格

2018 年中国锂盐价格经历了大幅度一波又一波的下滑，电池级碳酸锂成交价格从年初的最高价每吨 16.6 万元降到年末的每吨 7.95 万元，下降了 52.11%；工业级碳酸锂从每吨 15 万元下降到每吨 6.85 万元，降幅达 54.33%；电池级氢氧化锂从每吨 15.35 万元降到 10.45 万元，降幅 31.92%；工业级氢氧化锂从每吨 14.35 万元降到 9.05 万元，下降了 36.93%，氯化锂从每吨 14.85 万元降到 9.55 万元，下降了 35.69%。

碳酸锂等锂盐价格大幅跳水，主要是因为供需关系的转变。前两年，新能源汽车市场爆发式增长拉动动力电池产销量增长，导致电池级碳酸锂出现供应紧缺。受供需失衡影响，碳酸锂价格一路上涨高位震荡，最高至 2017 年底的 18 万元/吨，正极材料企业现款采购甚至还买不到货。2018 年 3 月后，前期新建的一些碳酸锂、氢氧化锂项目开始投产，逐渐释放产能，与此同时，正极材料企业需求增速变缓，对碳酸锂的需求发生变化，在 6 月后，正极材料厂逐渐减少库存，甚至出现短时间停止采购，导致国内碳酸锂等锂盐市场供需关系出现逆转，从此前的供应不足转为阶段性过剩，导致价格从高位大幅滑落。部分中小型碳酸锂供应商为抢占市场、回笼资金，降价抛售产品，对碳酸锂的成交价格也造成了一定影响。此外，国家补贴政策向高能量密度动力电池倾斜，也是碳酸锂价格走软的重要原因。据了解，国家补贴新政将补贴金额与能量密度直接挂钩，倒逼电池企业和主机厂积极提升电池能量密度和整车续航里程，使三元动力电池需求占比快速提升，挤占了部分碳酸锂市场。2018 年碳酸锂等锂盐价格走势见图 1。

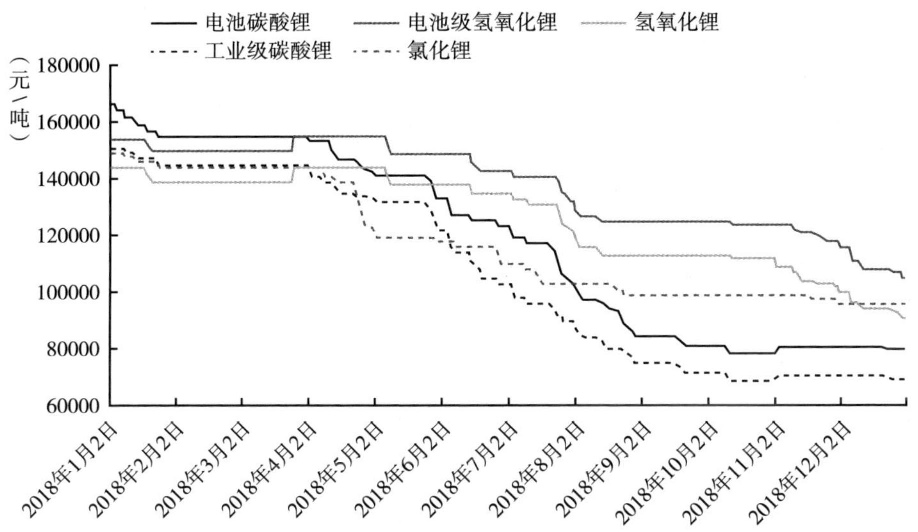

图1　2018 年基础锂盐价格走势

数据来源：亚洲金属网。

2018 年第一季度 3C 市场对钴酸锂的需求逐渐增加，虽然碳酸锂价格平稳，但由于四氧化三钴价格涨势强劲，同样 622 型镍钴锰酸锂受钴、镍、锰原料价格的影响，也逐渐在上涨。5 月中旬后，碳酸锂等锂盐价格进一步下降，四氧化三钴和硫酸钴等价格开始下降，新能源补贴政策延缓到期，市场观望情绪渐长，钴酸锂价格开始下滑，随着碳酸锂和四氧化三钴价格逐步走低，钴酸锂价格一路下跌，从每吨最高 51.2 万元降到年底的 28.8 万元。而镍钴锰酸锂由于镍、锰等原料价格下半年有涨跌波动，价格从 2018 年初每吨 22.25 万元上涨到 4 月中旬的每吨 24.45 万元，8 月中旬逐步回落到 22.25 万元，第四季度碳酸锂、硫酸钴等原料价格持续走低，年末报价每吨 16.55 万元，详见图 2。

2. 进出口贸易

2018 年进口锂盐总计 2.79 万吨（折合碳酸锂当量），同比减少 20.29%，主要从智利和阿根廷进口碳酸锂；全年出口锂盐总计 3.54 万吨（折合碳酸锂当量），同比大幅增长 86.33%。除了氢氧化锂出口到日本、韩

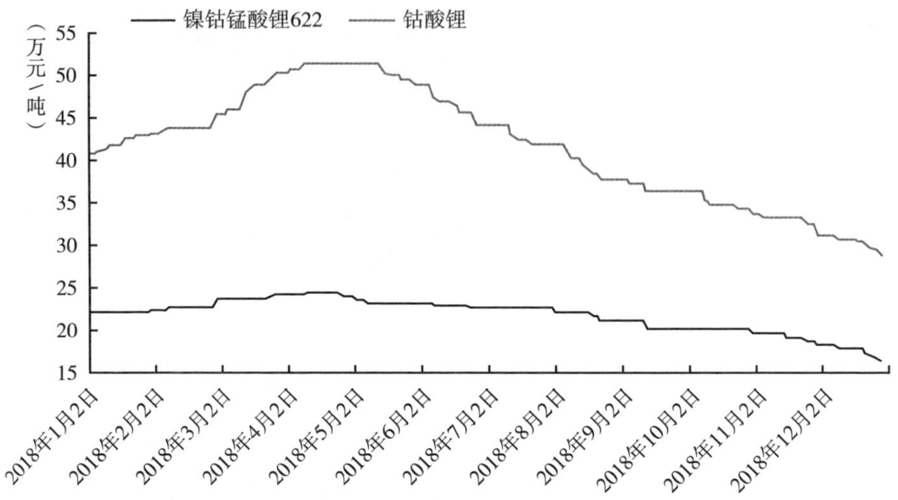

图 2　2018 年钴酸锂和镍钴锰酸锂（622 型）价格走势

数据来源：亚洲金属网。

国等国家，且出口量比 2017 年增加 8125 吨外，碳酸锂出口比 2017 年增量 9480 吨，详见表 5。

表 5　2018 年锂盐进出口情况

商品名称	进口		出口	
	全年进口数量（吨）	全年进口金额（万美元）	全年出口数量（吨）	全年出口金额（万美元）
氢氧化锂	994. 598	1544. 8866	27508. 541	39414. 4710
氯化锂	2953. 373	2392. 7258	212. 606	343. 6144
碳酸锂	24434. 109	36028. 9702	10975. 559	16231. 6263

数据来源：中国海关。

2018 年中国氢氧化锂净出口 26514 吨，同比增长 46. 37%；氯化锂净进口 2741 吨，同比减少 2. 57%；碳酸锂净进口 13459 吨，同比减少 53. 89%。

综合考虑氢氧化锂、氯化锂和碳酸锂三大产品的进出口量，2017 年净进口总量达到 15777 吨碳酸锂当量，2018 年净出口达到 7518 吨碳酸锂当量，也是 2010 年后首次实现锂盐净出口。

（四）战略布局

中国矿石提锂产能主要依靠国外锂辉石资源。近两年，西澳地区锂资源开发取得较大进展，2018 年有三家大型锂矿山投产，而且这些矿山也在逐步扩大产能。大部分锂辉石出口到中国，但澳大利亚投资建设锂盐加工厂的产能规划，可能会导致出口锂精矿量减少。国内部分企业逐渐关注北美和非洲的锂资源开发，也有一些企业投资南美盐湖锂资源的开发。

天齐锂业股份有限公司收购智利 SQM 公司 A 类股 62556568 股，B 类股 5516772 股，合计持股比例为 25.86%；江西赣锋锂业股份有限公司全资子公司荷兰赣锋收购阿根廷 Minera Exar 公司 37.5% 的股权，还有部分中国企业参股海外锂矿石和盐湖的开发，来保证企业锂原料的供应。

按照咨询机构和企业的预测，2025 年，全球对锂的需求将达到 100 万吨碳酸锂当量，超过前几年的预期，国内外锂盐主要生产企业纷纷调整扩产规划，SQM 盐湖提锂产能在 2021 年将达到 21 万吨，2020 年，Albemarle 的锂盐产能将达到 16.5 万吨，天齐锂业的锂盐产能将达到 10 万吨，赣锋锂业的锂盐产能将达到 10 万吨。

新能源汽车产业的发展，极大地促进了碳酸锂、氢氧化锂等锂盐的应用消费。2018 年中国锂离子电池正极材料产量 37.7 万吨，比 2017 年增加了 16.72%，其中三元材料产量达到了 15.9 万吨，同比 2017 年增加了 26.19%。高镍三元正极材料产量逐步在加大，对于氢氧化锂的需求也在逐年增加。为满足下游企业需求，新建氢氧化锂项目逐渐增多。同时，三元材料企业对于碳酸锂、氢氧化锂的品种要求越来越高，尤其是对磁性异物的含量要求。

（五）供应问题分析及预测

1. 国内矿石锂资源开发缓慢

2018 年，中国盐湖提锂产量创了新高，从废旧电池回收生产了部分碳酸锂，但从澳大利亚进口了锂辉石精矿 130 万吨，锂辉石原矿 287 万吨，中国锂行业原料对外依存度仍为80%左右。中国不但有丰富的盐湖卤水锂资源，还有较为丰富的锂辉石、锂云母资源。近几年，青海的盐湖提锂取得较大突破，前些年建成的生产线逐步达产，同时又有数万吨新产线在建设中。西藏地区海拔、交通及特殊的地理位置，从卤水资源提取碳酸锂有很大的难度。国内企业在开发位于新疆，四川省阿坝、甘孜等地的锂辉石矿方面进展缓慢。江西宜春地区的锂云母资源品位较低，用其生产碳酸锂，成本较高。

2. 锂盐提取和正极材料领域投资过热

根据中国有色金属工业协会锂业分会的不完全统计，2018 年企业公告有近 50 个锂盐及正极材料项目在建设或拟建设中，这些项目的总产能有近百万吨。2018 年中国建成投产的碳酸锂或氢氧化锂产能超过了 15 万吨。锂资源开发领域、锂盐及正极材料领域出现了投资过热的现象，投资者认为锂电行业是“朝阳产业”，未来市场对锂资源及正极材料的需求量大，锂电产业可以一直维持高的利润水平。少数投资者不考虑行业发展的实际情况，缺少技术人员和团队，盲目投资建设，造成锂盐加工、锂电正极材料产能过剩不仅仅是因为锂电材料产能增速与新能源动力汽车需求增长不匹配，更多是缘于技术落后和规划不合理造成重复建设，进而导致产能闲置。

3. 用好国外锂资源，加速国内锂资源开发利用

中国基础锂盐、锂电材料产能及产量快速增长，但主要锂原料仍依赖进口，且进口量逐年递增。2018 年进口锂辉石精矿超过 130 万吨，同期进口了数百万吨的锂辉石原矿，但由于选矿技术、工艺、环保等问题，大部分原矿还没有转变为锂盐。2018 年下半年，国内碳酸锂、氢氧化锂等产品价格大幅下滑，锂原料价格势必在 2019 年回落。

进一步加大青海盐湖提锂产能的有效利用，不断完善盐湖提锂工艺，提高锂资源的回收利用率，逐步提高卤水提锂产品的质量和产量。另外，继续加大对江西锂云母资源的开发利用，不断完善锂云母提锂技术工艺，提高锂的回收率，降低生产成本。继续做好废旧锂电池中锂等资源的回收利用。

4. 注重前期调研工作，合理规划布局

2018 年上半年，锂盐生产企业效益较好，但随着新产线的建成投产，

加上下游需求增速放缓，已出现某些产品产能过剩，产品价格急剧下滑。同时，国家对企业排放标准逐步提高，监督管理逐步规范，部分企业对原有产线进行环保升级改造，完善升级环保措施，企业的环保投入也逐年加大。整体看，基础锂盐行业利润逐步回归正常。

虽然锂电行业发展迅速，未来几年，国内外新能源汽车产业对锂的需求会持续增长，但也应关注氢燃料电池汽车等相关产业的发展。锂行业快速发展的情况下，要冷静思考，避免投资过热。投资者应根据市场需要，通过缜密的前期调研、专业化的可行性研究和预期效益分析筛选可行性好、成功率高、引导作用强的项目重点攻关，在投资方式、发展模式、经济效益等方面借鉴其他成功企业经验，实现利益最大化。同时充分利用产业政策的指引作用，最大限度地获取相关产业支持，增强资源信息服务、技术支持、金融支持和服务，提高投资项目建设的效率，降低投资风险。

二　钴产业发展报告

（一）钴资源的分布情况

美国地质调查局（USGS）2018 年矿产品年鉴（Mineral Commodity Summaries 2018）统计数据显示，2018 年世界钴储量为 698 万吨，见表 6。

世界钴储量主要集中在刚果金（350 万吨）、澳大利亚（120 万吨）、古巴（50 万吨）、新喀里多尼亚（20 万吨）、赞比亚（27 万吨）和俄罗斯（25 万吨），这些国家约占世界钴总储量的 84%。其中刚果金就占世界储量的 49%。根据中国国土资源部公布的 2018 年全国矿产资源储量通报数据，中国钴基础储量为 8 万吨，查明资源量为 67. 25 万吨，但具有开采意义的储量仅为 2. 68 万吨。

钴矿主要为铜、镍矿产伴生资源，50% 钴的源于镍的副产品，44% 的钴来自铜及其他金属的副产品，只有 6% 的钴来自原生钴矿，其生产规模在很大程度受铜、镍矿产开发影响。

表 6　2018 年世界钴储量

单位：万吨金属量

国家或地区	2015 年储量	2016 年储量	2017 年储量	2018 年储量
刚果金	340	340	350	350
澳大利亚	110	100	120	120
古巴	50	50	50	50
赞比亚	27	27	27	27
菲律宾	25	29	28	28
俄罗斯	25	25	25	25
加拿大	24	27	25	25
新喀里多尼亚	20	20	20	20
马达加斯加	13	13	15	14
中国	8	8	8	8
南非	3. 1	2. 9	2. 9	2. 4
美国	2. 3	2. 1	2. 3	3. 8
其他	68. 8	69	40	25
世界总计	716. 2	713	713	698

资料来源：美国地质调查局（USGS）。

（二）国内外钴产量

受到 2017 年钴价开始飙升影响，2018 年海外钴矿供应量有所增加，大中型钴原料供应商纷纷扩产。嘉能可、洛钼等钴矿巨头的产量均有所增加，尤其是嘉能可旗下 KCC 项目在 2018 年正式复产，使其 2018 年一家钴原料供应量就增加 1. 1 万金属吨，虽然其新增产量受到含铀问题在 2018 年暂时无法销售，但是在 2019 年以后才会有少量 KCC 项目的原料经过加工后投放到市场，暂时不会造成钴原料供应的大量过剩。2018 年全球钴原料产量达到 13. 8 万吨，同比增加 11. 5%。2018 年除嘉能可 KCC 项目之外，增量比较明显的还包括嘉能可旗下的 Mutanda 项目，洛钼旗下 Tenke 项目，莎林那资源旗下 Chemaf 项目等，见表 7。

表 7　全球钴原料供应情况

单位：吨

国家名称	2015	2016	2017	2018
刚果金	68300	67035	83700	98000
古巴	5800	5894	6000	5800
俄罗斯	5800	5600	5800	5500
澳大利亚	4100	4150	3600	4100
马达加斯加	3400	3273	3400	2600
菲律宾	4300	4700	4500	5600
加拿大	2820	3469	3480	3650
巴布亚新几内亚	2400	2187	3300	3300
赞比亚	1600	300	300	700
新喀里多尼亚	2150	3188	2800	2000
中国	1300	1700	2000	1600
摩洛哥	1900	1750	1500	1600
巴西	1100	400	0	0
南非	1250	1650	1750	1800
其他	1500	1700	1750	1900
总　计	107720	106996	123880	138150

数据来源：安泰科、CDI、DARTON。

2018 年中国冶炼钴产量约 8.17 万金属吨，同比约增长 16.7%。2018 年第一季度延续了 2017 年全年的走势，钴价格节节攀升，利润水平大大提高，也使我国钴冶炼厂产量高速增长；但是从 2018 年第二季度末开始，国内外钴价开始大幅下滑，扩产速度开始有所减缓。2018 年中国国内的精炼钴产量和产能较为集中，主要集中在华友、格林美、金川、腾远、佳纳能源等企业中。根据统计，2018 年中国国内精炼钴产能已经突破 10 万吨，部分有资金实力的企业正逐步向下游延伸，向新能源汽车动力电池生产领域提供材料。

（三）主要应用领域

2018 年全球钴消费约为 12.6 万金属吨，同比增长接近 11.5%，其中锂电池和超级合金仍然是全球消费的重点领域，锂电池行业用钴量约为7.1万金属吨，占比约为57%，其次是高温合金，用钴量约为1.9万金属吨，所占比重约为15%。与电池行业和高温合金行业相比，其他行业的用钴量较为平均。硬质合金和金刚石工具行业、硬面材料、陶瓷和催化剂行业分别占比为7%、5%、5%和4%左右。

钴在电池领域的应用主要是在钴酸锂、镍钴锰三元材料、贮氢合金和球镍。电池领域对钴的消费从2012年的2.1万吨增长至2018年的5.17万吨，年均增长率为13.73%。其中锂电行业的迅速发展也借助了政策方面的东风，自2012年2月22日工业和信息化部发布《新材料产业"十二五"发展规划》，钴酸锂和镍钴锰三元材料被列入了《新材料产业"十二五"重点产品目录》后，消费类电子产品以及新能源汽车的发展，带动了整个锂电材料的发展。

2018年国内正极材料产量中钴酸锂产量达到5.3万吨，三元材料产量为15万吨。目前国内正极材料产量居前的品种以钴酸锂、三元材料、磷酸铁锂为主，锰酸锂的产量增幅虽然较大，但未来市场空间有限。随着新能源汽车的蓄势待发，正推动锂电正极材料领域掀起新一轮的扩充热潮。

三元材料仍是最近几年发展起来的新型锂电正极材料，具有容量高、成本低、安全性好等优异特性，其在小型锂电中逐步占据一定的市场份额，并在动力锂电领域具有良好的发展前景。同时由于钴价暴涨，3C产品锂电池生产厂商也在逐步用三元材料锂电池代替中低端产品中的钴酸锂电池，以降低成本。

以中国新能源汽车生产合格证发放数量作为产量统计口径，2018年全年我国新能源汽车产量达到121.9万辆，同比增长52.38%。

按照动力电池正极电池材料种类装机量估算，2018年我国电动汽车动力电池总装机量合计为56.97GWh，同比增长57%。其中磷酸铁锂总装机量为21.57GWh，同比增长20%，总装机量占比达到38%；三元材料总装机量为30.7GWh，同比增长89%，总装机量占比达到54%；锰酸锂总装机量为1.07GWh，总装机量占比达到2%；其他电池材料总装机量为3.4GWh，总装机量占比达到6%。

根据三元材料动力电池装机量估算，2018 年电动汽车动力电池三元材料用量为 55000～56000 吨，钴消费量为 7500～7700 吨，镍消费量为 21000～22000 吨，碳酸锂消费量为 22500～23500 吨。

（四）国内外价格走势

2018 年初国际市场钴价格延续了 2017 年持续上涨的行情走势，受到钴终端需求持续增加的乐观预期以及欧美市场金属钴供应偏紧的预期影响，贸易商以及下游终端钴需求企业持续建立金属钴库存储备，国际市场低等级钴低幅现货交易价格从年初时的 35 美元/磅上涨至 4 月下旬的 43.7 美元/磅，涨幅达到 24.86%；5 月以后，市场开始逐步明朗化，受到原料供应过剩预期以及实际需求预期增长速度下滑等因素影响，国际钴价格开始逐步缓慢下行，低等级钴低幅价格从 5 月初时的 43.5 美元/磅缓慢下滑至 8 月末的 33 美元/磅，跌幅达到 24.1%，价格再次回到 2017 年末的水平。9 月后，国际市场钴价受到夏休结束因素影响需求出现上涨，价格一度止跌回涨，价格从 33 美元/磅回涨至 33.5 美元/磅，但也仅是昙花一现。10 月以后国际价格在经过一个半月左右的稳定期后开始加速下滑，低等级钴自 11 月中旬时的 33.5 美元/磅的价格一直下滑到年末的 26.5 美元/磅，其间跌幅达到 26.4%，价格也达到 2017 年 6 月上旬以来的最低位。年内从成交最高价计算，累计跌幅达到 39.4%。国际钴价在后市也很有可能延续目前的价格走势，在 2019 年也呈现持续下滑的趋势（具体见图 3）。

中国金属钴价格与欧美市场走势基本一致，价格从 1 月初开始迅速上涨，从 53.5 万元/吨上涨至 4 月上旬的 68.5 万元/吨，涨幅达到 28%，之后价格则开始持续下滑。在价格下跌初期时的下滑速度明显高于国际市场的下滑速度，从 4 月末的 68 万元/吨下滑至 7 月初时的 52.5 万元/吨，跌幅达到 22.8%，同期国际市场价格下滑的幅度仅为 8.5%，国内市场恐慌性心理要明显大于国际市场。至年底时金属钴的价格跌至 34 万元/吨，创下自 2017 年 2 月以来的新低，年内从成交最高价计算，累计跌幅达到 50.4%，也明

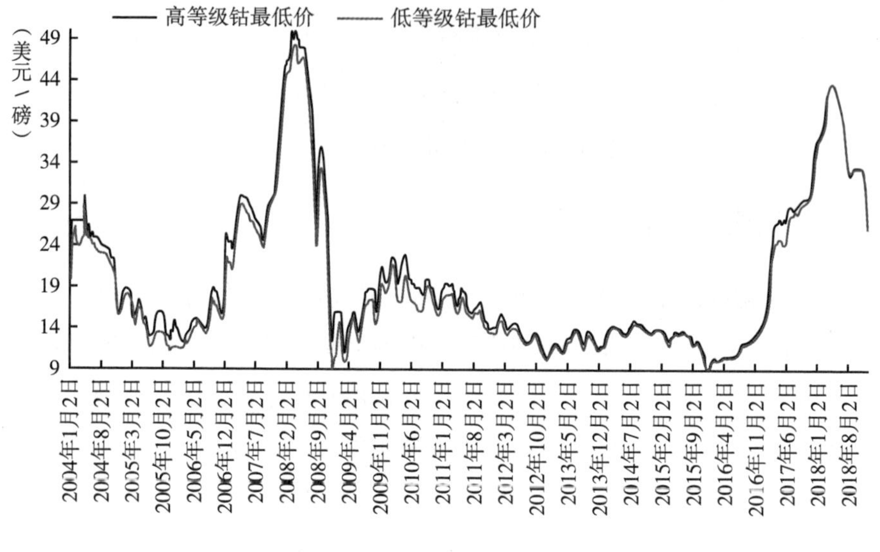

图 3　MB 钴价走势

数据来源：MB。

显高于国际市场价格的累计跌幅。

国内金属钴价格下滑过快的主要原因是国内市场价格话语权被投资性需求引导，价格走势出现阶段性脱离供需基本面的影响，导致金属钴的投资金融属性加强，并主导金属钴价格出现加速下滑的情况，也使国内市场价格自 2018 年 4 月以来一直明显低于国际市场价格，使金属钴的进口量也在 4 月开始出现明显减少，终端需求厂商的备货情绪受到明显影响，并延续至 2019 年以后（见图 4 和图 5）。

虽然国内外钴价从第二季度开始出现下滑，但是钴原料价格依然维持在较高的价位，钴原料价格系数从 8 月开始才被动出现下调，累计下调幅度达到了 40%，但受到运输周期较长的影响，国内钴冶炼企业进口的原料基本处于亏损状态。

国内硫酸钴价格从 2018 年初最高时的 14.6 万元/吨 ~ 14.9 万元/吨降至年末时的 6.4 万元/吨 ~ 6.6 万元/吨；氯化钴价格从 2018 年初最高时的 16.5 万元/吨 ~ 17 万元/吨降至年末时的 7.7 万元/吨 ~ 8 万元/吨；四氧化

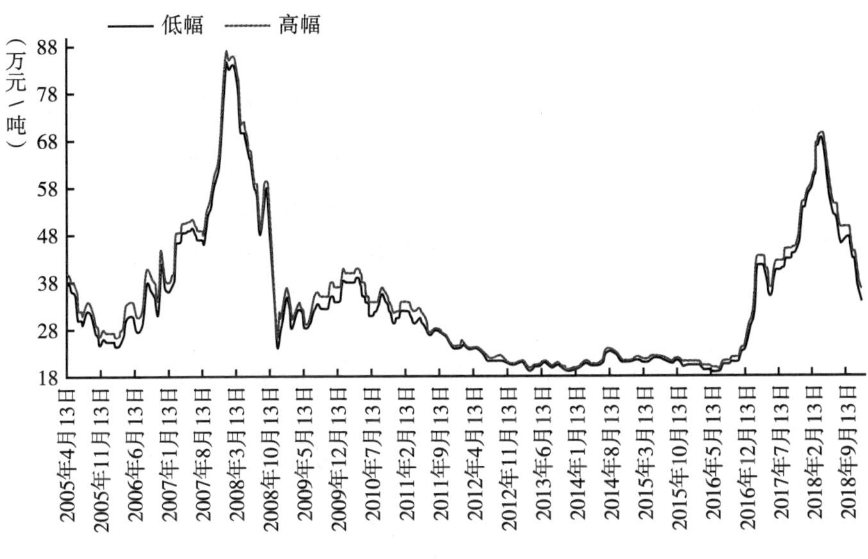

图 4　国内钴价走势

数据来源：长江有色。

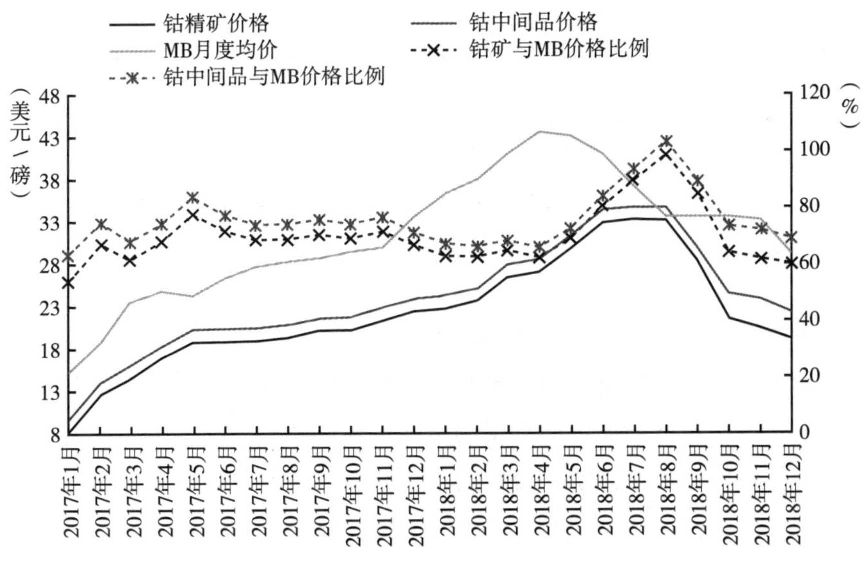

图 5　中国钴原料价格走势

数据来源：MB、安泰科。

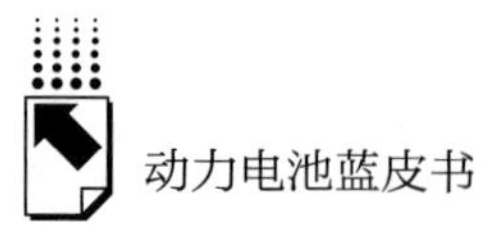

三钴价格从 2018 年初最高时的 50 万元/吨 ~51 万元/吨降至年末时的 26 万元/吨 ~27 万元/吨。

钴盐类价格大幅下滑，国内钴酸锂和三元材料价格跟进走低，钴酸锂价格从 2018 年初最高时的 50 万元/吨 ~51 万元/吨降至年末时的 28 万元/吨 ~29 万元/吨；523 型三元材料价格从 2018 年初时最高的 23 万元/吨 ~23.5 万元/吨降至 14.8 万元/吨 ~15.7 万元/吨图 6 为 2017 ~2018 年中国硫酸钴价格走势。

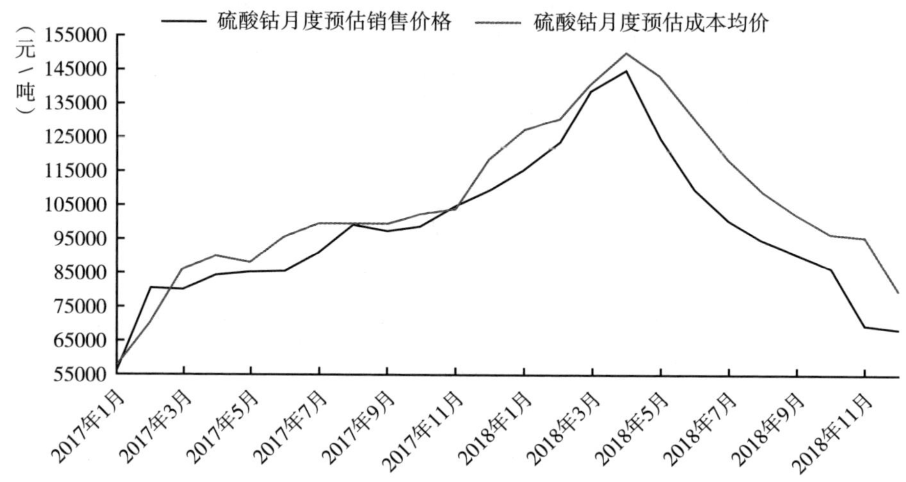

图 6　2017 ~2018 年中国硫酸钴价格走势

数据来源：安泰科。

从供需层面来看，海外钴市场需求受新能源汽车的影响带动仍会稳步提高，但是从全球钴供应量的角度来看，原料供应增速和金属钴的供应量和增速要高于钴需求量的增速。而且受到国际价格在前期持续下滑，并有可能对金属钴的供应格局产生影响，投资需求将会减弱，并导致全球精炼钴的供应出现过剩，国际市场将从 2017 ~2018 年的金属钴市场紧平衡向过剩转变。预计 2019 年金属钴价格将震荡下行，金属钴将会在跌破 20 美元/磅以后继续下行至 15 ~18 美元/磅。

预计国内金属钴市场价格走势在与国际市场价差未消失之前，与国际价格走势的联系不会过于紧密。预计2019年国内金属钴的价格波动区间在24万元/吨~35万元/吨。2019年国内钴盐市场虽然受到新能源汽车领域需求增长有所提高的影响，但是出于钴废料供应量仍然保持较高水平以及历史库存较多的原因，钴原料供应过剩的格局不会发生改变，库存量和过剩量甚至有可能进一步增加。预计国内硫酸钴年内波动区间在5万元/吨~6.5万元/吨，氯化钴波动区间在6万元/吨~7.5万元/吨。

钴系正极材料及前驱体市场方面，目前通信设备处于4G到5G的迭代期，通信设备对钴酸锂的需求量难有明显增长，甚至仍会受到成本因素的影响，钴酸锂与锰酸锂正极材料的混掺材料以及钴酸锂的替代材料将会出现，钴酸锂的需求量会保持稳定，所以四氧化三钴和钴酸锂的价格将会在低位运行，四氧化三钴价格将有可能在15万元/吨~24万元/吨之间波动；钴酸锂的波动区间将在20万元/吨~30万元/吨。NCM/NCA三元材料将会随着新能源汽车产量的增加而继续增加，但是受到钴价下行的影响，523型三元材料的波动区间将在12万元/吨~16万元/吨，三元材料前驱体的波动区间将在6万元/吨~10万元/吨。

B.6

2018年动力电池梯级利用产业发展报告

杨清雨*

摘　要： 近年来，随着新能源汽车动力电池逐渐到达退役期，动力电池大批量退役的情况逐渐显现。退役的动力电池通常会带有70%～80%的剩余容量。如将这些电池进行梯级利用，将有效延长电池本身的生命周期，提高电池应用价值以及相关原料资源的利用率，减少了废旧电池对环境的污染。国家相关部门出台的回收政策中，也明确鼓励企业研发梯级利用的关键技术，探索梯级利用的商业模式。国内外企业相继开展梯级利用的示范，并取得了一定的成果。目前，梯级利用仍然面临电池剩余寿命预测技术、离散整合技术等关键技术有待提高、商业化储能应用的投资回报周期较长等问题。未来，随着动力电池开始批量化退役，梯级利用的应用实践不断增加，国家将会逐步完善梯级利用标准政策，梯级利用企业将会探索新的商业模式，突破梯级利用的关键问题，从而共同促进梯级利用市场化发展。

关键词： 动力电池　新能源汽车　梯级利用

* 杨清雨，硕士，中国电池联盟，北京绿色智汇能源技术研究院研究员。

一　政策分析

（一）政策顶层设计已趋于完善，政策体系加速完善

1. 回收政策顶层设计已趋于完善

通过对电池回收政策出台的时间进行整理可以发现，在 2016 年之前，回收政策以《节能与新能源汽车产业发展规划（2012 ~ 2020 年）》《生产者责任延伸制度推行方案》《促进汽车动力电池产业发展行动方案》等规划性政策为主；2016 年之后出台的回收政策以《生产者责任延伸制度推行方案》《新能源汽车动力蓄电池回收利用管理暂行办法》等具体管理为主，说明政策体系逐渐完善，政策落地速度逐渐加快（具体见图 1）。

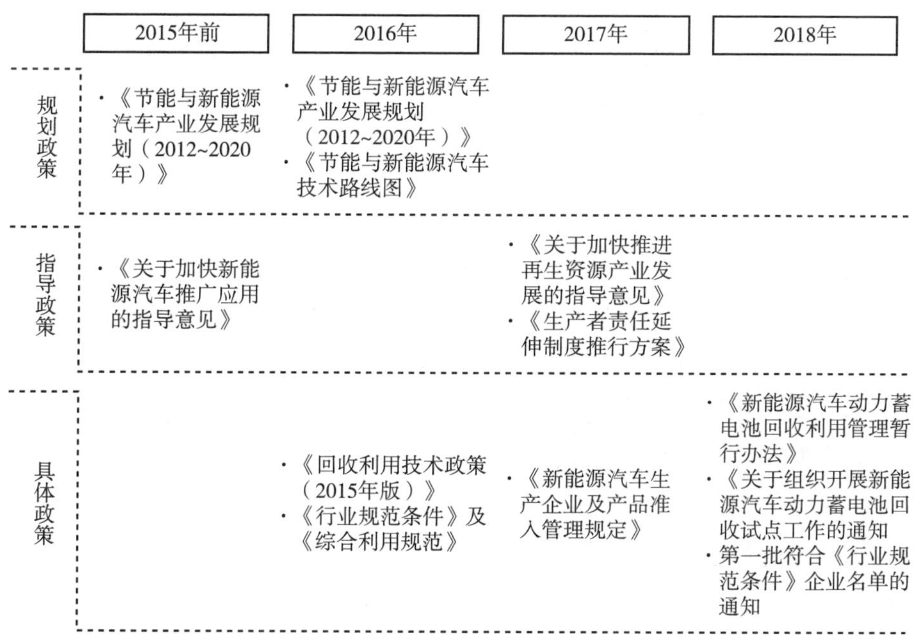

图 1　历年国内动力电池回收政策梳理

资料来源：北京绿色智汇能源技术研究院整理。

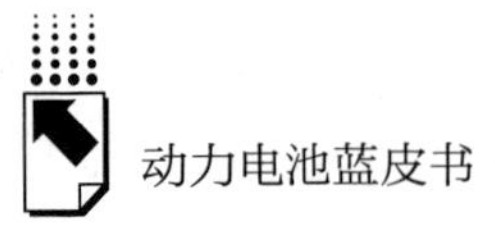

2. 回收政策逐步完善梯级利用企业规范条件

2018 年 9 月，工信部正式发布了符合《新能源汽车废旧动力蓄电池综合利用行业规范条件》（简称《规范条件》）企业名单（第一批），共有 5 家单位进入该名单。这 5 家单位均是从事动力电池再利用的单位，主要是回收三元电池中的镍、钴、锰等元素。该名单主要是根据《规范条件》的要求进行筛选的，但是，由于《规范条件》是在 2016 年 2 月制定的，电池回收企业对动力电池回收的实践相对较少。目前，《规范条件》的内容仍有不完善的地方。

现有《规范条件》未明确梯级利用企业条件。《规范条件》中的综合利用是指梯级利用、资源再生利用。但是，《规范条件》中只对资源再生利用进行了明确的硬性规定，即“湿法冶炼条件下，镍、钴、锰的综合回收率应不低于 98%；火法冶炼条件下，镍、稀土的综合回收率应不低于 97%”。对于梯级利用并没有规定具体的条件，首批符合《规范条件》的 5 家企业主要是资源再生利用企业，而没有以梯级利用为主要业务的企业。

目前，《规范条件》相关硬性要求正在逐步完善，新增了梯级利用相关要求。2019 年 1 月，中汽研联合多家企业召开了《规范条件》修订建议会。从会议资料上来看，修订建议版的《规范条件》增加了梯级利用企业回收规模等具体要求。其中，修改意见中要求回收企业拥有年 2 万吨的回收能力。若修改意见稿获得通过，则《规范条件》将进一步完善，从而能够有充分的依据将符合要求的梯级利用企业纳入回收利用“白名单”中，促进梯级利用企业的有序发展。

3. 政策推动梯级利用的应用领域拓展，但实际作用有限

2019 年 2 月 12 日工业和信息化部、国家机关事务管理局、国家能源局关于加强绿色数据中心建设的指导意见正式发布，该指导意见主要是针对加强绿色数据中心建设提出了基本原则、重点任务以及保障措施。其中，在重点任务中提出“在满足可靠性要求的前提下，试点梯次利用动力电池作为数据中心削峰填谷的储能电池。”

目前，梯级利用在大规模储能方面的瓶颈主要在技术和经济成本两个方

面，技术方面的问题在于由于梯次电池一致性较差、电池剩余寿命预测仍不准确等问题容易影响大规模梯次储能系统的使用寿命、安全性以及稳定性。现阶段，主要是通过模块化分布式系统的方式进行解决；在经济成本方面，根据测算，在峰谷差价为0.7元/度电的情况下，梯次储能的回收周期在4~5年，而且，现阶段只有北京、江苏、上海等少部分地区的差价可以达到0.7元/度电以上。数据中心整体耗能较高，通常会设置在电价较低的地区，因此，峰谷差价会进一步降低，从而延长梯次储能的投资回收周期，降低企业试点及投资意愿。因此，该指导意见推动梯次储能系统在数据中心削峰填谷方面应用的作用仍然有限。

（二）部分省市率先出台回收试点实施方案，推动梯级利用“落地生根”

2018年5月，七部门联合下发《关于做好新能源汽车动力蓄电池回收利用试点工作的通知》，从而拉开了全国性动力电池回收试点工作的序幕，各个地方相关部门和企业积极响应，共计有18个地区和企业入选试点工作。截至2019年4月，京津冀、广东省、浙江省、四川省、湖南省这五个地区率先出台各自的动力电池回收试点工作实施方案。这主要是由于这五个地区具有动力电池回收的紧迫性强、配套企业及产业链相对完善等特点。

从总体目标上来看，四川省提出梯级利用产值目标，走在各省前列。四川省实施方案中提出“到2020年，全省新能源汽车动力电池梯级利用产业产值力争达到5亿元”的产值目标，是目前出台的五个实施方案中，唯一明确列出产值目标的实施方案，走在了各省份前列。其他地区的实施方案的主要目标则是以建设梯级利用企业示范项目为主。例如，浙江省与广东省的实施方案在主要目标中只是较为笼统地提出建成一批梯级利用示范项目。

探索梯级利用“以租代售”商业模式是重点工作。在商业模式方面，浙江省、广东省、京津冀的实施方案均提出了鼓励企业采用或探索“以租代售”等商业模式。其中一个主要的原因就是，该模式可以有效避免梯级利用电池所有权的转移，从而降低梯次电池的溯源追踪和回收的成本与难度。

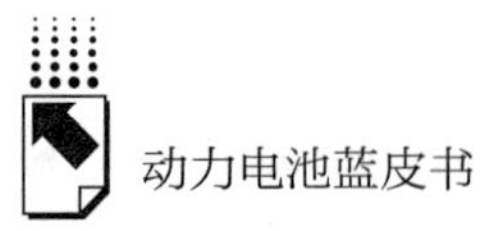

另外，广东省在实施方案中明确表示“试点期内尽可能避免小而散的梯级利用方式”从而鼓励梯级利用的大规模利用模式，也是出于方便梯次电池的溯源以及后续回收。表1为地方回收试点工作实施方案涉及梯级利用情况。

表1　地方回收试点工作实施方案涉及梯级利用情况

地区	总体目标	重点工作
浙江省	建成一批运行良好的梯级利用示范项目,发布一批动力蓄电池回收利用相关团体标准,形成一批废旧动力蓄电池回收利用商业模式	1. 提升分类能力。废旧动力蓄电池回收企业(回收网点)应对回收的废旧动力蓄电池进行检测分类,对于能够用于梯级利用的电池提供给梯级利用试点企业,其余废旧动力蓄电池移交定点的再生利用拆解试点企业。各回收网点应具备对废旧动力蓄电池残值检测和分析评估的能力,提高废旧动力蓄电池分类水平。鼓励行业组织制定废旧动力蓄电池残值评估办法或团体标准 2. 开展梯级利用示范。鼓励梯级利用试点企业,在保证安全可控的前提下,按照先梯级利用后再生利用的原则,对废旧动力蓄电池开展多层次、多用途的合理利用,提升综合利用水平与经济效益。由华友、南都、天能、超威、协能、模储、易源等企业,组织开展梯级利用试点 3. 创新利用模式。鼓励梯级利用企业发展“以租代售”商业模式,即梯级利用企业向回收企业租用符合梯级利用标准的退役动力蓄电池,既可避免动力蓄电池所有权的转移,又能降低梯级利用企业资金压力
广东省	建成一批梯级利用和再生利用示范项目,形成若干动力蓄电池回收利用商业合作模式	1. 大规模利用模式。鼓励中国铁塔公司等大规模再利用废旧动力蓄电池的企业参与梯级利用,试点期内尽可能避免小而散的梯级利用方式,造成废旧动力蓄电池难以溯源追踪 2.“以租代售”的梯级利用模式。鼓励梯级利用企业发展“以租代售”商业模式,即梯级利用企业从新能源汽车生产企业、动力电池生产企业或回收企业租用符合梯级利用标准的退役动力蓄电池,既可避免动力蓄电池所有权的转移,又能降低梯级利用企业资金压力 3. 建立电池安全性参考模型,基于样本分析,制订选择贮存方案、环境控制方案和应急响应措施,并构建完备的防火、防毒、防爆机制。实时监测和控制环境温度、湿度及气体成分。对电池状态进行全程跟踪和预测,不断修正监管策略,提高安全性。建立多层级电池模型,从电池组到电池构件和组分,以全时同步主动均衡技术充分发掘从电池组到电池模块,再到电池单体的全部器件级功能资源,设计应用大柔性系统架构,应对多种目标系统的需求。引入寿命趋势性预测和人工智能,解决电池组内各单体电池之间的不均衡问题,延长电池组的使用寿命。融合重组技术和离散整合技术,实现电池器件级梯级利用

续表

地区	总体目标	重点工作
京津冀	动力蓄电池梯级利用初步实现产业化发展，建成2～4家废旧动力蓄电池拆解示范线和梯级利用工厂	支持企业开展动力蓄电池梯级利用在通信基站备用电源领域的商业化示范工程建设，在电力储能系统领域的示范验证，在移动充电、家庭储能、风光互补路灯等其他领域的探索应用。鼓励企业积极探索"以租代售""提供服务"等新型商业运营模式和新业态，推动更具活力的动力蓄电池梯级利用市场化创新发展
四川省	到2020年，全省新能源汽车动力电池梯级利用产业产值力争达到5亿元	做大梯级利用产业。进一步扩大铁塔公司梯级利用规模，通过与有关企业合作，利用直接退役动力电池、B/C级电池、再制造电池等，做大基站梯级利用产业，积极推动中国铁塔四川公司0.28GWh/年动力蓄电池梯级利用项目。扩大梯级利用范围，打造四川省动力电池光伏电站梯级利用产业基地，推动在备用电源商业场景方面的应用，推动梯级利用产业的快速发展
湖南省	培育一批梯级利用和再生利用龙头示范企业，引导形成"回收—梯级利用—资源再生循环利用"产业链和产业园区，实现产业集群与资源最大化节约	梯级利用企业应得到原电池生产企业的授权或技术支撑后才可开展相应的应用，回收梯级利用电池产品生产、试验、使用等过程中产生的废旧动力蓄电池，集中贮存并移交至再生利用企业，承担梯级利用电池的安全环保责任，应开展动力蓄电池梯级利用的安全评估，确保梯级利用动力蓄电池的后期使用安全

资料来源：北京绿色智汇能源技术研究院整理。

（三）梯级利用电池相关标准仍有待完善

动力电池回收利用的国家标准对行业也有着至关重要的影响，这些国家标准将成为回收企业发展的重要准绳。2013年，国家标准委发出《关于下达2013年第一批国家标准制修订计划的通知》（国标委综合〔2013〕56号）文件中就提出了《车用动力电池回收利用余能检测》《电动汽车用动力蓄电池产品规格尺寸》两项国家标准的编制计划。2017年，《车用动力电池回收利用余能检测》《电动汽车用动力蓄电池产品规格尺寸》《汽车动力蓄电池编码规则》三项标准的出台，使动力电池产品的规格尺寸、编码规则和回收利用余能检测有标准可依，提高了动力电池回收利用中梯级利用和拆解的效率，对动力电池行业规范发展具有重要意义。行业内有关企业也参与了相关政策的制定，如广东邦普、哈尔滨巴特瑞、格林美等动力电池回收企业就参与了《车用动力电池回收利用余能检测》和《车用动力电池回收利用拆解规范》标准的制定。

除了已经出台的三项标准，相关部门还组织行业内知名企业制定了其他国家推荐标准，引导行业向健康、规范的方向发展，主要涉及企业生产条件、梯级利用标识、拆解要求、分类规范、放电技术规范、包装运输规范、存储规范、拆解规范、余能检测规范、余能再生利用、梯级利用技术要求、材料回收利用要求等，如能尽快出台这些政策将有助于回收企业降低电池回收的成本，促进行业的发展。图 2 为动力电池回收标准制定情况。

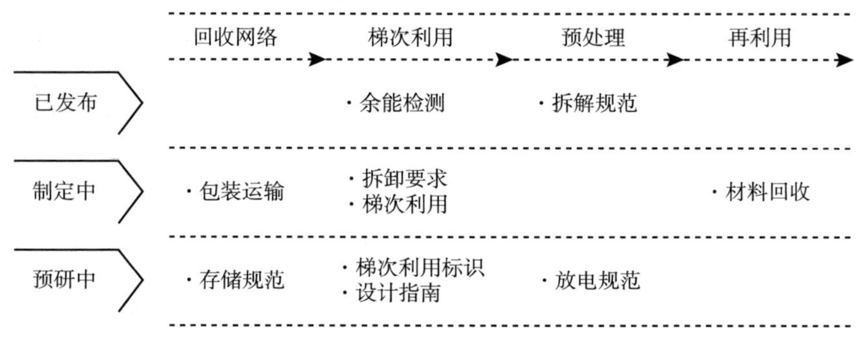

图 2 动力电池回收标准制定情况

资料来源：北京绿色智汇能源技术研究院整理。

从现有规划的情况来看，梯级利用相关的标准是最多的。这主要是梯级利用这一领域属于新兴领域，可以借鉴的标准相对较少。同时，退役电池的型号、尺寸、技术性能等情况十分复杂，而电池在大规模储能应用上又对电池的一致性、稳定性、安全性具有较高的要求。因此，需要对梯次电池的技术要求进行一定的规范，从而保证梯次电池在应用过程中的安全与稳定。

二 梯级利用现状分析

（一）梯级利用市场逐年增加，储能及低速车有较大市场潜力

1. 梯级利用电池在储能及低速电动工具市场具有较大潜力

梯级利用是指动力电池已经达到原生设计寿命，再通过其他方法使其功

能全部或部分恢复的继续使用过程，且该过程属于基本同级或降级应用的方式。对于动力电池来说，梯级利用主要面向以下两个市场。

在储能市场方面，据测算，储能电池市场化应用的目标成本为180美元/kWh，约合1.2元/Wh，梯级利用的动力电池能够较好地权衡成本与性能因素，中国铁塔公司现有通信基站180多万个，目前每年存量电池的更换和新建基站需要25GWh的电池，根据电池联盟测算，这相当于2020年全国实际可梯级利用的电池总量的3倍。

低速车与电动自行车主要采用铅酸电池，与锂电池相比，铅酸电池更为便宜（0.6元/Wh），但问题在于污染大。如果采用梯级利用的动力电池，可以在价格、行驶里程（能量密度）和寿命之间的达到一个较好的平衡，从而更快速地推动锂电池在低速车与电动自行车市场的应用。中国低速电动车2016年销售100多万辆，2020年有望达到200万辆，共需电池10～14GWh，目前主要采用铅酸电池，未来有望更换为成本更低的退役动力电池。

2. 梯级利用电池市场规模逐年增大，到2020年市场占比约为64%

预计到2023年动力电池回收市场的规模将达到150亿元。退役的动力电池将按照先实施梯级利用、后实施资源再生利用的方式进行回收利用。据测算，由此带来的电池回收利用规模将在2020年达到65亿元左右（其中梯级利用市场规模约41亿元，再生利用市场规模约24亿元）。到2023年市场规模合计将达到150亿元（其中梯级利用的市场规模约57亿元，再生利用市场规模约93亿元）。由此可见，动力电池的回收利用将快速形成一个巨大的新兴市场，而梯级利用又是其中最大、最具前景的细分市场（见图3）。

3. 产业链环节易产生数据壁垒、物流壁垒

电池回收采用先梯级利用后再生利用的原则，对于轻度报废电池，经过筛选、拆解、重组后贴上梯级利用标签，可再用于储能系统、路灯、UPS电源、低速电动车等领域。经过多次利用重度报废后通过拆解再生，回收其中的电极材料，尤其是钴（Co）、镍（NI）、锂（LI）等贵金属，具体见图4。

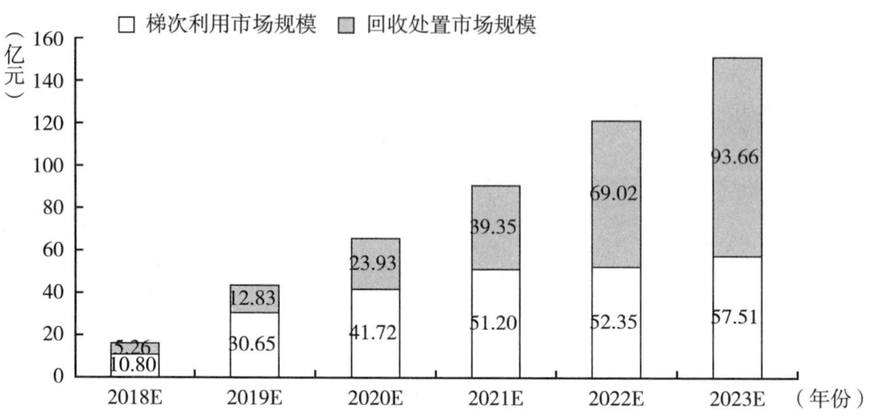

图 3　锂电池回收利用市场总规模预测

资料来源：北京绿色智汇能源技术研究院整理。

产业链之间存在数据壁垒、物流壁垒，需要加强合作。从数据上来看，由于梯级利用的电池筛选和寿命预测需要大量的电池使用数据作为数学模型的基础。但是，这些数据通常属于电池厂或整车厂的商业机密，不会进行相应的共享，导致梯次企业需要自行进行电池数据的积累，增加了企业运营成本。另外，就是退役电池的物流网络问题，从目前来看，整车厂能够通过经销网络逆向回收电池，这也是其被要求作为电池回收责任主体的原因之一。但是，该网络并不能覆盖电池物流的所有渠道，同时，在电池经梯级利用后依然需要物流网络流通到电池再利用的企业。这部分的渠道则需要上下游企业紧密合作进行完善。

（二）梯级利用经济效益分析

目前，梯级利用主要的应用领域是储能、低速电动车、基站备电等行业。其中，商业储能发展较快，各企业的示范项目较多。现阶段，商业储能主要采用“削峰填谷”的方式进行盈利，即相关企业一次性对储能系统进行投资，通过峰谷差价逐步收回投资并盈利。这种模式下对峰谷差价的价格范围、梯级利用电池的循环寿命都有一定的要求。

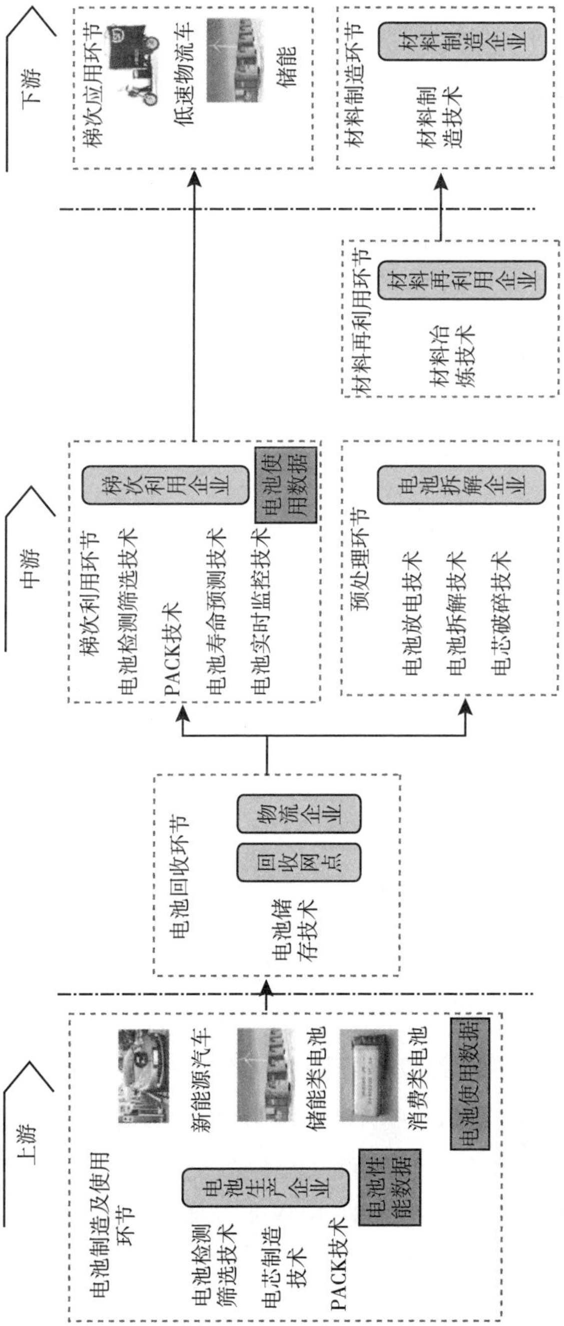

上游

电池制造及使用环节

电池检测筛选技术

电芯制造技术

PACK技术

电池生产企业

电池性能数据

新能源汽车

储能类电池

消费类电池

电池使用数据

电池回收环节

电池储存技术

回收网点

物流企业

中游

梯次利用环节

电池检测筛选技术

PACK技术

电池寿命预测技术

电池实时监控技术

梯次利用企业

电池使用数据

预处理环节

电池放电技术

电池拆解技术

电芯破碎技术

电池拆解企业

材料再利用环节

材料冶炼技术

材料再利用企业

下游

梯次应用环节

低速物流车

储能

材料制造环节

材料制造技术

材料制造企业

图 4　废旧动力电池回收利用流程

资料来源:北京绿色智汇能源技术研究院整理。

部分梯级利用企业为了解决电池使用数据不足的问题并提高梯次系统维护效率，建立了自己的电池数据监控系统。为了保证企业资金链及客户关系稳定探索梯级利用电池租赁模式，这些或将成梯级利用企业发展的趋势。

峰谷差价盈利条件较高，投资回报周期较长。假设梯级利用电池系统建设成本在 1 元/Wh，监控软件费用为 63000 元，其他费用为 50000 元，每年的运维费用为 6000 元。针对不同的峰谷差价、循环寿命对一个 1.2MWh 储能系统经济性进行测算（见图 5）。

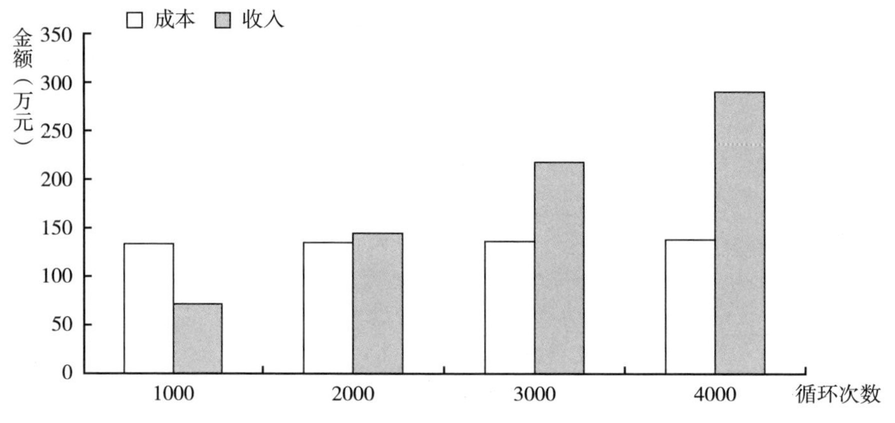

图 5　梯级利用回收成本情况

资料来源：北京绿色智汇能源技术研究院整理。

从图 5 中可以看出，循环次数是影响该系统是否能够收回成本的主要因素，当梯次电池循环次数低于 1000 次的时候，储能系统基本上不可能回收投资成本。

峰谷差价主要决定了回收投资年限，从图 6 可以看出，当峰谷差价为 0.4 元/kWh 时，回收周期长达 10 年，当峰谷差价为 0.8 元时，其回收周期可以缩短到 4～5 年。但是目前，峰谷差价在 0.7 元/kWh 以上的地区仍然只有北京、上海、深圳、江苏等少数地区。因此，梯次储能系统的回收周期整体较长，只有少数地区有“削峰填谷”的经济价值。

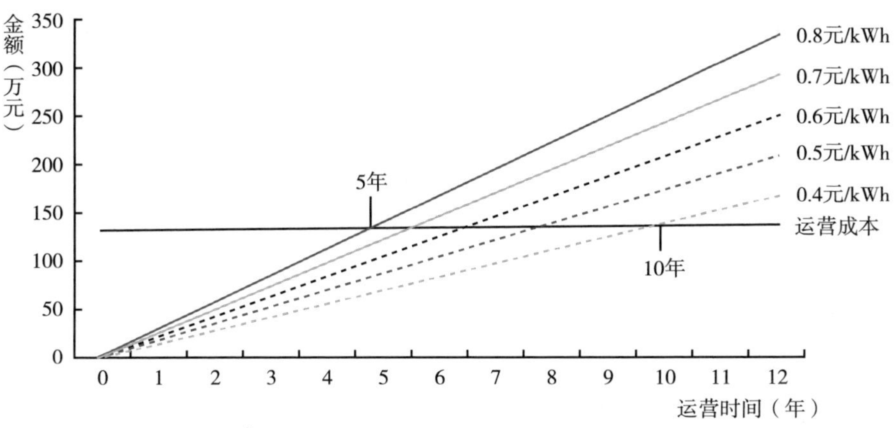

图 6　梯级利用回收周期测算

资料来源：北京绿色智汇能源技术研究院整理。

（三）离散整合技术及寿命预测技术是梯级利用技术的关键

梯级利用的技术壁垒较高，实现动力电池的梯级利用的难点主要有离散整合技术和剩余寿命预测技术两项关键技术（见图 7）。

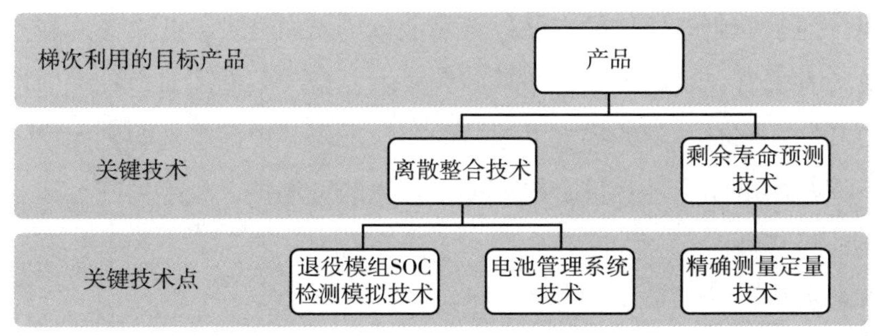

图 7　梯级利用的关键技术

资料来源：北京绿色智汇能源技术研究院整理。

1. 离散整合技术

离散整合技术不仅要对不同的电池组寻找最佳配组方案，还要求打造一个兼容性足够的系统结构，以保持电池组有足够好的紧固性、可靠性、弹性，同时实现快速装卸。此外，为了应对各种复杂环境（各种化学体系、电池不同规格、批次、厂家），一个稳定的电池管理系统（BMS）也是必要条件之一。

（1）探索最佳配组方案。首先需要对不同的电池模组建立数据库，根据材料体系、容量、内阻、剩余循环寿命等参数重新分组。再结合产品定位和目标市场，现有电池模组等级和类型，以及产品开发具体目标（性能、寿命等），建立系统级模型，推算出相关的匹配系数，确定产品的总体方案。系统结构方面，需要充分考虑不同模组可能具有不同的尺寸、重量和串并联数，系统内部的结构设计应该兼容不同的模组，固定方式既要考虑紧固性和可靠性，又要考虑弹性和便于快速装卸。

（2）电池管理系统。梯级利用领域要面对更为复杂的环境，各种化学体系、各种规格和批次、各个生产厂家、各种状态的电池模组，如何进行有效管理也是技术难点。

目前，部分企业采用模块化系统对大规模梯级利用储能系统进行管理。例如上海电气分布式在每个电池包组合会配有一个储能变流器 PCS，整个储能系统通过控制每个 PCS 实现对电池包的控制，这样在储能系统局部出现问题时，便于使用热插拔的方式进行电池包更换的维护。北京匠芯新能源采用开关的方式对包组电池进行单独的充放电，最大限度地对退役电池进行安全高效利用；同时，降低梯次电池包的匹配需求，提高电池包利用率；能够充分发挥梯次电池剩余容量，提高整个系统的可靠性，最终提高梯级利用电池整体的经济性。

2. 剩余寿命预测技术

剩余寿命预测的关键点在于全生命周期监测，即要建立大数据追溯系统平台对退役电池进行系统分析，以此获得能否进入梯级利用市场的大数据，数据包括设计信息、性能数据安全、来料检测等。而在未建立全生命周期检测系统的情形下，如何做到快速无损的检测预测寿命，是梯级利用的关键所在。

（1）无历史数据下的预测流程：需要对每个模组进行测试，先明确其当前的健康状态，然后要根据测试数据和出厂时的原始数据，建立一个对应关系，根据不同的材料体系，大致估算其潜藏的剩余价值。

（2）无历史数据的情形下，梯级利用成本会大幅提高。测试设备、测试费用、测试时间、分析建模等，都会增加成本。同时，仅基于有限的数据，对剩余寿命的预测也不准确，会增加梯级利用产品的品质风险以及产品的生命周期成本，导致梯级利用的经济价值降低。图 8 为梯级利用的大数据追溯系统平台。

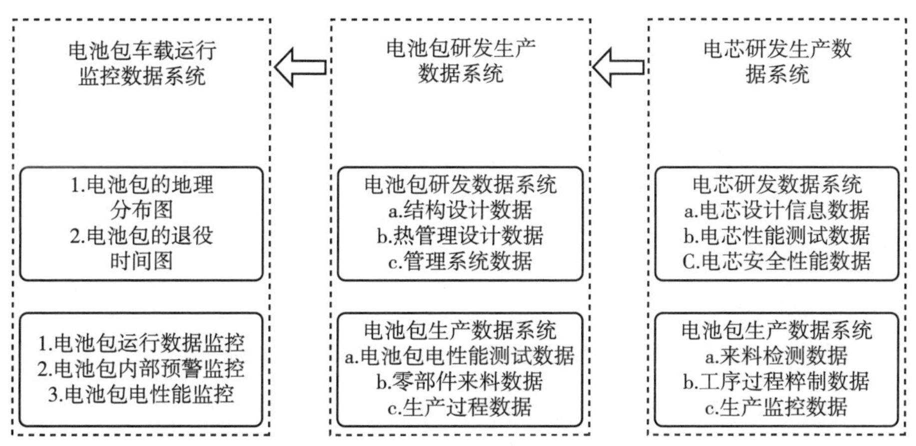

图 8　梯级利用的大数据追溯系统平台

资料来源：北京绿色智汇能源技术研究院整理。

三　国内外梯级利用发展情况

（一）国外动力电池梯级利用多由汽车企业组织实施

从全球范围看，锂动力电池还未到大规模报废期。因此，梯级利用总体还处于示范性应用阶段。现有项目大多由汽车企业主导、联合电池企业及回收企业实施，少数企业已经率先实现了商业化突破。

1. 日产

日产与多家企业合作进行动力电池梯级利用技术开发及业务拓展，其中包括与住友合资成立 4R Energy 能源公司以及与英国能源供应商 VO 合作开发储能系统。目前，日产的梯级利用电池已经应用在商用储能、家用储能等方面。其中，欧洲最大的梯级利用储能系统就是采用 148 个日产 LEAF 退役下来的动力电池，通过太阳能补充电能。其储蓄的电量可以为 7000 个家庭提供一个小时的用电。该储能系统旨在球场发生停电或者使用功率过大时为其提供相应的备用电源。同时，可以减轻荷兰电网在足球场开展音乐会或其他大型活动中产生的用电压力。

2. 奔驰

2017 年，奔驰公司与回收公司合作实施的 Lünen 项目，是 2019 年计划投运的全球最大的梯级利用项目。该项目将 1000 辆 smart 的退役电池进行梯级利用，预计形成 13MWh 的电网服务储能设施，退役电池有效梯级利用率达到 90% 以上。

3. 现代汽车

现代汽车宣布与 Wärtsilä 合作，开发 1MWh 动力电池梯级利用储能示范项目，该项目计划使用从起亚和 IONIQ 新能源汽车退役下来的电池作为储能电池。项目建成后将为现代金属工厂提供电力。现代集团通过加强梯级利用储能技术的研发，保持自身在环保技术和可持续发展技术方面的领先地位。

4. 奥迪

奥迪正在英戈尔施塔特工厂测试梯级利用电池在叉车及牵引车上的应用。测试电池的主要来源是奥迪 A3 e-tron 和奥迪 Q7 等混合动力车型 - tron。若将全球奥迪 16 个工厂中所有专用车的铅蓄电池替换为梯级利用电池，预计将为奥迪节省数百万元。

其他示范性应用项目有博世集团、宝马和瓦滕福公司于 2015 年利用宝马纯电动汽车退役的电池在柏林建造的 2MW/2MWh 大型光伏电站储能系统，并已投入使用。丰田将凯美瑞的废旧电池用于黄石国家公园设施储能供电。通用公司与 ABB 合作将退役的雪佛兰电池梯级利用于家庭和小型商用备用电源，同时用在可再生能源发电的削峰填谷等。

（二）梯级利用储能企业重点开发电池性能检测技术

1. 中国铁塔（基站电源）

中国铁塔股份有限公司（原名：中国通信设施服务股份有限公司）于2014年7月由中国移动、中国联通和中国电信发起成立，致力于电信基础设施的统筹建设与共享利用。中国铁塔公司现有通信基站180多万个，目前每年存量电池的更换和新建基站需要25GWh的电池，根据我们的测算，相当于2020年全国实际可梯级利用的电池总量的3倍。自2015年10月以来，中国铁塔公司先后在北到黑龙江、南到广东的9个省份组织了10家厂商建设了57个梯级利用试验站点，将电动大巴退役的动力电池经检测、分选和重组后代替铅酸蓄电池，涵盖基站备电、削峰填谷、微电网等各种使用工况。试点运行2年，效果良好。2017年，中国铁塔进一步实施大规模试点，计划采购0.3GWh的梯级电池在5个省份使用，于11月前完成安装。本次试点将重点打通电池溯源平台和电池运行数据实时监控平台，准确掌握电池状态和各阶段运行数据，降低电池递次利用成本。

中国铁塔在采用梯级电池上有诸多优势：一是通信基站满足梯级电池小模块、低电压、小电流，高冗余、非移动等高效利用条件（每个基站需大约14kWh电池），比其他场景更适合梯级电池应用；二是拥有全国范围内最大的电池运行实时监控网络；三是有由4万多辆专业维护车组成的电池物流体系和4万多名专业维护人员等。中国铁塔的成功试点也让业内切实看到了动力电池梯级利用市场的前景和希望。

2. 煦达新能源（用户侧削峰填谷）

煦达新能源（GMDE）成立于2011年，主要生产储能逆变器及系统，致力于提供绿色能源解决方案。2016年12月被上市公司中恒电气（002364）间接控股。

煦达新能源以组串式储能变流器结合退役动力电池，形成可并联成组的基本储能单元，推出室内机柜式和户外集装箱式两种商业储能系统，实现工商业用户侧削峰填谷和需量电费管理。目前已率先在上海、江苏和浙江等地

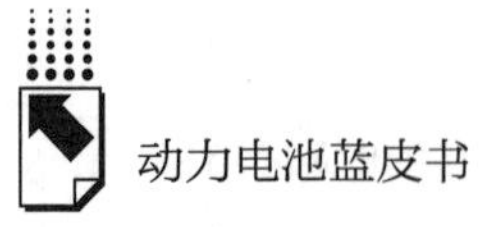

落地了退役动力电池梯级利用储能项目。

2017 年 9 月 1 日，煦达新能源主导设计的国内首套 MWh 级动力电池梯级利用的工商业储能系统项目在江苏溧阳投运。该项目采用削峰填谷的运行策略，谷电充电、峰电供电，以合同能源管理的商务模式与客户分享峰谷价差带来的收益。该项目的峰谷价差为 0.78 元/kWh，每天可产生大约 625 元的峰谷价差收益，预计 5 年即可收回投资成本。该项目的成功投运标志着储能系统成本进入 1 元/Wh 新时代，用户侧储能应用真正具有了商业推广价值。

3. 国家电网

国网建有 30kW/100kWh 梯级利用锰酸锂电池储能系统（采用退役的 2008 年奥运会电动大巴电池）和 250kW/100kWh 梯级利用磷酸铁锂电池储能系统（采用退役的比亚迪 K9 及 E6 动力电池）。前者主要作用是低谷储电，调节变压器的输出功率，稳定节点电压水平，避免高峰负荷时段的变压器过载，并且在电网失电情况下，可由移动式储能装置带动用户负荷离网运行。后者主要用于接纳可再生能源发电、跟踪计划出力等。上述示范工程都成功地运行使用，说明动力电池在储能领域进行梯级利用的技术可行性。

4. 北京匠芯

2016 年北汽新能源成立了北京匠芯电池科技有限公司专门从事动力电池梯级利用方面的业务。对于无法进行梯级利用的废旧动力电池，则委托动力电池处置企业进行回收处置，已合作的拆解企业包括格林美、赣州豪鹏等。

通过北汽新能源汽车动力电池使用数据，建立梯级利用检测模型。针对退役动力电池的梯级利用，北汽新能源成立了动力电池检测的研究中心，通过大数据的方式对动力电池剩余容量、电池性能进行预测。主要构建两个评价体系：①余能评估、衰减容量趋势；②退役时间、价值评估。主要通过已有的动力电池的数据情况和实验情况，构建相应的电池容量和循环次数模型，对现有的电池进行容量和寿命的预测，从而能够确定电池的剩余价值。在没有获得历史数据的情况下，模型预测的误差率约为 5%。

5. 中天鸿锂

中天鸿锂清源股份有限公司成立于 2017 年 3 月，主要是由江西云锂材料股份有限公司投资成立，目前，已经获得天赐材料 7000 万元投资。其主要的业务包括废旧动力电池梯级利用及租赁、废旧动力电池拆解、回收处置、废旧材料修复。

目前，中天鸿锂将梯次电池应用到电动物流车上，并与顺丰、京东等企业进行了合作、已经形成了较为稳定的业务模式。同时，中天鸿锂建立了一套电池实时监控系统，能够有效收集梯次电池的性能数据，并将这些数据用于梯级利用剩余价值检测。其主要优势有 4 点。①降低客户预期、减少与客户的矛盾；通过采用租赁的方式，可以有效降低客户对梯级利用电池使用过程中的安全性和稳定性的预期，同时，在租赁过程中，由中天鸿锂负责租赁期内问题电池的更换，责任明确，进而减少与客户的矛盾。②所有权在中天鸿锂；租赁只是给相关客户提供使用服务，电池的所有权依然在中天鸿锂手上，当租赁期结束时，相应的电池能够回收回来进行后续的拆解处置。③能够获得相应的数据。由于在租赁过程中，是由中天鸿锂负责进行相应的运营，其运营参数能够有效地进行收集，为后续梯级利用电池寿命预测模式提供数据支持。④通过租赁可以获得稳定的资金流；租赁行为是一个持续的过程，当客户首次获得该项服务后，在租赁期结束后会大概率继续与中天鸿锂合作，进而保证中天鸿锂能够有持续、稳定的现金流产生。

四　未来趋势

（一）租赁模式或成发展方向

租赁模式或打消客户使用顾虑并明确责任。目前，由于梯级利用电池寿命预测模型尚不完善，相关客户对梯级利用电池的应用仍有较多的顾虑。据了解，梯级利用的电池项目中的价格是新电池的一半左右，但是，多数储能用户仍然明确提出要求采用新电池。同时，在采购的模式下，梯级利用电池

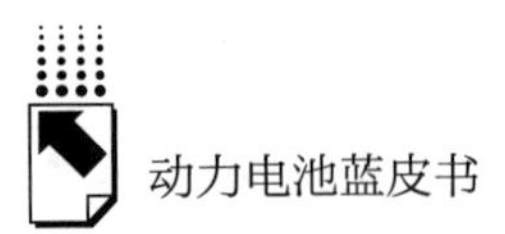

若出现较多的问题，即使相应的梯级利用企业承担更换维修责任，依然会使相应客户认为产品质量存在缺陷，对后续合作产生一定的影响。因此，租赁模式也许能够打消顾客使用的顾虑。在租赁模式下，供应商向客户提供的是电池使用服务，因此，当电池出现问题的时候，供应商只需要对相应的系统进行维修保证功能即可，客户降低了对产品本身的期望，也减少了相应的纠纷。

租赁模式可以在拥有电池所有权的情况下获得持续的现金流。与销售的模式相比，在租赁模式下，供应商仍然拥有梯次电池的所有权，当梯次电池达到使用寿命之后，将这些电池再回收的成本将会十分低廉。同时，在这个过程中，供应商能够通过押金、租金等形式获得持续的现金流，保证企业的基本运转。而且，租赁模式的定价相比于销售更加灵活，能够快速切入市场并形成稳定的供应关系。

电动物流车或将成为租赁模式的突破口。相比较于储能，电动物流车对电池一致性及稳定性的要求较低。而且，目前电动物流车主要是采用铅蓄电池作为动力源，其能量密度只有 30～40Wh/kg，循环寿命也低于锂离子电池。模组级梯级利用电池就能够满足电动物流车的使用。在采用租赁模式后，综合应用成本将低于铅蓄电池，其市场前景广阔。目前，中天鸿锂采用该模式推广梯级利用电池，其梯次电池租赁客户包括顺丰（广西区）、美团、京东（广州区）、圆通（上海区），还有山东某些低速电动车和某电动卡丁车公司、莆田某电动旅游观光车公司、湖南某电动环卫车公司等。

（二）梯级利用电池数据监测平台或将普及

梯级利用数据仍难收集。目前，梯级利用电池最主要的问题就是电池的筛选以及寿命预测。而电池的筛选检测模型的准确性是建立在大量的数据积累基础上的。但是，电池性能数据、BMS 接口信息、动力电池使用数据对于电池厂和整车厂来说属于商业秘密，通常不会进行分享。而上传至电池管理监测平台的数据也比较简单，难以对电池寿命建模提供有效的数据支撑。因此，退役动力电池运行数据的获取将是梯次企业首要解决的问题。

梯级利用电池数据监测平台或将普及。梯级利用企业获取数据可以通过建立自己的电池监测平台实现，一方面可以获取积累电池的使用数据，另一方面，也可以提高电池维护效率以及服务质量。新阶段，国家已经建立起全国性的新能源汽车监控平台。部分整车企业也已经建立相应实时数据获取平台。这说明在现有技术条件下，建立梯级利用电池的实时监测平台是完全可能的。目前，已有多家梯级利用企业建立了相应的数据收集监测平台。例如，杉杉凯励在给铁塔集团建立的梯级利用电池备电系统中就集成电池实时监控系统。该系统能够将电池运行的数据信息实时上传至数据库以及移动终端，同时，在移动终端能够对相应系统中的部分参数进行远程调控，从而能够及时发现电池问题，提高电池运行维护效率。中天鸿锂也建立了自己的电池监测系统，能够将电池的位置、使用情况等信息进行实时的收集，为后续建立电池筛选检测模型提供支持。

B.7
2018年动力电池再生利用产业发展报告

孙 峙　郑晓洪　曹宏斌　林 晓*

摘 要： 2018年，我国进入动力电池的回收期，动力电池的回收成为关注的焦点。在国家政策的主导下，各级地方政府和动力电池生产企业、新能源汽车企业以及第三方回收企业都在纷纷布局电池回收，建立健全动力电池回收网络。本报告对国内动力电池回收布局情况进行了简单的阐述，对动力电池回收技术进展、国内外动力电池回收技术路线、回收技术经济效益进行了详细的梳理与总结，最后对目前我国动力电池行业知识产权的技术领域、发展状况及区域特点进行了详细的介绍与分析。

关键词： 动力电池　回收利用　技术进展　知识产权

一　动力电池回收布局现状

随着我国新能源汽车行业的快速发展，退役动力电池的回收利用将成为重要的新兴领域。从2018～2019年开始，我国将会有大量的动力电池进入

* 孙峙，博士，中国科学院过程工程研究所研究员，北京市过程污染控制工程技术研究中心副主任；郑晓洪，硕士，中国科学院过程工程研究所工程师；曹宏斌，博士，中国科学院过程工程研究所研究员，北京市过程污染控制工程技术研究中心主任；林晓，博士，中国科学院过程工程研究所副研究员。

退役期。国家非常重视废动力电池回收处理管理工作，国务院、发改委、工信部、环保部等部门联合发布或在各自职能业务范围内发布了多项管理政策，对于指导废动力电池回收处理行业规范发展起到重要的作用。目前，已发布的废动力电池回收处理管理政策，已经明确规定回收主体责任，对其梯次利用、资源再生、环境管理提出较为明确的相关要求。

2018 年 2 月，《新能源汽车动力蓄电池回收利用管理暂行办法》的出台，意味着废动力电池回收处理以新能源汽车为核心，新能源汽车生产企业通过与电池生产企业、报废汽车拆解企业、综合利用企业合作开展具体工作。2018 年 7 月，工信部等七部门联合发布了《关于做好新能源汽车动力蓄电池回收利用试点工作的通知》，确定京津冀地区、山西省、上海市、江苏省、浙江省、安徽省、江西省、河南省、湖北省、湖南省、广东省、广西壮族自治区、四川省、甘肃省、青海省、宁波市、厦门市及中国铁塔股份有限公司为新能源汽车动力蓄电池回收利用试点地区和企业。各试点均已颁布地方相关政策并开展具体回收部署工作，具体见表 1。工业和信息化部于 7 月 27 日公示了第一批符合《新能源汽车废旧动力蓄电池综合利用行业规范条件》企业名单，名单包括衢州华友钴新材料有限公司、赣州市豪鹏科技有限公司、荆门市格林美新材料有限公司、湖南邦普循环科技有限公司和广东光华科技股份有限公司。

目前，我国已经基本掌握动力电池再生利用技术，具备处理各种类型动力电池技术的能力。资源、材料、电池、新能源汽车等锂电池产业链上下游相关企业均在积极开展电池再生利用的布局，同时也有第三方的资源回收企业在积极布局电池回收业务，国内部分废旧动力电池回收利用企业布局情况见表 2。

表 1　新能源汽车动力蓄电池回收利用试点政策布局情况

地区	试点情况
京津冀地区	•《京津冀地区新能源汽车动力蓄电池回收利用试点实施方案》基于大数据的废旧动力蓄电池残值评估技术取得重大突破，废旧动力蓄电池拆解技术和装备实现产业化，动力蓄电池梯次利用初步实现产业化发展，建成 2 ~4 家废旧动力蓄电池拆解示范线和梯次利用工厂。探索和布局 1 ~2 家动力蓄电池资源化再生利用企业

续表

地区	试点情况
广东省	•深圳率先印发了《深圳市开展国家新能源汽车动力电池监管回收利用体系建设试点工作方案（2018～2020年）》，设立了到2020年建立起完善的动力电池监管回收体系的目标 •颁发《广东省新能源汽车动力蓄电池回收利用试点实施方案》，以深圳为突破口，形成可复制可推广的典型模式和经验 •2019年1月10日，深圳市财政委员会、深圳市发改委联合发布了《深圳市2018年新能源汽车推广应用财政支持政策》，共包含三类补贴政策，其中动力电池回收补贴首次出现在地方补贴政策中。深圳也成为国内首个设立动力电池回收补贴的城市
浙江省	•制订回收、梯次与再生各环节主要目标，相对具有实操性 •回收网点：在2020年6月前由吉利建设35个具备废旧电池贮存与分选的维修服务网点，由吉利与华友搭建电池回收互联网平台，由超威和南都改建/新建回收网点
甘肃省	•再生利用：金川集团建设1000t/a废旧锂离子电池资源循环利用项目。2018年6月启动项目建设，2019年3月完成投产。项目规划建设废旧电池储存厂房、电池检测平台、电池拆解生产线、电池预处理厂房、湿法回收厂房及附属设施 •梯次利用：兰石恩力电池有限公司建设风光清洁能源－微电网－废旧电池储能－新能源汽车充电的一体化示范项目 •回收管理：由兰州知豆电动汽车有限公司、金川集团建设甘肃省电池回收管理示范站，承担省内新能源汽车销售、维护、退役电池以旧换新及废旧电池整体回收等职责 •技术研究：由兰州有色冶金设计研究院有限公司、湖南有色金属研究院、中南大学锂离子动力蓄电池梯次利用及材料循环利用研究及示范工程。开展动力蓄电池包回收循环利用技术、锂离子电池处理回收生产正极材料产业化技术及电池级高纯 $MnSO_4$、Co_3O_4 制备技术的产业化研究
江苏省	•由扬州、南京、无锡、南通四个市联合开展试点工作。扬州市将依托高邮电池工业园和江苏欧力特能源科技有限公司开展试点工作，计划到2020年，在全国建立20个废旧电池回收中心，建设4条梯次利用生产线，形成年梯次利用新能源汽车动力蓄电池4GWh，年拆解回收废旧动力电池2GWh的生产能力
河南省	•以新乡市为主体开展试点并作为河南省动力蓄电池回收利用的主要实施区域
湖北省	•9月18日，省经信委在汉组织召开新能源汽车动力蓄电池回收利用试点工作座谈会，落实《湖北省新能源汽车动力蓄电池回收利用试点实施方案》。武汉市、十堰市、襄阳市、荆门市、随州市经信委分管负责同志、格林美股份有限公司、骆驼集团股份有限公司、东风汽车股份有限公司、东风力神动力电池系统有限公司、东风襄阳旅行车有限公司、随州新楚风汽车有限公司负责人参加了会议
青海省	•在青海省新能源汽车动力蓄电池回收试点专家讨论座谈会上，西宁市经信委、青海快驴高新技术有限公司、青海比亚迪锂电池有限公司等4家企业技术负责人和相关专家，重共同研讨了《青海省新能源汽车动力蓄电池回收利用试点工作推进方案（讨论稿）》。同时决定西宁市作为试点的重点地区和主要区域，将负责回收利用体系建设的具体推进工作；甘河工业园区重点推进试点企业在项目前期、土地、环评、资金、人才等方面遇到的困难和问题；青海快驴高新技术有限公司作为试点项目申报的主体单位和项目建设承建单位，负责回收利用体系建设的各项具体工作，按期完成试点各项工作

续表

地区	试点情况
福建省	•政府职能部门已组织以厦门钨业股份有限公司牵头，联合厦门金龙联合汽车工业有限公司、厦门金龙旅行车有限公司、厦门绿洲环保股份有限公司、中国铁塔股份有限公司厦门分公司、厦门宝龙工业股份有限公司、厦门厦钨新能源材料有限公司、厦门大学能源学院共同编制《厦门市新能源汽车动力蓄电池回收利用试点实施方案(征求意见稿)》
江西省	•2018 年 11 月召开江西省新能源汽车动力蓄电池回收利用试点企业联盟筹备讨论会。来自赣州豪鹏、江铃集团、博能上饶客车、孚能科技、远东福斯特、赣锋循环、中国铁塔江西分公司、江西中再生环、自立环保、沣瑜实业、虔东稀土等 15 家企业三十余名代表出席
安徽省	•2018 年 8 月发布《关于征集新能源汽车动力蓄电池回收利用试点企业的通知》
山西省	•建立山西新能源汽车动力蓄电池回收利用体系，可将原本在深圳、上海、天津等其他省市已建成或计划建设的梯次电池制造、回收环节引入山西，预计可为山西带来每年超亿元的产值 •建立产业联盟。成立由山西省政府牵头，山西铁塔、比亚迪等动力蓄电池梯次利用有关企业、汽车生产厂家及科研院所组成的新能源汽车动力蓄电池回收利用产业联盟，研究动力蓄电池梯次利用的技术标准、探索商业合作模式、联合开发研究新技术等工作 •推进主体企业能力建设。推进山西铁塔加大退役动力电池梯次利用规模，到 2020 年退役动力电池梯次利用基站数量占基站总用量的规模达到 30% 左右，推进退役动力蓄电池分类再加工及终极拆解资源化处理项目建设，力争 2019 年投入运行，形成再加工及拆解退役动力电池能力；推进比亚迪等新能源汽车生产企业、动力电池生产企业、报废汽车回收拆解企业等，构建回收利用体系，探索商务合作模式

表 2　国内部分废旧电池回收利用企业布局情况

编号	企业名称	布局情况
1	中国铁塔公司	•2018 年 1 月，中国铁塔公司在京与重庆长安、比亚迪、银隆新能源、沃特玛、国轩高科、桑顿新能源等 16 家企业，举行了新能源汽车动力蓄电池回收利用战略合作伙伴协议签约仪式，积极加强与汽车制造、电池生产、公交运输、回收利用等行业骨干企业合作 •2018 年 10 月，中国铁塔与 11 家主流新能源汽车企业签署战略合作协议，推进废旧动力电池梯次利用
2	华友钴业	•2018 年 7 月，工业和信息化部、科技部、生态环境部、交通运输部、商务部、市场监管总局、能源局七部委联合印发《关于做好新能源汽车动力蓄电池回收利用试点工作的通知》 •浙江省新能源汽车动力电池回收利用试点实施方案中要求华友循环，到 2018 年底，形成 6.5 万吨无害化拆解、冶金的资源化利用能力，确保满足全省回收废旧动力蓄电池拆解要求
3	赣州豪鹏 厦门钨业	•赣州豪鹏是专业从事废旧二次电池再生资源回收及加工利用的企业，持有江西省危险废物经营许可证。建有年处理量 1 万吨的废旧电池，预计 2018 年废旧动力的年处理能力将达到三万吨以上 •2017 年 3 月，赣州豪鹏与北汽新能源达成战略合作，拟共同投资 10.6 亿元在河北黄骅市建 2 万吨/年的动力电池回收及三元前驱体生产线

续表

编号	企业名称	布局情况
4	格林美	•建有10万吨/年的电池回收处理生产线，主要回收处理废旧消费锂电池、电池企业的生产废料（废极片和粉料）、废弃钴、镍资源及电子废弃物等，可循环再造电池材料2万吨/年，硫酸镍4万吨/年，电解铜8000吨/年 •与宁德市人民政府签约，计划建设宁德新能源材料产业园和宁德循环经济产业园。格林美与永青科技股份有限公司成立合资公司，初期目标为5万吨动力电池用三元前驱体材料、2万吨动力电池用三元正极材料 •格林美与上海大众、长城汽车等20多家企业签订了动力电池回收战略合作协议，初步建立了回收合作关系
5	宁德时代邦普循环	•邦普公司目前拥有废旧三元动力电池2万吨/年的处理能力，并利用再生材料生产三元前驱体（产能1.5万吨/年）。同时，邦普还拥有2万辆/年的汽车拆解回收生产线。到2019年，随着新项目的建成投产，邦普将总计形成动力电池回收处理12万吨/年，三元前驱体5万吨/年的生产能力 •2018年湖南邦普循环科技废旧动力电池循环利用产业化扩建项目：新建1条三元前驱体生产线，年处理废电池和三元正极边角料12000吨，镍钴中间体2080吨，年产三元前驱体8000吨
6	光华科技	•光华科技已建成年处理1万吨报废动力电池的再生利用线，预计2019年将该产能扩展至4万吨，并在2018年初建成年处理1万吨的电池梯级利用产线。2019年下半年珠海一期产线建成后增加4万吨/年电池回收能力（对应1万吨/年的正极材料产能），未来珠海基地共三期总规划处理量为20万吨/年，对应三元电池的原料产量将达到5万吨/年
7	天奇股份	•龙南金泰阁钴业有限公司于2009年4月在赣州注册成立，致力于废旧二次电池的综合回收利用。目前具备年处理废锂电池1万吨的生产能力，年回收钴1500吨、镍100吨、铜300吨、锂180吨（均以金属量计）。正在建设的二期工程达产后可年处理废锂电池1.6万吨
8	桑德集团	•2017年1月，桑德集团在湖南宁乡县政府投资10亿元，建设废电池资源化项目，拟形成年处理废旧电池及生产废料10万吨、年产3万吨三元前驱体的产业基地。2018年建成投产，预计产值不低于30亿元 •启迪桑德在湖北省孝昌县投资建设年产2万吨废旧锂离子电池综合利用项目，总投资约1.24亿元，由间接全资子公司博诚环保实施
9	南都电源	•浙江南都电源动力股份有限公司拟使用自有资金1亿元作为注册资金，在安徽阜阳界首高新区田营产业园设立全资子公司安徽南都华铂新材料科技有限公司，开展锂电回收及新材料业务，打通锂电产业链。计划投资10亿元建设15万吨废旧锂离子电池综合回收利用及三元前躯体和正极材料制备项目，项目建成后将形成年处理废旧锂离子电池及废料15万吨，电池级碳酸锂1万吨，镍钴锰氢氧化物三元前躯体6万吨，正极材料3万吨，以及铜、铝、石墨粉等综合回收
10	赣锋锂业	•赣锋锂业于2016年初设立了江西赣锋循环科技有限公司，设计年废料处理能力3.4万吨（其中磷酸铁锂2万吨，三元1.4万吨），年生产氯化锂净化液1.7万吨，镍、钴、锰混合硫酸盐净化液3.8万吨。项目二期于2018年开始建设，预计新增10万吨/年的废旧电池处理能力

续表

编号	企业名称	布局情况
11	寒锐钴业	● 建设锂电池废料回收和湿法冶炼生产线项目，正式宣布进入锂电池回收领域，项目建成后，形成年产10000吨金属钴新材料及26000吨三元前驱体生产能力
12	国轩高科 金川集团	● 国轩高科从2012年就开始了动力电池回收工作，并于同年规划建设了1.3MW和4.4MW的梯次利用项目。即将建成日处理2000Ah的电芯资源回收线，动力电池的拆解、金属和粉体的分离、粉体处理等工序都在里面完成 ● 2017年8月，国轩高科与兰州金川科技园有限公司达成战略合作，共同推进动力电池再生利用。二者分别出资5000万元在安徽、甘肃合资成立了2家电池再生利用公司。其中，在依托于国轩高科原有磷酸铁锂电池再生利用线成立的安徽金轩公司中，国轩高科占比51%；在依托于兰州金川三元电池回收线（原投资3365万元，年处理1万吨废旧电池）成立的甘肃金轩公司中，国轩高科占比49%

二　动力电池回收技术发展

（一）动力电池回收技术概述

锂离子电池主要由正极、负极、隔膜、外壳等部分组成，复杂的结构导致了回收过程的复杂性。目前动力电池回收过程主要有以下步骤：前处理步骤、金属提取步骤和材料再生步骤（见图1）。

1. 前处理步骤

废旧动力电池预处理的目的是有效分离电池中的组分，富集有价金属组分，同时环境污染较小。目前，动力电池回收的预处理主要采用物理拆解的技术，即将废旧锂离子电池放电后，采用机械破碎的方式将单体电池破碎成为不同粒径大小的粉末，然后根据各组分之间物理性质的差异，经过分选、磁选、细磨等手段分别分离出塑料、铝、铁、铜以及有价金属含量高的电极材料。

2. 金属提取步骤

金属提取过程是采用湿法冶金、火法冶金及其他方法从预处理过程得到

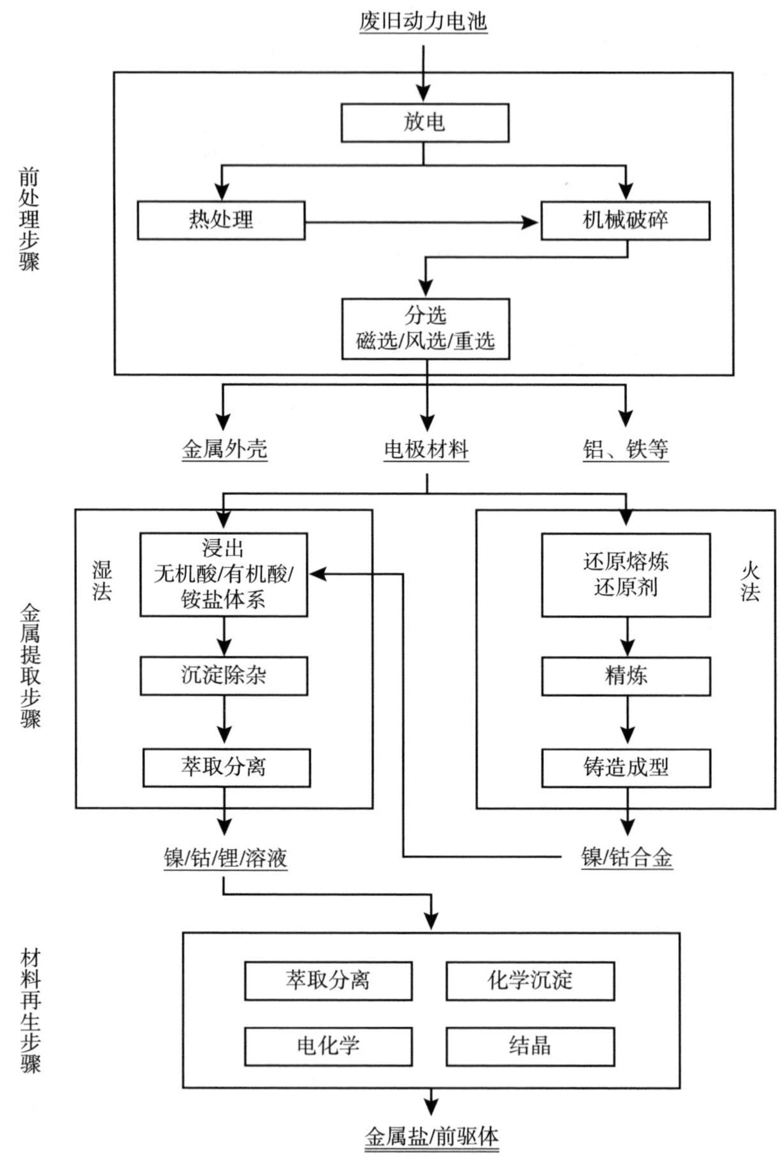

图1　动力电池回收流程

的电极材料中提取有价金属。湿法冶金技术通常包括浸出、萃取、沉淀、电化学等方法，其中浸出是湿法冶金技术的核心，通常采用的浸出剂有无机酸、有机酸以及氨水－铵盐体系。

火法冶金技术是将电池放置于高温炉中还原熔炼，电池中的有机物和石墨作为碳源提供热量，有价金属组分被还原得到镍钴合金，锂和铝进入炉渣中，得到的镍钴合金还需要经过湿法冶金的过程进一步处理以回收制备电极材料。

3. 材料再生步骤

材料再生步骤根据其制备产品的要求可以分为制备单一金属盐和直接再生电池材料。制备单一金属盐通常采用溶剂萃取、化学沉淀以及化学结晶的方法从浸出液中分离、制备出镍、钴以及锂盐，主要制备的产品有硫酸钴、氯化钴、硫酸镍、碳酸镍、碳酸锂等。这一工艺过程是目前国内外动力电池回收的主流工艺。直接再生电池材料是采用共沉淀的工艺，将经过除杂后获得的镍、钴、锰溶液调节配比后，通过共沉淀的方法制备得到 $Ni_xCo_yMn_{1-x-y}(OH)_2$ 三元前驱体，前驱体再与 Li_2CO_3 在高温条件下焙烧制备 $LiNi_xCo_yMn_{1-x-y}OH_2$ 三元电池材料，这一工艺路线目前主要集中在实验室开发阶段。

（二）动力电池回收技术发展趋势

1. 湿法回收技术优势突出，成为主流工艺

国内外回收动力电池的生产工艺主要是火法冶金技术、湿法冶金技术和物理分离技术。其中物理分离技术主要用于电池的预处理环节，回收得到的材料一般还需要经过火法冶金工艺或湿法冶金工艺进一步处理。火法冶金技术采用高温还原熔炼技术获得镍钴合金，但得到的镍钴合金通常需要经过湿法冶金技术进一步回收才能获得纯度较高的金属盐或电池材料。湿法冶金采用浸出、溶剂萃取、化学沉淀、电化学等手段可以从电极材料中回收纯度较高的金属盐，金属回收效率高，但回收工艺流程长，化学试剂消耗量大。

湿法冶金技术通常采用无机酸（以硫酸为主）作为浸出剂，通过化学沉淀的方式脱除浸出液中的铝、铁、钙、镁等杂质后，采用 P204 和 P507 等萃取剂进一步分离、提纯有价金属镍和钴，再经过电化学或结晶的方法回收制备镍、钴等金属盐。因此，回收过程杂质含量更易控制，产品的纯度和回

收率更高。目前，国内的邦普循环、赣州豪鹏、华友循环、格林美以及光华科技均采用湿法冶金工艺回收废旧动力电池，回收过程镍、钴的金属总回收率可达到98%。从环保、能耗及投资方面来说，火法冶金回收过程能耗高、环境污染严重、设备投资大，湿法冶金工艺能耗较低、环境污染低、设备投资小，成为目前动力电池回收企业主流的技术。

2. 无害化拆解技术成为行业趋势

2016年12月，环保部修订了《废电池污染防治技术政策》，在废电池的回收、贮存与运输环节均指明了污染防治方向。鼓励研发自动化、高效率和高安全性的废新能源汽车动力蓄电池的模组分离、定向循环利用和逆向拆解技术。这一政策的公布也使得动力电池无害化拆解技术受到了行业的关注。

动力电池的电解中含有 $LiPF_6$、有机物碳酸丙烯脂（PC）以及碳酸二乙脂（DEC），若处理不当会造成极大的环境危害。$LiPF_6$受热易分解产生 LiF 和 PF_5，在空气中与水产生强腐蚀性的 HF 气体；与水接触直接产生氢氟酸，产生含氟废水。传统的电池拆解过程主要采用高温焙烧或者低温失活的手段，使电池中的电解液失活后，再利用机械破碎分选的方式处理废旧电池。回收过程中会产生大量的含氟废气、粉尘及废水，环境危害大。

无害化拆解技术需结合动力电池结构负责的特点，开发集自动化、机械、化工、环保等多学科交叉的应用技术，实现动力电池拆解过程中有害物质的无害化处理和有机组分的分离与富集。无害化拆解技术相比于传统火法回收技术、液氮冷冻破碎技术以及溶剂溶解剥离技术在设备集成、有害物质处理以及回收效率方面均有了提高。目前，国内各大企业及研究院所正在积极开发废旧动力电池无害化拆解技术。

3. 锂的回收备受瞩目，选择性提锂技术引起关注

我国锂的储量占世界的13.8%，主要分布于盐湖锂矿及锂辉石、锂云母等含锂矿石中。而目前70%的锂矿为进口，且锂电池行业消耗锂占比70%以上。因而，回收锂电池中的锂具有十分重要的意义。目前主流的湿法冶金工艺和火法冶金工艺均不能很好地实现锂的回收，开发新型选择性提锂技术引起行业的极大关注。

目前的选择性提锂技术主要可以分为三类：还原焙烧工艺、硫酸化焙烧工艺以及湿法工艺。还原焙烧工艺是采用还原剂在一定温度下与正极材料反应，使正极材料被还原并释放出层状结构中的锂。在保护气氛下，将 $LiCoO_2$ 和石墨粉的混合物在1000℃下焙烧30分钟，产物为Co、Li_2CO_3 和石墨的混合物，水浸后可回收制备碳酸锂。在随后的研究中，证实了原位回收废锰酸锂电池的可行性，将机械分离后的 $LiMn_2O_4$ 与石墨混合电极材料在无氧条件下焙烧45分钟转化为MnO和 Li_2CO_3，将残渣水浸、焙烧后锂回收率为91.3%，得到的 Mn_3O_4 纯度为95.11%。硫酸化焙烧工艺是在较低的温度下，将硫酸盐与正极材料混合，通过调控硫酸盐与正极材料的比例，使正极材料的锂硫酸盐化，其他金属转化为氧化物，再通过水浸的方式回收锂，从而实现锂的选择性提取。

湿法选择性提锂技术是根据正极材料中金属与氧键（M－O）的性质，通过设计浸出剂、调控浸出反应过程的电位、pH使浸出过程中锂进入溶液而镍、钴、铝等元素进入渣相，以实现选择性提锂的目的。中科院过程工程研究所与赣州豪鹏科技合作，采用湿法选择性提锂技术，设计、建设2500t/a规模的三元正极生产废料选择性提锂与碳酸锂制备中试生产线，实现了锂的选择性提取，锂的回收率达到90%以上，并回收制备电池级碳酸锂产品。

（三）国内外动力电池回收企业技术路线分析

表3列出了目前国内外从事动力电池回收的主要企业的回收技术路线。可以看出，在动力电池回收技术方面，我国动力电池回收技术与国际水平非常接近。从目前主要的回收工艺路线来看，动力电池的工业回收路线主要分为三类：物理工艺、物理工艺和湿法工艺联合以及火法工艺与湿法工艺联合。从目前国内外报道的工艺技术来看，动力电池回收采用的技术还是湿法冶金为主。其中，我国的动力电池企业以湿法工艺为主，并且已经投入生产。国外已经进行动力电池回收生产的企业以火法工艺为主，如比利时的优美科工艺和日本的Sumitomo Metal Mining工艺。

表 3　国内外动力电池回收企业工艺路线

公司名称	国别	回收技术	工艺简介
格林美	中国	物理拆解 + 湿法冶金	• 建成废旧动力蓄电池智能化无损拆解线 • 采用"液相合成和高温合成"工艺，生产球状钴粉可直接用于电池正极材料生产
华友钴业	中国	物理拆解 + 湿法冶金	• 具备电池包拆解、单体破碎分级、湿法提纯等处理工艺； • 废旧动力蓄电池回收处理产能达 65000 吨（电池包）/年以上
邦普循环	中国	物理拆解 + 湿法冶金	• 研发了动力蓄电池模组和单体自动化拆解装备，总回收率超过 98%；独创的"逆向产品定位设计"技术，在全球废旧电池回收领域率先破解"废料还原"的行业性难题，并成功开发和掌握了废料与原料对接的"定向循环"核心技术
赣州豪鹏	中国	物理拆解 + 火法 + 湿法冶金	• 采用物理拆解、火法预处理以及湿法冶金联合工艺，与传统单一冶金工艺相比优化了流程，降低了能耗，提高了金属的直收率
光华科技	中国	湿法冶金	• 开发了"多级串联协同络合萃取提纯""双极膜电渗析"等技术，采用环境友好的处理工艺实现多种有价金属元素的回收
赛德美	中国	物理拆解	• 开发了电解液和隔膜拆解回收工艺，可将废旧电池的壳体、电解液、隔膜、正极废粉、负极废粉等材料拆解出来，再通过材料修复工艺得到正负极材料
Forum	芬兰	湿法冶金	• 通过机械方法分离铝、铜和塑料与电极材料（"黑粉"），并针对各组分分别回收；然后，电极材料中的有价金属通过包括湿法冶金工艺回收，可实现电池中材料回收率达 80% 以上
American Manganese	美国	湿法冶金	• 采用通入二氧化硫的硫酸对废旧 NCM 和 NCA 进行浸出。得到富含 Li、Ni、Co、Mn 等金属离子的酸洗溶液。随后，通过 NaOH、Na_2CO_3、LiOH 等将溶液中的 Ni、Co、Mn 从溶液中沉淀出来。之后利用碳酸钠将溶液中剩余的 Li 以碳酸锂形式回收，钴和锂的综合回收率分别为 100% 和 55.97%
Neometals	澳大利亚	物理拆解 + 湿法冶金	• 首先通过破碎筛分等将回收得到的废旧锂离子电池进行预处理，然后依次除去其中的塑料和废钢材，得到正负极材料黑色粉末。通过湿法冶金的方式对"黑粉"中的有价金属进行回收，并对过程中产生的铵和废水进行回收处理。在加拿大安大略省建立的湿法冶金提取工艺可以实现 99.2% 的 Co 提取，可以实现 100kg 每天

续表

公司名称	国别	回收技术	工艺简介
Sumitomo Metal Mining	日本	火法冶金+湿法冶金	•首先通过火法冶金方法去除废电池中的杂质,并得到铜钴镍合金,随后通过电解精炼的方法得到铜,接下来利用湿法冶金的方法得到镍钴化合物,用于制备合成锂离子电池正极材料所需的原料 •该公司已经于2019年3月于日本新滨市建成试验工厂,投入使用该工艺
Envirostream	澳大利亚	物理拆解	•该公司主要以物理方法对回收得到的废旧锂离子电池进行破碎分选,分离其中的钢、铜、铝以及其他含有金属的部分。该工艺可以有效回收储能电池中95%的材料 •该公司于澳大利亚维多利亚州建立的封闭式电池处理生产线可实现每月处理40t废旧锂离子电池
Umicore	比利时	火法冶金+湿法冶金	•采用火法冶金和湿法冶金联合的工艺同时处理废旧锂离子电池和镍氢电池。其首先通过竖炉熔炼得到含有少量Li、Fe的Cu-Co-Ni合金,而大量的Al、Fe、Si、Li、Mn等则进入到炉渣中。之后通过酸液浸出,溶剂萃取等湿法冶金方法回收Cu、Co、Ni。其中Ni产品为$Ni(OH)_2$、Co产品为$CoCl_2$,炉渣则主要用于建筑材料添加剂
Retriev	美国	物理拆解+湿法冶金	•该工艺首先经过机械方法对废旧锂离子电池进行预处理,其后通过湿法冶金的方法对其中的有价金属进行回收。其预处理工艺首先在N_2保护气氛下通过球磨,筛分将Al、不锈钢、塑料等分离。其次对低于105μm的物料进行高温处理,去除粘结剂。最后通过浮选将C和正极材料分离。正极材料进入湿法冶金流程回收有价金属。通过该工艺流程能够回收60%的电池组材料

(四)典型回收过程的经济效益分析

针对火法冶金工艺、碳热还原工艺、硫酸化焙烧工艺以及湿法冶金工艺,估算其物料投入和产品产出成本,如图2所示。对于火法冶金过程,其成本和收入都很低,目前在发展中国家主要是非正规机构和家庭式小作坊用于迅速处理固体废弃物的无差别对待方式;碳热还原工艺和硫酸化焙烧工艺都是当前被看好和重点研发的新型火法冶金电池回收工艺,可实现锂的选择性提取,二者理想情况下收益相当,但硫酸化焙烧中使用的硫酸盐成本较高。湿法冶金过程的成本较低且收益较高,从经济上看是目前最优的选择。

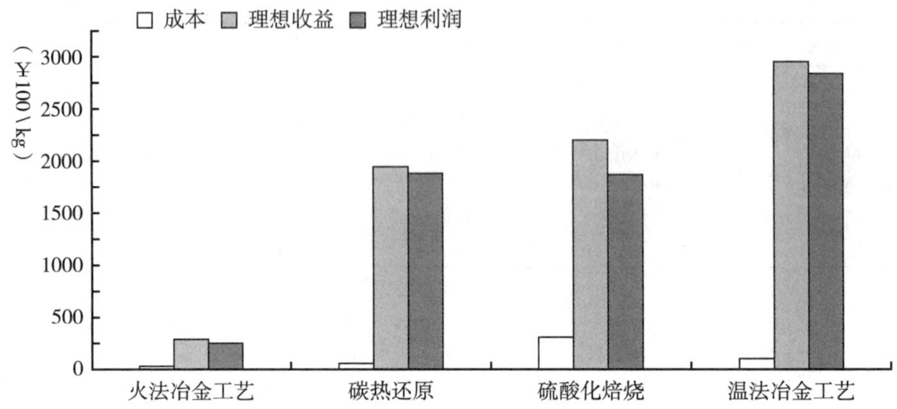

图2　四个典型回收工艺的成本、理想收益和理想利润对比

三　动力电池回收知识产权分析

（一）专利技术领域较为集中

动力电池结构比较复杂，以锂离子电池为例，其主要包含外壳、正极、负极、隔膜等，动力电池的回收需要机械、化工、冶金等多学科交叉。因此，废旧锂离子电池回收专利所涉及的 IPC 分类技术领域很多。表 4 为锂离子电池回收专利主要技术领域统计。从中可以看出，我国废锂离子电池回收技术领域主要分布在 H 部（电学）、C 部（化学；冶金）、B 部（作业；运输）几个大类。其中，以 H01M10/54（废蓄电池有用部件的再生）领域专利申请数量最多，申请量达到 953 件，其次是 C22B7/00［处理非矿石原材料（如废料）以生产有色金属或其化合物］，申请数量达到 339 件。锂的提取（C22B26/12）在锂离子电池回收领域也是专利申请的热点，专利申请数量达到 156 件。

锂离子电池回收专利技术申请主要的方向有“负极，集流体，电解液，处理工艺，石墨”“正极，材料，再生，磷酸铁锂”“资源化，金属，综合，工艺，提取”“有价金属，浸出，尾气，成套，放电”“活性物质，氯化物，阴极，三元”“设备，拆解，切割，分选”以及“检测，装置，新型，处理”这几个方向，其中“负极，集流体，电解液，处理工艺，石墨”“正极，材料，再生，磷酸铁锂”这两个方向最集中，主要分布在 H01M10/54 类别。图 3 为专利聚类 3D 聚类分析。

表 4　锂离子电池回收专利主要技术领域统计

IPC 分类号	说　明	专利数/件
H01M10/54	废蓄电池有用部件的再生	953
C22B7/00	处理非矿石原材料(如废料)以生产有色金属或其化合物	339
C22B26/12	锂的提取	156
H01M10/0525	摇椅式电池,即其两个电极均插入或嵌入有锂的电池;锂离子电池	125
B09B3/00	固体废物的破坏或将固体废物转变为有用或无害产品	118
C22B23/00	镍或钴的提炼	117
其他	其他 IPC 分类	411

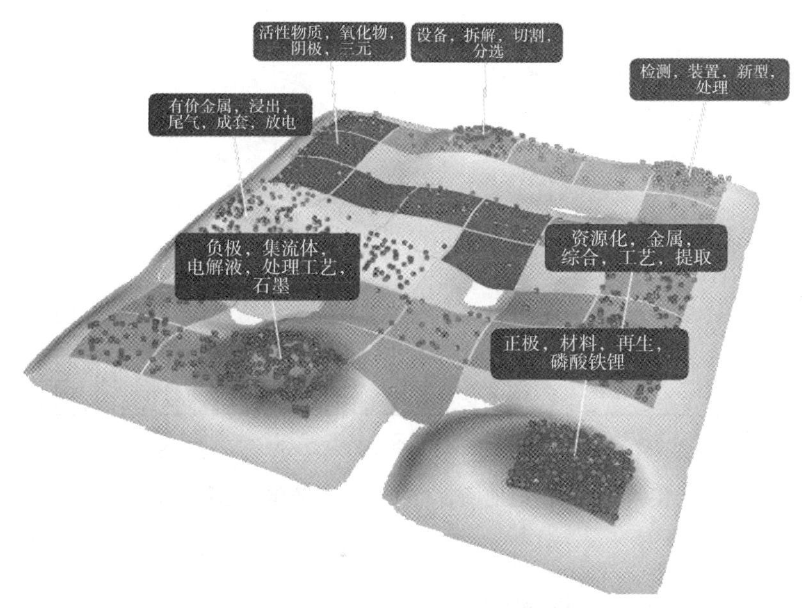

图 3　专利聚类 3D 聚类分析

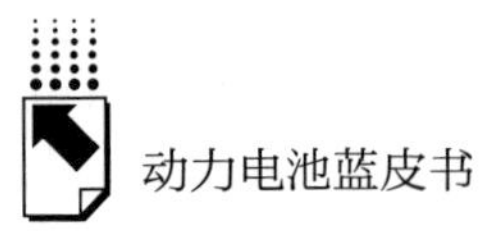

（二）专利技术申请数量逐年增加

锂离子电池是1991年由索尼公司首次商业化，之后广泛地用于手机、笔记本电脑，近年来更在电动汽车领域大放光彩。而动力电池的回收也是随着近年来我国废旧动力电池产量逐年增加才备受重视。关于动力电池回收专利申请可以追溯至2000年，此时仅有1项专利申请。此后10年，废锂离子电池回收技术逐渐受到重视，这期间废锂离子电池回收相关专利申请数量缓慢增加，2010年仅有24项专利申请。2011～2014年，我国的动力电池回收相关专利逐年上升。之后，随着我国报废动力电池产量的快速增加，以及相关政策颁布，专利申请数量进入了快速上升期，仅2017年，专利申请数量就达到了230件，并且有持续上升的趋势。专利申请数量的增加也从侧面说明了我国动力电池回收技术不断进步，回收技术虽然不够成熟，但在不断完善。通过对我国动力电池回收相关专利类型的分析发现，目前我国动力电池回收领域的专利申请以发明专利为主，占专利申请数量的88.89%（具体见图4和图5）。

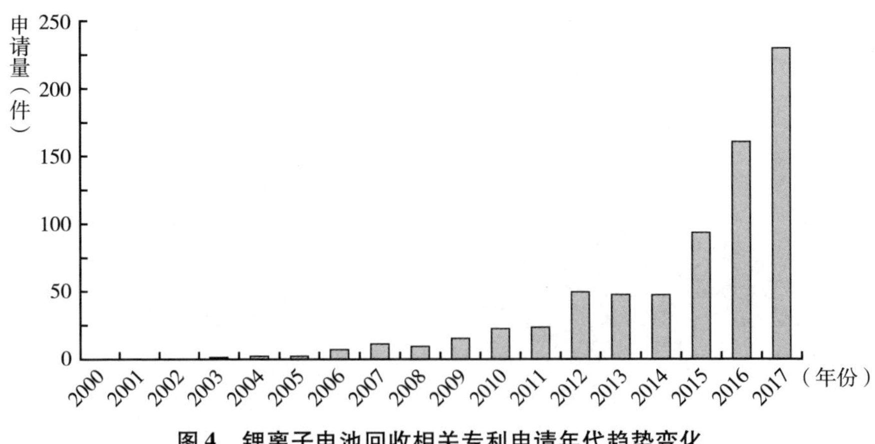

图4　锂离子电池回收相关专利申请年代趋势变化

（三）专利申请区域集中

随着新能源汽车动力电池报废潮的来临，动力电池的回收受到了极大的

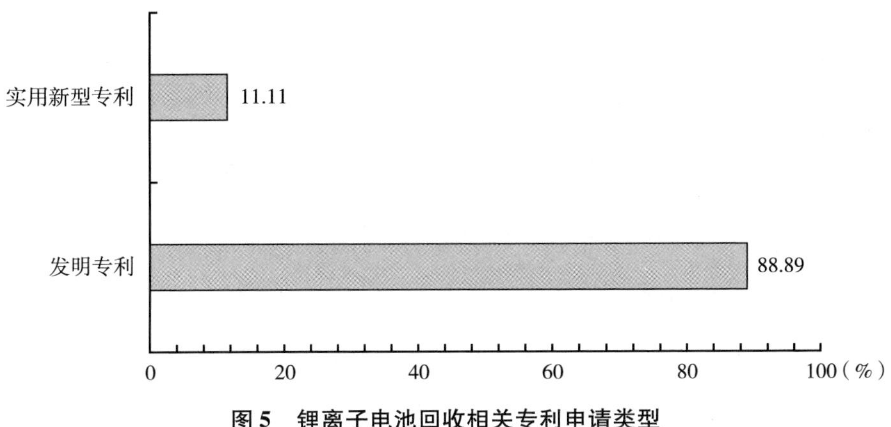

图5　锂离子电池回收相关专利申请类型

关注。中国、美国、日本以及欧盟等国家和地区已经从政策层面进行动力电池回收的顶层设计与规划。比较目前废锂离子电池回收技术方面的中国专利文献可以发现，目前申请人所在国家以中国为主的占 81.17%，其次是韩国、日本及美国，分别占 4.17%、3.45% 和 2.48%。近年来我国对新能源汽车、储能以及环境保护特别是资源循环等方面的重视，有效促进了废锂离子电池相关产业的发展。在核心专利评价方面，根据市场吸引力、市场覆盖、技术质量、申请人得分和法律得分评选出最具价值的 20 件专利技术，结果如表 5 所示。从中可以看出，我国申请人仅占 4 位，尽管我国专利量大，但在国际市场竞争力仍有待提升。图 6 为锂离子电池回收相关专利申请人国家。

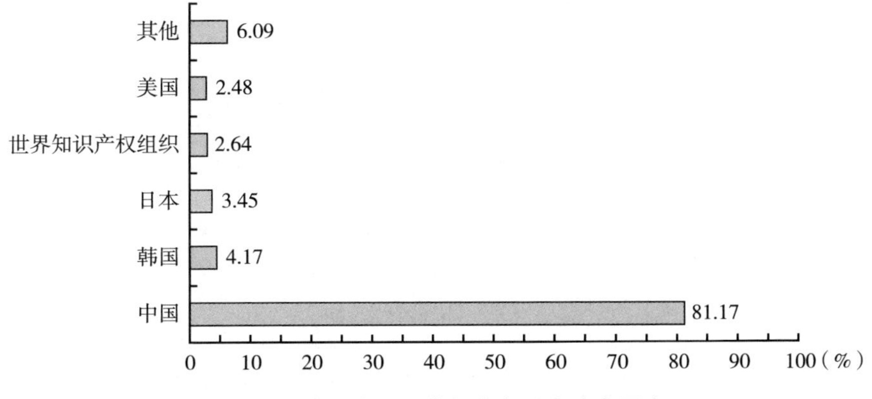

图6　锂离子电池回收相关专利申请人国家

表 5　高价值专利信息表

公开(公告)号	标题	价值评估/分	当前申请(专利权)人
US9147918	Effective recovery of lithium from lithium ion battery waste	64.66	EMPIRE TECHNOLOGY DEVELOPMENT LLC
CN103154282B	从锂离子电池废物中对锂的有效回收	64.66	英派尔科技开发有限公司
KR101533674B1	발명의 명칭 리튬 이온 배터리 폐기물로부터 리튬의 효과적인 회수	64.66	엠파이어 테크놀로지 디벨롭먼트 엘엘씨
EP2714951A1	EFFECTIVE RECOVERY OF LITHIUM FROM LITHIUM ION BATTERY WASTE	64.66	EMPIRE TECH DEVMENT
EP2754201B1	METHOD FOR RECYCLING LITHIUM BATTERIES AND/OR ELECTRODES OF SUCH BATTERIES	60.93	COMMISSARIAT À L'ÉNERGIE ATOMIQUE ET AUX ÉNERGIES ALTERNATIVES
TWI593157B	自锂离子电池回收锂钴氧化物之方法	58.75	恩特葛瑞斯股份有限公司
EP2724413A2	METHOD FOR THE RECOVERY OF LITHIUM COBALT OXIDE FROM LITHIUM ION BATTERIES	58.75	WARNER BABCOCK INSTITUTE FOR GREEN CHEMISTRY, LLC
CN103620861B	从锂离子电池回收锂钴氧化物的方法	58.75	恩特格里斯公司
KR101191154B1	발명의 명칭 리튬이차전지용 금속산화물계 양극활물질의 재처리 및 합성 방법	58.24	한국과학기술연구원
US8835026	Recovery and synthesis method for metaloxidic cathodic active material for lithium ion secondary battery	58.24	KOREA INSTITUTE OF SCIENCE AND TECHNOLOGY
CN102676827B	从镍钴锰酸锂电池中回收有价金属的方法及正极材料	56.97	奇瑞汽车股份有限公司
CN103326088B	一种废旧锂离子电池的综合回收方法	56.39	厦门厦钨新能源材料有限公司
CN105024106B	一种从废旧锂离子电池及报废正极片中回收磷酸铁的方法	56.19	合肥国轩高科动力能源有限公司
CN103943911B	废旧锂离子电池综合回收利用的方法	55.57	四川长虹电器股份有限公司

续表

公开(公告)号	标题	价值评估/分	当前申请(专利权)人
CN105849290A	锂离子电池的回收利用方法	55.36	尤米科尔公司
US20170005374A1	Process for Recycling Li-Ion Batteries	55.36	UMICORE
EP3087208B1	PROCESS FOR RECYCLING LI-ION BATTERIES	55.36	UMICORE
MX2016008349A	PROCESS FOR RECYCLING LI-ION BATTERIES.	55.36	UMICORE
CA2933400A1	PROCESS FOR RECYCLING LI-ION BATTERIES	55.36	UMICORE
JP2017509786A	リチウムイオン電池のリサイクルプロセス	55.36	ユミコア

从国内专利申请人所在省份可以看出，动力电池回收专利申请主要集中的地区为珠三角、长三角、京津冀地区。其中广东省动力电池回收专利申请量处于领先地位，其次是北京、安徽和湖南。从国内从事动力电池回收的企业和高校及研究院所的地理位置分析可知，北京和上海是高校和研究院所的聚集区，而广东、安徽、湖南、浙江以及江西等地为目前国内锂离子电池资源回收产业的聚集地，可以看出相当一部分具有相关技术实力的企业分布于这些省份（具体见图7）。

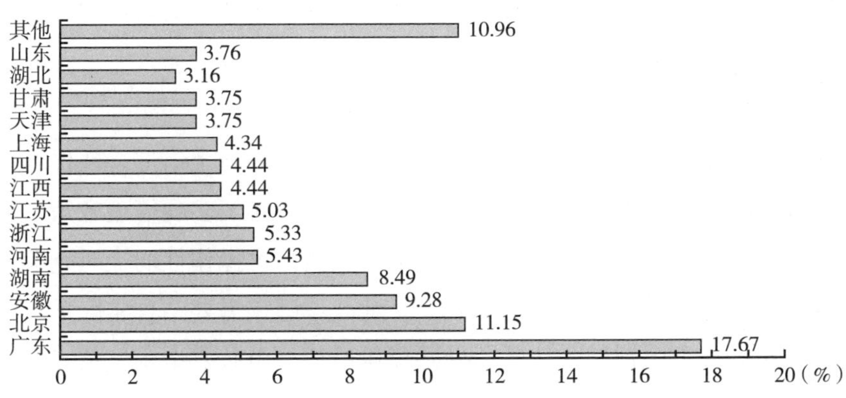

图7　锂离子电池回收相关专利申请人省份

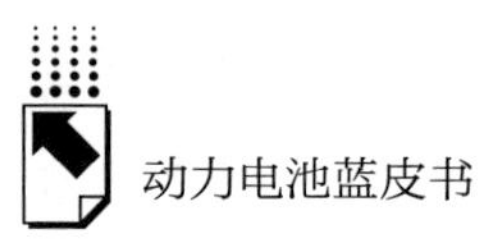

四　动力电池回收再生利用发展建议

（一）加速技术更新，推动回收效率提升

目前，我国已基本形成以湿法冶金技术为主流的动力电池回收路线，但依然存在诸多问题。湿法冶金的回收工艺以回收锂、镍、钴等有价金属元素为主要目标，电池中的其他组分如石墨、隔膜、电解液等材料不能够得到很好的回收，导致电池的回收效率低、回收过程环境污染严重。因此，动力电池回收亟须开发电解液的回收技术、石墨的回收技术以及电池的全组分回收技术，以提升动力电池的整体回收效率，实现资源的循环利用。

（二）加强装备研发，提升产业自动化程度

动力电池回收过程需要机械、自动化、电子电气、化学化工以及环保等多学科交叉。针对目前动力电池回收过程，虽然基本建立了以湿法冶金为主流的动力电池回收技术路线，但回收过程中整体装备自动化水平较低。回收过程所采用的装备主要是选矿、冶金、材料等行业的设备，导致回收过程效率低、环境污染问题突出。因而，为保证动力电池回收行业快速健康的发展，需加强动力电池回收集成装备的研发，提升回收产业的自动化程度。

（三）做好顶层设计，加快回收网络建设

我国高度重视动力电池的回收，国务院以发改委、工信部、环保部以及各地方政府等联合发布或在各自职能业务范围内发布了多项管理政策。但政策宏观指导性强，不同文件中有些内容重复规定，可操作性弱，对企业生产指导性不足，急需出台切合实际的政策。为此，国家需要结合实际情况，从战略高度布局动力电池回收体系，做好顶层设计。由政府牵头，依托新能源企业、动力电池企业、梯次利用企业、电池回收企业积极参与布局动力电池回收利用网络，及时总结推广动力电池回收利用的成功经验和有效做法。

B.8
2018年燃料电池产业发展报告

康启平　刘艳秋*

摘　要：　氢燃料电池汽车因具备无污染零排放、长续航里程和燃料补充快捷等优势，被业界视为汽车产业的终极解决方案。本报告主要介绍了我国车用燃料电池产业发展现状、技术水平及国产化能力、国内外关键技术及差距、生产制造和产业链配套情况、国家及地方政府的燃料电池产业支持政策，并提出了燃料电池产业发展的问题及实施建议。

关键词：　燃料电池　新能源汽车　产业链

一　发展概况

（一）国内车用燃料电池产业现状

近年来，我国非常重视燃料电池产业的发展，鼓励和支持相关企业及研究机构进行车用燃料电池技术突破和产品开发。在2019年政府工作报告中提出了“推动充电、加氢等设施建设”，这是氢能源首次写入政府工作报告。我国在《“十三五”国家战略性新兴产业发展规划》《能源技术革命创新行动计划（2016～2030年）》《节能与新能源汽车产业发展规划（2012～

* 康启平，高级工程师，北京市氢燃料电池发动机技术工程研究中心；刘艳秋，高级工程师，北京市氢燃料电池发动机技术工程研究中心。

2020年)》《中国制造2025》等国家顶层规划中，都明确提出将“氢能与燃料电池”作为战略任务、重点任务的新兴产业来大力发展，并明确提出“系统推进氢燃料电池汽车研发与产业化，到2020年实现氢燃料电池汽车批量生产和规模化示范应用”。2018年2月11日，由国家能源集团牵头，联合17家国内相关企业及研究机构成立了“中国氢能源及燃料电池产业创新战略联盟”。随着2018年5月李克强总理参观丰田Mirai燃料电池汽车生产线之后，多部门迅速成立了氢燃料电池联合小组，我国燃料电池产业发展明显提速。

目前，我国燃料电池汽车产业进入了快速发展阶段，在动力系统集成、电机、电控、商用车商业化运用方面走在世界前列，基本掌握了氢燃料电池关键材料、电堆、辅助系统等关键技术，在商用车开发和应用中积累了丰富的经验，并完成了千辆级氢燃料电池商用车的商业化示范应用（见表1)。另外，我国已初步形成了七大氢能与燃料电池产业集群，构建了浙江台州、江苏如皋和东云城氢能小镇，成立了中国氢能源及燃料电池产业创新战略联盟，并围绕当地研发情况及基础形成了相应的产业配套体系和商业化示范应用，产业链逐步完善，产业生态体系基本建立。

表1　2018年我国氢燃料电池汽车主要批量运营情况

城　市	运营车辆数	车　型
北　京	140	团体客车
	5	公交车
	25	物流车
张家口	74	公交车
郑　州	22	公交车
上　海	500	物流车
	20	轻型客车
	8	公交车
张家港	7	公交车
珠　海	100	物流车
辽宁新宾	40	轻型客车
成　都	10	公交车
西　安	400	物流车
佛山、云浮	70	公交车

自2016年以来，国内车用燃料电池产业发展势头非常强劲，部分地区出台了燃料电池产业发展规划及相应的补贴政策，促进了区域产业集群的形成，形成了华北（京津冀、大同），华东（上海、江苏、山东、浙江、安徽），华南（佛山、云浮、珠海），华中（郑州、武汉），东北（辽宁、吉林），西南（成都）和西北（西安）七大氢能与燃料电池产业集群，并围绕当地研发情况及工业基础形成了各自的产业配套及商业应用模式。

我国燃料电池产业分为七大集群。

1. 华北

华北地区的车用燃料电池相关企业比较多，京津冀地区的车用燃料电池全产业链基本形成，代表性企业有国家能源集团、华能集团、中石化、中石油、国家电投、大陆制氢、北京天海、科泰克、北京海珀尔、北京海德利森、北京亿华通、北京氢璞、张家口亿华通动力、福田汽车、长城汽车、伯肯节能等。目前京津冀地区运营的燃料电池车辆均搭载了北京亿华通的燃料电池动力系统，其中团体客车140辆、公交车79辆、物流车25辆。近期，北京亿华通、丰田汽车和北汽福田三方在氢燃料电池客车领域展开合作，此次合作将有助于提升国内氢能与燃料电池汽车的发展水平，推动产业实现跨越式发展。三方共推的首款产品是基于各方在电堆、燃料电池动力系统、整车集成等方面的技术优势与产业积累。后续还将推出其他氢燃料电池车型，为中国氢燃料电池汽车不同应用场景提供更为优质的解决方案；张家口是首个国家批复的可再生能源示范建设区，有丰富的风电、光电可用于电解水制氢，借助2022年冬奥会发展契机大力发展氢能与燃料电池产业，在2017年8月由亿华通建成全国首条半自动化燃料电池发动机生产线并顺利投产，目前一期项目年产能达2000台，二期建设开始动工，全部完工后可实现年产燃料电池发动机10000台。目前张家口上线运营74辆燃料电池公交车，2019年将再新增100辆；山西大同在2018年由雄韬氢雄投资建设的山西首条燃料电池发动机生产线已投产，2019年大同氢雄云鼎氢能科技有限公司的产业园全面开工，预计在2019年进行燃料电池客车示范运营。

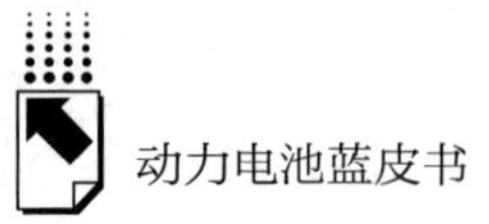

2. 华东

华东地区的车用燃料电池产业链比较完整，上海在国内率先发布了《氢燃料电池汽车产业规划》，随后苏州、张家港也先后发布了燃料电池产业规划。代表企业有上海神力、上海重塑、上海舜华、上海氢枫、上海电驱动、苏州弗尔赛、江苏清能、富瑞氢能、南通百应、上海汽车、苏州金龙等。目前在上海运营的燃料电池公交车有 8 辆，FCV80 客车 20 辆，物流车 500 辆，在张家港运营 7 辆燃料电池公交车，并在江苏如皋建设氢能小镇；山东将在近期发布《氢能源产业中长期发展规划》，代表企业有东岳集团、潍柴动力、中通客车等，目前有 60 辆燃料电池公交车分别在潍坊和聊城进行商业化示范运营。潍柴动力先后与弗尔赛、德国博世及英国锡里斯动力合作。2016 年 11 月，潍柴动力公告宣布出资 4995 万元，认购国内领先的燃料电池技术产品设计开发与应用集成的国家高新技术企业弗尔赛 33.5% 的股份。2017 年 11 月，潍柴动力又与德国博世签署全面战略合作框架协议。根据协议，博世公司将与潍柴动力在大功率、高速柴油发动机燃油喷射系统的研发和供应上通力合作、相互支持，并根据中国市场商用车使用特点，共同进行相应的开发匹配工作。潍柴动力在 2018 年 8 月与巴拉德签署战略合作协议，投资 1.63 亿美元认购巴拉德 19.9% 的股份，成立合资公司以支持中国蓬勃发展的燃料电池电动汽车市场，合资公司向巴拉德支付 9000 万美元，获得巴拉德新一代 LCS 燃料电池电堆和动力模组的授权许可，应用于中国公交车、商用卡车和叉车市场；浙江燃料电池相关代表企业有爱德曼氢能、青年汽车等。宁波已经发布《宁波加快氢能产业发展的指导意见》，爱德曼氢能源装备有限公司主要生产燃料电池核心部件、电堆和提供动力总成，公司目标是形成与全球、全国、本地区氢能源装备产业、新能源汽车产业的纵横产业关联，带动产业链企业的发展及整个区域的产业升级、结构转换，并在台州建设氢能小镇；安徽燃料电池相关企业代表有明天氢能、安凯客车等。明天氢能产业园目前正在建设，产业园占地 700 亩，总投资 25 亿元，主要建设氢燃料电池研发生产中心、加氢站研发及运营中心、燃料电池厂、电堆工厂、热电联供厂、双极板工厂、MEA 工厂等，核心技术骨干来自中科院大连化物所、同济大学等科研院所。

3. 华南

近年来，佛山把推广燃料电池产业提高到发展战略性新兴产业的高度，成立了氢能源推广示范领导小组，布局佛山南海“广东新能源汽车基地”、佛山高明“现代氢能有轨电车修造基地”、佛山云浮两市共建氢能产业基地三大氢能产业基地，并在2018年发布了《佛山市氢能源产业发展规划（2018～2030年）》以及在云浮建设云城氢能小镇，同时还明确了加氢站建设审批流程。代表企业有广东国鸿重塑、国鸿氢能、鸿基创能、大洋电机、五洲龙、长江汽车、飞驰客车、广东泰罗斯、深圳南科、广顺新能源等。目前在佛山和云浮示范运营70辆燃料电池公交车，在珠海示范运营100辆燃料电池物流车。

4. 华中

武汉在2018年发布了《武汉出台首份氢能产业发展规划方案》，其将以开发区为核心，打造“氢能汽车之都”，建设国内领先的雄韬股份武汉氢燃料电池产业园，在研发层面实现制储氢、膜电极、电堆等核心技术达到国际先进水平，重点相关企业有武汉理工新能源、众宇动力、武汉喜马拉雅、泰歌氢能、武汉氢雄、氢阳能源、东风特汽、开沃汽车、扬子江汽车等；郑州宇通客车自2009年开始研发燃料电池客车，已获批组建燃料电池与氢能工程技术研究中心。截至目前，宇通客车共有9款燃料电池客车车型进入国家工信部产品公告，且在郑州运营22辆燃料电池公交车。

5. 东北

大连市把氢能源产业作为大连发展战略性新兴产业的重点，把氢能源汽车作为汽车业转型升级、引领国家汽车行业发展的契机，在旅顺规划了氢能源小镇，围绕这个项目进行了战略布局。新宾将全力抢占氢能源发展制高点，依托沐与康集团专业使用终端，打通氢生产、氢加注、氢燃料电池汽车制造产业链，打造氢能源小镇，积极推动新宾—抚顺—沈阳—大连氢高速公路项目建设，为使氢能产业真正落地，目前有40辆FCV80燃料电池客车在新宾进行商业化示范运营。氢能重点相关企业及研究机构有新源动力、大连

物化所、斯林达、沐与康、中国一汽等；2018 年吉林白城新能源与氢能产业发展规划项目启动，打造“中国北方氢谷”。

6. 西南

东方电气集团经过多年攻关，自主掌握燃料电池核心部件设计与系统集成关键技术，取得多项创新成果：自主设计开发 VM20、VM45 型燃料电池动力引擎，满足 20kW～45kW 功率输出，可用于燃料电池大巴车、城市客车等主动力电源；由东方电气和蜀都客车联合制造的 10 辆氢燃料电池公交车在成都公交线路载客运行；燃料电池相关重点企业有东方电气、蜀都客车等。

7. 西北

西安新青年推“西安氢物流城”，2018 年将先期上线运营 400 辆，建成 2 座加氢站，联合陕西境内的制氢企业提出持续有效的供氢方案。计划到 2020 年在西安市场投放 1000 辆氢燃料电池物流车，围绕西安三环周边建设 8 座加氢站。燃料电池相关重点企业有裕隆气体、新青年等。

近年来，中国经济转型带来的产业重新定位与新一轮创新创业浪潮，推动了能源和交通领域的巨大变革。以“清洁和可持续发展”为旗帜的氢能和燃料电池产业，在全国多个地方落地开花，成为地方产业升级转型的重要途径。

北京、上海和佛山是产业研发与示范的核心城市，围绕电堆及氢系统等关键材料、核心部件及系统的研发、设计与检测，成功孵化了一批创新型高科技企业，在引进转化国际先进技术方面多有突破，推动了相应地区燃料电池部件及车辆、氢气储运设备国产化和商业化进程。佛山和武汉作为重要的应用城市，在大力招商引资的过程中，不仅扩大了京津冀及华东地区企业的业务范围和技术应用领域，也带动了当地配套企业的转型升级。

目前七大产业集群的氢能示范效应已经初步显现，京津冀、华东和华南地区的产业链建设相对比较完整，并形成了批量化生产能力，竞争态势初显。北京、张家口、上海和佛山作为代表城市，以燃料电池车辆的研发及示范运营为突破口，带动了当地的产业升级和新技术的落地孵化。未来，七大板块的带动效应将继续辐射到全国多个地区，为当地的产业转型升级提供新的解决方案。

（二）不同类型产品的规模/技术进展

随着我国车用燃料电池产业的快速发展，全产业链的相关企业参与度不断提高，加大了基础材料、核心技术和关键零部件的研发力度，特别是在膜电极、空压机和储氢瓶的产业化方面取得了突破。目前国内进行空压机研发及样机测试的企业包括势加透博、国电投、富源增压、雪人股份、广顺新能源、河北金士顿、伯肯节能、德燃动力、毅合捷集团、江苏金通灵和稳力科技等十多家企业。伯肯节能、舜华和科泰克等企业正在积极开发车用燃料电池相关减压阀、氢浓度感应器、供氢系统用阀、加氢站关键阀门等核心零部件，相关样品已进入样品测试阶段。但是，关键材料及核心零部件的产能无法与燃料电池系统和电堆的产能匹配。此外，气体扩散层、储氢瓶用碳纤维等目前国内没有成熟产品，还主要依靠进口。车用燃料电池相关产品产能如表 2 所示。

表 2　车用燃料电池相关产品产能

产品	企业	2018 年产能	规划年产能
燃料电池系统	北京亿华通	2000 套	20000 套
	新源动力	300 套	1000 套
	弗尔赛	200 套	—
	广东国鸿	5000 套	10000 套
	上海重塑	5000 套	20000 套
	明天氢能	6000 套	10000 套
电　堆	上海神力	2000 台	20000 台
	新源动力	300 台	1000 台
	弗尔赛	200 台	—
	广东国鸿	2 万台	5 万台
膜电极	新源动力	$2000m^2$	$10000m^2$
	武汉理工	2 万 m^2	10 万 m^2
	鸿基创能	10 万 m^2	30 万 m^2

续表

产品	企业	2018 年产能	规划年产能
质子交换膜	山东东岳	5000m^2	20000m^2
石墨双极板	上海弘枫	—	150 万片
金属双极板	上海治臻	5 万片	50 万片
催化剂	贵研铂业	10kg	20kg
空压机	毅合捷集团	—	5 万台
	德燃动力	1000 台	—
水　泵	上海新源	1000 台	5000 台
储氢瓶	中材科技	70 万只	—
	富瑞特装	1 万只	5 万只

二　技术状况

（一）整体技术水平及关键组件的国产化技术能力

我国车用燃料电池系统集成技术已达到国际水平，燃料电池电堆的功率密度、寿命和低温冷启动性能等方面都得到提高。北京亿华通自主开发的新一代燃料电池发动机系列产品功率覆盖从 10kW 到 120kW，产品性能指标达到国际先进水平，具备零下 30℃ 低温启动、零下 40℃ 低温储存、通过第三方强制检测发动机功率密度超过 300W/kg，已提前实现了我国商用车燃料电池系统 2020 年的技术目标，相关产品已投入批量化生产。上海神力经过 20 多年燃料电池科研项目研究，综合国内外现有电堆技术优缺点，建立了具有自主知识产权的国产化燃料电池电堆技术平台，开发的燃料电池电堆额定功率达到 120kW，可实现 -20℃ 自启动和 -40℃ 存储、良好稳定性、耐腐蚀性和长寿命等特点，体积功率密度超过 2.0kW/L，达到国际同类产品性能指标。新源动力开发的金属板燃料电池电堆体积功率达到 2.5kW/L，略低于国外 3.1kW/L 的水平，但耐久性超过 5000 小时，与国外水平相当。

双极板目前主要包括石墨双极板和金属双极板。石墨双极板已实现国产化，生产企业主要有上海弘枫、杭州鑫能石墨、江阴沪江科技、淄博联强碳素材料、上海喜丽碳素等。国内金属双极板产品的研发和批量化制造技术在近年来取得重大进展，但多处于研发试制阶段，上海佑戈、上海治臻新能源、新源动力、爱德曼等企业已研制出车用燃料电池金属双极板，并尝试在电堆和整车中实际应用。当前国内研发的金属双极板厚度达到1mm，单极板成型从30%降低到1%以内，流道高度偏差小于15mm，接触电阻和腐蚀电流分别达到（2.89mΩ. cm^2）和（0.5μA/cm^2），整体技术水平达到国际先进水平。

武汉理工新能源、新源动力、大连化学物理研究所研发的新一代膜电极铂载量降低到0.3gPt/kW，性能得到进一步提高，比功率达到1W/cm^2。武汉理工新能源生产的膜电极具有较好的性能，其产品大部分出口欧美，在国内燃料电池商用车上也有应用。新源动力也自主生产膜电极，主要是自用作为上汽的发动机配套。国内还有昆山桑莱特、南京东焱氢能、武汉喜马拉雅、苏州擎动等企业也开发了膜电极并可以提供样品。

质子交换膜的技术门槛比较高，国内仅用山东东岳集团进行燃料电池质子交换膜的研发及生产，目前可以批量化生产DF260型全氟质子膜。作为唯一的通过AFCC技术鉴定的中国企业，东岳集团于2013年就与奔驰、福特签署了面向燃料电池车商业化专用全氟酸质子交换膜及膜电极专用树脂的共同研发协议，2014年东岳集团的质子交换膜寿命仅800小时，2015年寿命达到2000小时，2016年成功突破6000小时。目前，东岳集团已建成年产50吨质子交换膜所需的全氟磺酸树脂生产装置，可满足2.5万辆燃料电池汽车所需。

气体扩散层（GDL）方面国内目前还没有量产的报道，还处于研发试验阶段。中南大学、武汉理工大学、上海河森及安泰环境等研究机构和企业正在进行气体扩散层的研发，江苏天鸟具备优秀的碳纤维织物的生产能力，但由于燃料电池市场太小，目前还没有量产计划，产品未在燃料电池领域进行实际应用。

辅助零部件对燃料电池系统的整体性能、寿命和成本影响非常大。空压

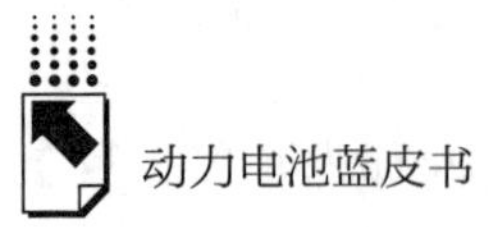

机是车用燃料电池系统的核心零部件之一，目前国内参与空压机研制的企业已有十余家，部分产品已进行装车应用，其中毅合捷集团、德燃动力、金士顿等企业已有量产计划。氢气循环泵目前国内完全依赖进口，雪人股份、广顺新能源、汉钟精机等企业正在进行氢气循环泵的研发，预计 3 ~5 年内可实现国产化。车用燃料电池加湿器国内仅有深圳伊腾迪推出了产品，产品有待实际装车应用验证。水泵国内已有上海新源、艾尔航空等企业的产品实现量产并投入装车应用。国内目前装车应用的 35MPa Ⅲ瓶已实现量化生产，技术比较成熟。北京天海、科泰克、斯林达等企业已开发出 70MPa Ⅲ瓶，目前正在进行产品验证。国内应用于氢燃料电池汽车产业的相关瓶口阀、减压阀、氢气浓度传感器等产品一致性差，还未达到使用要求，目前国内基本上依赖进口，伯肯节能、舜华和科泰克等企业正在进行产品开发，预计 2 ~3 年内可投入市场。

（二）关键技术与瓶颈技术的制约和发展

在国家政策和地方政府的大力支持下，我国车用燃料电池技术得到了突飞猛进的发展，取得了一系列技术和产业突破。车用燃料电池主要面临关键材料及核心零部件的技术瓶颈，尽管我国车用燃料电池金属板电堆的寿命已突破 5000 小时，石墨板电堆寿命甚至达到 10000 小时，但由于车用燃料电池是一个系统，还包括增湿器、空压机、氢气循环泵等核心零部件，其匹配性是决定燃料电池系统整体性能和寿命的重要因素。

我国车用燃料电池系统集成技术已经达到国际水平，燃料电池电堆寿命则还有点差距，石墨板电堆的体积功率密度超过 2. 0kW/L，达到国际先进水平，金属板电堆体积功率密度达到 2. 5kW/L，与国外水平差距不大。但是，燃料电池电堆的膜电极铂载量和性能参数还低于国外同行技术水平，催化剂和质子交换膜生产厂家很少，产品还无法完全满足国内车用燃料电池的使用要求，气体扩散层则完全依靠进口。车用燃料电池双极板主要采用石墨双极板和金属双极板，石墨双极板在国内燃料电池商用车得到批量化应用，生产技术比较成熟。金属双极板国内处于产品验证阶段，国外丰田、本田、现代等乘用车均采用金属双极板。

车用燃料电池系统辅助零部件方面，燃料电池空压机技术取得突破，国电投、富源增压、势加透博、广顺新能源、河北金士顿、伯肯节能等十多家企业正在进行空压机研发制造，并有小批量产品投入装车应用；水泵国内已有企业可以提供产品并装车实际应用；增湿器国内有深圳伊腾迪提供产品，但产品装车应用还有待验证；氢气循环泵则完全依靠进口，国内已有企业进行产品研发；车用燃料电池高压储氢瓶35MPa Ⅲ瓶已实现批量化装车，产品技术比较成熟，70MPa Ⅲ瓶已有厂家研制，样品处于工程验证阶段，但是制造高压储氢瓶所用的碳纤维则依靠进口，国内目前还没有企业推出符合应用要求的产品；瓶口阀、减压阀、氢气浓度传感器等产品目前还完全依靠进口，但国内已有企业进行研制。

国内加氢站数量少的一个主要原因是加氢站建设成本太高，而其中设备费用高达80%。氢气压缩机、高压储氢罐、氢气加注机是加氢站系统的三大核心装备，目前研制处于起步阶段。氢气压缩机方面，我国现有压缩机制造商仅能生产用于石油、化工领域的工业氢气压缩机，输出压力均在30MPa以下，无法满足加氢站技术要求，中船重工718所通过与美国PDC公司技术合作可组装配套加氢站的高压氢气压缩机，但核心部件均需美方提供，与国产化还有较远距离；高压储氢罐方面，我国浙江大学攻克了轻质铝内胆纤维全缠绕高压储氢气容器制造技术，解决了超薄铝内胆成型、高抗疲劳性能的缠绕线形匹配等技术难题，但尚未实现成品量产；氢气加注机方面，天然气设备制造商厚普股份已成功研发氢气加注装置，并已进入产品测试阶段，氢气加注设备是目前最有可能实现国产化的核心设备。

关键材料及核心零部件的技术突破直接影响车用燃料电池系统的寿命和成本。目前已实现国产化的关键材料及核心零部件产品适合性能和批量制造技术还需要进一步提高，依靠进口的部分关键材料及核心零部件则需要通过国家设立技术攻关项目，引导研究机构和相关企业加大投入研发力度，引进国外高水平专业技术人才和培养国内专业技术人才，突破瓶颈技术，提高车用燃料电池系统的寿命并降低成本，从而推动车用燃料电池产业大规模发展。

（三）国外的最新技术发展情况，技术能力水平与国外技术能力的对比

目前国外燃料电池技术已达到商业化推广水平，但加氢基础设施不足、市场体量较小，造成燃料电池成本还很高。代表燃料电池先进技术的丰田Mirai所搭载的燃料电池堆功率密度为到3.1kW/L，在未来即将发布的升级款燃料电池堆功率将提升到4.0kW/L。

国内外车用燃料电池发动机的主要性能参数对比如表3所示，在系统额定功率、金属板电堆的体积功率密度以及石墨板电堆寿命方面略低于国外水平，其他性能与国外水平相当。

表3　国内外车用燃料电池发动机主要性能参数对比

性能参数	国内	国外
额定功率（kW）	~80	~120
体积功率密度（kW/L）	>2.5（金属双极板），2.0（石墨双极板）	≥3.0（金属双极板），1.5（石墨双极板）
低温启动（℃）	-30	-30
寿命（h）	>8000（石墨双极板），5000（金属双极板）	>10000（石墨双极板），5000（金属双极板）

膜电极是电堆的核心，决定了车用燃料电池电堆的性能、寿命和成本。膜电极组件由质子交换膜、催化剂和气体扩散层（GDL）组成。国外膜电极的供应商主要有Johnson Matthey、Gore、Greenerity（Toray），丰田、本田等乘用车企业自主开发了膜电极，但不对外销售。国产膜电极性能与国际水平接近，但专业特性上（例如铂载量、启停、冷启动、抗反极等）与国际水平还有一定差距。批量化生产工艺和装备差距较大，国外已实现Roll-to-Roll的连续化生产。随着国内市场的快速增长，国内工程化和质量控制的差距有望进一步缩小。

国内专业的膜电极供应商主要是武汉理工新能源，其产品大部分出口到美国的Plug Power公司，在国内也有不少车用的应用。新源动力也自

主生产膜电极，主要是自用作为上汽的发动机配套。国内还有昆山桑莱特、南京东焱氢能、武汉喜马拉雅、苏州擎动等企业也开发了膜电极，需要作进一步工程开发和验证。国内外膜电极生产厂家及产品性能如表4所示。

表4　膜电极生产厂家及产品性能

生产厂家		功率密度	铂载量	备注
国外	Gore	—	0.175g/kW	产品为CCM,全球主导地位
国内	武汉理工新能源	1W/cm²	0.4g/kW	批量生产
	新源动力	0.8W/cm²@1200mA/cm²	0.4g/kW	小批量生产
	昆山桑莱特	≥0.75W/cm²@0.6V	—	样品为主
	南京东焱氢能	0.8W/cm²@0.65V	—	样品为主
	苏州擎动动力	0.8W/cm²@1300mA/cm²	—	样品为主

质子交换膜为车用燃料电池的核心元件，类型主要包括全氟磺酸质子交换膜、非全氟化质子交换膜、无氟化质子交换膜、复合膜以及高温膜。质子交换膜主流是全氟磺酸增强型复合膜，逐渐趋于薄型化，由几十微米降到十几微米，降低质子传递的欧姆极化，以达到更高的性能，代表企业有美国Gore、科慕（以前的杜邦）、日本的旭化成等。国内仅有东岳集团能批量化生产DF260型全氟质子膜，作为唯一的通过AFCC技术鉴定的中国企业，东岳集团于2013年就与奔驰、福特签署了面向燃料电池车商业化专用全氟酸质子交换膜及膜电极专用树脂的共同研发协议，2014年东岳集团的质子交换膜仅800小时寿命，2015年寿命达到2000小时，2016年成功突破6000小时。目前，东岳集团已建成年产50吨质子交换膜所需的全氟磺酸树脂生产装置，可满足2.5万辆燃料电池汽车所需。国内外质子交换膜基本参数如表5所示。

催化剂方面，国外生产商主要有英国Johnson Matthery、德国BASF、日本Tanaka、日本日清纺、比利时Umicore等。国内目前仅有贵研铂业实现小批量生产，武汉喜马拉雅、中科中创、苏州擎动动力、昆山桑莱特等企业可以提供样品。国内外催化剂生产厂家及产品性能如表6所示。

表 5　国内外质子交换膜基本参数

生产厂家		产品型号	厚度(μm)	E. W 值	备注
国外	科慕	Nafion 系列膜	25～250	1100～1200	化学稳定性强、机械强度高、在高湿度下导电率高、低温下电流密度大、质子传导电阻小，目前市场占有率最高
	Gore	Gore-select 复合膜	—	—	改性全氟型磺酸膜，技术处于全球领先地位（应用于丰田 Mirai）
	3M	PAIF 高温质子交换膜	—	—	主要用于碱性工作环境
	旭硝子	Flemion 系列膜	50～120	1000	具有较长支链，性能与 Nafion 膜相当
	旭化成	Alciplex 系列膜	25～1000	1000～1200	具有较长支链，性能与 Nafion 膜相当
	Dow	陶氏 Xus - B204 膜	125	800	因含氟侧链短，合成难度大且价格高，现已停产
国内	东岳集团	DF988、DF2801	50～150	800～1200	高性能，适用于高温 PEMFC 的短链全氟磺酸膜

表 6　催化剂生产厂家及产品性能

国内代表企业	产品性能	国外代表企业	产品性能
贵研铂业	铂黑：黑色粉末； 铂含量：≥99.99%； 比表面积：28.0 ± 1.0m^2/g	英国 Johnson Matthery	Pt 纯度达到 99.95%，拥有全球最先进的催化剂生产技术
宁波中科科创	铂碳催化剂：40Wt% Pt，60Wt% Pt，单批次 >200g； 催化剂粒径尺寸为 2.8nm； 电化学活性面积为 85m^2/g	日本 Tanaka	建立了稳定的催化剂供应系统，为本田 Clarity 燃料电池汽车提供铂催化剂
武汉喜马拉雅	Pt/C 催化剂日产能力达到 200g； 催化剂粒径 2～3nm 之间； 电化学活性面积可达 90m^2/g（60% Pt/C 催化剂）	德国 BASF	全球最大的化工产品企业

气体扩散层（GDL）的核心工艺在于碳纸的选材及技术，相应碳纸应满足材料多孔可控、导热及导电性优良、具备一定的机械强度、憎水性强以及高度防腐蚀。目前燃料电池生产商多采用日本 Toray、加拿大 Ballard、德

国 SGL 等厂商的碳纸产品，其中 Toray 占据较大的市场份额。我国对碳纸的研发主要集中在中南大学、武汉理工大学、上海河森及安泰环境等研究机构和企业，目前还没有量产。国内外碳纸基本性能对比如表 7 所示。

表 7　国内外碳纸基本性能对比

生产厂家	产品型号	厚度 mm	密度 g/cm^3	孔隙率 %	透气率 ml·mm/(cm^2·hr·mmAq)	电阻率 mΩ·cm	抗拉强度 MPa	抗弯强度 MPa
日本东丽	TGP－H－060	0.19	0.44	78	1900	5.8	50	—
	TGP－H－090	0.28	0.45	78	1700	5.6	70	39
	TGP－H－120	0.36	0.45	78	1500	4.7	90	—
中南大学	—	0.19	—	78	1883	5.9	50	—

双极板是电堆最核心的结构零部件，起到均匀分配气体、排水、导热、导电的作用，占整个燃料电池 60% 的重量和 20% 的成本，其性能优劣直接影响电池的输出功率和使用寿命。双极板材料目前主要是石墨双极板和金属双极板，丰田 Mirai、本田 Clarity 和现代 NEXO 等乘用车均采用金属双极板，而商用车一般采用石墨双极板。

石墨基双极板的主流供应商有美国 POCO、美国 SHF、美国 Graftech、日本 Fujikura Rubber LTD、日本 Kyushu Refractories、英国 Bac2 等。石墨双极板已实现国产化，国产厂商主要有上海弘枫、杭州鑫能石墨、江阴沪江科技、淄博联强碳素材料、上海喜丽碳素等公司。

目前国外金属双极板主要供应商有瑞典 Cellimpact、德国 Dana、德国 Grabener、美国 treadstone 等。国内上海佑戈、上海治臻新能源、新源动力、爱德曼等企业研制出车用燃料电池金属双极板，可以进行小批量生产。双极板主要厂家及产品性能如表 8 所示。

燃料电池系统辅助零部件方面，国外经过经丰田、本田、现代和奔驰等为代表的乘用车厂多年的培育，已经形成了较为完整的产业链体系。空压机是燃料电池发动机的核心零部件，国外 Honeywell、UQM、Rotrex 等厂家生产的空压机已在燃料电池汽车上得到实际应用。国内这两年也出现了燃料电

表 8　双极板主要厂家及产品性能

双极板类型	主要厂家	导电率（S/cm）	抗弯强度（MPa）	腐蚀电流（μA/cm²）	接触电阻（mΩ·cm²）
石墨双极板	美国 POCO	>100	>34	—	—
	加拿大 Ballard	—	50	—	—
	上海弘枫	>100	>50	—	—
金属双极板	瑞典 Cellimpact	—	—	0.5	—
	德国 Dana	—	—	0.5	—
	新源动力	—	—	0.5	2.89
	上海佑戈	—	—	<1	3
	上海治臻	—	—	<1	5

池用空压机研发及生产企业，部分产品已进入实际应用验证阶段。目前越来越多的空压机供应商开始出现，同时航天 11 所、国家电投等企业也在投入研发，预期在 2～3 年内能取得较大进展。国内外空压机厂家及产品性能如表 9 所示。

表 9　国内外空压机厂家及产品性能

生产厂家	产品类型	空气质量流量	额定功率（kW）	转速（rpm）	最大压比
Honeywell（美国）	涡轮式	125g/s	25	—	3.0
UQM（美国）	罗茨式	100g/s	6.5	18000	—
Rotrex（丹麦）	离心式	150g/s	—	180000	2.94
OPCON（瑞典）	螺杆式（Autorotor OA1050）	—	14	—	—
金士顿	离心式	80	8.5	100000	—
广顺新能源动力	离心式	120m³/h	6.8	—	—
福建雪人	螺杆式	100g/s	—	24000	2.8
嘉兴德燃动力系统	涡轮式（FAC-40-D）	51g/s	4.6	40000	1.7
	涡轮式（FAC-50-D）	65g/s	8	50000	1.9

燃料电池用氢气循环泵方面，德国 Busch 公司开发出氢气循环泵可用于不同的氢燃料电池汽车。国内目前没有替代品，完全依赖进口，主要是由于氢气循环泵的氢气密封、水汽腐蚀和冲击问题难以解决，国外也仅有几家能

够提供解决方案。国内雪人股份、广顺新能源、汉钟精机等企业正在进行氢气循环泵的研发。

燃料电池用加湿器方面，目前国际上的主流技术是 Gas-to-Gas 加湿器。国外已经有许多厂家开发出加湿器，并已形成产品，能够满足备用电源到氢燃料电池公交车用的加湿需要。如美国 Perma-Pure、韩国 Kolon、加拿大 Dipont、德国 Mann-Hummel 和 Freudenberg FCCT 生产的加湿器等。国内生产燃料电池车用加湿器的厂家非常少，且性能亟待提高。国内外加湿器厂家及产品参数如表 10 所示。

表 10　国内外加湿器厂家及产品参数

公司名称	额定空气流速（slpm）	最大工作压力（MPa）	寿命（h）	工作温度（℃）
美国 Perma-Pure	500～2500	—	～20000	～90
韩国 Kolon	600～2500	0.25	—	-30～80
深圳伊腾迪	2000～2800	0.2	>10000	-20～80

燃料电池用水泵方面，国外燃料电池用水泵主要有美国 EMP，目前已有国产水泵用于实际装车应用，但生产厂家较少，预期 2～3 年内会有更多生产厂家参与，产品质量会进一步提升。水泵厂家及产品参数如表 11 所示。

表 11　水泵厂家及产品参数

公司名称	最大流量（lpm）	扬程范围（kPa）	寿命（h）	介质温度（℃）
美国 EMP	—	—	>10000h	-40～95
艾尔航空	260	30～200	≥10000h	-30～85

燃料电池用储氢瓶、瓶口阀及减压阀与国外也存在较大的差距。国外乘用车较多使用 70MPa Ⅳ型瓶（塑料内胆碳纤维缠绕），商用车还是使用 35MPa Ⅲ型瓶（铝内胆碳纤维缠绕）。国内氢气瓶主要是 35MPa 和 70MPa 的Ⅲ型瓶，35MPa 储氢瓶已在燃料电池客车和物流车批量应用，生技技术比较成熟，70MPa 储氢瓶目前还处于产品验证阶段，Ⅳ型瓶则由于法规限制尚

未在国内批准使用。国内应用于氢燃料电池汽车的相关管、阀、接头、传感器产品一致性差，存在气密性差等问题，伯肯节能、舜华和科泰克等企业正在进行产品开发，但国内目前基本上依赖进口。国内外储氢瓶参数如表12所示。

表12　国内外储氢瓶参数

公司名称	型号	容积（L）	重量（kg）	压力（MPa）	质量储氢密度（wt%）
Hexagon Lincoln. Inc	IV	64	43	70MPa	6.0
丰田 Mirai 汽车公司	IV	60	42.8	70MPa	5.7
北京天海工业有限公司	III	140	80	35MPa	4.2
	III	165	88	70MPa	4.2
	III	54	54	70MPa	>5
北京科泰克科技有限责任公司	III	140	—	35MPa	4.0
	III	65	—	70MPa	>5
斯林达安科新技术有限公司	III	128	67	35MPa	4.0
	III	52	52	70MPa	>5
中材科技股份有限公司	III	140	78	35MPa	4.0
	III	162	88	35MPa	4.0
	III	320	—	35MPa	—

氢燃料电池系统安全方面，目前国内外均采用碰撞—氢—电多重耦合安全技术，保障氢燃料电池系统的安全应用（见图1）。氢安全主要包括零部件材料质量保障和八大功能设计保障。其中八大功能设计保障包含过压保护、过流保护、过温保护、泄漏保护、碰撞保护、燃料监测、压力监测和气体放空。电安全主要包括整车电安全多重预警保护系统、蓄电池及电动机温度分布的热成像测试、车载在线绝缘检测系统、车辆电气碰撞监控系统、集中控制式整车电气系统、车辆电气火灾监控系统。碰撞安全包括碰撞结构安全设计和氢电系统的碰撞保护。通过对氢气浓度、氢瓶压力进行实时监测，制定安全控制策略，当整车“氢—电”结构检测状态超出判定条件时，实现断电、断氢，提升整车安全性。此外，相关标准的不断完善为燃料电池的安全运行提供了有力支撑，也规范了燃料电池行业的发展。

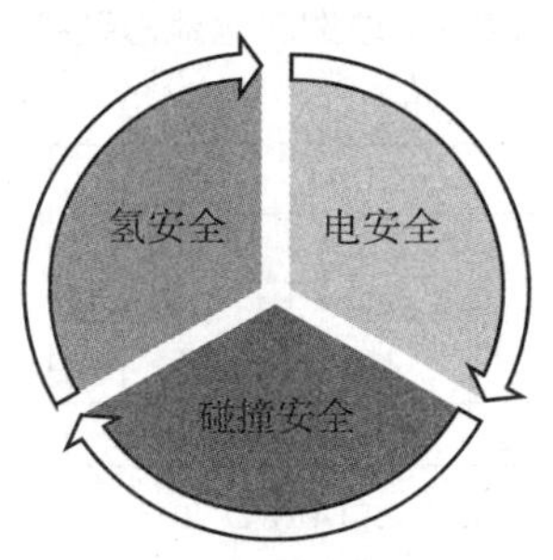

图1　碰撞—氢—电多重耦合安全技术

三　生产制造、未来的发展情况预测

从全球市场来看，以燃料电池为依托的氢能产品得到广泛推广，且逐年增加，到2018年总体出货达到74300台，出货容量超过830MW。从区域来看，主要集中在亚洲，其中日本的贡献最大。从应用领域来看，主要应用于交通运输领域，出货11500台，容量约562MW。燃料电池乘用车贡献475MW，约销售4500辆丰田、本田、现代的燃料电池乘用车，其中丰田超过3000辆，主要区域在加州、日本和欧洲。叉车出货约5000台，主要制造商为市场领导者Plug Power、Nuvera和包括戴姆勒在内的其他供应商。全球燃料电池出货量如表13所示，全球燃料电池总装机量如表14所示。

表13　全球燃料电池出货量

单位：千套

区域	2012	2013	2014	2015	2016	2017	2018
欧洲	9.7	6.0	5.6	8.4	4.4	5.1	8.6
北美	6.8	8.7	16.9	6.9	7.7	9.9	9.8
亚洲	28	51.1	39.3	44.6	50.6	56.8	55.3
其他地区	1.2	1.0	1.8	1.0	0.5	0.8	0.6
合计	45.7	66.8	63.6	60.9	63.2	72.6	74.3

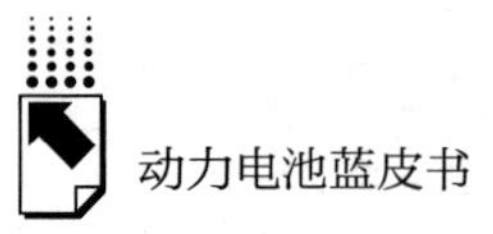

表 14　全球燃料电池总装机量

单位：兆瓦

分类	2012	2013	2014	2015	2016	2017	2018
便携式	0.5	0.2	0.4	0.9	0.3	0.5	0.7
固定式	124.9	186.9	147.8	183.6	209	213.5	239.8
交通运输	41.3	28.1	37.2	113.6	307.2	455.7	562.6
合计	166.7	215.3	185.4	298.1	516.5	669.7	830.1

数据来源：The Fuel Cell Industry Review. E4tech. 2018。

中国是商用车出货最多的国家，据中汽协统计，从 2016～2018 年累计氢燃料电池汽车达到 3428 辆。其中 2016 年 629 辆，2017 年 1272 辆，2018 年 1527 辆。燃料电池乘用车方面，目前只有上汽荣威经过了道路检测并进入产品公告，北汽、广汽、长安和汉腾等车企也正在进行样车开发，其中搭载北京亿华通国产 30kW 燃料电池系统的北汽新能源轿车正在调试，预计 2019 年度完成公告。长城汽车投入大量资金在开发燃料电池乘用车，不断引进燃料电池相关专家，预计 2020 年推出产品。我国燃料电池汽车公告明细如表 15 所示。

表 15　我国燃料电池汽车公告明细

序号	公告型号	整车品牌	车型	公告批次	燃料电池额定功率（kW）	燃料电池发动机品牌
1	BJ6123FCEVCH－1	福田	12 米公交车	299	61	亿华通
2	BJ6851FCEVCH		8.5 米公交车	299	30.5	亿华通
3	BJ6105FCEVCH		10.5 米公交车	300	30.5	亿华通
4	BJ6851FCEVCH－1		8.5 米公交车	308	32	广东国鸿
5	BJ6123FCEVCH－2		12 米公交车	310	60	亿华通
6	BJ6123FCEVCH－3		12 米公交车	315	63	亿华通
7	ZK6125FCEVG5	宇通	12 米公交车	302	60	亿华通
8	ZK6125FCEVG6		12 米公交车	303	50	广东国鸿
9	ZK6105FCEVG1		10.5 米公交车	307	60	亿华通
10	ZK6105FCEVG2		10.5 米公交车	308	50	广东国鸿
11	ZK6125FCEVG7		12 米公交车	310	50	上海重塑
12	ZK6906FCEVQ1		9 米团体车	313	50	上海重塑
13	ZK6105FCEVG3		10.5 米公交车	314	50	上海重塑
14	ZK6125FCEVG10		12 米公交车	314	63	亿华通

续表

序号	公告型号	整车品牌	车型	公告批次	燃料电池额定功率(kW)	燃料电池发动机品牌
15	SLK6859UQFCEVH	申龙	8.5 米公交车	301	30	亿华通
16	SLK6109UQFCEVH		10.5 米公交车	302	30.5	亿华通
17	SLK6129UQFCEVH		12 米公交车	302	60	亿华通
18	SLK6903AFCEVH		9 米团体车	308	31.3	亿华通
19	SLK6606GFCEVQ		6 米团体/旅游	311	33	上海清能
20	SLK6750GFCEVZ		7.5 米团体/旅游	312	35	武汉众宇
21	SLK6129UFCEVH		12 米公交车	314	63	亿华通
22	SLK6129UFCEVX		12 米公交车	318	60	武汉雄韬氢雄
23	NJL6129FCEV	南京金龙	12 米公交车	291	30	江苏兴邦
24	NJL6859FCEV		8.5 米公交车	307	40	武汉泰歌
25	NJL6859FCEV2		8.5 米公交车	311	42.4	武汉雄韬氢雄
26	NJL6859FCEV3		8.5 米公交车	312	30	安徽元隽氢能
27	JNP6103BFCEV	青年	10 米公交车	299	30	南通百应
28	FSQ6110FCEVG	飞驰	11 米公交车	286	60	广东鸿运
29	FSQ6860FCEVG		8.5 米公交车	296	30	广东国鸿
30	FSQ6110FCEVG1		11 米公交车	302	60	广东鸿运
31	FSQ6120FCEVG		12 米公交车	306	92	广东国鸿
32	FSQ6860FCEVGS		8.5 米公交车	308	32	广东国鸿
33	SPK6100FCEVG		10.5 米公交车	306	40	江苏清能
34	SPK6891FCEVP		9 米团体车	310	31.3	亿华通
35	SPK6890FCEVG		9 米公交车	313	32.5	广东泰罗斯
36	CDK6900CEFCEV	成都	9 米公交车	304	45.3	东方电气
37	HFF6850G03FCEV	安凯	8.5 米公交车	308	30	广东国鸿
38	HFF6852G03FCEV		8.5 米公交车	311	30	安徽明天氢能
39	HFF6120G03FCEV		12 米公交车	313	60	亿华通
40	SWB6128FCEV01	申沃	12 米公交车	309	60.6	上海汽车
41	LCK6900FCEVG	中通	9 米公交车	310	30.5	亿华通
42	LCK6900FCEVG1		9 米公交车	312	30	苏州弗尔赛
43	LCK6900FCEVG2		9 米公交车	312	46	上海重塑
44	LCK6105FCEVG1		10.5 米公交车	312	45	武汉雄韬氢雄
45	LCK6105FCEVG2		10.5 米公交车	314	46	潍柴动力
46	LCK6900FCEVG5		9 米公交车	314	32	潍柴动力
47	LCK6900FCEVG4		9 米公交车	314	30.5	潍柴动力
48	LCK6120FCEVG		12 米公交车	314	63	亿华通

续表

序号	公告型号	整车品牌	车型	公告批次	燃料电池额定功率（kW）	燃料电池发动机品牌
49	EQ6700LACFCEV	东风	7 米团体/旅游	311	32	广东国鸿
50	EQ6100CACFCEV		10.5 米公交车	312	41	武汉众宇
51	KLQ6109GAFCEV	苏州金龙	10.5 米公交车	311	60	亿华通
52	KLQ6109GAFCEV2		10.5 米公交车	313	50	上海重塑
53	HKL6800GFCEV	江苏九龙	8 米公交车	312	32.5	广东泰罗斯
54	HA6100FCEVB1	中山顺达	10.5 米公交车	313	31	深圳晓龙新能源
55	SH6612A4FCEV	上汽大通	轻型客车	296	30	新源动力
56	EQ5080XXYTFCEV2	东风	厢式运输车	303	30	苏州氢洁电源
57	EQ5080XXYTFCEV4		厢式运输车	304	30.1	安徽易智电
58	EQ5080XXYTFCEV3		厢式运输车	304	30.5	亿华通
59	EQ5080XXYTFCEV6		厢式运输车	308	32	广东国鸿
60	EQ5081XXYTFCEV1		厢式运输车	310	35	爱德曼
61	EQ5080XXYTFCEV5		厢式运输车	311	30.5	武汉雄韬氢雄
62	EQ5080XXYTFCEV7		厢式运输车	312	30.1	深圳国氢
63	JNP5080XXYFCEV3	青年	厢式运输车	293	30	南通百应
64	JAX5080XXYFCEV1	江苏奥新	厢式运输车	307	32	广东国鸿
65	JAX5081XXYFCEVA01		厢式运输车	314	31	浙江氢途
66	FSQ5080XXYFCEV	飞驰	厢式运输车	309	30	广东国鸿
67	BJ5088XXYFCEV	福田	厢式运输车	311	31.3	亿华通
68	LCK5085XXYFCEVH9	中通	厢式运输车	311	30	亿华通
69	LCK5095XXYFCEVH9		厢式运输车	312	30	上海电驱动
70	LCK5095XXYFCEVH9C		厢式运输车	314	32	上海重塑
71	LCK5095XXYFCEVH9D		厢式运输车	318	41	新源动力
72	SLK5080XXYEFCEV	申龙	厢式运输车	315	32	广东国鸿
73	DYC5082XXY - FCEV	大禹	厢式运输车	318	40	江苏清能
74	EQ5080XLCTFCEV	东风	冷藏车	306	31	芜湖国氢
75	EQ5081XLCTFCEV		冷藏车	310	35	爱德曼
76	CSA7004FCEV	上海汽车	轿车	289	30	新源动力

注：统计时间为 2017 年 286 批至 2019 年 318 批公告。

通过分析进入公告的 76 款车型，目前我国车用燃料电池存在三个比较明显的特点。一是以客车和厢式运输车为主，仅有 1 款乘用车。76 款车型中，客车为55款，燃料电池系统额定功率为30kW～63kW（除飞驰FSQ6120FCEVG客车，为92kW（46×2））。冷藏车2款，厢式运输车18款，燃料电池系统额定功率为30kW～41kW。二是大部分整车企业均选择多家氢燃料电池系统供应商进行配套，而非指定一家供应商配套全部车型。一方面这与车型推广区域用户需求有直接关系，另一方面能有效降低车型批量化投产的配套风险。三是30家燃料电池系统供应商单位形成了20个利益团体。多家供应商之间存在直接控股关系，或共同设立合资企业，以达成利益捆绑，集中资源共同开拓市场。配套车型数量前10位的燃料电池发动机厂家情况如下。

NO.1 亿华通——配套21款车型。亿华通持有亿华通动力科技100%股权，两者共为北汽福田、宇通客车、中通客车、申龙客车等8家整车企业配套21款车型。亿华通先后承担了国家科技部“863”计划重大专项中众多燃料电池重大专项课题以及联合国开发计划署（UNDP）“中国燃料电池公共汽车商业化示范”等项目。亿华通自主开发的新一代燃料电池发动机系列产品采用国产自主研发电推，功率覆盖从10kW到100kW，产品性能指标达到国际先进水平，具备零下30℃低温启动、零下40℃低温储存，通过第三方强制检测发动机功率密度超过300W/kg，已提前实现了我国商用车燃料电池系统2020年的技术目标，相关产品已投入批量化生产。亿华通在国内率先建立起专业、成熟且经验丰富的技术研发与服务团队，在2017年8月建成全国首条半自动化燃料电池发动机生产线并顺利投产，一期项目年产能达2000台，目前项目二期生产线已开工建设，全部完工后，可实现年产燃料电池发动机10000台。2018年搭载亿华通燃料电池系统的60辆团体客和5辆UNDP公交车在北京运营，张家口74辆公交车在张家口上线运营。2019年在北京、张家港、郑州、珠海上线运营一批搭载亿华通燃料电池系统的客车及物流车。

NO.2 国鸿氢能＆重塑科技——配套20款车型。广东鸿运持有广东国鸿氢能41%股权，同时后者与上海重塑能源共同持有广东国鸿重塑股权。四者共为9家整车企业配套20款车型。自成立以来，国鸿氢能与加拿大巴拉德公司和上海重塑分别成立合资公司，并与多家整车企业合作。2018 年初，500 辆搭载上海重塑燃料电池系统的氢燃料电池物流车，在上海地区投入商业化运营，为京东、云鸟、申通快递、宜家、盒马、弗玛仓储（太仓）等提供配送服务。

NO. 3 雄韬氢雄 & 浙江氢途——配套 5 款车型。雄韬氢雄为东风汽车、中通客车、南京金龙、申龙客车各配套一款车型，浙江氢途为江苏奥新配套一款车型。两者合资建立了氢雄发动机公司，且同为上市公司雄韬股份的旗下企业。雄韬氢雄已推出自主研发的 45kW 燃料电池发动机系统，其位于山西大同年产能 10000 套的燃料电池发动机一期厂房正式投产，将有 50 台配套燃料电池公交车并投入示范运营。雄韬股份武汉氢燃料电池产业园项目一期投资 12 亿元，总投入 115 亿元，主要从事氢燃料发动机的研发生产。浙江氢途建设了一条燃料电池发动机半自动化生产线，年产能可达 1000 套，实现了燃料电池发动机的小批量投产。

NO. 4 上汽集团 & 新源动力——配套 4 款车型。新源动力是上汽集团的控股企业，成立于 2001 年。新源动力拥有自主知识产权专利技术，涵盖了质子交换膜燃料电池发动机系统关键材料、关键部件、整堆系统各个层面。新源动力开发的 HYMOD © -300 型车用燃料电池电堆模块，采用高稳定性、高性能的“膜基催化层膜电极设计”和高可靠性的“复合双极板结构”，突破了车用燃料电池 5000h 的耐久性难关，实现了电堆在 -10℃ 环境下的低温启动，以及在 -40℃ 下的储存。目前搭载新源动力燃料电池发动机的 FCV80 有 20 辆在上海化学工业区内用于通勤和 40 辆在辽宁新宾进行商业化运营。

NO. 5 潍柴动力 & 弗尔赛——配套 4 款车型。潍柴动力通过入股弗尔赛能源进入燃料电池行业，目前已拥有弗尔赛 40.22% 的股权，两者为中通客车 4 款车型配套。2017 年 11 月，潍柴动力与博世签署战略合作框架协议，双方将共同合作开发生产氢燃料电池及相关部件，力争突破燃料电池商用车的核心技术并实现产业化，建立国际一流的燃料电池汽车技术创新链和产业链。2018 年 8 月，潍柴动力与巴拉德签署战略合作协议，投资 1.63 亿美元认购巴拉德 19.9% 的股份，成为巴拉德第一大股东，成立合资公司以支持中国蓬勃发展的燃料电池电动汽车市场，合资公司向巴拉德支付 9000 万美元，获得巴拉德新一代 LCS 燃料电池电堆和动力模组的授权许可，应用于中国公交车、商用卡车和叉车市场。同时，潍柴承诺在中国制造和供应至少 2000 辆商用车燃料电池模组。

NO. 6 爱德曼——配套 2 款车型。爱德曼氢能源装备有限公司为东风汽车 1 款冷藏车和 1 款厢式货车配套。爱德曼成立于 2016 年 6 月，国内领先的金属电极板氢燃料电池供应商。该公司采用自研、自产的双极板和膜电极，开发了车用净输出 30kW 和 35kW 级燃料电池堆。2018 年 5 月，爱德曼广东氢燃料电池生产项目落地广东省佛山市南海区丹灶镇，计划建成氢燃料电池及动力总成生产基地，总投资 30 亿元，年产能 8 万台氢燃料电池，分三期推进。其中首期项目将于 2019 年投产，全部项目达产后，预计年产值 200 亿元以上。

NO. 7 泰罗斯——配套 2 款车型。广东泰罗斯汽车动力系统有限公司为中植汽车、江苏九龙各配套一款车型。泰罗斯成立于 2016 年 11 月，总经理张锐明一直在海外从事燃料电池研发工作。归国后，他致力于燃料电池系统关键技术和零部件的国产化。泰罗斯与长江汽车联合设立了氢能汽车研究中心，在氢燃料电池寿命、氢燃料电池小型化、氢燃料汽车应用等领域展开研究。

NO. 8 众宇动力——配套 2 款车型。武汉众宇动力系统科技有限公司为东风汽车、申龙客车配套。众宇动力是一个由海归博士团队创立的公司，成立于 2011 年，是国内较早从事氢燃料电池系统及氢能相关技术开发的企业。2013 年，众宇动力第一代燃料电池备用电源系统问世；2017 年，第二代 30kW 车用燃料电池动力系统装车试运行，并实现 2 万公里实车道路测试；2018 年，其 35kW 和 41kW 车用动力系统通过国家轿车质量监督检验中心的性能及高低温存储强检。

NO. 9 百应能源——配套 2 款车型。南通百应能源有限公司为青年汽车配套 2 款车型。百应能源拥有佛罗里达州立大学教授郑剑平博士发明的碳纳米管生产 MEA 发明专利的独家商业使用权。在 MEA 创新技术基础之上，百应能源成功开发出了可以规模化生产的全套制造工艺，大大降低了 MEA 及燃料电池系统的生产成本。目前青年汽车已增资南通百应60%股权，计划到2020年在西安市场投放1000辆氢燃料电池物流车，围绕西安三环周边建设8座加氢站，前期将上线运营400辆，建成2座加氢站，联合陕西境内的制氢企业提出持续有效的供氢方案。

NO. 10 清能动力 & 清能合睿兹——配套2款车型。清能动力、清能合睿兹为同一控股股东清能新能源。同时，清能新能源与芜湖国氢设有合资公司清动新能源。清能新能源成立于2011年，于2018年6月挂牌新三板。清能新能源的燃料电池电堆主要采用国际上先进的质子交换膜技术，目前主要产品有空冷型燃料电池电堆和水冷型燃料电池电堆。资料显示，清能新能源客户遍布65个国家和地区，与波音、林德、AT&T、国家电网、中国移动等用户建立了长期合作关系，其中新能源汽车车用燃料电池系统已用于里约奥运会燃料电池客车、英国 River simple、Microcab 等诸多项目。芜湖国氢是在加拿大巴拉德公司和美国氢能研究所20多位海内外专业团队十余年的研发成果基础上，同清华大学、同济大学、武汉理工、四川大学、芜湖市政府等多家高校及政府单位合作、合资创立的混合所有制企业，掌握了具有自主知识产权的甲醇制氢、钒基贮氢合金储氢、氢气加注方法、风冷式低压质子交换膜燃料电池、氢燃料电动车动力总成及控制系统等核心技术，潜心致力于氢能汽车的研发和制造。

另外10家供应商分别为深圳国氢、东方电气、明天氢能、苏州氢洁、上海电驱动、安徽易智电（安徽全柴控股公司）、武汉泰歌、深圳晓龙、安徽元隽、江苏兴邦，各有一款配套车型进入公告。

四　产业配套供应现状

我国车用燃料电池得到了快速的发展。2019年两会期间，多位代表委员提出了发展氢燃料电池产业的建议，主要包括战略地位提升、加大技术研发投入、完善补贴政策和基础设施等。氢燃料电池产业市场关注度迅速提升，国内燃料电池全产业链相关企业特别是关键材料及核心零部件企业的参与度逐渐提升，同时吸引了大量资本的关注。目前制约我国燃料电池产业发展的主要有两大问题：一是燃料电池成本太高，二是加氢基础设施不足。

降低燃料电池成本最有效的方法是推进关键材料及核心零部件国产化。目前以北京亿华通、新源动力、弗尔赛、上海重塑、广东国鸿为代表的燃料电池发动机制造企业已经建成了批量化生产线并投入生产，产品实现批量装车并投入运营。以上海神力、新源动力、弗尔赛为代表的燃料电池电堆生产企业已实现批量化国产电堆生产。燃料电池电堆的关键组件膜电极国内有武汉理工新能源和新源动力可以小批量生产，但无法满足国内目前的需求，大部分还需要依靠进口美国 Gore 等企业的产品。燃料电池电堆中的催化剂国内目前仅有贵研铂业可以提供小批量生产，大部分还需要从国外进口，成本较高；质子交换膜国内目前仅有东岳集团一家企业生产，少量产品适用于车用燃料电池，主要依靠进口美国 Gore 和科慕等垄断企业的产品，价格高昂。碳纸在国内目前还处于实验研究阶段，完全依靠进口日本东丽、加拿大 Ballard、德国 SGL 等厂商的产品。目前上海弘枫、喜丽碳素等石墨双极板生产企业及上海治臻、上海佑戈等金属双极板生产企业生产的产品可以满足国内的需求。

车用燃料电池辅助零部件方面，国内已有多家企业进行空压机研发制造，势加透博、富源增压、稳力科技等企业已经开发出样机进行测试，广顺新能源、河北金士顿等企业的产品已进行装车应用并建立了批量化生产线。以上海新源和艾尔航空为代表的水泵生产企业已实现批量化装车应用，增湿器国内仅有深圳伊腾迪可提供产品样机进行装车验证，氢气循环泵目前则完全依靠进口。北京天海、科泰克、斯林达、富瑞特装等车载高压储氢瓶生产企业可以进行批量化生产，满足国内市场需求，但是生产高压储氢瓶用的碳纤维目前还依靠进口，导致高压储氢瓶的成本较高。用于车用燃料电池相关的瓶口阀、减压阀、氢浓度传感器等零部件目前完全依赖进口，国内伯肯节能、舜华和科泰克等企业正在进行产品开发。目前依赖进口的关键材料及核心零部件均为国外垄断企业产品，价格高昂，导致我国车用燃料电池整体成本很高，随着我国燃料电池产业的快速推进，依赖进口的产品逐渐国产化，车用燃料电池成本将大幅度下降。

加氢基础设施不足是制约我国燃料电池产业发展的另一大主要问题，加氢站建设是目前国内外迫切需要解决的问题。从世界范围看，H2stations 发布的全球加氢站统计报告显示，截至 2018 年底，全球运行的加氢站 369 座。其中欧洲 152 座，亚洲 136 座，北美 78 座，但全球仅有 273 座为公共加氢站，可供所有人使用，其余加氢站则保留给封闭用户群及公共汽车或车队车辆。全球加氢站最多的是日本，其公共加氢站数量达到 96 座；德国加氢站运营总数达到 60 座，成为拥有世界第二大加氢站网络的国家，已经可以像传统加油站一样使用。此外，德国已经计划在特定地点增加 38 座加氢站；美国则拥有 40 座公共加氢站，主要分布在加州地区。到 2018 年底，国内建成加氢站共 16 座（包括撬装站）并投入运营，在建的加氢站 33 座，详细情况如表 16 和表 17 所示。要实现到 2020 年建成 100 座加氢站的目标，还有相当大的难度，需要政府和相关企业通力合作，共同实现。

表 16　我国在运营加氢站建设情况

序号	城市	名称	日加注量(kg)	备注
1	北京	北京永丰加氢站	300	运营
2	上海	上海安亭加氢站	800	运营
3	郑州	郑州宇通加氢站	200	运营
4	大连	同济 - 新源大连加氢站	>210	运营
5	云浮	思劳加氢站	200	运营
6	佛山	瑞晖佛山加氢站	350	运营
7	常熟	丰田加氢站	—	运营
8	如皋	南通百应加氢站	2000	运营
9	中山	中山沙朗加氢站	500	运营
10	上海	上海电驱动加氢站	—	运营
11	上海	上海神力加氢站	400	运营
12	抚顺	新宾加氢站	400	运营
13	成都	郫都区加氢站	400	运营
14	湖北十堰	湖北十堰	500	运营
15	张家口	张家口创坝加氢站	>1000	运营
16	佛山	三水撬装站	—	运营

表 17　我国加氢站在建情况

序号	城市	名称	备注
1	上海	靖远路加氢站	在建
2	上海	金山加氢站	在建
3	上海	松江万象加氢站	在建
4	上海	青浦韵达加氢站	在建
5	盐城	奥新汽车加氢站	在建
6	如皋	神华加氢站	在建
7	张家港	开发区加氢站	在建
8	台州	氢能小镇加氢站	在建
9	嘉兴	(嘉善)爱德曼加氢站	在建
10	佛山	国能联盛加氢站	在建
11	佛山	青龙加氢站	在建
12	佛山	瀚蓝九江龙高路加氢站	在建
13	佛山	国联氢能更合镇加氢站	在建
14	佛山	瀚蓝松岗禅炭路加氢站	在建
15	佛山	佛罗路加氢站	在建
16	佛山	强劲荔村加氢站	在建
17	佛山	顺德兴顺加氢站	在建
18	云浮	云浮新区	在建
19	云浮	罗定加氢站	在建
20	云浮	云城区	在建
21	云浮	新兴县中石化	在建
22	云浮	郁南县	在建
23	中山	古镇加氢站	在建
24	张家口	张家口望山加氢站	在建
25	襄阳	试验场加氢站	在建
26	武汉	氢雄加氢站	在建
27	聊城	中通客车加氢站	在建
28	滨州	滨化加氢站	在建
29	西安	长安区加氢站	在建
30	六安	明天加氢站	在建
31	武汉汉南	汉南加氢站	在建
32	北京	中石化王府加氢站	在建
33	北京	中石油奥东加氢站	在建

目前加氢站建设的成本还比较高，公开资料显示，建设一座加氢站的成本约1000万元左右（不包含土地成本），其中设备成本占80%以上。由于燃料电池车辆较少，加氢需求不多，投资回报周期较长，企业不愿意在加氢站方面做过多投资。此外，资质审批主管单位不明确、审批手续较为繁琐也限制了加氢站建设，目前国家还未出台加氢站建设审批程度相关政策，仅有广东佛山市出台了地方性的加氢站建设审批流程。对于加氢站建设的土地资源问题，可以采取合建站的形式有效解决。中石化集团在加氢站建设方面正在做总体部署和安排，将利用油站网络、安全生产管理经验以及石化资源和制氢技术进行氢能供应。在2017年首届佛山“氢能周”上，中国石化广东石油分公司就与佛山市、云浮市政府签订协议，在现有加油站基础上增设加氢、充电功能，并选定佛山南海区樟坑的加油站和吉祥加油站作为改造起点。2018年9月，河北省张家口海珀尔科技有限公司与中国石油天然气股份有限公司河北销售公司、张家口交通建设投资有限公司在张家口签署《战略合作框架协议》。根据协议，三方将围绕氢能供给产业链成立合资公司，在张家口地区布局加氢站组网建设并承担相应示范运营及日常管理。2018年10月，中国石化与北京亿华通签署《战略合作框架协议》，双方将在氢气供应、车辆加氢、加氢站运营等方面展开全面深入合作，亿华通将以张家口的可再生能源制氢提供燃料来源，而中国石化则尝试将加油站改造为加油加氢功能合一。

五　支持政策以及技术标准分析、产业发展政策建议

氢能是理想清洁高效的二次能源。氢燃料电池通过氢气和氧气电化学反应产生电能，具有能量密度高、零排放等特点，是极具潜力的能源替代方式。此外，燃料电池的特殊优势使其在汽车、无人机、IDC、通信设备等领域潜力巨大。根据富士经济的预测，未来十年燃料电池市场空间将达到3400亿元以上。

近年来，我国也非常重视氢能与燃料电池产业的发展，在《“十三五”

国家战略性新兴产业发展规划》等多个国家政策中，明确指出将“氢能与燃料电池”作为战略和重点任务大力发展，并明确提出“系统推进氢燃料电池汽车研发与产业化，到2020年实现氢燃料电池汽车批量生产和规模化示范应用”。2016年12月，国家发改委、能源局联合印发《能源技术革命创新行动计划（2016～2030年）》，将可再生能源制氢、氢能与燃料电池技术创新作为重点任务。中国汽车工程学会在《节能与新能源汽车技术路线图》中明确提出：到2020年实现5000辆氢燃料电池汽车推广并建设100座加氢站；2025年实现5万辆氢燃料电池汽车规模，建设300座加氢站；2030年实现100万辆氢燃料电池汽车的商业化应用，同时建成1000座加氢站。

在国家出台多项支持氢能产业发展政策的促进作用下，一些地方政府也相继出台相关政策支持氢能与燃料电池产业的发展。我国部分地区的氢能与燃料电池汽车产业发展迅速，产业化进程明显加快。上海、苏州、武汉、佛山等地区先后出台了燃料电池汽车产业发展规划及相关补贴政策。在燃料电池汽车补贴方面国家已经明确到2020年不退坡，燃料电池乘用车、轻型客车和货车、大中型客车和中重型货车单车补贴上限分别为20万元/辆、30万元/辆、50万元/辆。

1. 上海

目标到2020年，燃料电池汽车运营达到3000辆，建成5～10座加氢站，全产业链年产值突破150亿元，积极推动燃料电池公交、物流等车辆试点；到2025年，乘用车不少于2万辆，其他特种车辆不少于1万辆，在公交、商用大巴、物流车前期试点运行成功的基础上，酌情扩大推广规模建成50座加氢站，全产业链年产值破1000亿元；到2030年，燃料电池汽车全产业链年产值突破3000亿元，最终形成以上海的燃料电池汽车产业链和价值链辐射全国，带动未来社会能源和动力转型。在补贴方面，燃料电池系统达到额定功率不低于电机额定功率的50%，或不低于60kW的，按照中央财政补助与上海市财政补助1∶1的比例。

2. 苏州

目标到2020年，氢能产业链年产值突破100亿元，建成加氢站近10

座，推进公交车、物流车、市政环卫车运营，规模达到800 辆；到2025 年，氢能产业链年产值突破500 亿元，建成加氢站近40 座，公交车、物流车、市政环卫车和乘用车批量投放，运行规模力争达到10000 辆。

3. 武汉

规划到2020 年，建设5 ~20 座加氢站，运行燃料电池汽车达到2000 ~3000 辆，全产业链年产值超过100 亿元。到2025 年，建成加氢站30 ~100 座，实现1 万 ~3 万辆的运行体量，氢能燃料电池全产业链年产值力争突破1000 亿元，成为世界级新型氢能城市。在补贴方面，对单位和个人购买的燃料电池汽车，按照中央财政单车补贴额1∶1 的比例确定地方财政补贴标准。

4. 佛山

明确提出将南海区打造成为国内领先的氢燃料电池汽车核心部件研发生产基地、华南地区重要的新能源汽车研发生产基地、广东省重要的战略性新兴产业基地。到2025 年，推广叉车5000 辆，乘用车10000 辆，客车5000 辆。实行中央财政补贴与地方补贴1∶1 的补贴政策，并对加氢站建设运营及氢能源车辆运行给予相应的财政支持。对2018 年建成的加氢站，日加氢能力在350 公斤以上的撬装式加氢站，补贴200 万 ~250 万元；日加氢能力在500 公斤及以下和500 公斤以上的固定式加氢站，分别补贴400 万 ~500 万元和600 万 ~800 万元。2018 ~2019 年，对所售氢气价格在40 元/kg 及以下的，补贴20 元/kg；2020 ~2021 年，对所售氢气价格在35 元/kg 及以下的，补贴14 元/kg；2022 年，对所售氢气价格在30 元/kg 及以下的，补贴9 元/kg。近期佛山市8 个加氢站建设同时动工，预计年底将全面完成并投入运营。

5. 张家港

到2020 年氢能产业链年产值突破100 亿元，其中制氢环节10 亿元、氢能装置（关键零部件）40 亿元、氢燃料电池系统20 亿元、氢燃料电池汽车30 亿元。

6. 宁波

到2022年，宁波市氢燃料电池汽车运行规模力争在600～800辆，初步形成燃料电池电堆、关键核心部件、燃料电池汽车等产业集群；到2025年，氢燃料电池汽车运行规模将扩大到1500辆，同时集聚一批具有国际影响力的氢能装备企业，形成具有全球影响力的氢能产业基地。

7. 常熟

规划期限为2019～2030年，分为近期（2019～2022年）、中期(2023～2025年)、远期（2026～2030年）三个阶段。近期目标是：围绕氢燃料电池汽车的应用和推广示范建成一批市场优化运营的公共加氢站，推广示范一批公交、客车、物流配送车、环卫车等应用车辆；积极申报国家试点示范城市；快速推进核心技术开发和产品攻关，积极招引国内外创新研发机构落户；初步形成相对完整的产业链条。中期目标是：实现氢燃料电池汽车核心技术的重点突破，集聚5～10家领先的研发机构；实现1～2家具有影响力的整车企业量产，关键零部件企业达到50家以上，产业规模突破百亿元；建成更完善的加氢设施。远期目标是：打造成为更具影响力的产业技术创新中心，引领氢燃料电池汽车创新发展；形成千亿元级产业集群；成为具有区域影响力的氢燃料电池汽车应用城市。

另外，北京、张家口、山东、成都、辽宁等地也在积极制订氢能与燃料电池产业发展规划，推动当地燃料电池汽车产业的快速发展，加快相关产业结构转型。

发展氢能和氢燃料电池汽车产业需要发挥举国之力，进一步明确国家战略导向，构建高层次协调机制，在政策层面统一步调、形成合力、做好引导。

由于燃料电池产业链长，从研发制造、基础设施建设到消防安全、财政补贴，相关责任部门极多，在国家层面涉及发改委、工信部、科技部、能源局、公安部、财政部等多个部门，其中许多环节需要多个部门配合协同，制订出有针对性的、有效的、合理的支持政策。在基础设施建设方面，对标日、美、德等国，由主管部委牵头，从上而下制定国家规划，充分组织协调能源、气体、汽车等有关大型企业，建立完善的加氢站建设、氢气供应、加氢站运营体系；同时明确地方加氢站建设审批主体、理顺责任关系、规范审批流程。

目前我国氢能与燃料电池产业标准涉及汽车行业、电池行业和气体生产行业等，基本处于主管部门“各管一摊”局面，应由国家层面牵头，统筹协调各方标准诉求，促成机构间形成有效衔接，进一步完善我国氢能应用与燃料电池产业相关标准体系。由于氢气一直作为高度危险品进行管理，部分标准与法规已与技术发展不相一致，应在经过严密验证后，科学评估安全风险，在保障安全的基础上，结合实际需要逐步适度调整。

六　指出问题，提出建议

虽然，我国车用燃料电池产业已进入商业化初期，但是还存在氢能管理不成熟、储运成本高、氢能基础设施不完善、关键零部件依赖进口、燃料电池成本高、燃料电池产业未形成规模化、国产化等问题，严重阻碍了燃料电池产业的快速发展。为了促进车用燃料电池产业的快速发展，将采取国际合作与自主创新相结合的产业路线，具体实施建议如下。

（一）制定氢能及氢燃料电池汽车产业顶层发展规划

立足于长远性、全局性、战略性、方向性，设计未来氢燃料电池汽车产业发展的可持续行动方案，明确产业发展的指导思想、发展目标、主要任务及保障措施，着重解决制约产业发展的基本性问题，超前布局，抢占能源技术制高点，引导企业积极参与、推动氢能与氢燃料电池汽车产业的快速健康发展。

（二）制定适合氢能产业发展的管理规范

随着技术的发展，氢气在制、储、运环节已经能够实现安全可控，但目前对氢的认识依然停留在危化品阶段。建议普及氢安全知识和使用规范，及时制定和调整氢气制、储、运相关管理制度和法律法规，使得氢能的发展有章可循、有法可依、有序发展，真正发挥氢作为清洁能源的优势和作用。

（三）引导和支持氢能基础设施建设及运营

目前，加氢站数量少是制约产业发展的一个重要因素，主要受运营车辆少、建设成本高、标准滞后等影响。在氢燃料电池汽车商业化应用起步阶段，基础设施的建设及运营需要政府在建设项目审批、补贴政策等方面予以支持；同时完善加氢站建设标准，引导加氢站超前建设布局，推广油－天然气－氢合建站建设，保障氢燃料电池汽车的规模化推广。

（四）关键技术、核心零部件重点攻关

目前，我国氢能与燃料电池关键技术有待进一步提高、部分核心零部件需实现国产化。建议以政府为主导，联合研发机构及企业，集中力量实现技术突破，从而降低成本，保证关键和核心技术掌握在自己手里，推动产业安全健康发展。

（五）重点地区和重点领域突破，加速商业化进程

我国现阶段氢能与燃料电池汽车产业还处于商业化初期，应该对重点地区和重点领域进行突破，在氢气丰富、空气污染严重的北方地区优先推广，并给予持续稳定的补贴政策，推进商业化进程。在京津冀地区、华北地区、东北等人口密集地区、空气污染地区、可再生能源丰富地区，公共交通等领域率先实现突破。如在张家口以冬奥会为契机，推广燃料电池汽车。

（六）加强国际合作

经过多年努力，我国在氢能和燃料电池技术领域取得了快速发展，已经掌握了催化剂、质子交换膜、双极板材料等关键技术，与国际先进水平保持同步，但在关键零部件规模生产及相关性能指标上，与国际先进水平还有一定差距，建议相关企业积极参与国际合作，提高产品技术、性能及品质，开拓国际市场，提高我国氢能和燃料电池汽车产业在全球市场的竞争力。

政　策　篇

Policy Report

B.9
2018年动力电池产业政策研究报告

陈佚　刘沙*

摘　要： 2018年我国动力电池仍处于新兴产业的过程，因此政府的政策支持对于其发展起到了至关重要的作用，研究政府政策有助于我们了解动力电池产业的发展现状，并且有助于企业依照政策创新产业管理模式，促进产业升级发展，提升动力电池产业的竞争力。本报告第一部分重点分析历年我国新能源汽车和动力电池政策体系核心政策，并划分为三个阶段：研发蓄力阶段（1991～2008年）、产业化转化阶段（2008～2009年）和加大推广阶段（2010年至今），并重点梳理了2018年我国发布的新能源汽车和动力电池相关政策；第二部

* 陈佚，硕士，工程师，中国汽车技术研究中心有限公司新能源汽车技术服务中心新能源汽车动力电池产业发展研究室项目经理；刘沙，硕士，中国汽车技术研究中心有限公司新能源汽车技术服务中心新能源汽车动力电池产业发展研究室。

分研究分析了全球主要国家新能源汽车补贴政策，分析中国两大核心政策：补贴政策和双积分政策，随着两大政策的渐出和渐入，标志着中国新能源汽车产业发展将由政策导向转为市场驱动，报告根据政策具体内容分析了未来新能源汽车车企应对措施及未来产品的发展方向。

关键词： 动力电池 产业政策 补贴政策 双积分

在未来的发展过程之中，汽车产业仍然是我国产业发展的重要一环，我国汽车需求量仍旧在增加，但也面临着汽车产业发展与环境保护之间的矛盾，汽车行业的发展不得不面临转型发展，因此新能源汽车成为汽车产业发展的必然势头，而动力电池是新能源汽车行业持续健康发展的关键。

自 2008 年以来，我国共计出台新能源汽车及动力电池产业国家及地区政策 200 余项，已逐步形成了较为完善的政策体系，从宏观统筹、推广应用、行业管理、财税优惠、技术创新、基础设施等方面全面推动了我国新能源汽车产业快速发展，并初步实现了引领全球的龙头作用。国家陆续出台相应的新能源汽车和动力电池产业政策，促进行业不断发展。

目前，我国已经成为全球最大的新能源汽车市场，这一成绩的取得与国家政策的支持密不可分，但是，从汽车大国到汽车强国的跨越，也同样需要国家政策的引导，仅 2018 年全年，国家出台了 20 余项与新能源汽车和动力电池相关的政策，引导新能源汽车和动力电池产业健康有序的发展。其中，最重要的政策莫过于补贴政策，2018 年 2 月，财政部等四部门发布《关于调整完善新能源汽车推广应用财政补贴政策的通知》，合理降低了新能源客车和新能源专用车的补贴标准，并提高纯电动乘用车能量密度门槛要求，补贴退坡政策已于 2018 年 6 月 12 日正式实施。除了补贴退坡，2018 年 6 月，发改委和商务部又发布了《外商投资准入特别管理措施（负面清单）（2018 年版）》，明确取消新能源汽车和动力电池外资股比限制，特斯拉等外企进入中国市场，给国内新能源汽车企带来压力的同时，也倒逼着产业的发展。

一　我国新能源汽车和动力电池政策体系概况

我国的动力电池产业现在还处于产品生命结构周期里面的成长期之中，因此政策对于动力电池的产业结构扶持尤为重要，尤其是在研发方面的扶持和对于动力电池批量化生产之后的安全监管建设方面的扶持，因为前者是供给的基础，后者是对消费的保障。同时，我国针对新能源汽车的政策体系也逐步由研发方向转向批量化生产，再转向市场推广方面，也正体现了从产品供给到市场需求方向的补贴走向，适应了新能源汽车的发展趋势。

（一）历年核心政策概要

新能源汽车在经历研发蓄力阶段—产业化转化阶段—野蛮生长阶段后，2018 年，随着相关政策补贴退出，新能源汽车和动力电池产业已经进入洗牌期。根据我国新能源的政策体系进行分析，我们将新能源政策分为三个阶段，分别为研发蓄力阶段（1991 ~ 2008 年）、产业化转化阶段（2008 ~ 2009 年）、加大推广阶段（2010 年至今）。我国新能源汽车及其产业政策从 2008 年开始增加，并且政策内容倾向于产业转化，而 2010 年之后的内容更倾向于政府对其的推广措施。

在研发蓄力阶段（1991 ~ 2008 年），国家“八五”期间，国家计划委员会对于“电动汽车关键技术研究”进行科技攻关。而随后“九五”期间，国家将燃料电池技术列为国家重大科技攻关项目。我们以这些作为新能源汽车政策的开端。随后到 2008 年，国家启动新能源汽车项目并对于新能源汽车及关键零部件进行研发投入和布局设计。

在产业化转化阶段（2008 ~ 2009 年），国务院出台的政策中，以 2009 年 3 月 20 日国务院出台的《汽车产业调整和振兴规划》作为例证，提出了“坚持自主创新，注重改造传统产品与推广新能源汽车相结合”的基本原则，表明了“实施新能源汽车战略”的主要任务。这次规划也提到了中央财政的补贴政策，更涉及了新能源汽车的优先推广领域和相关基础设施的建设，为我国新能源汽车的发展提供了资金支持和政策引导。从规划和其他政策中可以看到新能源汽车产业受到国家支持并且逐步转型。

在加大推广阶段（2010年至今），此阶段的初期（2010～2011年），我国政府主要采用的方式有示范推广以及财政补贴方式，积极探索新能源汽车的推广模式，例如，在2011年9月，国务院发布的《国务院关于印发“十二五”节能减排综合性工作方案的通知》中对于财政激励的政策方针进行了完善，表示要采用财政补贴方式来对节能汽车等进行推广。在2012年1月，国务院发布的《国务院关于印发工业转型升级规划（2011～2015年）的通知》里面强调了需要组织实施节能与新能源汽车创新发展工程，稳步推进节能和新能源汽车试点示范，积极探索市场推广模式。这是在市场方向进行新能源汽车的推广举措。

在初期阶段之后（2012～2014年），主要是从政府的引导和市场的驱动作用两个方面来实现对于新能源汽车产业的发展，例如，在2013年8月，国务院发布的《国务院关于加快发展节能环保产业的意见》中涉及对于私人购买新能源汽车进行补贴以扩大市场，政府也在普通公务用车方面有限采购小排量汽车和新能源汽车。在2014年7月，国务院发布的《国务院办公厅关于加快新能源汽车推广应用的指导意见》中表明要通过市场主导和政府扶持的结合，建立起长期稳定的新能源汽车发展政策体系，促进整个新能源汽车产业健康发展。

在随后的阶段里面（2015～2017年），主要是从深入研发、相关支持行业、创造消费者需求和与互联网技术结合四个方面入手。从深入研发角度，国家提出了支持推动自主品牌节能与新能源汽车同国际先进水平接轨的信念，并且在2016年8月发表的《国务院关于印发“十三五”国家科技创新规划的通知》中表示要根据“三纵三横”研发体系，对新能源汽车能耗与安全性相关标准体系进行完善，推动电动汽车动力系统技术体系和产业链的逐渐形成，实现其产业化。在相关支持行业，国家提出统筹协调电动汽车充电基础设施的发展，以及构建起拥有全球竞争力的电池行业产业链。在创造消费者需求方面，国家提出要培养新能源汽车等战略性新兴产业，以技术创新推动产品创新，满足消费者多样化和绿色消费需求，并且创造新的需求。在与互联网技术结合方面，在 2016 年 12 月《国务院关于印发"十三五"国家战略性新兴产业发展规划的通知》中表明要与互联网技术结合，大力推动"互联网 + 充电基础设施"，促进充电服务智能化水平的提高。

（二）2018年重点政策梳理

2018 年全年国家共出台了 20 余项与新能源汽车和动力电池相关的政策，引导新能源汽车和动力电池产业健康有序的发展，同时，2018 年我国电动汽车逐渐摆脱政策影响，完成向经济性驱动的市场转向。其中，补贴退坡政策引导企业研发高续航里程、高能量密度以及低能耗的产品；双积分政策驱动车企高投入新能源，政策引导逐步转为市场驱动；股比开放政策短期影响有限，未来市场充分竞争。

以下对 2018 年全年新能源产业相关重点政策进行了梳理。

1. 工信部：《关于加强新能源汽车免征车辆购置税目录管理的公告（征求意见稿）》（2018年2月12日）

为落实《关于免征新能源汽车车辆购置税的公告》（2017 年第 172 号）等相关要求，进一步加强《免征车辆购置税的新能源汽车车型目录》管理，建立健全动态管理机制，工业和信息化部、财政部、税务总局研究形成《关于加强新能源汽车免征车辆购置税目录管理的公告（征求意见稿)》。

文件指出，要加强《目录》动态管理，凡 2017 年 1 月 1 日及以后列入"新能源汽车免征购置税目录"的车型，进入《目录》后 12 个月内若无产量，经公示 5 个工作日无异议后，将从《目录》中予以撤销。

2. 财政部、工信部、科技部、发改委四部委：《关于调整完善新能源汽车推广应用财政补贴政策的通知》（2018年2月12日）

通知明确，新政策从 2 月 12 日起实施，2 月 12 日 ~6 月 11 日为过渡期，过渡期间上牌的新能源乘用车、新能源客车按照此前对应标准的 0.7 倍补贴，新能源货车和专用车按0.4倍补贴，燃料电池汽车补贴标准不变。此外，从2018年起将新能源汽车地方购置补贴资金逐渐转为支持充电基础设施建设和运营、新能源汽车使用和运营等环节。

3. 工业和信息化部、科学技术部、环境保护部、交通运输部、商务部、国家质量监督检验检疫总局、国家能源局七部委：《新能源汽车动力蓄电池回收利用试点实施方案》（2018年3月2日）

为贯彻落实《新能源汽车动力蓄电池回收利用管理暂行办法》，3月2日，工信部等七部委联合发布了《新能源汽车动力蓄电池回收利用试点实施方案》，到2020年，建立完善动力蓄电池回收利用体系，探索形成动力蓄电池回收利用创新商业合作模式。

建设若干再生利用示范生产线，建设一批退役动力蓄电池高效回收、高值利用的先进示范项目，培育一批动力蓄电池回收利用标杆企业，研发推广一批动力蓄电池回收利用关键技术，发布一批动力蓄电池回收利用相关技术标准，研究提出促进动力蓄电池回收利用的政策措施。实施方案指出，充分落实生产者责任延伸制度，由汽车生产企业、电池生产企业、报废汽车回收拆解企业与综合利用企业等通过多种形式，合作共建、共用废旧动力蓄电池回收渠道。

充分发挥市场化机制作用，鼓励产业链上下游企业进行有效的信息沟通和密切合作，以满足市场需求和资源利用价值最大化为目标，建立稳定的商业运营模式，推动形成动力蓄电池梯次利用规模化市场。鼓励新能源汽车、动力蓄电池生产企业在产品开发阶段优化产品回收和资源化利用的设计；开展废旧动力蓄电池余能检测、残值评估、快速分选和重组利用、安全管理等梯次利用关键共性技术研究，鼓励在余能检测、残值评估等阶段适当引入第三方评价机制。另外，实施方案明确了试点范围：在京津冀、长三角、珠三角、中部区域等选择部分地区，开展新能源汽车动力蓄电池回收利用试点工作，以试点地区为中心，向周边区域辐射。支持中国铁塔公司等企业结合各地区试点工作，充分发挥企业自身优势，开展动力蓄电池梯次利用示范工程建设。

4. 国家能源局：印发2018年能源工作指导意见的通知（2018年3月9日）

为全面贯彻党的十九大精神，做好2018年能源工作，推进“十三五”能源规划顺利实施，国家能源局研究制定了《2018年能源工作指导意见》。意见指出，统一电动汽车充电设施标准，优化电动汽车充电设施建设布局，建设适度超前、车桩相随、智能高效的充电基础设施体系。2018年将积极推进充电桩建设，年内计划建成充电桩60万个，其中公共充电桩10万个，私人充电桩50万个。

5. 工信部、财政部、国税总局三部委：《免征车辆购置税的新能源汽车车型目录》实施动态管理（2018年4月2日）

为进一步加强《免征车辆购置税的新能源汽车车型目录》（以下简称《目录》）管理，建立健全动态管理机制，公告指出：（一）为加强《目录》动态管理，工业和信息化部、税务总局对2017年1月1日以前列入《目录》后截至本公告发布之日无产量或进口量的车型、2017年1月1日及以后列入《目录》后12个月内无产量或进口量的车型，经公示5个工作日无异议后，从《目录》中予以撤销。（二）从《目录》撤销的车型，自公告发布之日起，机动车合格证信息管理系统将不再接收带有免税标识的撤销车型信息，税务机关不再为其办理免征车辆购置税优惠手续。（三）已从《目录》撤销但需恢复资格的车型，企业要按政策要求重新申报，经审查通过后列入《目录》。（四）购置新车时已享受购置税优惠的车辆，后续转让、交易时不再补缴车辆购置税。（五）工业和信息化部将对《目录》内企业、车型加强事后监督检查，如发现存在违反相关标准法规的，工业和信息化部、税务总局将按照相关要求予以处理处罚。

6. 财政部、工信部、科技部、发改委：《关于开展2017年及以前年度新能源汽车推广应用补贴资金清算申报的通知》（2018年4月19日）

通知显示，各级牵头部门提交本地汽车生产企业2017年1月1日至12月31日中央财政补贴资金清算申请报告。对于2015年度、2016年销售上牌但未获补贴的车辆按照对应年度补贴标准执行。除私人购买新能源乘用车、作业类专用车，党政机关公务车，民航机场场内车辆外，其他类型新能源汽车累计行驶里程须达到2万公里（截至2017年12月31日）即可获得补贴。

7. 工信部：《动力蓄电池回收利用溯源管理规定》征求意见（2018年5月17日）

为加强新能源汽车动力蓄电池回收利用溯源管理，规范和指导各相关方履行溯源管理责任，工信部组织编制了《新能源汽车动力蓄电池回收利用溯源管理暂行规定》（征求意见稿）。

征求意见稿显示，按照要求，应建立“新能源汽车国家监测与动力蓄电池回收利用溯源综合管理平台”，对动力蓄电池生产、销售、使用、报废、回收、利用等全过程进行信息采集，对各环节主体履行回收利用责任情况实施监测。

8. 交通运输部办公厅、公安部办公厅、商务部办公厅：关于公布城市绿色货运配送示范工程创建城市的通知（2018年6月15日）

通知指出，按照《交通运输部办公厅　公安部办公厅　商务部办公厅关于组织开展城市绿色货运配送示范工程的通知》（交办运〔2017〕191号），经城市申报、各省初选推荐和专家评审，并经交通运输部、公安部、商务部研究同意，确定天津、石家庄、邯郸、衡水、鄂尔多斯、苏州、厦门、青岛、许昌、安阳、襄阳、十堰、长沙、广州、深圳、成都、泸州、铜仁、兰州、银川、太原、大同22个城市为绿色货运配送示范工程创建城市。

9. 工信部：《关于做好平行进口汽车燃料消耗量与新能源汽车积分数据报送工作的通知》（2018年6月19日）

通知指出，根据《乘用车企业平均燃料消耗量与新能源汽车积分并行管理办法》（工业和信息化部　财政部　商务部　海关总署　质检总局令第44号）有关要求，为做好乘用车企业平均燃料消耗量和新能源汽车积分核算工作，各平行进口乘用车供应企业应及时报送其所进口的乘用车燃料消耗量和新能源乘用车相关数据。

其中，在中华人民共和国境内进口并用于境内销售的、最大设计总质量不超过3500千克的乘用车，包括能够燃用汽油、柴油或者气体燃料的传统能源乘用车（含非插电式混合动力乘用车），以及纯电动、插电式混合动力（含增程式）、燃料电池等新能源乘用车。

10. 国务院：《打赢蓝天保卫战三年行动计划》（2018年7月5日）

文件指出，打赢蓝天保卫战，是党的十九大作出的重大决策部署，事关满足人民日益增长的美好生活需要，事关全面建成小康社会，事关经济高质量发展和美丽中国建设。为加快改善环境空气质量，打赢蓝天保卫战，制定本行动计划。

经过3年努力，大幅减少主要大气污染物排放总量，协同减少温室气体排放，进一步明显降低细颗粒物（PM 2.5）浓度，明显减少重污染天数，明显改善环境空气质量，明显增强人民的蓝天幸福感。

到2020年，二氧化硫、氮氧化物排放总量分别比2015年下降15%以上；PM 2.5未达标地级及以上城市浓度比2015年下降18%以上，地级及以上城市空气质量优良天数比例达到80%，重度及以上污染天数比例比2015年下降25%以上；提前完成“十三五”目标任务的省份，要保持和巩固改善成果；尚未完成的，要确保全面实现“十三五”约束性目标；北京市环境空气质量改善目标应在“十三五”目标基础上进一步提高。

11. 工信部：《新能源汽车废旧动力蓄电池综合利用行业规范条件》企业名单（第一批）（2018年9月5日）

公告显示，按照《新能源汽车动力蓄电池回收利用管理暂行办法》要求，依据《新能源汽车废旧动力蓄电池综合利用行业规范条件》，经企业申报、省级工业和信息化主管部门审核、专家评审、现场核查和网上公示等程序，将符合《新能源汽车废旧动力蓄电池综合利用行业规范条件》企业名单（第一批）予以公告。

其中，符合《新能源汽车废旧动力蓄电池综合利用行业规范条件》企业名单的有浙江省衢州华友钴新材料有限公司、江西省赣州市豪鹏科技有限公司、湖北省荆门市格林美新材料有限公司、湖南省湖南邦普循环科技有限公司、广东省广东光华科技股份有限公司。

12. 国务院：《推进运输结构调整三年行动计划（2018～2020年）》（2018年10月9日）

其中特别提到的，加大新能源城市配送车辆推广应用力度。加快新能源和清洁能源车辆推广应用，到2020年，城市建成区新增和更新轻型物流配送车辆中，新能源车辆和达到国六排放标准清洁能源车辆的比例超过50%，重点区域达到80%。各地将公共充电桩建设纳入城市基础设施规划建设范围，加大用地、资金等支持力度，在物流园区、工业园区、大型商业购物中心、农贸批发市场等货流密集区域，集中规划建设专用充电站和快速充电桩。结合城市配送需求，制定新能源城市配送车辆便利通行政策，改善车辆通行条件。在有条件的地区建立新能源城市配送车辆运营补贴机制，降低使用成本。在重点物流园区、铁路物流中心、机场、港口等推广使用电动化、清洁化作业车辆。

13. 财政部、工信部、科技部和发改委：《关于开展2016及以前年度新能源汽车推广应用补助资金清算的通知》（2018年11月23日）

通知指出，对于2015年、2016年销售上牌、此前未获得中央财政补贴资金的车辆，分别按照对应年度政策上报。申请补贴的运营车辆原则上应安装车载终端等远程监控设备，并且按照国家有关要求上传运行数据。

此外，除私人购买、作业类专用车、党政机关公务用车、民航机场场内用车外，其他类新能源汽车累计行驶里程需达到2万公里，截止日期为2018年10月31日。其中，对2015年度关联方及经销商处闲置、终端用户处闲置的车辆，将对车辆交付终端用户及运行使用情况进行重点核查，经驻地财政监察专员办事处审核同意后将结果一并上报。

补贴申报后，再经省级新能源推广部门会同其他相关部门财务审查、资料审核和重点抽查后，于2018年12月31日前将申报材料交至工信部和财政部。工信部将会同其他主管部门对上报材料进行审核，并对实际推广情况进行现场抽查，发现弄虚作假问题将严厉处罚。

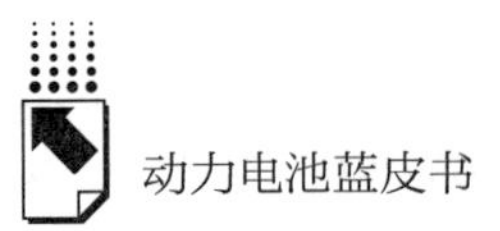

14. 国家发展和改革委员会、国家能源局、工业和信息化部和财政部：关于《提升新能源汽车充电保障能力行动计划》的通知（2018年11月30日）

国家发展和改革委员会、国家能源局、工业和信息化部和财政部联合下发“关于《提升新能源汽车充电保障能力行动计划》的通知”。力争用3年时间大幅提升充电技术水平，提供充电设施产品质量，加快完善充电标准体系，全面优化充电设施布局，显著增强充电网络互联互通能力，快速升级充电运营服务品质，进一步优化充电基础设施发展环境和产业格局作为行动计划目标。

行动计划中提出，充分发挥中国充电联盟等行业组织的作用，积极促进充电设施行业向规模化、规范化、多元化方向发展，促进创新，提质增效。通过开展自愿性产品检测认证、行业白名单制定等工作，配合政府部门严格产品准入和事中事后监督，引导充电技术进步，提升充电设施产品质量和服务水平，强化企业社会责任和行业自律。推动国家充电基础设施信息服务平台建设，加快与国家新能源汽车监管平台的信息互联互通。

15. 财政部：《2019年进出口暂定税率等调整方案》（2018年12月24日）

经国务院关税税则委员会审议通过，并报国务院批准，自2019年1月1日起，调整部分商品的进出口关税。为积极扩大进口，削减进口环节制度性成本，助力供给侧结构性改革，我国将对700余项商品实施进口暂定税率，包括新增对杂粕和部分药品生产原料实施零关税，适当降低棉花滑准税和部分毛皮进口暂定税率，取消有关锰渣等4种固体废物的进口暂定税率，取消氯化亚砜、新能源汽车用锂离子电池单体的进口暂定税率，恢复执行最惠国税率。继续对国内发展亟需的航空发动机、汽车生产线焊接机器人等先进设备、天然饲草、天然铀等资源性产品实施较低的进口暂定税率。

为适应出口管理制度的改革需要，促进能源资源产业的结构调整、提质增效，自2019年1月1日起，对化肥、磷灰石、铁矿砂、矿渣、煤焦油、木浆等94项商品不再征收出口关税。

二　全球主要国家新能源汽车补贴政策分析

（一）美国政策：以减免税为主，现金补贴少，政策驱动作用逐渐减弱

美国各州补贴政策以减免税为主，现金补贴少。补贴力度与新能源汽车车型、电池系统能量大小、购买时间等因素相关。购买新能源汽车获分级补贴，各州的补贴政策不同。以加利福尼亚（加州）补贴政策为例，购买一辆 EV 或者 PHEV，可获得联邦政府 7500 美元退税和 2500 美元加州政府补贴，还有针对行驶通道、充电桩等一系列的政府优惠。面对达不到“零排放”标准的汽车和销售企业，要进行罚款（见表 1）。

表 1　美国新能源汽车政策：以减免税为主，现金补贴少

项目	要求	补贴额度
所得税减免	符合补贴要求的新能源汽车销量达 3 万辆	50% 减税优惠
	符合补贴要求的新能源汽车销量达 4.5 万辆	25% 减税优惠
	符合补贴要求的新能源汽车销量达 6 万辆	不享受减税优惠
税收抵扣	自 2009 年 1 月 1 日起总销量未达 25 万辆	税收抵扣额度为 2500 美元至 750 美元

资料来源：公开信息、兴业证券。

美国油价较低，结合税收优惠带来的购置成本的降低，纯电动车与同级别的燃油车和混合动力汽车相比，全生命周期的使用成本已经具备一定的经济性。预计未来美国市场新能源汽车补贴对新能源销量的拉动作用逐渐减弱，技术提升带来的经济性成为根本动力（见表 2）。

表 2　美国电动汽车全生命周期成本具有一定经济性

项目	单位	特斯拉 Model S	凯迪拉克 CTS	雷克萨斯 LS
轴距	毫米	2950	2910	2933
百公里油耗(电)	升(kWh)	20	11	7
油(电)单价	美元/升(kWh)	0.19	0.61	0.61

续表

项目	单位	特斯拉 Model S	凯迪拉克 CTS	雷克萨斯 LS
百公里油(电)费	美元	3.8	6.71	4.27
购置成本	美元	60000(减去 5000 美元税收优惠)	45000	51000
保养成本	美元/年	500	2000	2000
全生命周期成本	美元	7.01 万	7.27 万	7.38 万

资料来源：公开信息、兴业证券。

（二）欧洲政策：补贴进入调整期，市场化趋势明确

欧洲各国对新能源汽车的政策支持力度不一，总体而言表现为：以现金补贴为主，对购买的新能源汽车直接以现金补贴形式进行鼓励，同时，给车主更多的使用特殊许可（见表 3 和表 4）。

表 3　欧洲补贴政策

国家	补贴政策调整前	补贴政策调整后
德国	2016 年 5 月 19 日在德购买纯电动车的车主将得到 4000 欧元补贴,购买插电式混合动力车的车主将得到高达 3000 欧元的补贴。补贴费用将由政府和汽车制造商分摊,共计 12 亿欧元。该政策 7 月 1 日正式生效,补贴费用使用完毕为止	目前补贴已经全部发放完毕,新政策仍未出台
法国	电动车及排量少于 20g/km 的油电混动车可获得 6300 欧元的优惠;购买排量在 21 ~ 60g/km 的油电混动车可享优惠 1000 欧元;购买排量在 61 ~ 110g/km 的油电混动车可享最多 750 欧元优惠	政策尚未变化
英国	购买 PHEV、EV 者可获 2000 ~ 5000 英镑的奖励。购买二氧化碳排放量低于 50g/km 及电动模式下续航里程高于 70 英里的电动车及混合动力车可享补贴 4500 欧元(乘用车)或 8000 欧元(货车)	1. 纯电动车型免税政策取消; 2. 二氧化碳排放标准最高档补贴调整至 20g/km,第二档调整为 20 ~ 50g/km
挪威	购买电动车可免销售税和 25% 的增值税,以及降低每年的执照费	1. 增值税免税政策取消; 2. 进口车型免关政策取消
瑞典	瑞典政府则为环保型轿车提供 10000 瑞典克朗的税收优惠,并征收较低的消费税;二氧化碳排放量不超过 50g/km 的插电式混合动力车可享 20000 克朗(约合 2123 欧元)税收优惠	纯电动车型补贴取消

续表

国家	补贴政策调整前	补贴政策调整后
比利时	在佛兰德斯购买电动车可享受5000欧元的补贴	尚未变化
西班牙	电动乘用车、电动卡车、电动巴士补贴分别为5500欧元、8000欧元和20000欧元	尚未变化
葡萄牙	纯电动车补贴为2250欧元，插电式混合动力车补贴为1125欧元	尚未变化
丹麦	市政单位及公司购买电动车每辆车补贴为1470～3675美元	尚未变化
爱尔兰	最多可减免5000欧元	补贴降低至2000欧元

资料来源：公开信息、兴业证券。

表4　欧洲使用优惠政策

国家	政策条款
德国	在2016～2020年购买的电动车可以与家中另一台车共享车牌，这样仅需缴纳一份保险，纯电动汽车、插电式混合动力汽车以及燃料电池汽车，未来可享受免费停车，允许使用公交车道等特权
英国	实行多项电动汽车使用优惠政策，例如免收牌照税、养路费，夜间充电只收50%的电费等
挪威	对纯电动汽车免收所有登记税、进口增值税、道路税。电动车上路后不仅免充电费还可以在公车公交车道行驶且不用缴纳城市通行费和停车场的停车费

资料来源：公开信息、兴业证券。

（三）日韩政策：日本补贴侧重燃料电池，韩国以现金补贴为主

日本新能源汽车政策补贴力度处于低位。日本现阶段普及量最大的车型为混合动力汽车，主要原因在于不断增加的车型填补了市场空白，给消费者提供了更多选择。但是2006年日本已经全部退出对混合动力汽车的补贴，开始加大电动汽车和燃料电池汽车的扶持力度。日本给每辆燃料电池汽车提供至少200万日元（约合1.97万美元）的补贴。

韩国购买一辆中小型混合动力车可获得100万韩元的补贴。购买一辆纯电动汽车，各级政府补贴可高达2300万韩元，此外消费者还将享受420万

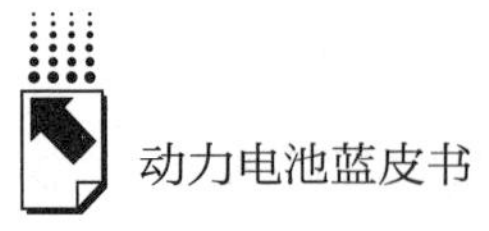

韩元的税收减免优惠。消费者在购买混合动力车时享受个人消费税、登记税、取得税、教育税等方面的减税优惠，可节省约 330 万韩元（约合人民币 1.9 万元）。

（四）中国政策

1. 补贴政策：逐步退坡，剑指“两高一低”

2010 年我国开始对新能源汽车进行补贴，2013 年 9 月国务院发布《关于继续开展新能源汽车推广应用工作的通知》，在 2013～2015 年对消费者购买新能源汽车继续给予补贴。同时全国多地推出地方性补贴政策，“国家 + 地方”双层补贴有效激励了我国新能源汽车消费。

2016～2018 年，对于客车和专用车，补贴力度持续下降，对于乘用车，长续航高端车型补贴不降反增，低端乘用车补贴降低直至取消，同时，对续航里程、电池能量密度以及能耗率要求逐步提升，意在引导车企开发高续航里程、搭载高能量密度的电池以及降低能耗（见表 5、表 6 和表 7）。

表 5　2018 年纯电动乘用车补贴调整方案

纯电动续驶里程 R(工况法,公里)	2017 年国补（万元/辆）	2018 年国补（万元/辆）	能量密度（Wh/kg）	2017 年国补系数	2018 年国补系数
100≤R<150	2	无	90～100(含)	1	无
150≤R<200	3.6	1.5	100～105(含)		
200≤R<250		2.4	105～120(含)		0.6
250≤R<300	4.4	3.4	120～140(含)	1.1	1
300≤R<400		4.5	140～160(含)		1.1
400≤R		5	>160	未定	1.2
2018 技术要求	1. 纯电动乘用车 30 分钟最高车速不低于 100km/h。 2. 纯电动乘用车工况法续驶里程不低于 150km，插电式混合动力(含增程式)乘用车工况法续驶里程不低于 50km。 3. 纯电动乘用车动力电池系统的质量能量密度不低于 105Wh/kg，105(含)～120Wh/kg 的车型按 0.6 倍补贴，120(含)～140Wh/kg 的车型按 1 倍补贴，140(含)～160Wh/kg 的车型按 1.1 倍补贴，160Wh/kg 及以上的车型按 1.2 倍补贴。				

续表

<table>
<tr><th>纯电动续驶里程R(工况法,公里)</th><th>2017 年国补(万元/辆)</th><th>2018 年国补(万元/辆)</th><th>能量密度(Wh/kg)</th><th>2017 年国补系数</th><th>2018 年国补系数</th></tr>
<tr><td></td><td colspan="5">4. 根据纯电动乘用车能耗水平设置调整系数。按整车整备质量(m)不同,工况条件下百公里耗电量(Y)应满足以下门槛条件:m≤1000kg 时,Y≤0.0126×m+0.45;1000 < m≤1600kg 时,Y≤0.0108×m+2.25;m > 1600kg 时,Y≤0.0045×m+12.33。百公里耗电量(Y)优于门槛0(含)-5%的车型按0.5倍补贴,优于门槛5(含)-25%的车型按1倍补贴,优于门槛25%(含)以上的车型按1.1倍补贴。
5. 工况法纯电续驶里程低于80km的插电式混合动力乘用车B状态燃料消耗量(不含电能转化的燃料消耗量)与现行的常规燃料消耗量国家标准中对应限值相比小于65%,比值为60%(含)~65%的车型按0.5倍补贴,比值小于60%的车型按1倍补贴。工况法纯电续驶里程大于等于80km的插电式混合动力乘用车,其A状态百公里耗电量应满足纯电动乘用车门槛要求</td></tr>
</table>

表 6　2018 年新能源客车补贴政策调整方案

<table>
<tr><th rowspan="2">车辆类型</th><th rowspan="2">中央财政补贴标准(元/kWh)</th><th rowspan="2" colspan="3">中央财政补贴调整系数</th><th colspan="3">中央财政单车补贴上限(万元)</th></tr>
<tr><th>6 < L≤8m</th><th>8 < L≤10m</th><th>L > 10m</th></tr>
<tr><td rowspan="3">非快充类纯电动客车</td><td rowspan="3">1200</td><td colspan="3">系统能量密度(Wh/kg)</td><td>5.5</td><td>12</td><td>18</td></tr>
<tr><td colspan="2">115~135(含)</td><td>135 以上</td><td rowspan="2"></td><td rowspan="2"></td><td rowspan="2"></td></tr>
<tr><td colspan="2">1</td><td>1.1</td></tr>
<tr><td rowspan="3">快充类纯电动客车</td><td rowspan="3">2100</td><td colspan="3">快充倍率</td><td>4</td><td>8</td><td>13</td></tr>
<tr><td>3C~5C(含)</td><td>5C~15C(含)</td><td>15C 以上</td><td rowspan="2"></td><td rowspan="2"></td><td rowspan="2"></td></tr>
<tr><td>0.8</td><td>1</td><td>1.1</td></tr>
<tr><td rowspan="3">插电式混合动力(含增程式)客车</td><td rowspan="3">1500</td><td colspan="3">节油率水平</td><td>2.2</td><td>4.5</td><td>7.5</td></tr>
<tr><td>60%~65%(含)</td><td>65%~70%(含)</td><td>70% 以上</td><td rowspan="2"></td><td rowspan="2"></td><td rowspan="2"></td></tr>
<tr><td></td><td>1</td><td>1.1</td></tr>
<tr><td colspan="8">1. 单位载质量能量消耗量(Ekg)不高于0.21Wh/(km·kg):
0.15~0.21(含)Wh/(km·kg),予以1倍补贴,
0.15Wh/(km·kg)及以下,予以1.1倍补贴;
2. 纯电动客车(不含快充类纯电动客车)续驶里程不低于200公里,
插电式混合动力(含增程式)客车纯电续驶里程不低于50公里;
3. 非快充类纯电动客车电池系统能量密度要高于115Wh/kg;
4. 快充类纯电动客车快充倍率要高于3C,插电式混合动力(含增程式)客车节油率水平要高于60%。</td></tr>
</table>

表 7　2018 年专用车补贴政策调整方案

电量	W≤30	30＜W≤50	W＞50
补贴标准(元/kWh)	850	750	650
1. 装载动力电池系统能量密度不低于 115Wh/kg 2. 纯电动货车、运输类专用车单位载质量能量消耗量(Ekg)不高于 0.4Wh/km·kg,对 0.35～0.4Wh/km·kg(含)的按 0.2 倍补贴,对 0.35Wh/km·kg 及以下的按 1 倍补贴 3. 作业类纯电动专用车吨百公里电耗(按试验质量)不超过 8kWh			

国内新能源汽车市场过度依赖国家和地方的补贴政策，以致补贴逐步退坡和结构性变化对企业造成较大的影响。新能源汽车补贴呈下降趋势不可逆，这将敦促企业开发健全的产品体系以及更具有吸引力的产品，以满足市场的需求，提高市场占有率，同时促使企业降成本，以提高利润率。

2. 双积分政策：政策导向转为市场驱动

2017 年 9 月，工业和信息化部等 5 部门联合发布《乘用车企业平均燃料消耗量与新能源汽车积分并行管理办法》（以下简称《办法》）。该政策针对在国内销售乘用车企业的平均燃料消耗量（CAFC 积分）以及新能源乘用车生产积分（NEV 积分）进行考核。

（1）CAFC 积分：直接促使车企主动降油耗，间接鼓励车企发展新能源。《办法》对 CAFC 积分计算提出了详细的说明，国标制定各车企每年的目标油耗，呈逐步下降趋势，假如企业平均实际油耗大于平均目标油耗则产生 CAFC 负积分，小于则产生 CAFC 正积分，正积分可以结转或在关联企业内转让，负积分需在 CAFC 核算情况报告发布的年度内抵偿归零，归零的方式可以通过 CAFC 转结/转让，也可以通过 NEV 正积分弥补。

从直观上看，CAFC 积分政策是国家从政策层面上促使车企主动降油耗、缓解能源和环境压力的有效机制之一，同时车企的 CAFC 负积分可以通过 NEV 正积分进行弥补，因此，CAFC 积分政策的推出，间接上是鼓励车企发展新能源汽车。

图 1 为企业平均燃料消耗积分实施细则。

据统计，2017 年，多数国内主流车企 CAFC 积分均为正，满足《办法》

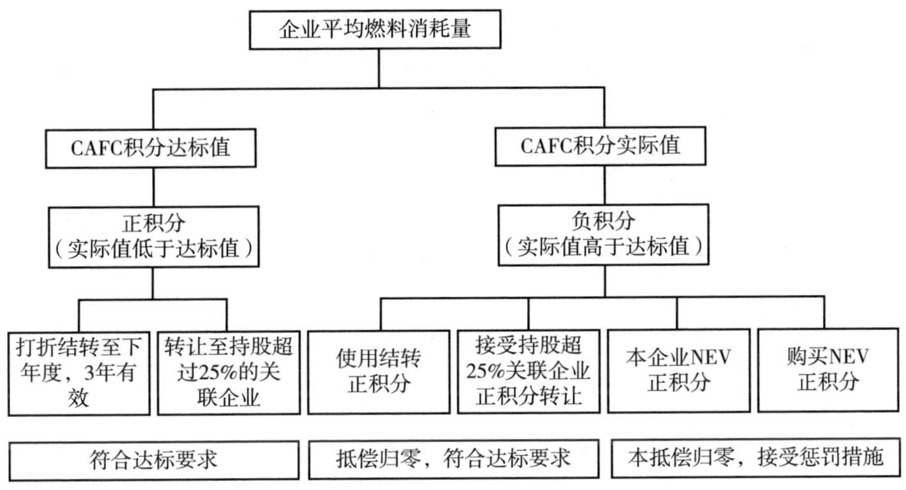

图1　企业平均燃料消耗积分实施细则

要求，但长安福特、长城汽车 CAFC 积分为负，面临较大的压力，需要通过主动降油耗或者发展新能源汽车进行弥补（见图 2）。

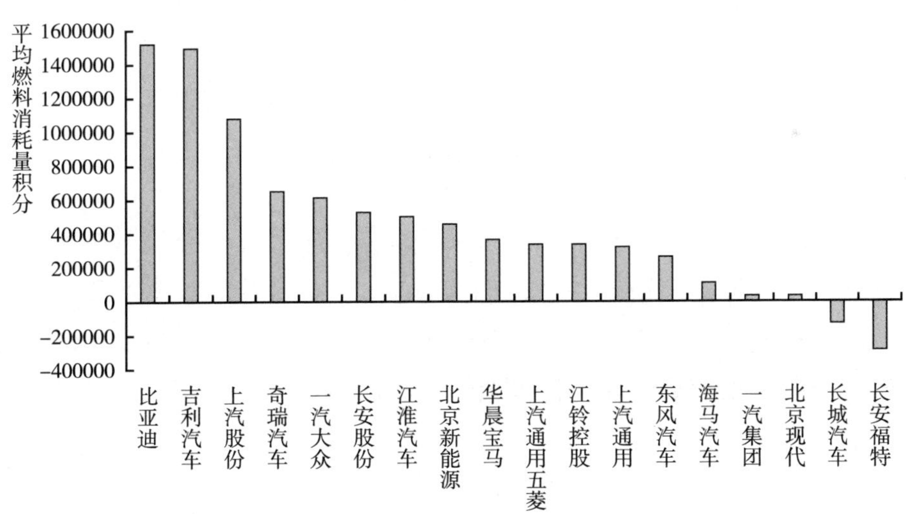

图2　2017 年主流车企 CAFC 积分

（2）NEV 积分：鼓励车企发展高续航里程以及低电耗汽车。《办法》规定乘用车企业新能源汽车积分目标值，为该企业在核算年度传统能源乘用车的生产或者进口量，与新能源汽车积分比例要求的乘积；乘用车企业新能源汽车积分实际值，为该企业在核算年度内生产或者进口新能源乘用车车型的积分与其对应的生产或者进口量的乘积求和。假如目标值大于实际值，则产生 NEV 负积分，小于则产生 NEV 正积分。

2019～2020 年，乘用车企业的新能源汽车积分比例要求分别为 10%、12%。2020 年度以后的新能源汽车积分比例要求，由工业和信息化部另行制定、公布（见图 3）。

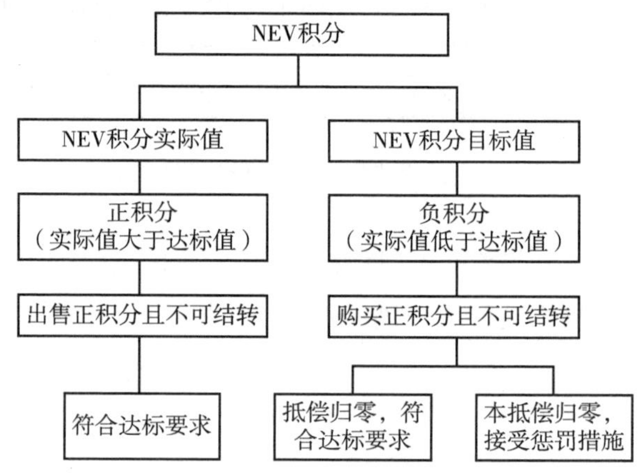

图 3　企业新能源积分实施细则

据统计，2016～2017 年，国内 NEV 积分具有较大优势的车企分别是比亚迪、吉利汽车、北汽新能源和江淮汽车；多数合资车企 NEV 积分非常少，政策要求从 2019 年开始考核 NEV 积分，因此这些车企积极开发新能源汽车的积极性较强，如上汽大众、上汽通用、一汽大众、长安福特等（见图 4）。

在 NEV 积分计算过程中综合考虑新能源汽车续驶里程以及单位能耗两个因素。

单车型 NEV 积分 = 标准车型积分 × 积分倍数（见表 8、表 9 和表 10）。

m 为整备质量，单位 kg，Y 为工况条件下百公里耗电量，单位 kW · h/100km。

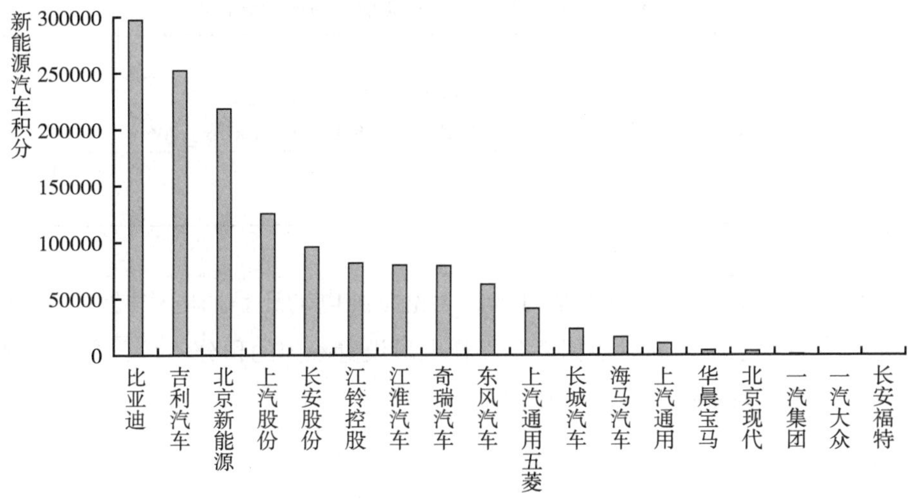

图4 2017 年主流车企 NEV 积分

表8 NEV 积分计算：标准车型积分

项目	标准车型积分	备注
纯电动乘用车	0.012×R+0.8	R 为电动汽车续驶历程（工况法），单位为 km
插电式混合动力乘用车	2	

纯电动条件一：m≤1000 时，Y≤0.014×m+0.5；1000<m≤1600 时，Y≤0.012×m+2.5；m>1600 时，Y≤0.005×m+13.7；

纯电动条件二：m≤1000 时，Y≤0.0098×m+0.35；1000<m≤1600 时，Y≤0.0084×m+1.75；m>1600 时，Y≤0.0035×m+9.59。

表9 NEV 积分计算：纯电动乘用车积分倍数

续驶里程	条件	积分倍数
基本规定	30 分钟最高车速不低于 100 公里；一次续航里程不低于 100 公里	—
等级一	仅满足纯电动条件一	1
等级二	满足纯电动条件二	1.2
等级三	其他	0.5

表 10　NEV 积分计算：插电式混动乘用车积分倍数

续驶里程	条件	积分倍数
50 < R < 80	与《乘用车燃料消耗量限值》对应车型燃料消耗量限值相比小于 70%	1
	与《乘用车燃料消耗量限值》对应车型燃料消耗量限值相比不小于 70%	0.5
80 < R	满足纯电动条件一	1
	不满足纯电动条件一	0.5

由以上 NEV 积分计算方法可知，无论是纯电动还是插电式混动，政策设定续驶里程下限，同时根据百公里耗电量设置不同的积分倍数，意在鼓励车企发展高续航里程以及低电耗汽车。

国 际 篇

International Report

B.10
2018年国际动力电池产业发展报告

郭苑　王培*

摘　要： 本报告从日韩欧美等国家和地区的新能源汽车和动力电池支持政策（包括补贴、减税和使用优惠等政策）以及技术研发路线入手，结合新能源汽车和动力电池的出货量情况，分析了国外动力电池的最新发展状况。报告内容还包括日本乘用车市场销售预测和动力电池需求量预测，韩国新能源汽车和动力电池回收利用政策以及动力电池认证制度。另外，国外主要动力电池企业的产能布局和整车企业在电动汽车领域的战略规划信息一并整理在内。

关键词： 动力电池　技术路线　市场分析　产品规划

* 郭苑，硕士，中国汽车技术研究中心有限公司新能源汽车技术服务中心；王培，硕士，LG 化学（中国）投资有限公司，中国区副总监。

动力电池是新能源汽车的心脏，是新能源汽车产业链条上附加值最高的环节。当前世界各主要新能源汽车生产国均在积极推进动力电池的技术研发和产能扩增，竞争态势日益显著，因此，研究国外动力电池的最新发展情况能够为我国动力电池产业应对补贴政策退出后的竞争冲击和进一步保持全球领先地位提供具有重要意义的参考和借鉴。

目前全球动力电池行业竞争格局已初步形成，中日韩暂时处于领先，而欧美正在发力赶超。受益于国内政策与市场的驱动，我国动力电池产业已建成较完整的产业链并占据了超过 50% 的全球市场份额；但日韩电池企业的整体技术仍处于领先水平并在不断扩大全球供应市场。戴姆勒、大众等欧美整车企业也在打造本土动力电池生产企业，研发新型电池技术，计划逐步掌握发展主动权。全球动力电池竞争演变日益激烈，需要给予重点关注。本报告将从支持政策、技术路线、市场分析、未来规划等几个维度对日本、韩国、美国和欧洲的动力电池发展现况展开分析。

一　日本动力电池发展报告

日本政府为促进清洁能源机动车和动力电池的发展，出台了一系列相关政策，包括普及清洁能源机动车的补贴政策、针对普及下一代机动车的现行政策等。在政策的大力推动下，2018 年日本清洁能源机动车总产量为 1145853 辆，以乘用车为主，其中混合动力汽车（Hybrid Electric Vehicle，HEV）占比 9 成以上。随着新能源汽车产业持续快速发展，日本动力电池出货量在 2018 年达到 2. 44GWh。

（一）日本清洁能源机动车及动力电池产业的支持政策

1. 普及清洁能源机动车的补贴

为了在 2030 年实现新车销售中下一代清洁能源机动车的占比达到 5 到 7 成的目标，日本实行普及清洁能源机动车的补贴政策，补贴时间从 2016 年到 2020 年，为期 5 年。根据日本经济产业省的公开资料，2019 年日本普及清洁能源机动车的补贴预算为 160 亿日元。

实施目的和概要如下。

（1）因为日本 20% 的 CO_2 排放源于车、船、飞机等运输设备的排放，所以普及对环境有利的电动汽车等清洁能源机动车是至关重要的。同时，各国汽车制造商都准备参与到普及电动汽车的行业中，为避免日本在逐渐激烈的国际竞争中落于下风，发展和普及电动汽车被政府给予了很高期待。

（2）在灾害导致的停电等情况发生时，车载动力电池可以作为移动的电力供给源，这种发生灾害时的电力供给策略可以被广泛地应用。

（3）目前清洁能源机动车属于入市初期，存在成本高、普及困难等问题，需要实行补贴政策以加快清洁能源机动车的发展。

综合上述三个原因，日本政府期望通过补贴政策的实施，提高清洁能源机动车的使用性能和环保性能，扩大量产规模以降低产品价格，实现不同车辆类型的出口战略规划，使日本在世界范围的清洁能源机动车市场中确立先驱位置。

补贴车辆类型范围如图 1 所示。

CDV（清洁柴油汽车）

图 1　补贴车辆类型范围

资料来源：日本经济产业省。

2. 针对普及下一代机动车的现行政策（补贴篇）

日本经济产业省、环境省和国土交通省在各自管辖范围内，分别提出对于清洁能源机动车的各项补贴政策，政策涉及清洁能源机动车研发、动力电池测试以及环境改善等方面。表 1 为日本普及下一代机动车的各项补贴政策。

表 1　日本普及下一代机动车的各项补贴政策

主导机关	负责部门	分类	补贴名称	内容概要	2019 年预算
经济产业省	制造产业局机动车课	机动车研发	加速构建下一代机动车模拟实验的基础事业	补贴时间:2018～2020 年为期三年。在不使用真车的情况下,以模拟测试的方式对车辆进行评价,构建车辆性能测评模型,并通过产学联合的形式促进日本研发流程的高度集中化	10 亿日元
	资源能源厅节能·新能源部新能源系统课	能源多效合理利用	向有需要的家庭提供灵活的能源供给方式,为构建虚拟电厂提供补贴	补贴时间:2016～2020 年为期五年。确立 50MWh 以上的虚拟电厂 VPP（Virtual Power Plant）控制技术（即实现 VPP 控制技术的高度集中化）,通过 EV 等新型能源达到实际应用的目标（V2G 技术的构建）	30 亿日元
	制造产业局机动车课	电池技术开发	为了新型蓄电池的实际应用化,进行基础技术的开发事业	补贴时间:2016～2020 年为期五年。针对推进新型蓄电池在 2030 年实现车载化及实际应用化的目标,研发比锂离子电池具有更高能量密度的新型蓄电池（500Wh/kg）,并且为解决车载化的耐久性和安全性等问题而进行试制产品的检测验证工作。由 NEDO 负责该项目	34 亿日元

续表

主导机关	负责部门	分类	补贴名称	内容概要	2019年预算
	制造产业局素材产业课、机动车课、化学物质管理课	电池材料测试	节能型电子设备材料测评技术的研发事业	2014~2022年为期9年的事业。确立材料的测评基础,促进包括电池在内的下一代节能型电子设备的早期商品化。由NEDO负责该项目	23.1亿日元
	制造产业局机动车课	推广普及环保汽车的补贴	清洁能源机动车导入事业费用补贴	通过2016~2020年为期5年的事业,促进清洁能源机动车的普及。对购买FCV、EV、PHEV、CDV车型提供补贴	160亿日元
	制造产业局机动车课	加大充电设施建设	完善电动汽车·插电式混合动力汽车基础设施费用的补贴	对于公寓、办公场所、车站、高速公路休息区等停车场在购买和安装充电桩的费用方面进行补贴	11亿日元
	资源能源厅节能·新能源部氢·燃料电池战略室	燃料电池研发	针对下一代燃料电池的实际应用化进行低成本化·提高耐久性等研发事业的经费	通过2015~2019年为期5年的事业,对固体高分子型燃料电池(PEFC)和固体氧化物燃料电池(SOFC)的研发提供补贴。设立燃料电池的主要用途为车载用燃料电池和固体式燃料电池。由NEDO负责该项目	37.9亿日元
	资源能源厅节能·新能源部氢·燃料电池战略室	扩大加氢站建设	为促进燃料电池汽车的普及推广而进行的加氢站完备业务费用的补贴	以日本四大都市圈(首都圈、中京圈、关西圈、北部九州圈)为中心地区,目标到2020年确保累计160个加氢站(截至2018年11月,有113个加氢站)	100亿日元
	制造产业局航空航天产业课	电动飞机研发	下一代电动飞行机技术研发事业	2019~2023年为期5年的事业。电动飞行机的核心技术及电动推进系统技术的开发。由NEDO负责该项目。注:该项目不含电池的研发工作	7亿日元
环境省	水·大气环境局机动车环境对策课	加大充电设施建设	加速导入电动化卡车·客车的事业	2019~2021年为期3年的事业。支援从事电动化卡车·客车(HEV、PHEV、EV)导入的行业人员。对办公场所及销售点的充电基础设施的完备进行支援(EV、PHEV)	10亿日元

续表

主导机关	负责部门	分类	补贴名称	内容概要	2019 年预算
	地球环境局地球温室效应对策课地球温室效应对策事业室（其他）	降低 CO_2 排放	基于节能减排循环共生圈的构筑事业	2019～2023 年为期 5 年的事业。其中包含①运用纳米纤维素（Celluouse Nanofibers，CNF）、物联网（Internet of Things，IoT）等先进材料和技术，推进清洁小型智能出行导入实际应用的领域；②对 EV/FCV 客车・卡车进行续航里程等特性相关的数据收集和量产化检证以及可行性研究（Feasibility Study，FS）调查；③在灵活应用机动车的条件下，建立低碳排放的交通模式	60 亿日元
	环境再生・资源循环局总务科回收利用推进室	降低 CO_2 排放	降低 CO_2，促进回收利用等设备和技术的实际验证事业	从 2017 年开始为期 3 年的事业。确立包括锂离子电池在内的低碳产品回收再利用、降低 CO_2 的技术和系统	5 亿日元
国土交通省	机动车局环境政策课	清洁能源	面向区域交通的清洁化，促进下一代机动车的普及	2017 年开始实施针对运输行业的支持政策，包括①推动燃料电池出租车、电动客车、插电式混合动力客车、超小型出行设备和充电设备等的导入；②推动混合动力客车・卡车、CNG（压缩天然气）客车・卡车的导入	5 亿日元
			面向中小企业的混合动力卡车等的导入支援事业	针对中小型卡车・客车行业，推动导入燃料效率高的混合动力汽车	0.99 亿日元
		促进能源的高效率使用	借助产官学结合，促进下一代高效率大型车辆研发事业（第四期）	在 2019～2023 年 5 年期间内，强化电动化技术并且提高内燃机的燃油利用效率	2.77 亿日元

资料来源：日本政府机关官网，大连松下汽车能源有限公司整理。

3. 针对普及下一代机动车的现行政策（税赋优惠篇）

日本政府根据低公害汽车的燃油性能对其实施机动车取得税、机动车重量税的减免政策，此措施设立于 2009 年。对于电动汽车，免收机动车取得税的适用日期是 2017 年 4 月 1 日至 2018 年 3 月 31 日，免收机动车重量税（第二次车检也免税）的适用日期是 2017 年 4 月 1 日至 2018 年 3 月 31 日。

需要注意的是，对于使用了一定年份的汽油车和柴油车，其机动车重量税要重新计算减免额度。另外，日本政府针对低公害汽车的燃料供给设备制定了减免固定资产税的特别举措。需要注意的是，日本油耗是按照每升（L）汽油行驶多少公里（km）来计算，与中国油耗每 100 公里（km）使用多少升（L）汽油的计算方法正好相反（见表 2 和表 3）。

表 2　日本机动车取得税的减税率根据燃油消耗基准的变化情况

<table>
<tr><th>范围・要点</th><th>减税率</th></tr>
<tr><td>电动汽车等※</td><td rowspan="2">免税</td></tr>
<tr><td>2020 年燃油消耗基准 +30%</td></tr>
<tr><td>2020 年燃油消耗基准 +20%</td><td>减免 60%</td></tr>
<tr><td>2020 年燃油消耗基准 +10%</td><td>减免 40%</td></tr>
<tr><td>2020 年燃油消耗基准</td><td>减免 20%</td></tr>
<tr><td>2015 年燃油消耗基准 +10%</td><td>减免 20%</td></tr>
</table>

注：环保车减税（机动车取得税）适用日期为 2017 年 4 月 1 日至 2018 年 3 月 31 日。

表 3　日本机动车重量税的减税率根据燃油消耗基准的变化情况

<table>
<tr><th>范围・要点</th><th>减税率</th></tr>
<tr><td>电动汽车等※</td><td rowspan="2">免税
第二次车检也免税</td></tr>
<tr><td>2020 年燃油消耗基准 +40%</td></tr>
<tr><td>2020 年燃油消耗基准 +30%</td><td>免税</td></tr>
<tr><td>2020 年燃油消耗基准 +20%</td><td>减免 75%</td></tr>
<tr><td>2020 年燃油消耗基准 +10%</td><td>减免 50%</td></tr>
<tr><td>2020 年燃油消耗基准</td><td>减免 25%</td></tr>
<tr><td>2015 年燃油消耗基准 +10%</td><td>减免 25%</td></tr>
</table>

注：环保车减税（机动车重量税）适用日期为 2017 年 5 月 1 日至 2018 年 4 月 30 日。

对于尾气排放性能及油耗性能优良的机动车，日本政府对其实施降低税率的政策。对于从新车登记开始经过一定年数并且对环境负担大的机动车，日本政府对其实施加大税率的政策。轻型机动车税开始于2015年，其中电动汽车的机动车税率减免75%（见表4）。

表4　能源清洁化特例政策的减税率情况

（登记车辆）	
范围・要点	减税率
电动汽车等	减免75%
2020年油耗基准+30%	
2015年油耗基准+10%	减免50%
（轻型机动车）	
范围・要点	减税率
电动汽车、燃料电池汽车、天然气汽车	减免75%
2020年油耗基准+30%	减免50%
2020年油耗基准+10%	减免25%

注：能源清洁化的特例（机动车税・轻型机动车税）适用日期为2017年4月1日至2019年3月30日。

资料来源：http：//www.chademo.com/wp2016/wp－content/japan－uploads/2017GA/2017GAMETI.pdf。

4.针对普及下一代机动车的现行政策（其他政策篇）

日本政府通过税收制度、财政补贴等政策对EV和PHEV的出口计划进行支持，同时致力于增加EV和PHEV的需求量及实际使用人数。另外，针对快速充电站及压缩天然气加气站、加氢站等燃料供给站的建设，日本政府减少供给站落地位置及使用量等有关的法律限制，还为基础设施开发项目提供税收优惠。日本政府向本国用户推广普及下一代机动车的活动包括：

（1）环境省及其他部门推广环保车试驾会及展会活动；

（2）日本汽车研究所（Japan Automobile Research Institute，JARI）和工程振兴协会举办JHFC（Japan Hydrogen & Fuel Cell）活动及日本EV庆典活动；

（3）环境省、经济产业省、国土交通省每年都会发行低公害车指南文件。①

（二）日本环保型汽车及动力电池的技术发展状况

1. 下一代蓄电池开发计划（2018年节点）

日本新能源产业技术综合开发机构（NEDO）是日本经济产业省下属的研究开发机构，该机构是为开发能够替代石油的新能源技术而设立的，成立于1980年，研究内容包括动力电池、氢燃料电池和氢能等方向。NEDO为政府的监管、标准化制定等提供服务，同时推动产业化发展。日本对于下一代蓄电池的开发计划如表5所示。

表5　日本下一代蓄电池开发计划（2018年节点）

负责机构	项目名称	概要	时间	参与机关	出处
日本新能源产业技术综合开发机构（NEDO）	促进新型蓄电池实际应用化的平台技术开发	通过大学研究机构和企业之间合作研究开发新型动力电池，确保能量密度、耐久性和安全性等动力电池所需的性能维持在世界先进水平，对容量5Ah级的动力电池进行实际试制工作	2016～2020年	大学研究机构和企业（电池企业、OEM）	http://www.nedo.go.jp/activities/ZZJP_100121.html
	先进·新型蓄电池材料测试技术开发（第二期）	开发适用于2020年以后全固态锂离子电池实际应用化和量产化所需的新材料配件测试技术。另外，开发车载状态下的充放电热分析等预测模拟技术	2018～2022年	现在正在公开招募阶段，参与机构待定	http://www.nedo.go.jp/koubo/AT522_100082.html
日本科学技术振兴机构（JST）	开发先进的低碳化技术——下一代蓄电池	加速研究开发锂离子电池的下一代高容量蓄电池产品，全固态电池、锂硫电池、次次世代电池为主要研究对象	2013年～	大学研究机构	http://www.jst.go.jp/alca/alca-spring/images/ALCA-SPRING_leaf.pdf

资料来源：NEDO制定的二次电池技术开发路线图，2013年最新版本链接为http://www.nedo.go.jp/content/100535728.pdf。

① http://www.env.go.jp/air/report/h21-01/4.pdf。

2. 下一代蓄电池开发计划（2019年）

表 6 为 2019 年日本下一代蓄电池的开发计划。

表 6　日本下一代蓄电池的开发计划（2019 年）

负责机构	项目名称	概要	出处
NEDO	促进新型蓄电池实际应用化的平台技术开发	结合 2018 年 10 月的项目中期评价结果，正在修改 2019～2020 年的加速开发实施计划书	https://www.nedo.go.jp/introducing/iinkai/ZZBF_100301.html
	先进·新型蓄电池材料测试技术开发（第二期）	2018 年 5 月，确立选择方向后启动项目，以锂离子电池材料评价研究中心（LIBTEC）集中研究的方式对通用平台技术开发和社会系统设计实施计划	https://www.nedo.go.jp/activities/ZZJP_100146.html

资料来源：新能源产业技术综合开发机构（NEDO）。

3. 高度解析技术的开发计划

表 7 为日本下一代放射光设施计划。

表 7　日本下一代放射光设施计划

负责机构	项目名称	概　要
文科省	下一代放射光设施计划（Synchrotron Light in Tohoku, Japan）	1. 文科省发布了《通过官民区域合作推进下一代放射光设施》文件，量子科学技术研究开发机构（该机构是负责日本放射光设施研讨运用的主体运营机构）和光科学改革中心作为针对整备运用相关区域及行业的合作机构。选定成员为财团、宫城县、仙台市、东北大学（Tohoku University）以及东北经济联合会（2018 年 7 月）； 2. 在软 X 射线领域，国内最高性能的 SPring－8（兵库县）达到 100 倍的亮度； 3. 建设于仙台市（东北大学），预计 2023 年左右开始运营

资料来源：http://www.slitj.tagen.tohoku.ac.jp/。

4. 经济产业省/NEDO 推进下一代蓄电池开发的内容概要

2018 年 NEDO 推进下一代车用蓄电池的实际应用化平台技术开发计划的预算为 48 亿日元。

（1）项目内容。为了提高交通工具的节能性，减少 CO_2 的排放量，日本制订了 2030 年电动汽车占新车销售比例最高达到 30% 的目标。能够使电动汽车具有与传统燃油车同样续航里程的核心部件是动力电池，当前全球车载动力电池的竞争环境日趋激烈，日本应发挥产学联合优势，与现行的锂离子动力电池相比，在①高能量密度的固态锂电池；②基于性能大幅提升的新型动力电池共有平台技术这两方面进行研究开发，加速引领具有世界先进水平的下一代车载动力电池的实际应用化进程。

（2）成果目标。第一，2020 年后实现全固态锂离子电池的实际应用化，开发适用于量产的新材料以及配件测试技术。另外，需要开发一种可以模拟电池搭载在电动车辆上时发生充放电变化和热量变化的预测技术。第二，2030 年后实现新型动力电池的实际应用化，开发出能量密度达到 500Wh/kg（2018 年的 5 倍）的动力电池，并且对样品进行耐久性、安全性等方面的检测认证。

（3）预计达到的效果。根据 NEDO 制定的技术路线图，日本动力电池在 2025 年之前将维持目前的锂离子电池体系，此后将进入全固态电池阶段，与此同时，锂硫电池也会成为主流技术方向，到 2035 年左右，将会有其他新型电池体系出现，例如锂空气电池等。NEDO 高级电池和氢技术部门总监 Hidetaka ishikoori 在第十一届国际电动车新型锂电池会议（ABAA－11）上提出，日本将在 2020 年实现 250Wh/kg 能量密度的电池包（是电池包而不是电芯），成本降到 20000 日元/kWh 以下，循环次数达到 1000～1500 次。而到 2030 年，电池包的能量密度将达到 500Wh/kg，成本降到 10000 日元/kWh 以下，循环次数达到 1000～1500 次。日本希望 2020 年插电式混合动力和纯电动汽车能够占据 15%～20% 的市场份额，氢燃料电池汽车占比 1%；2030 年，插电式混合动力和纯电动汽车的市场份额达到 20%～30%，氢燃料电池为 3%。①

日本动力电池技术路线图见图 2。

---

① 张明阳：《中、美、德、日四国动力电池进展及目标》，《重型汽车》2018 年第 6 期。

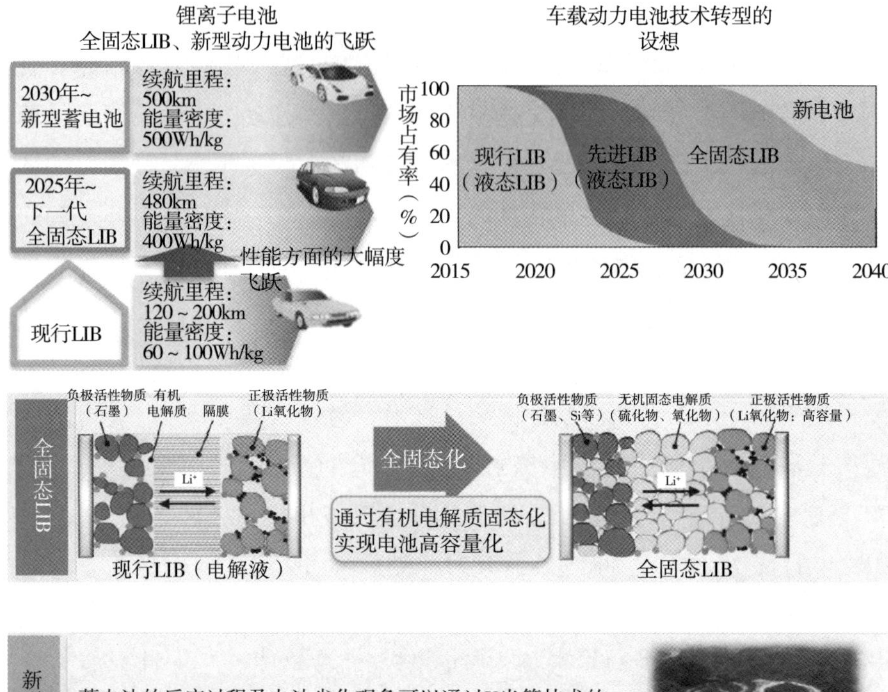

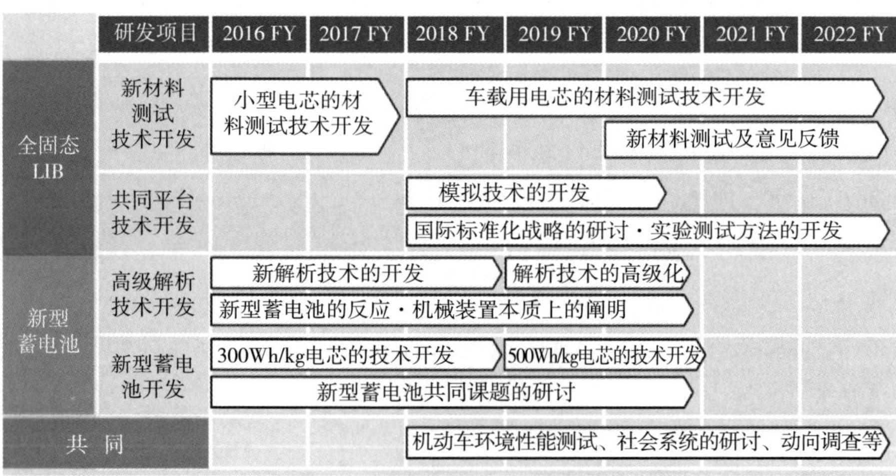

图 2　日本动力电池技术路线图

资料来源：http：//www. meti. go. jp/main/yosangaisan/fy2018/pr/en/sangi_ taka_ 22. pdf。

（三）日本的清洁能源机动车行业动态及动力电池行业的市场分析

1. 2018年日本市场产销状况——清洁能源机动车实际出货状况

日本清洁能源机动车2018年实际出货量情况如表8所示，总出货量以乘用车为主，其中HEV占乘用车总出货量的95.8%。

表8　2018年日本清洁能源机动车实际出货情况

单位：辆

2018年出货量			
	乘用车	商用车	物流车
BEV	26488	8	32
HEV	1097601	0	0
PHEV	21724	0	0
合计	1145813	8	32

图3为2018年日本清洁能源机动车出货量按车型划分比例。

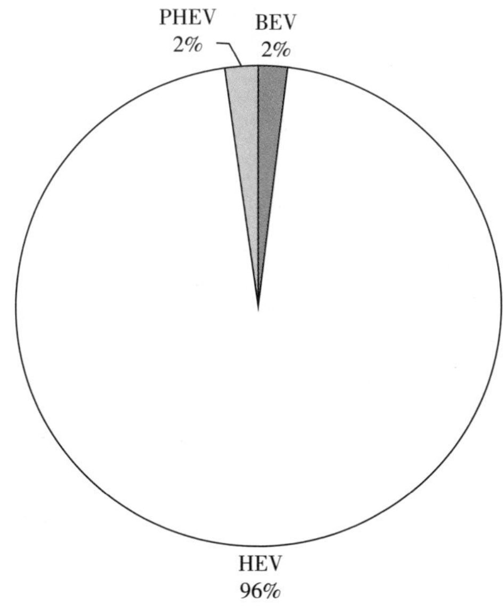

图3　2018年日本清洁能源机动车出货量按车型划分比例

资料来源：调查机关资料，大连松下汽车能源有限公司整理分析。

2. 2018年日本市场产销状况——清洁能源机动车的电池出货量

表9为2018年日本清洁能源机动车的电池出货量情况。

表9　2018年日本清洁能源机动车的电池出货量情况

单位：MWh

2018年车用电池出货量			
	乘用车	商用车	物流车
BEV	1038	2	2
HEV	1180	0	0
PHEV	218	0	0
合计	2436	2	2

2018年日本市场电池企业Top10的总出货量为2.44GWh，另外，日本电池市场集中度较高，Top2公司的动力电池出货量占Top10的75.8%（见图4）。

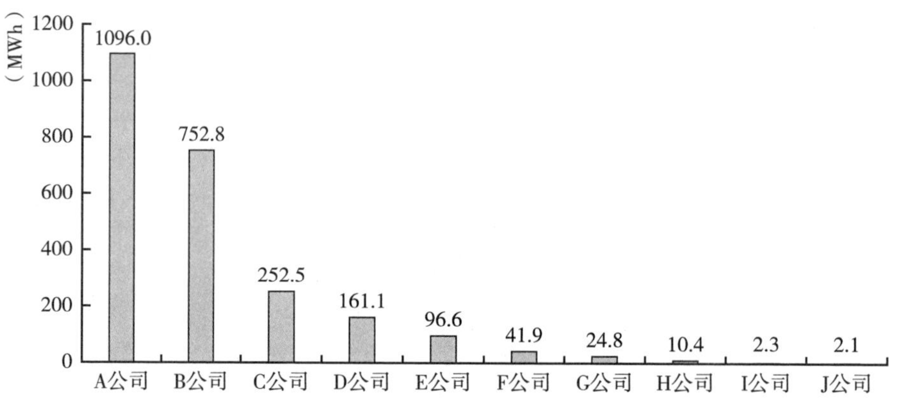

图4　2018年日本市场动力电池企业出货量排名情况

资料来源：调查机关资料，大连松下汽车能源有限公司整理分析。

3. 日本市场预测（乘用车）——清洁能源机动车销售预测和动力电池需求量预测

表10为日本乘用车市场各车型的销售预测，表11为日本乘用车市场各车型的动力电池需求量预测。

表 10　日本乘用车市场各车型的销售预测

单位：辆

	2019 年	2020 年	2021 年	2022 年	2023 年	2024 年
BEV	150910	185795	303170	463241	573297	602313
PHEV	101725	118366	205775	270437	321191	375911
HEV	2092516	2899886	3335615	3662324	3865663	3873891
FCV	3913	7739	9892	9566	9484	10370
合计	2349064	3211786	3854452	4405568	4769635	4862485
	2025 年	2026 年	2027 年	2028 年	2029 年	2030 年
BEV	611786	732373	801219	819169	852800	860118
PHEV	490503	585017	610800	757864	863789	948710
HEV	4038428	4022828	3931029	3903594	4177827	4186098
FCV	10551	11555	10711	11235	14768	15380
合计	5151268	5351773	5353759	5491862	5909184	6010306

资料来源：调查机关资料，大连松下汽车能源有限公司整理分析。

表 11　日本乘用车市场各车型的动力电池需求量预测

单位：MWh

	2019 年	2020 年	2021 年	2022 年	2023 年	2024 年	2025 年	2026 年	2027 年	2028 年	2029 年	2030 年
BEV	2283	3232	6921	13489	19131	21303	22723	25849	28568	31466	37878	40670
PHEV	1099	1329	2259	3028	3733	4644	6101	7338	7748	9919	11369	12766
HEV	1447	1655	1817	1998	2198	2229	2266	2285	2251	2301	2379	2362
FCV	6	11	13	13	13	16	17	19	17	18	24	25
合计	4836	6227	11011	18528	25075	28193	31107	35491	38585	43704	51649	55823

资料来源：调查机关资料，大连松下汽车能源有限公司整理分析。

（四）日本动力电池代表企业概况——以松下为例

松下公司于 2004 年开始量产福特 Escape Hybrid 汽车电池系统和 Honda 汽车电池组件。2008 年 12 月，松下斥资 64 亿美元并购了三洋电机从而进入动力电池领域。2009 年凭借领先的电池技术，松下成为特斯拉的独家供应商，并于 2014 年与特斯拉合资建造 Gigafactory 超级工厂。2018 年 3 年，松下在大连建设的工厂开始量产（见表 12）。

表 12　松下动力电池工厂情况

国家	工厂	概况
日本	住之江工厂	2010 年投产，总产能 6 亿块电池
	加西工厂	2013 年新建一条生产线
	姬路工厂	2016 年开始量产车用锂离子电池；2017 年扩建，2020 年将生产方形电池
	洲本工厂	2017 年新产线投产，2018 年新建一条生产线，年产能达到 2GWh
美国	内华达工厂	2014 年与特斯拉合资建立超级工厂 Gigafactory，已形成 35GWh 的产能，2020 年产能扩至 54GWh
中国	大连工厂	主要为 EV 和 PHEV 配套生产方形动力电池

根据高工产研锂电研究所（GGII）统计，2018 年全球动力电池出货量为 106GWh，其中松下以 20.75% 的占比排名第 2。除了与特斯拉深度合作以外，松下的合作伙伴还有大众、福特、丰田、戴姆勒等集团，大众 e-UP 和 e-Golf、奥迪 A3 e-tron、福特 C-MAX 和 Fusion、丰田普锐斯等多款新能源车型均使用松下动力电池。

（五）日本车企在电动汽车领域的战略规划

根据日本车企的最新公开资料，并结合经济产业省发布的《经济产业省关于推动 EV・PHEV 普及的报告》，日本车企在电动汽车领域的战略规划如表 13。

表 13　日本车企关于 EV 和 PHEV 的战略规划

企业名		各公司在电动汽车领域的战略规划
丰田		在《丰田环境挑战 2050》中提出到 2050 年新车 CO_2 排放量比 2010 年削减 90% 的长期目标。2017 年 12 月曾发布“2030 年销售 550 万辆电动车（其中销售 EV 与 FCV 100 万辆以上，HEV 与 PHEV 450 万辆以上）”的计划，由于电动化的实际发展速度超过了该计划，丰田提出提前 5 年，到 2025 年计划销售 550 万辆电动车。预计 2020 年起在全球范围内推出 10 款纯电动车型
日产		中期经营计划提出以 EV 为中心的零排放战略，以批量销售为基础推出 2 种 EV 车型，预计在全球销售超过 25 万台
本田		目标是 2030 年 EV、PHEV、FCV 的销售比例增加到所有产品的 2/3。目前在加强 PHEV 的开发，计划 2019 年推出首款纯电动汽车，2025 年在中国投放 20 款以上电动化车型

续表

企业名		各公司在电动汽车领域的战略规划
三菱	MITSUBISHI MOTORS	计划在2020年推出小型SUV的PHEV车型、三菱RVR(国内称为ASX劲炫)的EV车型
斯巴鲁		为了应对美国等世界各国的零排放(ZEV)限制,计划在2018年向美国投入PHEV车型(Crosstrek Hybrid),在2021年投入EV车型
马自达		宣布将于2019年推出EV车型,2020年内投放针对中国市场研发的新能源车型,于2021年之后推出PHEV车型

资料来源：摘自新闻报道和公开信息以及2017年5月31日经济产业省制造产业局机动车课发布的《经济产业省关于推动EV・PHEV普及的报告》（《EV・PHV普及に関する経済産業省の取組》）。

二　韩国动力电池发展报告

随着全球对环境资源保护的重视，韩国从2014年开始推行以发展纯电动汽车、混合动力汽车以及氢能汽车为核心的绿色环保汽车计划。截止到2018年，共计生产纯电动汽车和混合动力汽车接近29万台。同时，韩国政府设定到2020年绿色环保汽车（xEV）保有量实现100万辆的目标（见表14）。

表14　韩国2020～2030年EV及HEV推广目标情况

单位：万辆

车型	2020年	2022年	2025年	2030年
EV	20	35	90	100
HEV	124	163.5	—	—

对于韩国动力电池产业，由于起步早、规模集中，加之政府重视新能源核心零部件体系开发，其在全球动力电池产业中占有一席之地。

（一）新能源汽车和动力电池的支持政策、回收利用政策和动力电池认证制度

1. 韩国新能源汽车支持政策

政府计划到2040年，在本土仅销售纯电动汽车。值得注意的是，韩国

对于纯电动汽车的补贴正在逐年减少，2018 年以前，每辆纯电动汽车能够获得 8.4 万元的补贴。相比于 2018 年根据车辆性能最高可获得 7.2 万元补贴的情况，2019 年纯电动汽车的补贴金额减少到 5.4 万元，PHEV 的补贴金额约为 3 万元。氢能汽车由此前的 33 万元减少至 21.6 万元；HEV 由此前的 3000 元调整为 0 元。

除补贴政策以外，韩国还通过减税等一系列政策支持绿色环保汽车的发展。例如政府出台了免除充电基本费用，高速通行费减免 50%，电费减免 50%，使用电动汽车专用车牌及专属保险等鼓励新能源汽车发展的政策。

在充电基础设施方面，韩国政府重视充电基础设施的建设，根据韩国产业通商资源部的计划，到 2020 年韩国快速充电站的数量将与加油站的数量相当。同时，政府还计划向车辆购买者提供充电桩购置费补贴。

2. 韩国动力电池支持政策

一方面，韩国政府通过协调成立企业联合基金，为了培养下一代动力电池产业，政府在 2019 年 3 月投资 3 亿元成立了动力电池基金；另一方面，韩国行业通过组织制定路线图等方式支持动力电池发展。

2018 年，韩国电池产业协会制定了动力电池路线图，并且设定了 2018 年、2020 年、2023 年和 2035 年四个阶段的发展目标。例如，根据动力电池路线图，到 2020 年，单体电池的能量密度将达到 300Wh/kg，2023 年达到 320Wh/kg，到 2025 年将达到 330Wh/kg。

3. 韩国新能源汽车和动力电池回收利用政策①

根据韩国《大气环境保全法》的规定，消费者购买电动汽车获得补贴后，在汽车报废阶段，必须将电池返还到政府指定场所并且取得电池返还证明后，才能进行取消汽车登记。对此，韩国政府在 2018 年制定了《关于电动汽车电池返还告示》，规定了《大气环境保全法》中提到的动力电池回收

① 资料来源：http：//www.chinakorea.mofcom.gov.cn/article/economicconsult/bilateraltrade/201906/411098.html。

相关细则。细则对电池回收的条件和途径、回收费用、拆解基准和方法、运输、保管等方面提出了具体要求。

2019 年 3 月，韩国国会表决通过了《大气环境保全法》修订案，将环保汽车义务普及制度实施范围从首都圈扩大到全国。预计修订案 2020 年施行后，本土整车厂商中没有推出环保车型的双龙汽车将会受到影响。目前，现代、起亚、雷诺三星、韩国通用已经或即将生产和发售各种环保汽车。

2019 年 4 月，环境部联合现代、起亚、雷诺三星、韩国通用、双龙汽车五大整车厂商，进口汽车企业，韩国汽车产业协会，韩国进口车协会组织成立工作组，讨论对未达标企业采取的具体措施。

2019 年 6 月，韩国环境部制订“环保汽车普及目标制”的方案，对未达标的汽车厂商处以罚款，新规将于 2020 年起施行。

4. 韩国动力电池认证制度

不同于中国的认证制度，韩国实行自我认证制度。在韩国，动力电池相关标准共 11 个，除电动客车用电池标准以外，均参考国际相关标准制定，主要内容与中国相关标准类似，但不具有强制性。如表 15 所示，从单体、系统、BMS 和电动客车四个角度将韩国常用动力电池标准与中国动力电池标准进行了对比。

表 15　韩国动力电池相关标准

类型	国际标准	韩国标准	内容	制定/修改日期	与中国标准对比
CELL	IEC62660 - 1	KS C IEC62660 - 1	电动汽车用锂离子二次电池 CELL　第一部分:性能评价	2016/12/15	与中国标准 GB/T 31484、31485、31486,一部分类似
CELL	IEC62660 - 2	KS C IEC62660 - 2	电动汽车用锂离子二次电池 CELL　第二部分:安全性评价	2016/12/15	与中国标准 GB/T 31484、31485、31486,一部分类似
CELL	IEC62660 - 3	KS C IEC62660 - 3	电动汽车用锂离子二次电池 CELL　第三部分:安全要求事项	2017/10/26	与中国标准 GB/T 31484、31485、31486,一部分类似

续表

类型	国际标准	韩国标准	内容	制定/修改日期	与中国标准对比
PACK	ISO12405 - 1	KS R ISO12405 - 1	电动汽车用锂离子二次电池包及系统评价　第一部分:高功率用电池	2017/8/1	与中国标准 GB/T 31467.1 类似
	ISO12405 - 2	KS R ISO12405 - 2	电动汽车用锂离子二次电池包及系统评价　第二部分:高能量适用	2016/3/31	与中国标准 GB/T 31467.2 类似
	ISO12405 - 3	KS R ISO12405 - 3	电动汽车用锂离子二次电池包及系统评价　第三部分:安全性能要求事项	2016/3/31	与中国标准 GB/T 31467.3 类似
BMS	ISO6469 - 1	KS R ISO6469 - 1	电动汽车安全要求　第一部分:内藏型电能储存装置	2015/11/26	与中国标准 GB/T 18384.1 类似
	ISO6469 - 2	KS R ISO6469 - 2	电动汽车安全要求　第二部分:功能性安全对策和故障防护	2015/11/26	与中国标准 GB/T 18384.2 类似
	ISO6469 - 3	KS R ISO6469 - 3	电动汽车安全要求　第三部分:人员触电防护	2017/12/28	与中国标准 GB/T 18384.3 类似
	ISO6469 - 4	KS R ISO6469 - 4	电动汽车安全要求　第四部分:碰撞后电气安全	2016/12/13	与中国标准 GB/T 31498 类似
电动客车		KS R 1204	电动客车用锂离子二次电池包和系统的性能要求事项及试验方法	2018/12/27	

资料来源：LG 化学（中国）投资有限公司整理分析。

（二）韩国动力电池技术路线图以及全固态电池的研究进展

1. 韩国动力电池技术路线图

2018 年韩国电池产业协会制定了动力电池路线图以及四大原材料路线图，分别设定了电池单体、正负极材料、电解液及隔膜等相关技术目标（见表 16）。

正极材料路线图提出要开发高能量密度、稳定性能好的正极材料，到 2025 年正极的能量密度将达到 220mAh/g（见表 17）。

表 16　韩国动力电池路线图

目标	2018 年	2020 年	2023 年	2025 年
电芯能量密度	270Wh/kg 600Wh/L	300Wh/kg 650Wh/L	320Wh/kg 750Wh/L	330Wh/kg 800Wh/L
寿命	12 年	15 年	15 年	15 年
循环次数	800 次	1000 次	1000 次	1000 次

资料来源：LG 化学（中国）投资有限公司整理分析。

表 17　韩国动力电池正极材料路线图

指标	2018 年	2020 年	2023 年	2025 年
能量密度	200mAh/g	210mAh/g	215mAh/g	220mAh/g
首次库伦效率	90%	90%	90%	90%
电极密度	3.6g/cm^3	3.7g/cm^3	3.75g/cm^3	3.8g/cm^3
常温寿命	80%@200 次	>85%	>85%	>85%
高温寿命	80%@200 次	>85%	>85%	>85%

资料来源：LG 化学（中国）投资有限公司整理分析。

负极材料路线图提出要开发硅碳负极材料以及金属系负极材料，改善循环寿命，到 2025 年负极的能量密度将达到 740mAh/cm^3（见表 18）。

表 18　韩国动力电池负极材料路线图

指标	2018 年	2020 年	2023 年	2025 年
能量密度	670mAh/cm^3	700mAh/cm^3	720mAh/cm^3	740mAh/cm^3
首次库伦效率	>90%	>90%	>90%	>90%
极板膨胀率(循环 50 次之后)	40%	40%	40%	40%
常温寿命	80%@200 次	>85%	>85%	>85%
高温寿命	80%@200 次	>85%	>85%	>85%

资料来源：LG 化学（中国）投资有限公司整理分析。

电解液路线图提出要开发高电压、稳定性好的电解液材料，到 2025 年电解液的氧化电压将达到 4.8V。电导率 σ 的单位是西门子/米（S/m），与电阻率 ρ（单位是 $\Omega \cdot m$）呈倒数关系，一般来说温度越高，金属的电阻率越高，电导率越低（见表 19）。

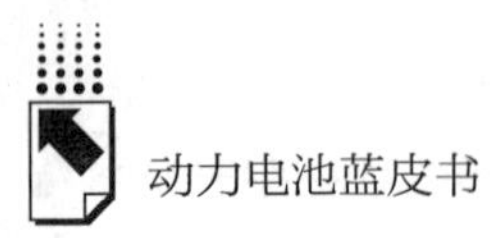

表 19　韩国动力电池电解液材料路线图

指标	2018 年	2020 年	2023 年	2025 年
氧化电压	4. 5V	4. 6V	4. 7V	4. 8V
离子电导率	0. 9S/m	1. 0S/m	1. 1S/m	1. 1S/m
高温电导率	>0. 05S/m	>0. 10S/m	>0. 15S/m	>0. 20S/m

资料来源：LG 化学（中国）投资有限公司整理分析。

隔膜材料路线图在隔膜的厚度和热收缩率方面提出要求，到 2025 年隔膜的厚度将降低至 14μm，热收缩率降至 5%（见表 20）。

表 20　韩国动力电池隔膜材料路线图

指标	2018 年	2020 年	2023 年	2025 年
厚度	20μm	18μm	15μm	14μm
热收缩率	15%	10%	8%	5%

资料来源：LG 化学（中国）投资有限公司整理分析。

2. 韩国全固态电池研究进展

对于全固态电池技术的研究，韩国提出了到 2025 年实现全固态电池商业化的目标，并计划建立由政府部门、大企业、中小创业企业、研究所、高校等共同参与核心项目的研发体系。通过全固态电解液替代液态电解液可实现动力电池产业的高安全性；同时，通过开发高容量的正负极电极，可以将能量密度提高到 330Wh/kg（900Wh/L）以上。

目前，韩国全固态电池技术开发主要聚焦在全固态电解液的技术开发支撑体系，包括高离子电导性全固态电解液开发以及电极界面接合技术，提高聚合物系、复合系、氧化物系固态电解液的稳定性技术，正负极与电解液界面电阻最小化的复合电极技术，10^{-4}S/cm 以上离子电导率的固态电解液技术等。

全固态电池用正负极技术开发支撑体系包括高能量密度正负极材料技术、全固态电池用高容量或高电压正极材料技术、1000mAh/g 以上高容量正极材料或者高电压（5V）正极材料技术、电极与固态电解液结合技术、全固态电池用锂金属及合金系负极材料技术、高电压/高容量正极及高容量负极技术等。

（三）韩国新能源汽车及动力电池产销情况

截至2019年5月，韩国现代汽车、起亚汽车、韩国通用、雷诺三星、双龙汽车五大整车厂商在韩国本土的环保汽车销量同比增长31.5%，为42417辆。其中，电动汽车销量同比增长72.2%，为13575辆。①

2018年，韩国共计生产了288676辆纯电动汽车和混合动力汽车，国内共销售122858辆。其中，纯电动汽车产量为46916辆，占总产量的16.25%，销量为29632辆，占比24.12%（见表21）。2018年电动汽车销售排名第一的是现代KONA EV，销量过万。现代Ionics EV和通用雪佛兰Bolt EV凭借上半年亮眼的销量表现，分列2018年韩国电动汽车销售排行榜第二、三名，其中现代Ionics EV销售量超过5000辆。下半年上市的起亚Niro EV销量排名第四。

表21　韩国2018年纯电动汽车和混合动力汽车产销情况

单位：辆

车型	产量	销量
EV	46916	29632
PHEV	48224	4244
HEV	193536	88982
共计	288676	122858

2018年韩国动力电池装机量共计1.63GWh，其中EV、PHEV、HEV动力电池装机量分别为1457MWh、38MWh、135MWh，其中EV占总装机量的

① 参见《韩中日力推环保汽车推广政策引业界关注》，中国－韩国经贸合作网，http://www.chinakorea.mofcom.gov.cn/article/economicconsult/bilateraltrade/201906/411098.html，最后访问日期：2019年8月11日。

89.39%。动力电池产业集中度较高，排名前两位的电池企业装机量占比达到95%。

（四）韩国动力电池代表企业概况——以LG化学为例

1. 全球工厂情况

目前LG化学公司在全球有4个动力电池生产基地，分布在韩国梧仓、美国密歇根、中国南京和波兰，2020年总产能有望达到109GWh。其中韩国梧仓工厂建于2011年，能够为超过10万辆纯电动汽车提供动力电池。美国工厂建于2012年，年产能2～3GWh，主要客户为通用、福特，2020年后随着通用汽车电动化平台的推出，有望迎来新的增长周期。波兰弗罗茨瓦夫工厂计划总投资16.3亿美元，2018年底增资5.7亿美元，一期项目每年可为10万辆汽车提供锂电池，最终产能计划将提高至70GWh。

LG化学位于南京栖霞区的工厂在2014年底建成，2016年投产，规划到2020年产能达到20万辆。2017年4月，公司将南京工厂的生产设备和专利出售给吉利集团，LG化学仍持有南京乐金化学新能源公司50%股权。2018年7月，LG化学在南京江宁区投资20亿美元建设动力电池工厂，该工厂于2018年10月开工，预计2019年末实现量产，2023年全面达产，产能32GWh。将建设电极、电芯生产线共23条，其中动力电池16条、储能电池3条、小型电池4条。

2. 在中国新建工厂规划

2018年4月，LG化学宣布与华友钴业合作，成立了两家合资公司，分别为华金新能源材料（衢州）有限公司、乐友新能源材料（无锡）有限公司。这两家公司将用于生产锂电三元前驱体和正极材料，产能分别为10万吨，均计划于2019年投产，2020年正式量产。

2019年1月，LG化学宣布计划于2020年前在中国南京新港开发区建设一家动力电池厂及一家小型电池厂，预计共投资1.2万亿韩元（约合70亿元人民币）。两家工厂各投资6000亿韩元。

2019年6月，LG化学将与吉利汽车子公司上海华普国润汽车有限公司携手成立合资公司，从事动力电池相关的应用研发、制造、销售、售后服务等业务。合资公司将在2021年底前建设10GWh的动力电池工厂，双方各自持股50%。

3. 销售情况

根据高工产研锂电研究所（GGII）统计，2018年全球动力电池出货量为106GWh，其中LG化学以7.55%的占比排名全球汽车动力锂电池企业第四位。LG化学的客户包括戴姆勒、现代、通用、奥迪、福特、沃尔沃、雷诺等企业。

（五）韩国新能源汽车及动力电池发展展望

为实现政府推行的绿色环保汽车计划，韩国新能源汽车制造商制定了“经济+长续驶里程+高性能纯电动汽车”计划。例如，2020年之后韩国将量产续驶里程500公里的高性能纯电动汽车，这种高性能纯电动汽车作为第三代纯电动汽车，将完全在电动专用平台上开发。该电动专用平台具备柔性化生产以及承担400kW大功率充电的能力。对于动力电池的使用，在2020年之前将采用现有的锂电池体系，之后将采用全固态电池和锂硫电池体系。

韩国政府已经认识到充电基础设施建设不足而制约绿色环保汽车发展的问题，将通过不断优化充电基础设施、加速充电站设施建设及充电站补贴方式促进新能源汽车发展。

对于动力电池而言，韩国存在原材料供应不稳定、国内新能源汽车生产企业较少、专业人才储备不足等因素，韩国动力电池生产企业呼吁政府制订相应的海外投资支持政策，促进产业链相关企业与海外原材料企业进行投资合作或者签订长期供应协议。由此，政府将通过技术创新、生态构建和人才培养等方式促进韩国动力电池行业的发展。

三　美国新能源汽车和动力电池发展报告

（一）美国新能源汽车补贴政策

美国各州的补贴政策以减免税为主，现金补贴少，补贴政策不尽相同。

补贴力度与新能源汽车的车型、购买时间等因素相关。以加利福尼亚州为例，在当地购买一辆 EV 或者 PHEV，可以获得联邦政府 7500 美元退税和 2500 美元加州政府补贴，另外还有针对行驶通道、充电桩等一系列的使用优惠政策。未来美国新能源汽车补贴对新能源汽车销量的拉动作用将逐渐减弱，技术提升带来的经济性将成为拉动电动汽车销量的根本动力（见表 22）。

表 22　美国新能源汽车减免政策

政策	要求	补贴优惠
所得税减免	新能源汽车销量达 3 万辆	减税 50%
	新能源汽车销量达 4.5 万辆	减税 25%
	新能源汽车销量达 6 万辆	不减税
税收抵扣	总销量未达 25 万辆(自 2009 年 1 月 1 日起)	抵扣 2500 ~ 7500 美元

（二）美国动力电池技术路线图

美国能源部能源效率与可再生能源办公室（EERE）于 2013 年发布了《电动汽车普及大挑战蓝图》（*EV Everywhere Grand Challenge Blueprint*），提出 2022 年美国电动汽车发展目标。该蓝图提出的技术目标包括：电池方面，2022 年成本要求降低到 125 美元/kWh，能量密度要求达到 250Wh/kg，体积能量密度要求达到 400Wh/L，功率密度要求达到 2000W/kg；轻量化方面，通过轻量化技术使汽车重量降低 30%；电驱系统方面，2022 年成本要求降低到 8 美元/kW，功率重量密度要求达到 1.4kW/kg，功率体积密度要求达到 4kW/kg，能量转换效率要求达到 94%。

2016 年 7 月，政府宣布发起 Battery 500 计划，用五年时间投资 5000 万美元打造能量密度 500Wh/kg、循环寿命 1000 次的电芯。该技术路线研制的电芯将采用高比能量锂离子正极材料（从高比能量三元材料转向低钴甚至无钴正极材料）和锂金属负极材料。2017 年已实现能量密度 309Wh/kg 的指标，但循环次数只有 275 次；2018 年实现 350Wh/kg，循环次数 150 次。

US Drive 是美国能源部下属的促进车辆效率和能源可持续利用的机构，主要负责小型汽车领域。US Drive 于 2017 年推出了《US Drive 伙伴计划、路线图与成就》（*U. S. DRIVE Partnership Plan*, *Roadmaps*, *and Accomplishments*），制订了新能源汽车发展总体纲要，提出了 13 项路线图，涉及新能源汽车、电化学、氢能运输等多个领域。US Drive 制订的动力电池发展目标和电池材料研究方向详见表 23 和表 24。

表 23　美国 US Drive 制定的动力电池发展目标

指标	电芯	系统
电池成本(美元/kWh)	75	100
最高放电功率(W/kg,30s)	700	470
最高充电功率(W/kg,10s)	300	200
质量能量密度(Wh/kg,C/3)	350	235
体积能量密度(Wh/L,C/3)	750	500
寿命(年)	15	15
循环寿命(周)	1000	1000
低温能量保持率(－20℃)	70%	70%

US Drive 从材料和电池两个层面分别设定了新型（Beyond Li-ion）、下一代（Next gen Li-ion）和改进型（Enhanced Li-ion）锂离子电池的具体研究方向。US Drive 提出的动力电池材料研究目标并未明确提出实现节点。

表 24　美国 US Drive 制定的动力电池材料研究方向

新型锂离子电池	下一代锂离子电池	改进型锂离子电池
抑制电解质活性添加剂、多硫化合物和粘合剂,新型固态和混合陶瓷/混合物电解质研究	下一代负极材料(硅基)、高压和不可燃电解质的开发	纳米－微米级活性粒子;新型导电添加剂;高迁移数电解质
锂硫、锂空气材料的开发;研制薄膜锂的生产方法	富锂氧化物正极材料;不易燃电解质等	高孔隙率隔膜;宽工作温度范围电解液
锂硫—锂空气材料发展快速充放电材料,探索薄膜锂金属加工方法	高电压和富锂氧化物正极材料;高镍含量的 NCM 正极材料、高电压和不可燃电解质等	更轻和更薄的隔膜、集流体;三维电极设计

资料来源：US Drive、华泰证券研究所。

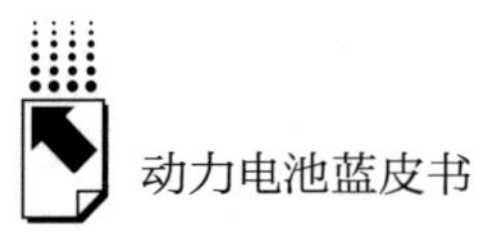

（三）2018年美国新能源汽车的销售情况

根据 Marklines 统计的数据，2018 年美国新能源汽车的总销量为 35.3 万辆，仅特斯拉一家企业的年销量就达到了 18.4 万辆，占总销量的 52%。从动力结构来看，纯电动汽车的市场份额占比最大，以 231107 辆的销售量占比 65%，插电式混合动力汽车销售量为 119450 辆，市场占比 34%。燃料电池汽车销售量为 2368 辆，丰田 Mirai 销量为 1700 辆，本田 Clarity Fuel Cell 销量为 624 辆。从车型来看，特斯拉 Model 3 以将近 14 万辆的销量位于美国纯电动汽车排行榜第一，丰田 Prius 是插电式混合动力汽车销售最多的车型，销售量为 27595 辆。

（四）美国车企在电动汽车领域的战略规划

美国车企在电动汽车领域的战略规划如表 25。

表 25　美国车企关于 EV 和 PHEV 的战略规划

企业名		各公司在电动汽车领域的战略规划
通用	GM	计划 2020 年以前在中国市场推出 10 款新能源汽车； 2021 年推出专属电动汽车新架构，支持 20 余款新能源汽车车型开发； 2023 年前在全球市场推出至少 20 款新能源车型； 2026 年全球纯电动汽车销量达到 100 万辆
福特	Ford	计划 2020 年累计投放 20 款新能源汽车车型，实现新能源汽车的销量占总销量 10% ~25% 的目标； 2025 年推出 8 款纯电动车型，实现 70% 的在售品牌均有电动版车型
特斯拉		超级电池工厂计划年产 35GWh 电池； 2020 年销售规划为 100 万辆，并且积极推动在中国的建厂投产工作
克莱斯勒		2020 年 Jeep 品牌将推出 10 款插电式混合动力车型和 4 款纯电动车型，并将在 2021 年底或 2022 年初实现 Level 3 自动驾驶技术应用； 阿尔法·罗密欧品牌将在 2022 年前发布 6 款插电式混合动力车型； 玛莎拉蒂在 2022 年前将打造针对新能源的 Maserati Blue 品牌，推出 8 款插电式混合动力车型以及 4 款纯电动车型

四　欧洲新能源汽车和动力电池发展报告

（一）欧洲新能源汽车补贴政策及使用优惠政策

欧洲各国对新能源汽车的政策支持力度不一，以现金补贴为主，对购买的新能源汽车直接以现金补贴形式进行鼓励（见表26）。

表26　欧洲新能源汽车补贴政策

国家	补贴优惠
德国	在德国购买纯电动汽车能够获得4000欧元补贴，购买插电式混合动力汽车可以获得3000欧元补贴。该补贴政策最初于2016年推出，德国财政部将补贴延长至2030年，并且免缴机动车购置税
法国	购买电动汽车及排量<20g/km的油电混动车可获得6300欧元优惠； 购买排量在21g/km～60g/km的油电混动车可获得1000欧元优惠； 购买排量在61g/km～110g/km的油电混动车最多可获得750欧元优惠
英国	购买CO_2排放量<50g/km和电动模式下续航里程>70英里的电动汽车及混合动力汽车，可获得4500欧元（乘用车）或8000欧元（卡车、货车）补贴； 购买电动模式下续航里程>70英里以及CO_2排放量在50g/km～75g/km的插电式混合动力汽车可获得2500欧元补贴
挪威	购买电动汽车可免交销售税和25%的增值税，并且可降低每年的执照费
瑞典	为环保型轿车提供10000瑞典克朗的税收优惠，并且征收较低的消费税； 购买CO_2排放量≤50g/km的插电式混合动力汽车可获得20000克朗的补贴，纯电动汽车可享40000克朗的补贴
西班牙	购买电动乘用车、电动卡车、电动巴士分别有5500欧元、8000欧元和20000欧元的补贴
葡萄牙	纯电动汽车补贴2250欧元，插电式混合动力汽车补贴1125欧元
比利时	在佛兰德斯购买电动汽车可享受5000欧元的补贴，此补贴标准较高
丹麦	市政单位及公司购买电动车可享受每辆车1470～3675美元的补贴
罗马尼亚	购买纯电动汽车可享受4450欧元补贴，混合动力汽车可享受1100欧元补贴
爱尔兰	消费者购车最多可减免5000欧元

欧洲一些国家为推广电动汽车的使用，提出共享车牌、免交停车费和通行费、充电费优惠、使用公交车道等多项优惠政策（见表27）。

表 27　欧洲新能源汽车使用优惠政策

国家	使用优惠
德国	在 2016～2020 年购买的电动汽车可以与家中另一辆汽车共享车牌，只需缴纳一份保险即可；新能源汽车可以免费停车，允许使用公交车道
英国	实行免收牌照税、免收养路费、夜间充电只收 50% 电费等多项使用优惠政策
挪威	免收纯电动汽车的登记税、进口增值税、道路税；电动汽车免交充电费、城市通行费、公交停车场的停车费，还可以在公交车道行驶

（二）德国二次动力电池技术路线

德国国家电驱动平台发布《锂离子电池技术路线图 2030》。正极材料方面，将推进尖晶石和磷酸盐等材料的研发，预计到 2020 年之前的亚硫酸盐和 2020 年后的氟硫酸盐将会得到发展。负极材料方面，目前采用纳米结构石墨、软碳、硅合金以及 Li 钛酸盐。石墨金属复合材料、非硅基合金以及锂金属负极将在 2020 年之前实现研发创新。电解质方面，短期采用 $LiPF_6$的电解质以及凝胶聚合物电解质，中期将采用适用于 5V 电压平台的电解质。预计到 2020 年电池系统的能量密度将达到 130Wh/kg，价格达到 0. 25～0. 3 欧元/Wh。

2018 年 10 月，德国联邦政府教科部发展关键技术副总监 Herbert Zeisel 在第 11 届国际电动车用新型锂电池会议（ABAA11）上表示，德国 2015 年电芯能量密度在 90～235Wh/kg，体积能量密度在 200～630Wh/L，寿命为8～10 年，成本是 180～285 欧元/kWh；未来的发展目标为 2020 年能量密度达到 350Wh/kg，体积能量密度 750Wh/L，循环寿命 1000 次，寿命 15 年，成本 90 欧元/kWh；2030 年电芯能量密度将大于 400Wh/kg，体积能量密度大于 750Wh/L，循环寿命 2000 次，寿命 20 年，成本达到 75 欧元/kWh。未来将支持全固态电池以及新概念电池的研发（见表 28）。

针对 CO_2排放量，根据第 443/2009/EC 号条例，欧盟规定到 2021 年欧洲汽车制造商必须将新车 CO_2排放量降至 95g/km 以下。2018 年 12 月 17 日，

表 28　德国动力电池的电芯性能发展目标

指标	2015 年	2020 年	2030 年
能量密度(Wh/kg)	90～235	350	>400
体积能量密度(Wh/L)	200～630	750	>750
循环次数	/	1000	2000
寿命(年)	8～10	15	20
成本(欧元/kWh)	180～285	90	75
70%～80% △SOC/min	30	22	12

资料来源：ABAA11。

欧盟出台新规，要求到 2025 年新车 CO_2 排放量在 2021 年的基础上再减少 15%，2030 年减少 37.5%。[①]

（三）欧洲车企在动力电池领域的战略布局——以大众为例

1. 与瑞典 Northvolt 合作在德国自建工厂

2019 年 5 月 14 日，大众汽车集团宣布将斥资 10 亿欧元，与欧洲动力电池初创公司 Northvolt 合作，在德国下萨克森州的萨尔茨吉特（Salzgitter）自建动力电池工厂，动力电池的初期产能将达到 10GWh，将会在 2022 年底或者 2023 年初建成投产。

2. 与美国 Quantum Scape 公司在固态电池领域展开合作

大众计划与美国公司 Quantum Scape 合作（尤其在固态电池生产领域），在欧洲建立锂电池和固态电池生产工厂。

3. 未来10年从中国赣锋锂业采购锂化工产品，并且减少钴含量

为满足对电池生产的锂关键原材料的需求，2019 年 4 月大众与中国赣锋锂业股份有限公司签订了《战略合作备忘录》，大众及其供应商将在未来 10 年采购赣锋锂业生产的锂化工产品，另外大众在减少电池的钴含量。目前电池正极材料钴含量为 12%～14%，大众计划未来三到五年内将其减少

① Transportpolicy. "Eu: Light-Duty: Ghg Emissions." Last modified August 11. https://www.transportpolicy.net/standard/eu－light－duty－ghg－emissions/.

至5%，甚至最终实现电池无钴化。

4. 建立电动汽车电池回收中心

在电池回收方面，大众宣布在 Salzgitter 开始建立电动汽车电池回收中心，使用一种特殊的碎电池机，长期目标是回收 97% 的原材料，短期目标是在 2020 年实现每年完成 1200 吨电池材料的回收。

5. 联合合作伙伴成立欧洲电池联盟

大众联合其欧洲合作伙伴（例如瑞典的 Northvolt 公司）组建欧洲电池联盟，计划于 2020 年初启动电池研究，该研究项目将聚焦电池的整个价值链，覆盖原材料、电池技术到回收利用的各个领域。①

（四）欧洲代表车企在电动汽车领域的战略规划

欧洲部分代表车企关于 EV 和 PHEV 的战略规划见表 29。

表 29　欧洲部分代表车企关于 EV 和 PHEV 的战略规划

企业名		各公司在电动汽车领域的战略规划
戴姆勒	DAIMLER Mercedes-Benz	2020 年 Smart 品牌实现纯电动化； 2022 年将推出 10 款基于相同平台打造的纯电动汽车，实现所有车型均提供电动款的目标； 2025 年奔驰纯电动汽车销量占总销量的 15% ~25%
宝马	BMW	2025 年将推出 25 款新能源汽车，其中 12 款为纯电动、13 款为插电式混合动力车。实现新能源汽车的销量占总销量 15% ~25% 的目标
大众		2023 年前投资 300 亿欧元用于汽车电动化； 2025 年前推出 50 款纯电动汽车，电动汽车年销量达到 200 万 ~300 万辆，占总销量的 20% ~25%； 2028 年前推出 70 款纯电动车，预计生产 2200 万辆电动汽车； 2030 年，电动汽车在欧洲与中国的产量占比将超过 40%

① 《自给自足　大众投资近 10 亿欧元在德建电池工厂》，动力电池网，http：//www. xincailiao. com/news/news_ detail. aspx？ id =484996，最后访问日期：2019 年 8 月 11 日；《大众动力电池供给"告急"》，高工锂电，http：//www. gg – lb. com/asdisp2 – 65b095fb – 37570 –. html，http：//www. xincailiao. com/news/news_ detail. aspx？ id =484996，最后访问日期：2019 年 8 月 11 日。

探 讨 篇

Discussion Report

B.11

基于不同市场目标的新能源乘用车动力电池发展探讨

生驹宗久*

摘　要： 本报告预测探讨了三种不同市场目标发展场景下新能源乘用车在未来至2030年的发展比例构成，并基于这三种不同的构成情况分别探讨了燃料消耗量、动力电池出货量、电池材料消耗量以及电力消耗量等相关联因素的发展变化。

关键词： 新能源乘用车　动力电池　电池材料

在中国大力推动新能源汽车发展和普及的背景下，考虑到市场增长以及千人保有量的增长情况，到2030年，整体乘用车的市场规模将可能达到

* 生驹宗久，工学博士，松下电器产业株式会社，汽车电子和机电系统公司能源业务CTO，能源技术开发中心所长。

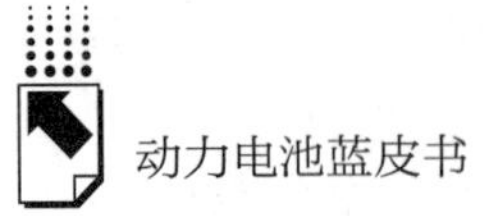

3000 万，其中新能源乘用车的占比在发展积极目标的推动下将会达到 50% 。而在一些行业调研中，有反馈新能源乘用车在 2030 年可以达到占比 40% 的基本目标。而 OEM 整车企业会对 HEV 车型的普及和一定数量的 PHEV 的普及有比较多的考虑。因此基于这样的三种不同情境，对相关联因素进行了预测性的分析和探讨。

一　汽车市场发展比例构成分析

1. 年度市场发展比例构成

图 1 为新能源乘用车发展构成情况。

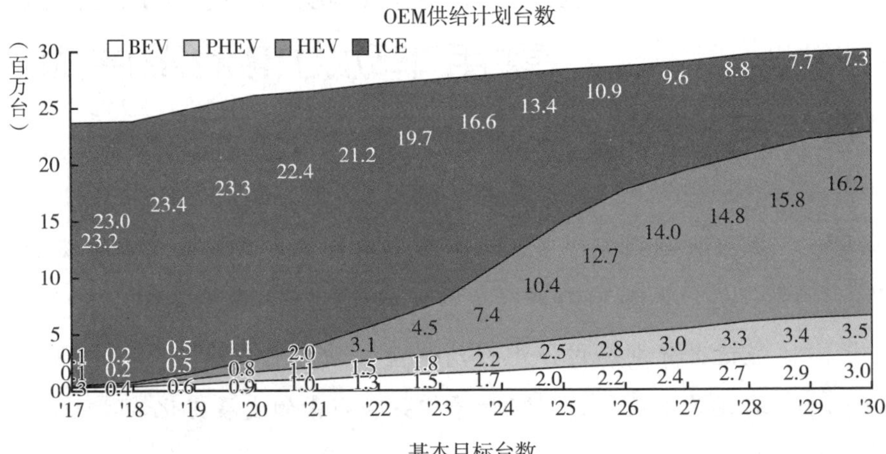

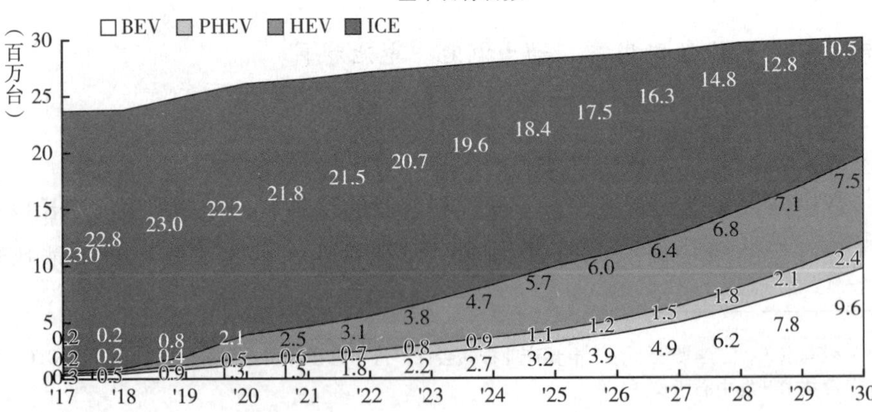

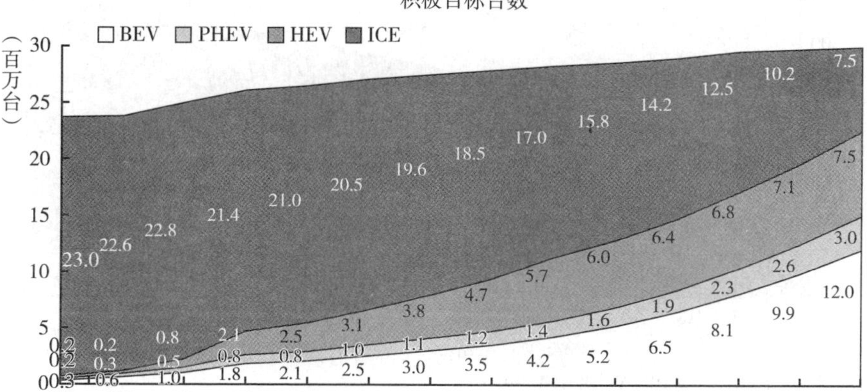

图 1　新能源乘用车发展构成情况

注：该数据是松下基于外部的信息，由松下独自进行研究分析得出的模拟结果中的一部分内容。

2. 整车保有量构成比例

图 2 为整车保有量发展构成情况。

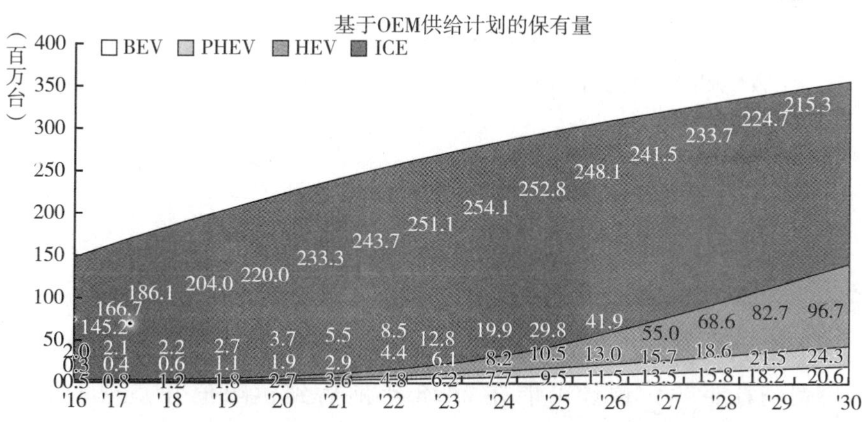

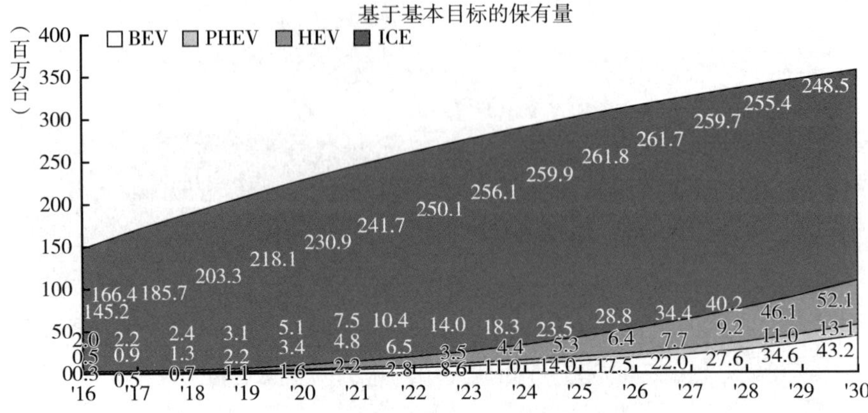

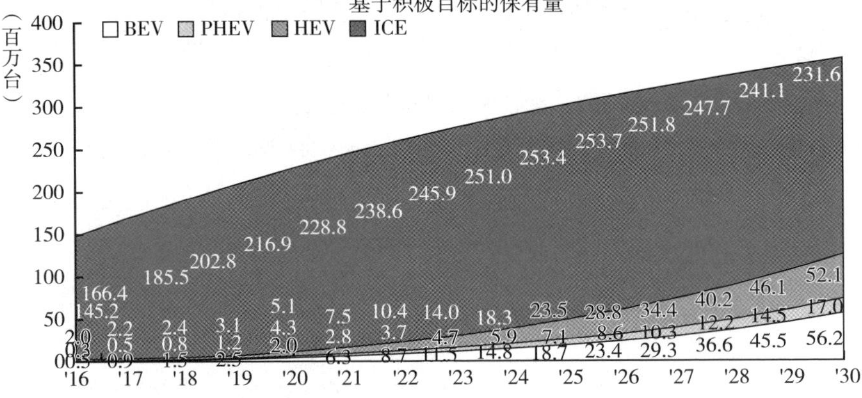

图 2　整车保有量发展构成情况

注：该数据是松下基于外部的信息，由松下独自进行研究分析得出的模拟结果中的一部分内容。

3. 燃料消耗量比较

假设所有乘用车都依旧是传统燃油车，燃油消耗量会逐年递增，如图 3 所示。

如果推进环保型汽车，三种目标的燃料消耗量都比只有传统燃油车时的燃料消耗量少，预计可能在 2025 年前后到达峰值并呈现下降的趋势，但是三种目标横向比较的话，燃料消耗量只有较小差异（见图 4 和图 5）。

在 2030 年的节点，整体燃料消耗量为 6.7%，如图 6 所示。

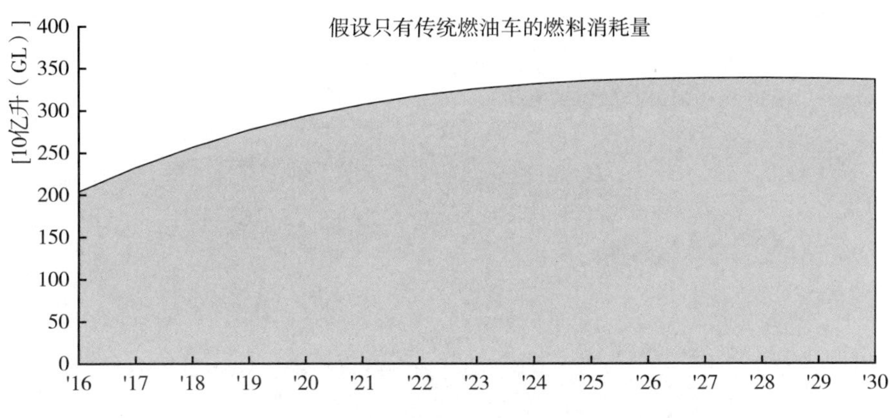

图 3　当没有发展环保型汽车时的燃料消耗量

注：该数据是松下基于外部的信息，由松下独自进行研究分析得出的模拟结果中的一部分内容。

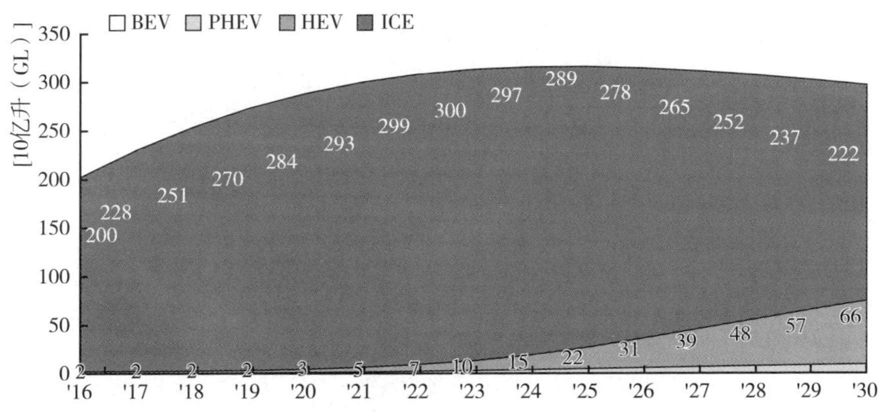

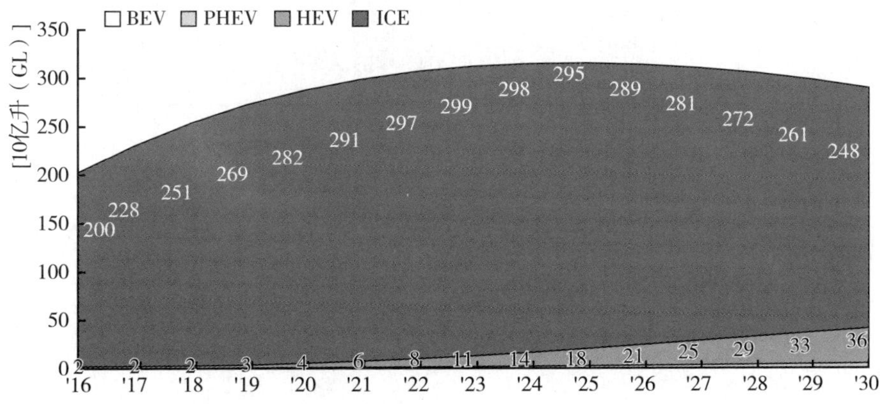

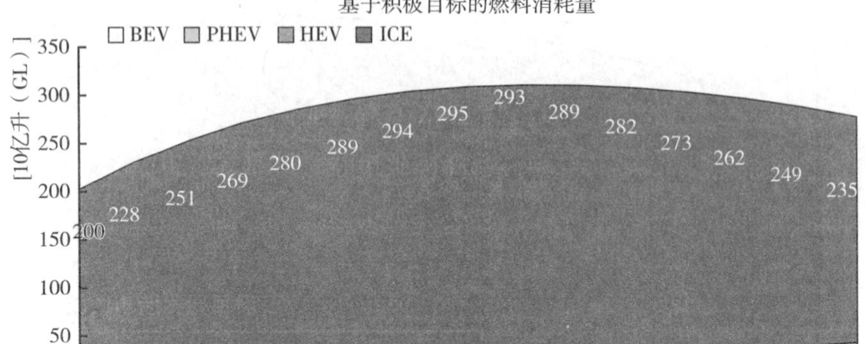

图4　燃料消耗量预测

注：该数据是松下基于外部的信息，由松下独自进行研究分析得出的模拟结果中的一部分内容。

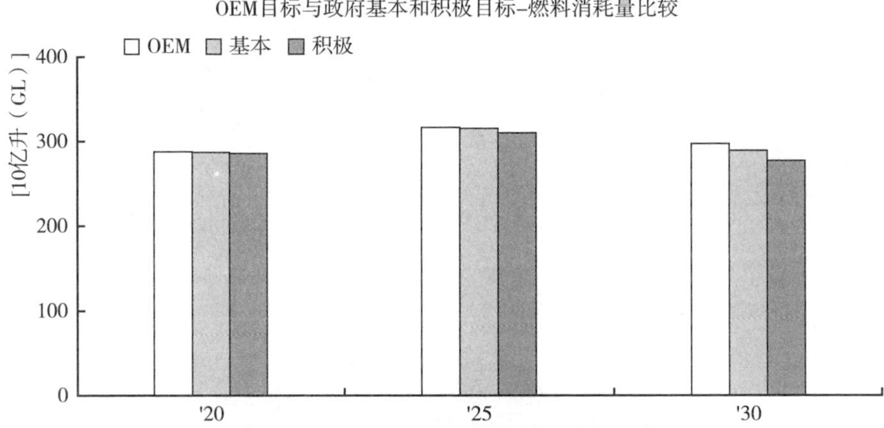

图5　不同年份的燃料消耗量比较

注：该数据是松下基于外部的信息，由松下独自进行研究分析得出的模拟结果中的一部分内容。

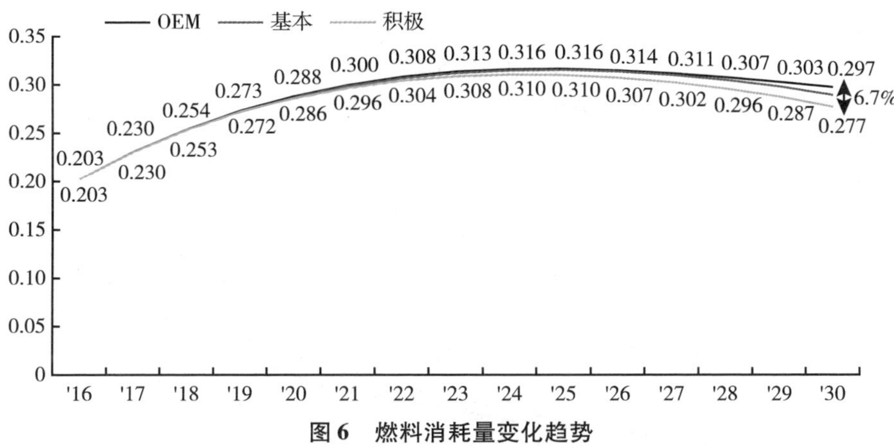

图 6　燃料消耗量变化趋势

注：该数据是松下基于外部的信息，由松下独自进行研究分析得出的模拟结果中的一部分内容。

二　动力电池趋势分析

1. 电池出货量的比较

在不同的整车发展目标影响下，动力电池出货量方面呈现显著的差异，到 2030 年，在动力电池出货量方面，OEM 计划：基本目标：积极目标为 1∶2.3∶2.9，如图 7 所示。图 8 为动力电池出货量整体预测。

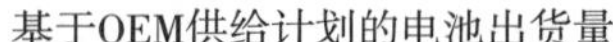

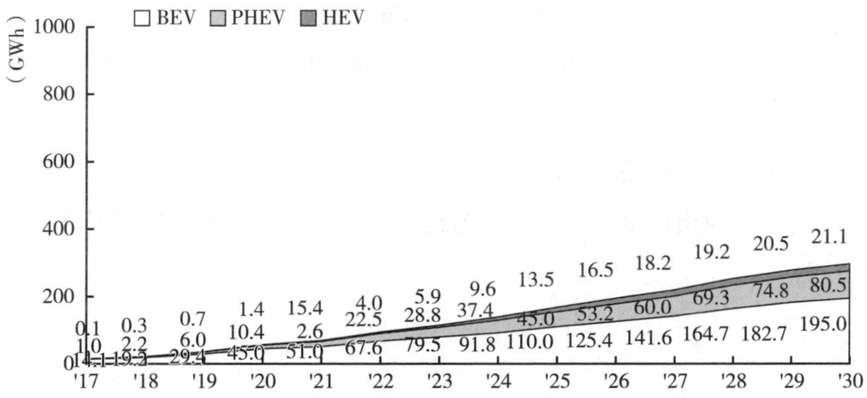

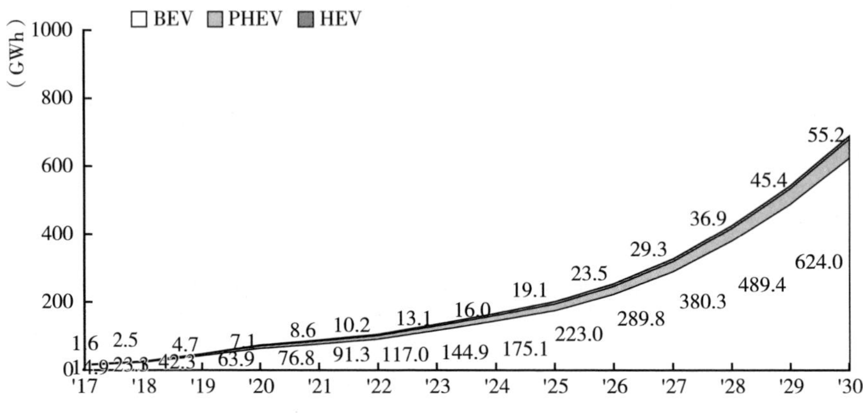

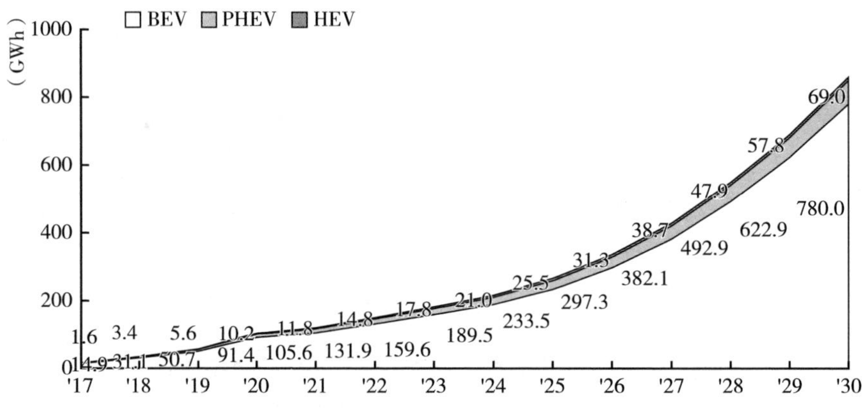

图 7　动力电池出货量分车型预测

注：该数据是松下基于外部的信息，由松下独自进行研究分析得出的模拟结果中的一部分内容。

2. 正极用材料需数量的比较

在动力电池出货量的影响下，电池正极材料的消耗量也呈现显著的差异（见图9）。

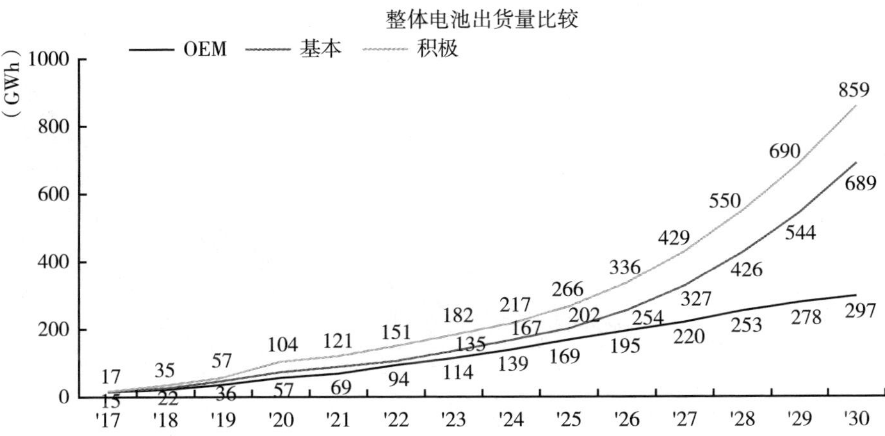

图 8　动力电池出货量整体预测

注：该数据是松下基于外部的信息，由松下独自进行研究分析得出的模拟结果中的一部分内容。

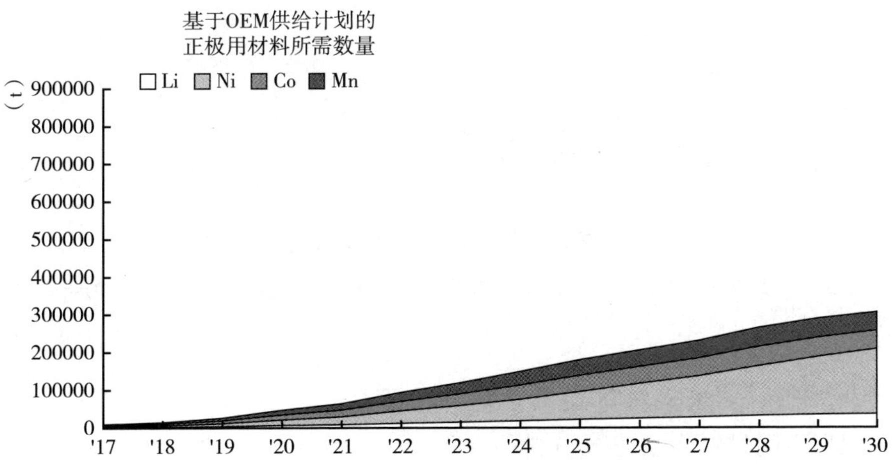

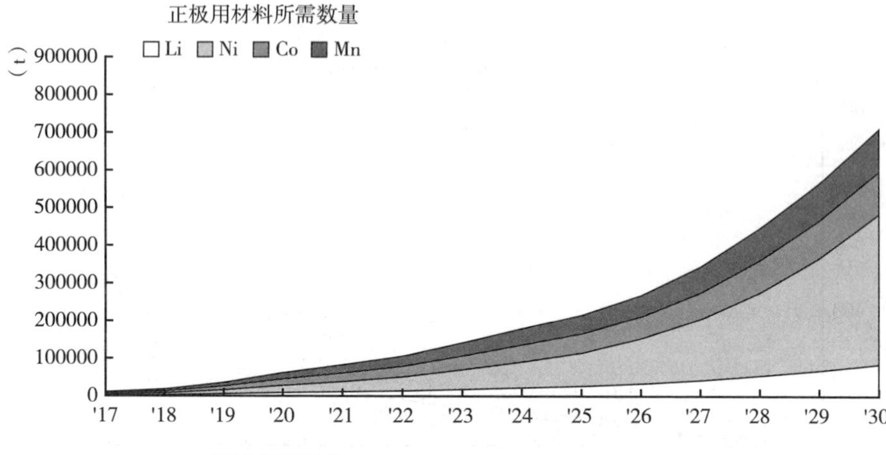

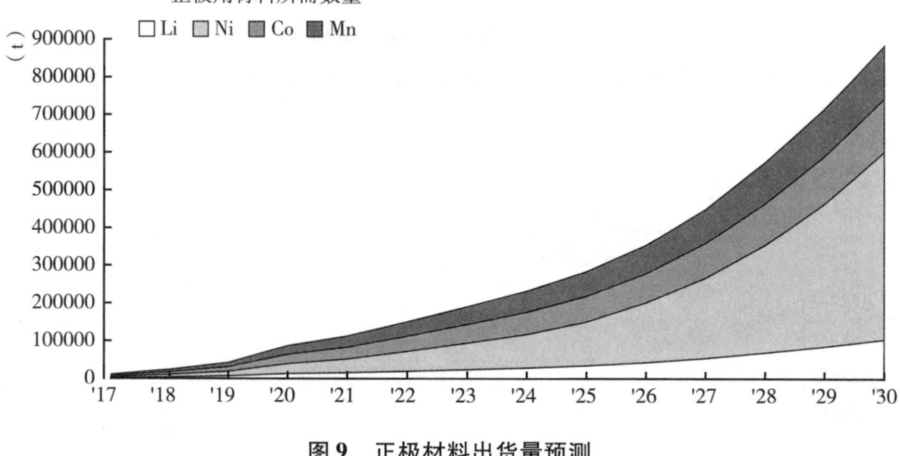

图 9　正极材料出货量预测

注：该数据是松下基于外部的信息，由松下独自进行研究分析得出的模拟结果中的一部分内容。

3. 各种材料所需数量的比较

根据不同材料体系正极材料的应用趋势，对各种基础材料的预测如图 10 所示，特别是由于镍在三元体系的比例增加，与电池出货量相对应的呈现出激增的倾向。

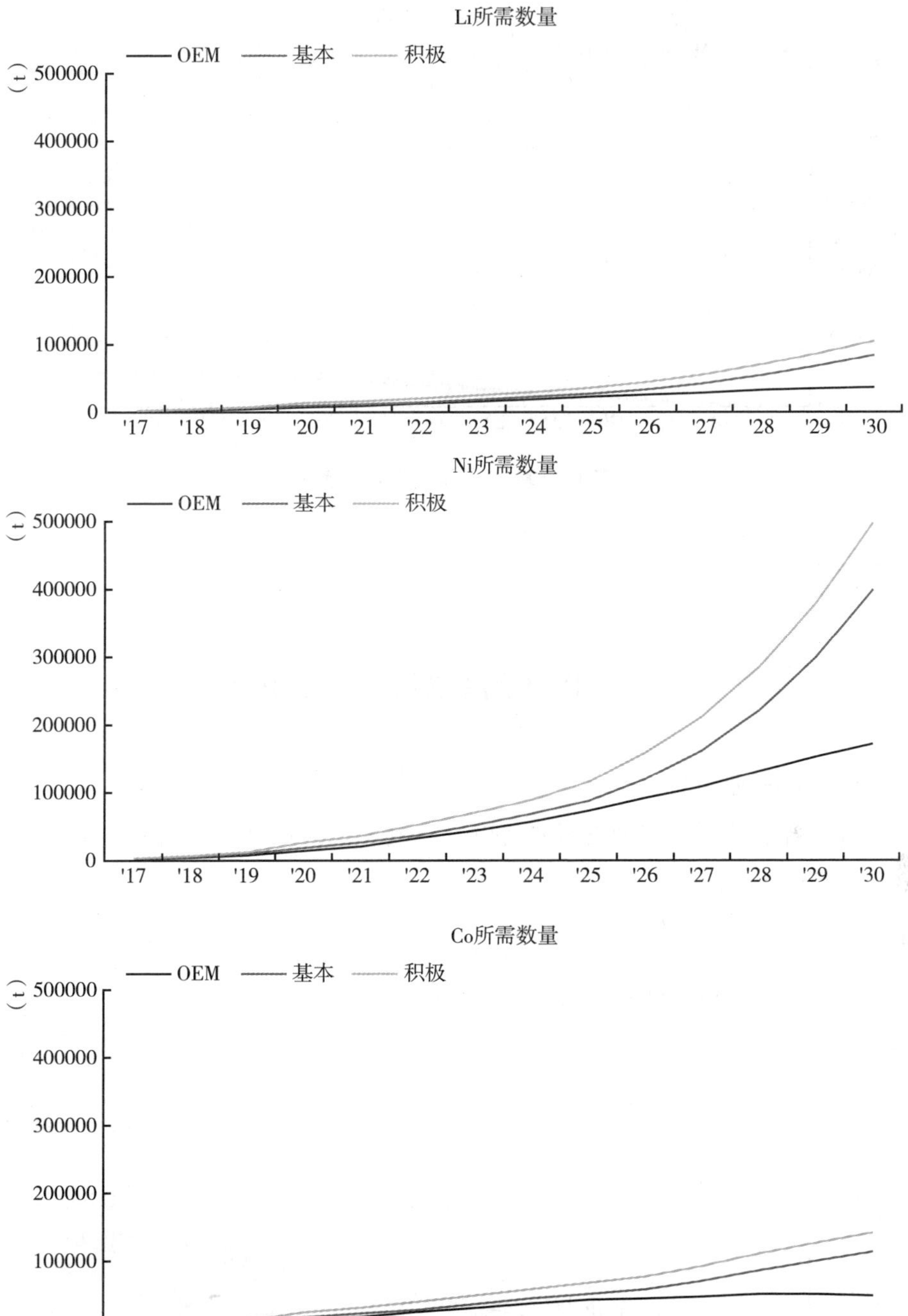
Li所需数量
OEM
基本
积极
（t）
500000
400000
300000
200000
100000
0
'17
'18
'19
'20
'21
'22
'23
'24
'25
'26
'27
'28
'29
'30
Ni所需数量
OEM
基本
积极
（t）
500000
400000
300000
200000
100000
0
'17
'18
'19
'20
'21
'22
'23
'24
'25
'26
'27
'28
'29
'30
Co所需数量
OEM
基本
积极
（t）
500000
400000
300000
200000
100000
0
'17
'18
'19
'20
'21
'22
'23
'24
'25
'26
'27
'28
'29
'30

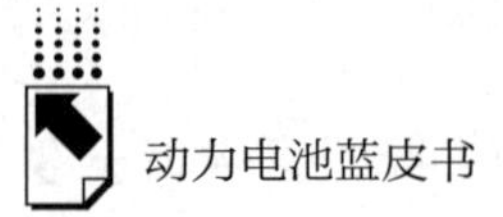

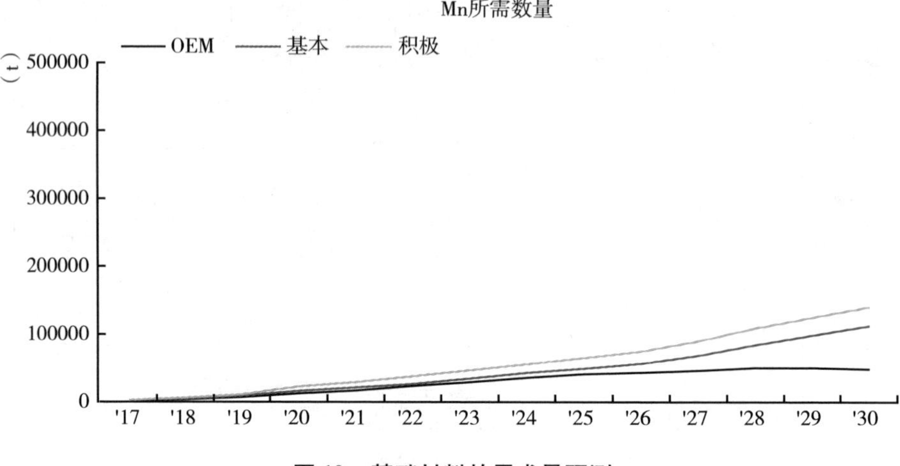

图 10　基础材料的需求量预测

注：该数据是松下基于外部的信息，由松下独自进行研究分析得出的模拟结果中的一部分内容。

三　电力能源发展趋势分析

1. 电力消耗量的比较

基于新能源乘用车的发展趋势以及充电需求，年电力消耗量呈现激增的倾向，如图 11 所示。

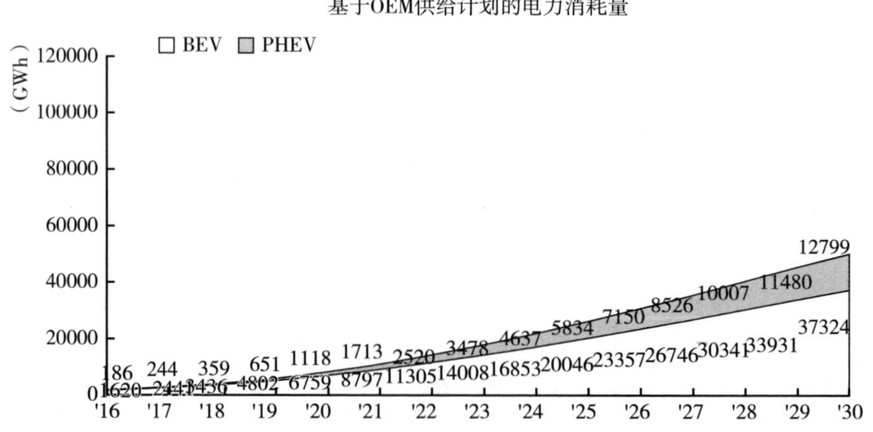

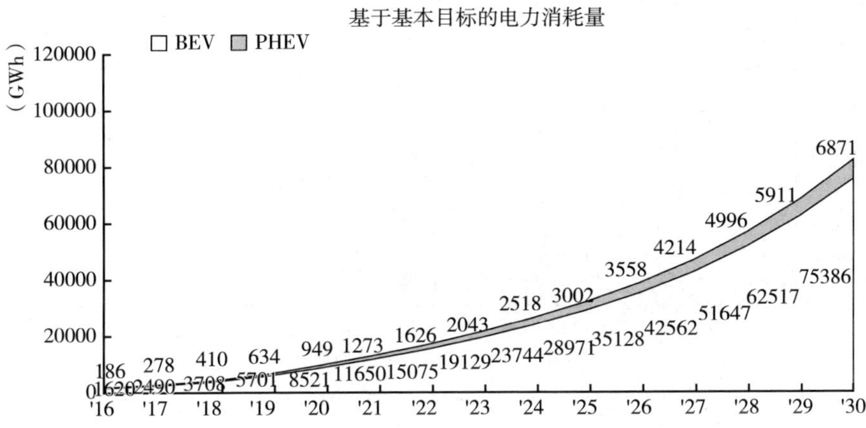

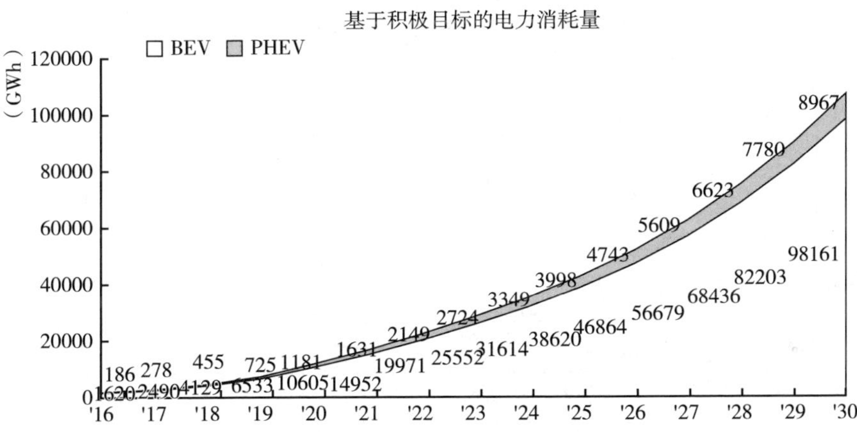

图 11　不同车型的电力消耗量趋势

注：该数据是松下基于外部的信息，由松下独自进行研究分析得出的模拟结果中的一部分内容。

2. 整体电力消耗量的比较

基于充电的需求，年电力消耗量呈现激增的倾向，如图 12 所示。

3. 充电次数合计

在充电次数方面，年总计充电次数存在较大差异，需要大力强化发展充电基础设施（见图 13）。

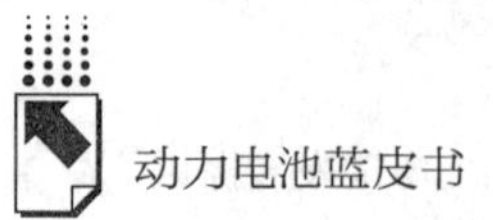

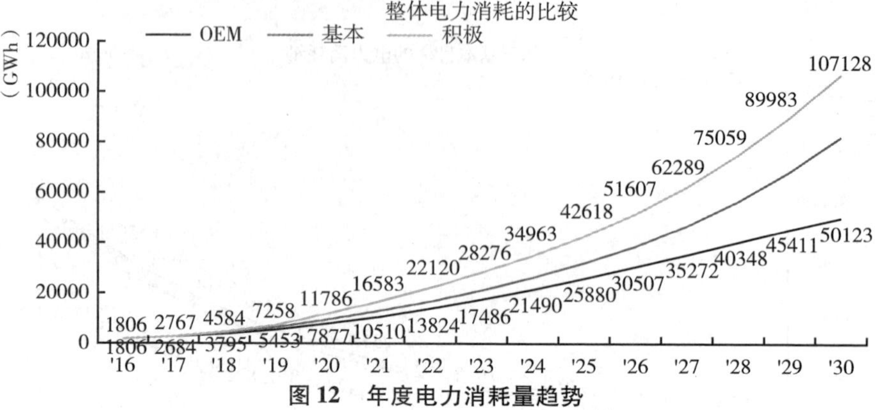

图 12　年度电力消耗量趋势

注：该数据是松下基于外部的信息，由松下独自进行研究分析得出的模拟结果中的一部分内容。

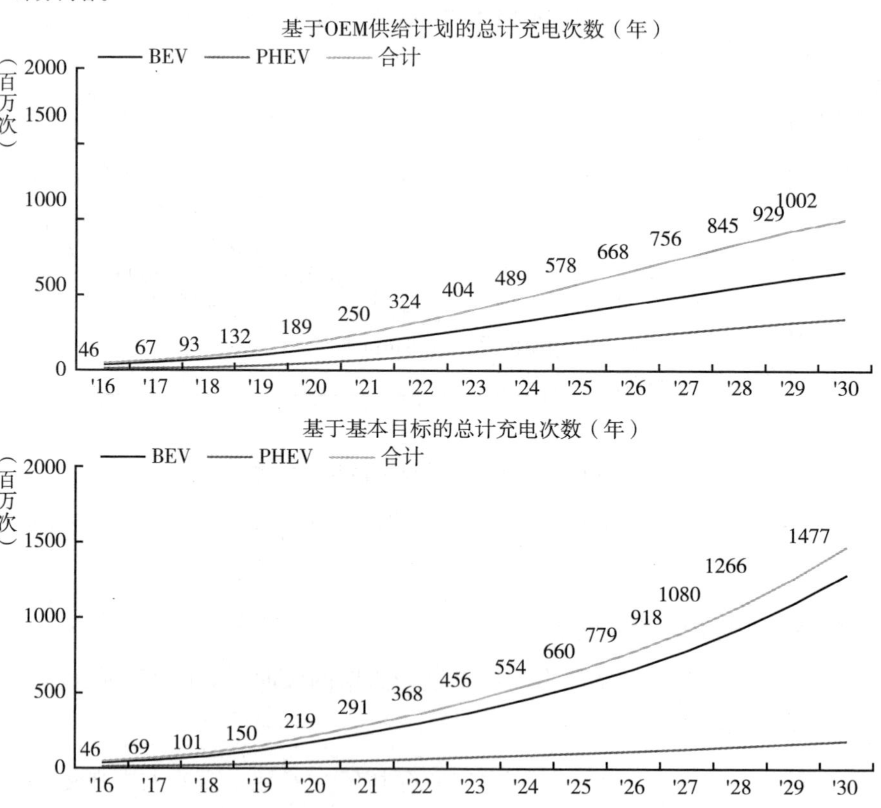

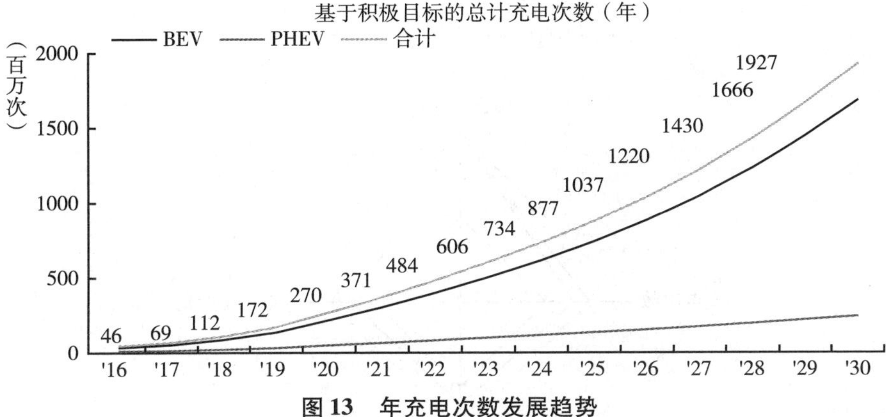

图 13　年充电次数发展趋势

注：该数据是松下基于外部的信息，由松下独自进行研究分析得出的模拟结果中的一部分内容。

四　小结

基于以上的分析通过雷达图的综合比较可以看出，在不同市场目标的场景下燃料消耗量存有较小差异，而在电池生产量、材料供应、电力供应以及充电次数上存在较大不同。因此，对于发展新能源汽车积极目标的达成，需要在多个层面大力推进（见图 14）。

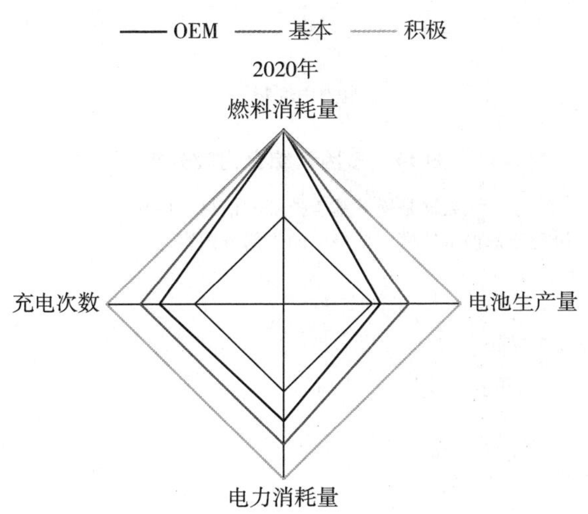

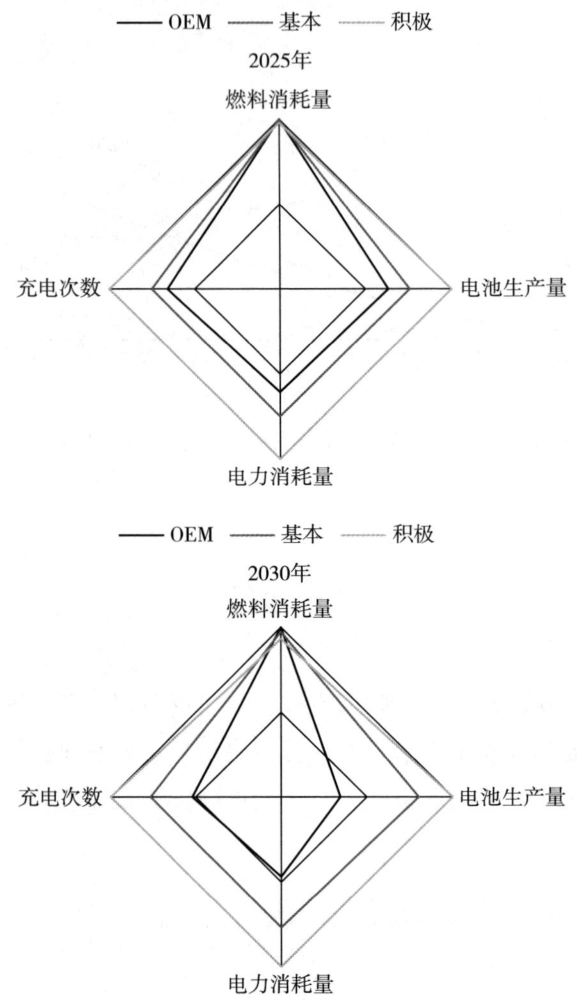

图 14　多因素综合比较分析

注：该数据是松下基于外部的信息，由松下独自进行研究分析得出的模拟结果中的一部分内容。

热点专题篇

Hot Issue Reports

B.12
动力电池安全解决方案研究进展

刘贯东　尚随军*

摘　要： 2018年动力电池的装机量再次大幅增长，但是关于新能源汽车安全事故的报道也变得多了起来，这引起了政策部门和整个电池行业的密切关注。如果不能保证产品的安全性，也就不能让消费者广泛接受新能源汽车这一未来产品。新能源汽车安全性的一个最主要组成是动力电池的安全性，本报告将介绍动力电池安全事故的危险性、安全事故发生的机理以及根据机理讨论可以提高电池安全性的可能手段，最后介绍苏州宇量在电池安全性方面的工作进展。

关键词： 热失控　热扩展　电池安全性　Fail-safe　功能性隔热层

* 刘贯东，博士，苏州宇量电池有限公司动力电池研究院副院长；尚随军，高级工程师，苏州宇量电池有限公司研发总监。

一 背景

中国化学与物理电源行业协会动力电池应用分会研究部的统计数据显示，2018 年我国动力电池装机总量为 56.89GWh，新能源汽车产销量均超过 120 万辆，比 2017 年数据增长了约 60%。但是高增长的背后也暴露了很多安全问题，仅 2018 年，国内关于新能源汽车自燃事件的报道多达 30 余起，严重打击了民众对新能源汽车的认可度。

新能源汽车一旦起火，灭火方法也与传统汽车差别很大。主要表现为火焰温度更高、持续时间更长、复燃风险高以及有毒气体释放和触电风险等问题。面对一辆正在燃烧的电动汽车，消防员在不知道如何扑救的情况下只能选择眼睁睁地看着它燃烧殆尽。鉴于这种情况，我国消防部门在 2016 年专门推出了《新能源汽车火灾扑救规程》，针对新能源汽车火灾采用特殊的扑救措施。措施主要流程包括以下几点。

第一，风险评估。查明起火车辆类型、型号，动力电池种类、容量，车辆最高电压、高压线路走向等情况，必要时需联系生产者或当地经销商。

第二，现场管控。划分警戒范围，并使用可燃气体检测仪对现场进行监测，适时调整警戒范围。

第三，安全防护。救援人员需穿着全套灭火防护服装，佩戴空气呼吸器，并根据车辆电压特性穿戴好绝缘手套，做好绝缘绝热防毒措施。

第四，处置措施。情况允许下必须先断电，火势初期阶段可使用喷雾水或干粉灭火器进行压制；而当火势无法得到有效控制且车内无人的情况下，需要使用大量的水灭火，消防员应在距离起火车辆 10 到 15 米之外出水灭火。

第五，另外，明火熄灭后，应继续出水对电池组进行持续冷却，直至电池温度降至 160℃以下。

从以上流程可以看到，新能源汽车起火后灭火非常复杂，很可能造成严重的高温灼伤、触电、电解液喷溅有毒气体蔓延等安全事故。从源头上出发，提高新能源汽车中动力电池的安全性，可以有效避免安全事故的发生，减少新能源汽车灭火的烦恼，提振消费者对新能源汽车的信心。

二 动力电池热失控的特点及机理

机械滥用（挤压/针刺）、电滥用（内短路/过充/过放）、热滥用（高温）会导致电池的安全事故，而它们的共同特点是会先引发电池的热失控。电池热失控是指电池的温度急剧升高，最终引起电池过热、起火和爆炸现象。对于一个具有 60kWh 电量的动力电池系统，如果所有单体由于热失控而释放出全部能量，将会相当于释放出 90kg TNT 当量的能量。①

从化学角度分析，热失控是电池内部发生一系列放热反应，导致电池温度的骤增。引起热失控的化学反应主要有负极表面 SEI 膜的分解、负极与电解液的化学反应、隔膜熔化导致的正负极接触短路、正极材料的分解释放氧气、电解液的分解与燃烧反应等。反应的引发与电池的温度有关，欧阳明高课题组总结了上述反应所对应的引发温度，如图 1（a）所示。② 最开始发生的是 SEI 膜的分解，起始温度在 80～120℃③，具体温度与 SEI 膜的成分及致密程度有关。SEI 膜分解后，负极表面暴露在电解液下，会引发与电解液之间的反应，反应放热引起电池温度继续升高，如果达到了隔膜的熔化温度，如对 PE 达到了 130～180℃，正负极会直接接触发生内短路，电池温度急剧上升，后续引发正极材料分解释放氧气，电解液的剧烈分解和燃烧，导致电池热失控、燃烧甚至爆炸。

---

① 何向明、冯旭宁、欧阳明高：《车用锂离子动力电池系统的安全性》，《科技导报》2016 年第 6 期。

② Feng, X., Ouyang, M., et al, "Thermal Runaway Mechanism of Lithium Ion Battery for Electric Vehicles: A Review," *Energy Storage Materials*10, 246－267.

③ Spotnitz R., Franklin J., "Abuse Behavior of High-Power Lithium-Ion Cells," *J. Power Sources* 113: 81－100.

图 1（b）给出了锂离子电池中各个反应的能力释放示意图，△H 为反应的总发热量，Q 为最大发热功率，表示反应的剧烈程度。可以看到正极材料的发热量有明显的差别，磷酸铁锂远低于三元过渡金属氧化物，这也是磷酸铁锂电池通常表现出更高安全性的原因。发热量最大的是图中的 Gr/C + Ele 反应，即石墨负极与电解液的反应。在这张图中，负极与电解液的反应被划分为三个阶段，在 100℃附近的 SEI 膜分解、更高温度下的 SEI 膜重复生成和分解循环以及最后第三阶段在 250℃附近发生的负极与电解液的剧烈反应。

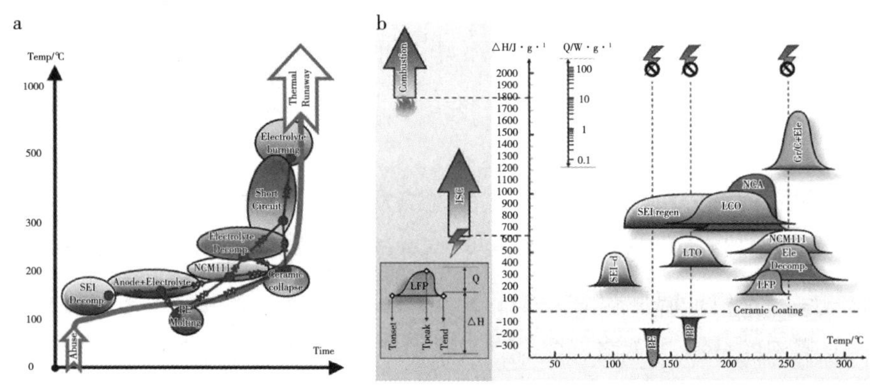

图 1　电池热失控过程中内部的化学反应（a）和能量释放（b）

资料来源：Feng，X.，Ouyang，M.，et al，“Thermal Runaway Mechanism of Lithium Ion Battery for Electric Vehicles：A Review，” *Energy Storage Materials* 10：246 – 267。

可以看到，电池中的起始发热升温来自 SEI 膜的分解反应，而最大的发热量贡献反应是 250℃的负极与电解液的剧烈反应，所以要控制热失控的关键便是避免电池中发生 Gr/C + Ele 反应。但是图中的放热反应链是步步紧扣、相互推进的，在越低温度下中止反应链，越能有效地控制电池热失控。优化电解液组分，使生成的 SEI 膜更稳定；负极石墨表面包覆 Al_2O_3 薄膜①，抑制负极表面与电解液的反应；正极材料包覆掺杂，提高热稳定性，降低释

① Jung Y.，Cavanagh A.，et al.，“Ultrathin Direct Atomic Layer Deposition on Composite Electrodes for Highly Durable and Safe Li-Ion Batteries，” *Adv. Mater* 22：2172 – 2176.

放氧气的特性；使用高熔点、低收缩率的隔膜等。

电池热失控的危害不只是高温、燃烧，还有会释放出有毒可燃的气体。Golubkov 等人分析了 18650 型锂电池在热失控时产生的气体，发现气体成分主要是 CO_2、H_2、CO、CH_4、C_2H_4和 C_2H_6，主要反应如图 2 所示。[①] 各组分的比例与电池的 SOC 和正极材料有关，在 SOC = 0 时，CO_2的体积分数约为 94%，而在 100% SOC 时，CO_2的体积分数分别降至 20% （NCA 正极电池）和 50% （LFP 正极电池）。可燃/有毒气体（H_2、CO、CH_4、C_2H_4和 C_2H_6）的体积分数随着热失控电池的 SOC 升高而增加，也增加了电池热失控的危害作用和范围。

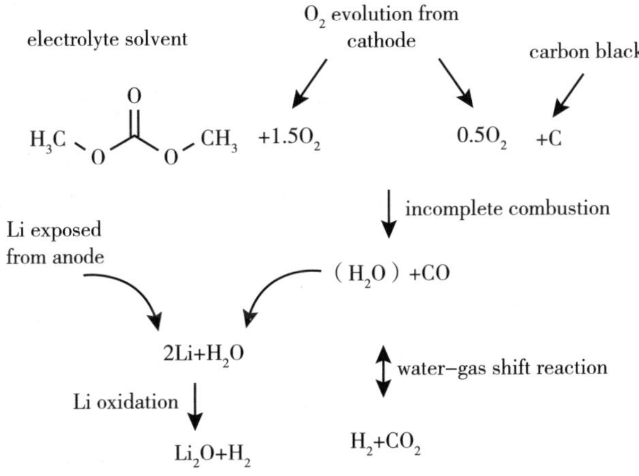

图 2　电池热失控过程中主要的产气反应

三　常用动力电池安全措施

动力电池的安全措施主要分为三个类别：①提高电池的本征安全性和抗热失控能力；②降低电池滥用情况，并做好安全预警；③阻断热扩展，一颗

① Golubkov A. , Scheikl S. , et al. , "Thermal Runaway of Commercial 18650 Li-Ion Batteries with LFP and NCA Cathodes-Impact of State of Charge and Overcharge," *RSC Adv* 5: 57171.

电芯发生热失控时，不会引发相邻电芯的热失控，从而整个电池系统仍是安全的。

1. 提高电池的本征安全性和抗热失控能力

从上一节我们了解到电池热失控的机理，是由一系列连锁反应引起的。所以提高电池的抗热失控能力也是抑制连锁反应发生的过程，这要从材料角度出发。现在商用的动力锂离子电池的化学体系反应活性较高，特别是在高SOC状态下，嵌锂负极具有高反应活性和可燃性，脱锂后的正极则容易在高温下结构塌陷并释放氧气，再加上使用的有机电解液可燃且与嵌锂后的石墨负极反应，一旦出现温度异常引起热失控反应链中的一环启动，且没有有效的散热降温措施的话，热失控、电池燃烧甚至爆炸事故即会发生，所以要提高电池的本征安全性必须要改变对材料进行优化。

首先，优化电解液配方，抑制负极与电解液的反应。包括提高生成的SEI膜的稳定性，提高电解液锂盐的稳定性，开发阻燃电解液等，这些措施早已被行业认可。更加彻底的方法是开发不可燃的电解液，马里兰大学的许康（Kang Xu）课题组开发出了可实现4V稳定充放电的水系电解液①，可以彻底解决电解液助燃的问题，尽管现在水系电解液还仅限在实验室中使用，相信未来会有实用的可能。另外固态电解质的开发也可以提高电池的安全性，固态电解质具有不可燃、化学窗口宽的优势，安全性一直是固态电池的重要优势②，丰田、万向A123、戴森在固态电池的应用开发上取得了很大成就。预计在2020~2030年，固态电池会迎来商业化大潮，电池的安全性可以得到大幅提升。

其次，隔膜方面，应提高隔膜在高温时阻隔正负极的能力，提高隔膜的热稳定性，降低隔膜的热收缩率，尽量抑制电池内短路的发生。复合多层结构的应用也可以制造多功能隔膜，如已经商业化的PP/PE/PP结构自闭孔隔膜，崔屹课题组开发了聚合物/金属/聚合物隔膜和聚合物/氧化硅/

---

① Yang C., et al., "4.0 V Aqueous Li-ion Batteries," *Joule* 1: 122–132;

② Manthiram A., et al., "Lithium Battery Chemistries Enabled by Solid-State Electrolytes," *Nature Reviews Materials* 2: 16103

聚合物隔膜①，分别使得隔膜具有了监测锂枝晶的功能和消耗锂枝晶阻止进一步生长的功能。

正极材料方面是提高正极材料的热稳定性，降低正极材料分解时的反应强度和释氧强度，比如使用热稳定性更好和反应强度更弱的磷酸铁锂可以提高电池的安全性。正极材料的热稳定性和能量密度往往成反比，磷酸铁锂的安全性较高，能量密度较低，过渡金属氧化物，特别是高镍三元材料拥有较高的能量密度，但是安全性方面则大幅降低。近来发生安全事故的电池多是2016～2017年生产的三元532电池，磷酸铁锂电池相对安全，事故概率和严重程度都大幅降低。另外，可以对过渡金属氧化物正极材料进行包覆，如包覆ZnO、Al_2O_3、$AlPO_4$、AlF_3等，可以提高材料热稳定性。还可以在正极表面包覆正温度系数材料，如在$LiCoO_2$表面包覆聚3－十二烷基噻吩②，温度升高时，聚3－十二烷基噻吩的电阻升高，一旦温度超过80℃，原本导电的聚3－十二烷基噻吩薄膜变成高电阻状态，切断电化学反应，抑制放热反应的发生。

2. 降低电池滥用情况，并做好安全预警

电池滥用可分为机械滥用、电滥用和热滥用。降低滥用情况发生的途径很多，主要包括以下几点。①降低机械滥用，国内关于动力电池的安全测试标准主要是GB/T31485－2015和GB/T31467.3－2015，规定了电池单体和模组需要通过针刺、挤压、跌落实验验证，电池系统需要的测试项则更多，包括机械冲击、振动、跌落、翻转、模拟碰撞、挤压。这么多安全测试便是要保证电池对机械滥用的抵抗力，这要求从单体到电池系统的结构设计是安全稳固的，需要高强材料设计和可靠连接设计，防止出现局部断裂、连接松动的情况，降低电池内部所受到的机械滥用影响；②降低电滥用，电池单体

① Ding J. et al.，"Improving Battery Safety by Early Detection of Internal Shorting with A Bifunctional Separator，" *Nat. Commun* 5：5193；Liu K. et al.，"Extending the Life of Lithium-Based Rechargeable Batteries by Reaction of Lithium Dendrites With a Novel Silica Nanoparticle Sandwiched Separator，" *Adv. Mater* 29：1603987.

② Xia L. et al.，"Temperature-Sensitive Cathode Materials for Safer Lithium-Ion Batteries，" *Energy Environ. Sci.* 4：2845.

中引入防过气压过高的安全气阀和 CID 设计，防过电流的保险丝设计。模组和系统中做好漏电防护、高压防护和绝缘设计，电池箱体实现 IP67 防水防尘要求；③降低热滥用，如添加电池恒温装置，使用风冷、液冷、相变材料冷却等方式，保证电池在工作温度下运行。

安全监测和预警软件方面则是通过电池管理系统（BMS）的开发实现，BMS 不仅要对电池系统中每颗电芯的电压、温度、内阻、电流等参数实时监控，还要对信息进行分析判断，如果出现可能发生事故的异常要能及时做出预警。为了汽车乘员的安全，至少要求在发生危险前的 5 分钟提供报警信号，提醒乘员撤离。

3. 阻断热扩展

即使系统中一颗电芯发生热失控，也不会通过热扩展引爆相邻电芯，这样整个系统仍是安全的。我们称之为电池的“Fail-safe”。要做到 Fail-safe 需要在电芯之间预先做好隔热措施，而且考虑到电芯发生热失控时可能会发生燃烧、爆炸，还需要做好降温、灭火的措施。不仅如此，将热失控电池释放的能量和气体定向排出系统外，可以有效降低热扩展发生的可能性。能够完全做到 Fail-safe 是最理想的情况，但至少也要做到阻止热扩展在 5min 内不发生，这也是保证人员安全的最短时间。另外因为产生的气体有可燃和有毒成分，还需要做好气体灭火和无毒化工作。

四　最近进展

电池系统的安全事故往往是从某一颗单体发生热失控开始的。虽然引起单体热失控的原因很多，但是最终都是先引起电池单体的内短路，之后电池温度急剧升高发生热失控。动力电池系统由很多单体电池组成，比如特斯拉 Model S 的电池系统中有 7000 多颗 18650 圆柱电池。要保证每颗电池单体不发生热失控是非常困难的，假设一颗电池发生热失控的概率为百万分之一，按照系统包括 7000 颗单体计算，一个电池系统中单体都不发生热失控的概率约是千分之七，而考虑到特斯拉每年数十万台的销量，保证所售汽车中所有电池单体都不发生热失控是不可能的。而我国 2018 年电动车的销量是 120 万辆，因此要保证所有电池单体都不发生热失控也是几乎不可能的，我们需要做好 Fail-safe 工作，阻止热扩展、避免热失控单体引爆周围电池，保证整个电池系统的安全性。

苏州宇量电池有限公司坚持动力电池系统的 Fail-safe 理念设计，Fail-safe 是指电池系统中即使有一颗单体发生热失控，也不会影响到系统中其他的电池，最终整个系统仍是安全的。接下来，将要介绍一下 Fail-safe 的工作进展，主要包括三个方面：控制单体电池间的距离、快速排出热量、降低热失控电池的发热量。

（一）控制单体电池间的距离

增长热扩散的路径是阻止热扩展的有效方法，我们使用宇量自己生产的 26800 型圆柱电池验证了方法的可行性。图 3 为实验的照片，实验模组由 7 颗电池单体构成，1 颗放置在中心，其他 6 颗环绕其一周。电池间的距离通过固定用 PP 支架的结构设计调节。实验通过引发中心电池的热失控，观察围绕电池是否会被引发起火爆炸进行（具体见图 3）。

a

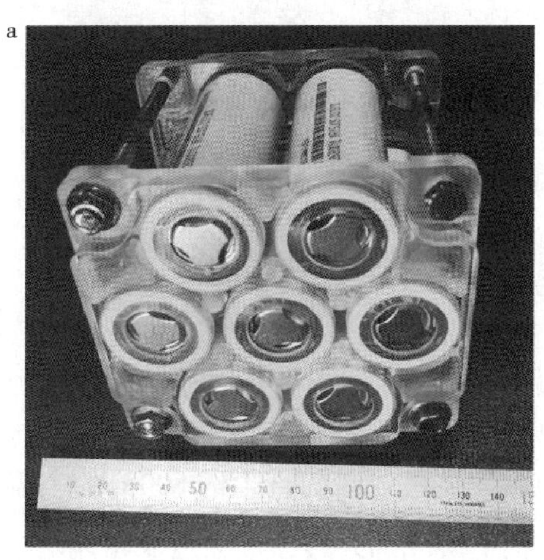

b

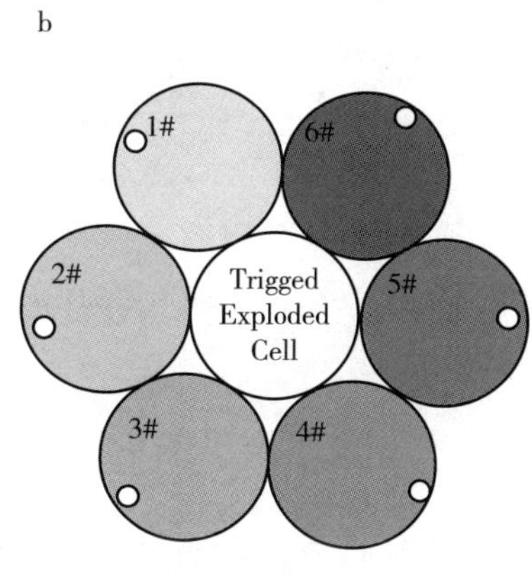

图 3　26800YL 圆柱电池模组 Fail-safe 实验照片（a）及示意图（b），

注：图（b）环绕电池表面的小圆圈为测温热电偶的放置位置

实验结果如图 4 所示，当 7 颗电池间的距离很小、互相贴紧时，引爆中心电池，环绕电池相继发生了热失控，电池温度最高升至 800℃，证明发生了热扩展。然后，电池间距离调节到适当值时，中心电池引爆后，环绕电池的温度均不超过 100℃，即无热失控发生，没有热扩展。

通过增加电池间距，增长了热传导的距离，降低了引爆电池高温对相邻电池的影响，这是简易可行的方案，也被实验验证了。但是实际应用过程还要考虑到电池系统的体积有限，过大的间距会浪费电池系统内的空间，降低系统的体积能量密度。这对有空间要求的新能源汽车电池影响较大，需要综合考虑。

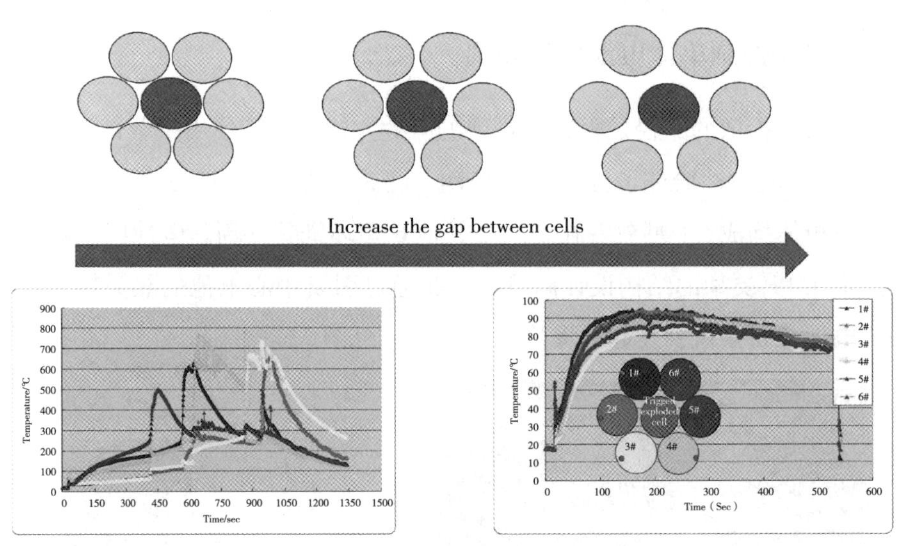

图 4　增加电池间距对热扩展是否发生影响

（二）快速排出热量

在电池箱内，电池内短路导致的热失控可以瞬间产生约 800℃的高温气体，若不能及时把这种高温气体和其他电芯隔离并排出，会造成相邻电芯的连锁反应，最终造成严重的安全事故。通过泄压阀的设计可以控制电池内部烟雾喷出的位置和方向，在延续方向增设烟雾的排出通道，可以将喷出物和热量快速排出电池系统，避免热量集聚造成热扩展。

因此，我们设计了电池模组的烟道系统，如图 5 所示，模组两侧设计了烟雾的引流结构，包括烟雾的阻挡、导向、排放设计。当模组上某颗电芯热失控喷出高温气体时，图 5（a）中模组上烟道系统的单向阀打开，使烟雾沿着导向凹槽排出到烟道口，并沿着烟道排出，见图 5（b）。这样，烟雾不会流向其他电池表面，达到了排出高温烟雾、系统快速降温的目的。

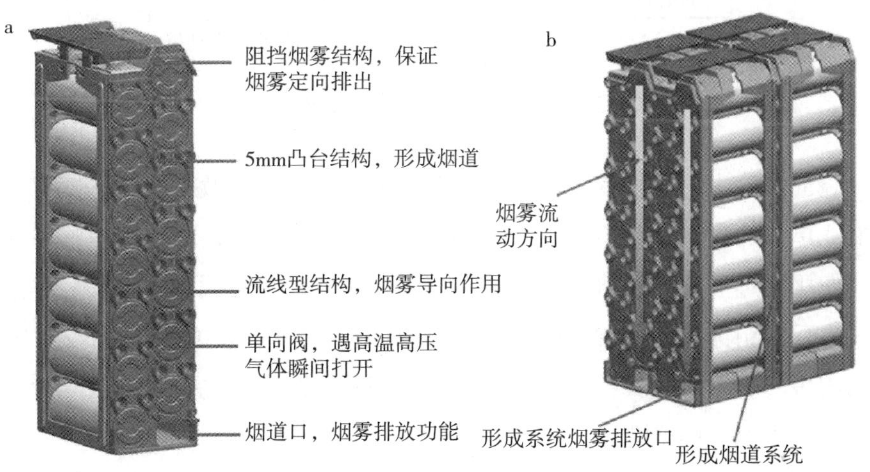

图 5　电池模组烟道设计示意图（a）及烟雾排除方向示意图（b）

（三）降低热失控电池的发热量

宇量开发了自己独有专利的功能性隔热层，具有吸收热量并阻止电池燃烧的功能。这主要是用于更高能量密度、更大尺寸电池单体的动力电池系统。我们发现使用调节单体间距和增加烟道的方法已经可以成功阻止 26800YL（5.6Ah）圆柱电池系统内的热扩展，但是对于更大尺寸的电池，如 VDA-2714897 方形电池，还需要更多的措施。

因此，我们开发了功能性的隔热层，如图 6 所示，功能性隔热层主要包括两个方面的功能，一是降低热失控的强度，包括降低热失控的温度、灭火、使电池只冒烟不冒火；二是设置热扩展的屏障，高效隔热。基于这一设计理念，我们不断进行实验，最终找到了实现的方法。

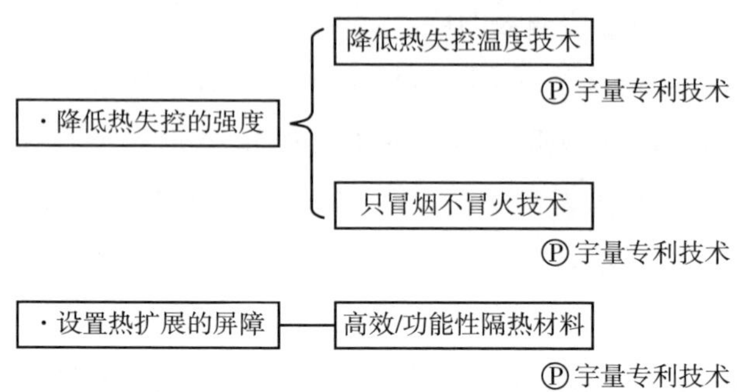

图6　功能性隔热层的设计理念

验证实验中，我们使用5颗方形2714897电池单体做成的简单模组，每颗电池单体的容量都是50Ah，且处于100SOC%状态。如图7所示，相邻电池间使用隔热层隔开，将螺纹钉放在模组中间电池防爆阀的正上方，并把电池装入反应箱体内，使用10kg重的铁锤垂直降落砸向螺纹钉，引发中间电池的内短路，继而热失控。每颗电池表面都贴有测温热电偶，记录实验过程中电池表面温度的变化。

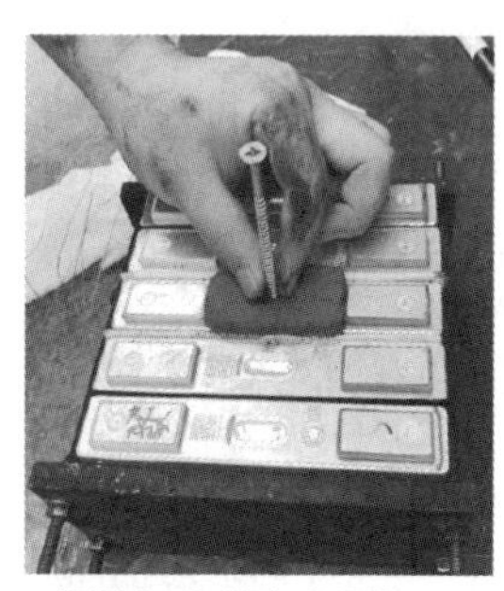
螺纹钉安放在防爆阀（0.1mm厚AI箔）上方

电池装到反应箱体内

10kg重锤垂直砸向螺纹钉，保证产生一个严重的内短路

图7　方型电池 Fail-safe 实验流程

实验结果如图 8 所示，对比实验中，使用普通隔热层时，螺纹钉刺穿电池后，先是冒烟然后马上有明火喷出，相邻的两颗电池也在 2min 后被引爆。电池表面温度最高达到了 800℃，相邻电池的引爆证明了热扩展的发生。而使用功能性隔热层的实验中，螺纹钉刺穿电池引起热失控后，尽管引爆电池的表面温度也快速升高至 600℃，但是反应箱体内只冒烟不冒火，而且经过十几分钟的记录，相邻电池表面的温度仍在 100℃以下，没有发生热失控，即没有发生热扩展，实现了 Fail-safe 功能。

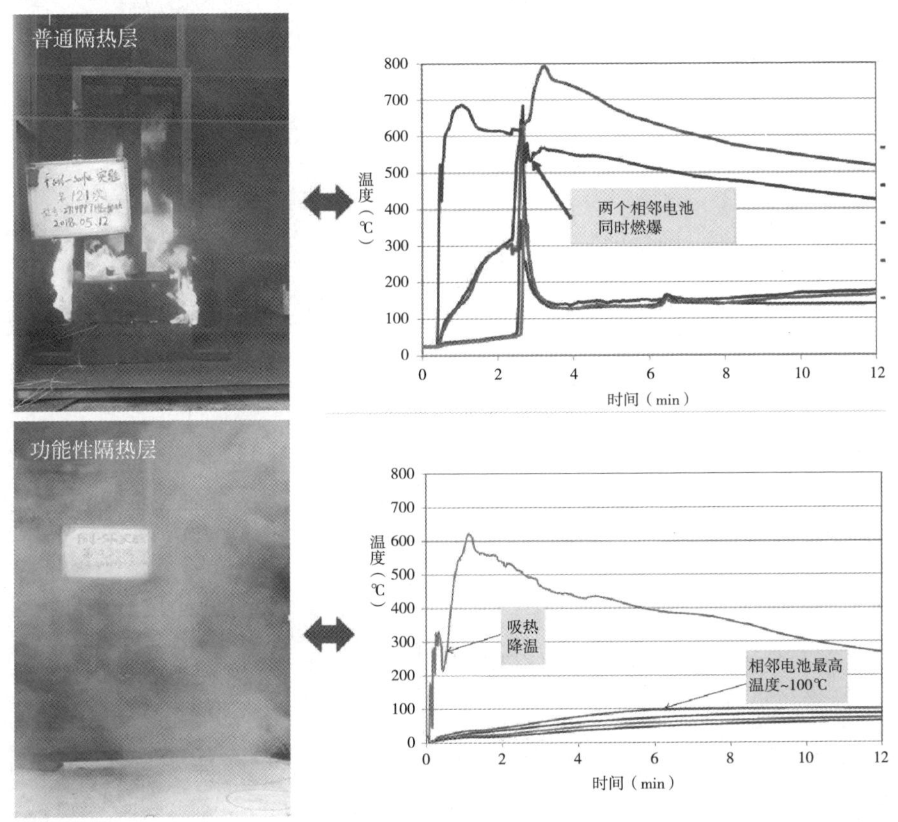

图 8　功能性隔热层与普通隔热层的区别

注：使用普通隔热层，引爆电池有明火，且发生了热扩展；使用功能性隔热层，引爆电池只冒烟不冒火，且没有发生热扩展，相邻电池的避免温度在 100℃以下。

另一个重要的证据是引爆实验后，使用普通隔热层时引爆电池的铝壳明显熔化，露出了内部卷芯（见图9）；而使用功能性隔热层的引爆电池的铝壳仍然保持完整，这证明了功能性隔热层的降温功能。

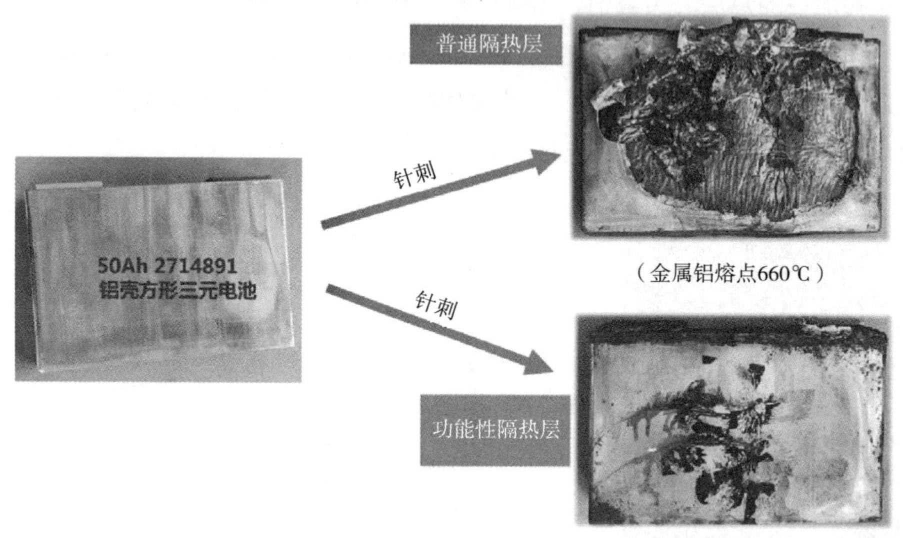

图9　针刺试验后，针刺电池表面铝壳的保存情况照片

综上，我们研发的功能性隔热层具有显著的降温、阻燃、隔热功能，有效地避免了引爆电池的热扩展，实现了50Ah级别单体组成的电池系统的Fail-safe功能。

五　展望

动力电池和新能源汽车的安全性是新能源汽车普及的基础，消费者不会去购买有生命危险的汽车产品。如果不能做好安全性的保障，行业很可能会迎来一段时间的低谷。动力电池必须在保证安全性的前提下提高其他性能，片面追求续航里程、快充性能是不可取的。要保障动力电池的安全性，必须从各个方面，包括材料方面、结构设计方面、监控预警方面，做好规划，取得实际进展。

相比于单体电池的安全性，系统的安全性更加与消费者相关。阻断电池间的热扩展，做到电池系统的 Fail-safe，可以保障产品不出现安全事故。宇量的功能性隔热层可以实现电池的只冒烟不起火，抑制了电池继续燃烧释放热量的可能，可以大幅提高电池系统的安全性。

而固态电池可以从根本上提高电池的安全性，使用不可燃、高稳定性的固态电解质材料，相比于现在的有机电解液体系，具有天然的优势。固态电池正成为行业内的研究热点，相信在不久的将来，便会进入动力电池市场，成为下一代电池产品。

B.13
固态锂二次电池发展概况

黄学杰　俞海龙　贲留斌*

摘　要： 固态锂二次电池采用具有离子导电能力的固态电解质全部或部分替代电解液，有利于提升电池的安全性能。固态电池分为固态锂离子电池和固态金属锂二次电池，锂二次电池负极直接使用金属锂，电池的能量密度有明显提升。固态电解质是全固态锂离子电池的核心材料，通常而言，锂离子固态电解质在工作温度下的离子电导率应大于 $10^{-3}S \cdot cm^{-1}$ 才能应用于高比能固态锂二次电池，具有潜在应用价值的固态电解质材料有聚合物、氧化物和硫化物，其中硫化物电导率最高，已接近液态电解质的水平。从 20 世纪 50 年代后期人们开始研究固态锂电池，至今已历时一个甲子。金属锂二次电池目前在电动汽车上实现批量商业示范运行的只有法国 Batscap-Bollore 的锂聚合物电池。虽然全固态锂二次电池在理论上具有多种液态锂离子电池所不具有的优势，如安全性好、比能量高等，但还有一些迫切的技术问题需要解决。至今还没有企业做出兼具高能量密度、高安全性的大容量全固态动力电池，但研究领域的竞争很激烈。目前正在进行中试研究的固态动力电池多数是使用固液混合电解液的锂离子电池。

* 黄学杰，研究员，中国科学院物理研究所，固态离子学课题组组长；俞海龙，博士，副主任工程师，中国科学院物理研究所，研究方向为固态电池；贲留斌，博士，国际青年学者，中国科学院物理研究所，研究方向为固态材料结构。

关键词： 固体电解质　固态电池　锂离子电池　金属锂二次电池

目前商用锂离子电池正负极间锂离子通过电解液传输，电解液是锂盐溶于有机溶剂制备的溶液，溶剂一般为低闪点易燃的碳酸酯，因此高比能量电池的安全性成为业界难题。固态锂二次电池用具有离子导电能力的固态电解质全部或部分替代电解液，电池内易燃的有机溶剂用量大幅度减少或者被完全去除，有利于提升电池的安全性能。完全不含液态电解质的电池被称为全固态电池，含有固态电解质和部分液态电解质的电池也被称为半固态电池或者固/液态电池，这是目前多数企业正在开发的车用动力电池。

根据负极材料的不同，固态电池分为固态锂离子电池和固态金属锂二次电池。固态锂离子电池也采用石墨等储锂材料作为负极，和商用锂离子电池一样，正极同样选用含锂的化合物。锂二次电池则采用高比容量金属锂作为负极（石墨比容量的 11 倍），正极还可以采用不含锂的化合物，因为电池负极直接使用金属锂，比石墨负极锂离子电池工作电压高 0. 2V。即使考虑到负极锂一般过量 3 倍，负极的比容量和石墨比也有近 2 倍的提升，因此电池的能量密度有明显提升。

从 20 世纪 50 年代后期人们开始研究固态锂电池，至今已历时一个甲子。虽然全固态锂二次电池理论上具有多种液态锂离子电池所不具有的优势，如安全性好、比能量高等，但还有一些迫切的技术问题需要解决。固态电解质的技术进步和锂离子电池产业的成熟为固态锂二次电池的发展研发奠定了坚实的基础。

一　固态电解质

固态电解质是全固态锂离子电池的核心材料，其进展直接影响全固态锂二次电池产业化的进程。通常而言，锂离子固态电解质在工作温度下的离子

电导率应大于 $10^{-3}S \cdot cm^{-1}$ 才能应用于高比能固态锂二次电池，具有潜在应用价值的固态电解质材料很少。目前固态电解质的研究主要集中在3大类材料：聚合物、氧化物和硫化物。现有体系固态电解质离子电导率如图1所示。

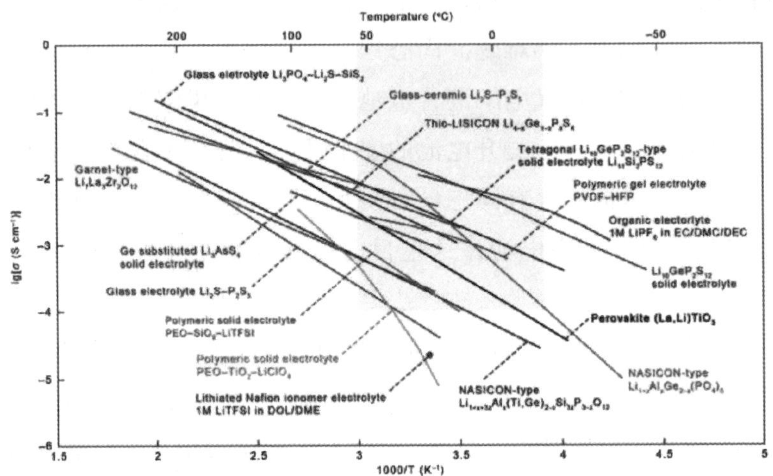

图1 不同固态电解质 Li 离子传导率的温度依赖关系

资料来源：Funke K.，“Solid State Ionics：From Michael Faraday to Green Energy-the European Dimension，” *Science and Technology of Advanced Materials*，August 4（2013）。

（一）聚合物固态电解质

聚合物固态电解质（SPE），由聚合物基体（如聚醚、聚酯和聚胺等）和锂盐（如 $LiClO_4$、LiTFSI、LiFSI 组成）构成。纯聚合物电解质有一定的弹性，易于加工，对锂枝晶生长有一定程度的抑制作用，可用于金属锂负极的电池。1973年赖特（Wright）等人发现，通过将 PEO 与碱金属钠盐络合可以形成具有离子导电性的电解质，1979年阿曼德（Armand）正式提出将聚合物电解质用于锂离子电池固态电解质，之后阿曼德主持了加拿大魁北克水电的锂聚合物电池开发项目，法国博洛雷实现电动汽车规模商业示范应用，这也是目前唯一的固态锂二次电池批量装车运行的项目。PEO 基聚合物固态电解质室温离子电导率不高，80℃下不含液态增塑剂的纯聚合物固态电解质室温离子电导率可达到 $10^{-4} S \cdot cm^{-1}$，100℃时离子电导率为 $5 \times 10^{-2} S \cdot cm^{-1}$，人们也开发了一系列降低 PEO 结晶度以提升体系离子电导率的改性手段，如通过将 PEO 与不同类型的聚合物分子链交联，聚合物基质可以生成枝化结构来抑制其结晶相生成，同时提高其力学性能。但聚合物电解质锂电池一般还是在 80℃的条件下工作。

还有采用加入增塑剂来增加聚合物电解质的无定形区域、促进链段的运动以及离子对的解离，进而提高聚合物电解质的离子电导率。增塑剂一般可以分为 3 类，包括低分子量的固体有机物、有机溶剂以及离子液体。但此类电解质的特性就更接近液体电解质了。

不含 EO 链段的聚碳酸乙烯酯（PEC）则是一种典型的脂肪族聚碳酸酯，分子链由 CO_2 和环氧乙烷交替共聚而成，主链结构中含有强极性碳酸酯基团而且室温无定形态，与锂盐混合后，室温离子电导率一般较 PEO 基要高，Li^+ 迁移率也比 PEO 基电解质高，电池内部的浓差极化低一些。

（二）无机固态电解质

无机固态电解质一般又称为超离子导体（super ion conductor），主要包括固相晶体材料和玻璃非晶相材料。

NASICON 型固态电解质材料的通式一般为 $LiM_2(PO_4)_3$，M 位可以被 Ge、Zr 或 Ti 等元素占据。其中，Al 取代形成的 $Li_{1+x}Al_xTi_{2-x}(PO_4)_3$（LATP）表现出优异的离子电导率，高达 $3.4 \times 10^{-3} S \cdot cm^{-1}$。NASICON 型固态电解质对空气和水具有优异的稳定性，但在全固态锂电池中其与金属锂负极的兼容性问题限制了它们的进一步应用，特别是 Ti^{4+} 易被金属锂还原成 Ti^{3+}。用 Ge 置换 Ti 得到的 $Li_{1+x}Al_xGe_{2-x}(PO_4)_3$（LATP）具有相对较宽的电化学窗口。

石榴石型固态电解质典型的分子式为 $Li_7La_3Zr_2O_{12}$，具有较高的锂离子电导率（$10^{-3}-10^{-4} S \cdot cm^{-1}$），较低的电子传导性，较宽的电化学稳定窗口（0 - 4.5 ~ 9V），并对锂金属稳定。但其较高的锂含量和较硬的陶瓷刚性导致与金属锂较差的浸润性影响了在全固态锂电池的进一步应用，还有富锂的 $Li_5LaM_2O_{12}$（M = Za，Sn，Nb 和 Ta）容易与空气中的 H_2O、CO_2 反应，在表面上形成不导离子的 LiOH 和 Li_2CO_3，导致电解质/电极界面较大的阻抗。通过向固态电解质和锂负极之间引入缓冲层，能促使缓冲层锂化生成锂合金相，可在锂沉积/溶解反应中充当相对稳定的界面层，而将聚合物电解质与无机固态电解质结合起来，充分发挥二者的优势，提供良好稳定的固 - 固界面。

钙钛矿型 ABO_3（A = La，Sr 或 Ca；B = Al 或 Ti）固态电解质离子电导率受空位的浓度影响，其中 $Li_{0.33}La_{0.56}TiO_3$，离子电导率可达 10^{-3} S · cm^{-1}，但 $Li_{0.33}La_{0.56}TiO_3$ 与 Li 金属接触时，Ti^{4+} 会还原为 Ti^{3+}，为了保护 $Li_{3x}La_{2/3-x}TiO_3$，可在其表面上沉积 LiPON 等提高其与 Li 金属的相容性。相比于 LLZO，钙钛矿固态电解质与正极材料兼容性高，与 $LiCoO_2$、$LiMn_2O_4$ 和 $LiNiO_2$ 均具有很好的兼容性。

反钙钛矿型固态电解质材料通式为 Li_3OX（X = Cl，Br）表现出了较高的离子电导率，但能够满足其对相纯度的要求和大规模生产标准的技术远不够成熟。

结晶硫化物和玻璃陶瓷固态电解质均表现出了相对较高的离子电导率，在导电性上大大优于氧化物固态电解质。Kanno 发现的 $Li_{10}GeP_2S_{12}$（LGPS）室温离子电导率高达 1.2×10^{-2} S · cm^{-1}，Minami 等制备的玻璃陶瓷 $Li_7P_3S_{11}$ 的锂离子电导率高达 4.2×10^{-3} S · cm^{-1}。然而硫化物在全固态锂电池的应用中仍需解决几个关键的问题：一方面，硫化物电解质在空气中极不稳定，且吸潮后反应生成有害气体 H_2S；另一方面，其与正负极的界面接触稳定性较差，硫化物中高价元素（如 P、Ge）与金属锂的高反应活性以及硫化物与氧化物正极接触形成的空间电荷层，都会造成较大的界面阻抗，掺杂和表面改性正在取得积极进展。

二 国际固态电池研发进展

（一）专利和论文统计

2000 年开始，越来越多的国家开始公布固态电池研究计划。在 Web of Science 核心合集中，以“solid state battery”和“[lithium or (lithium ion)]”为关键词进行主题检索，截止到2019 年，分别得到8773 篇文献，参见图2。从 2009 年开始针对固态锂电池发表的 SCI 数出现显著增长；使用 SooPAT，以“固态电池”为关键词检索专利，检索到发明与实用新型专利共 457 项，按申请年统计专利数如图 3 所示，从 2014 年，专利申请开始出现快速增长。

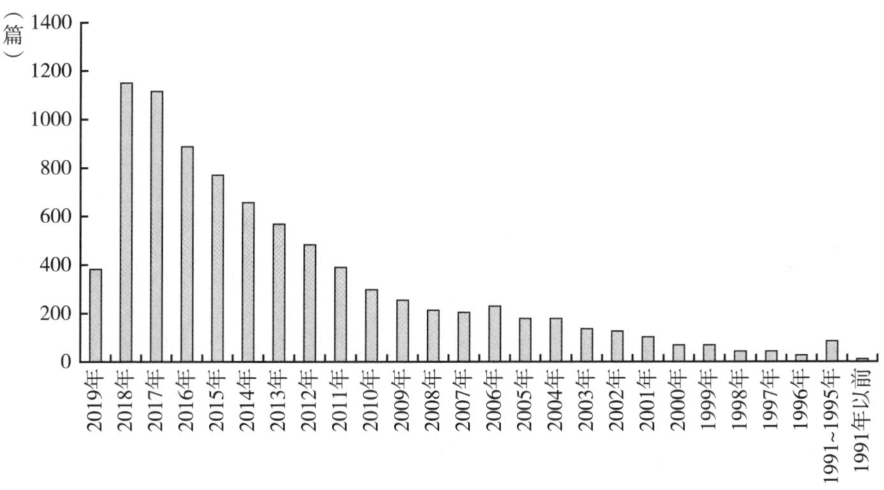

图 2 固态锂电池文献年份统计

至今还没有企业做出兼具高能量密度、高安全性的大容量全固态动力电池。总体来讲日本固态电池研发处于领先地位，美国一些初创公司时有惊人报道，竞争很激烈。金属锂二次电池目前在电动汽车上实现批量商业示范运行的只有锂聚合物电池，法国 Batscap-Bollore 的锂聚合物电池容量为 10 ~ 30Ah，循环寿命超过 2000 次，已成功应用于 Autolib 共享汽车，总

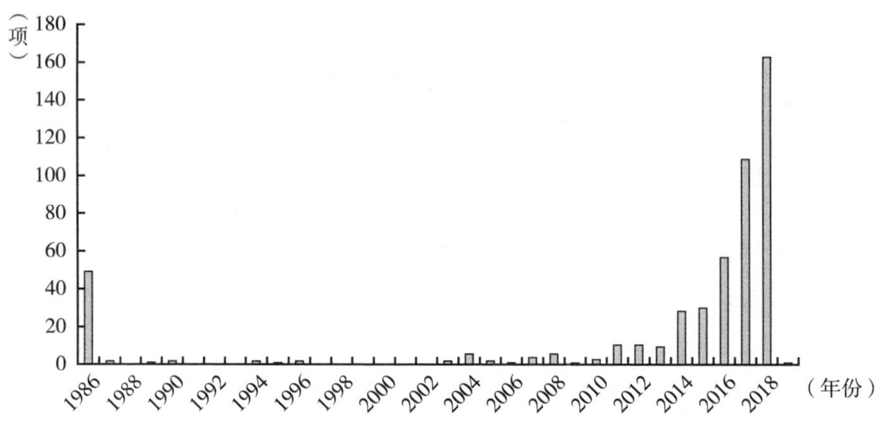

图3　固态电池专利年份统计（以申请日统计）

保有量达到4000辆，主要在巴黎地区运行。电池比能量可达到180～200Wh/kg，没有超过目前的锂离子电池，加之需要保温运行，系统的比能量不超过120Wh/kg。其余正在走向汽车应用的多数是固液电解液混合的锂离子电池。

（二）欧美固态电池公司进展

1. 美国固态电池公司（Solid Power）

Solid Power是美国科罗拉多州的一家初创固态电池公司，成立于2012年，它声称通过在锂电池中加入高容量金属锂负极取得了突破，创造了一种能量容量比传统锂离子电池“高2～3倍”的固态电池。①

2018年，美国Solid Power公司，从三星、A123系统和现代摇篮等公司A轮融资筹集了2000万美元用于固态电池研发。

2019年，固态电池公司Solid Power已经和福特汽车达成合作，研发下一代电动汽车全固态电池。双方合作将侧重于研发适用于汽车领域的全固态

① Electric. “Ford Invests in ‘Breakthrough’ Solid-State Battery Startup Already Backed By BMW And Hyundai.” Last modified August 11. https：//electrek. co/2019/04/11/ford－solid－power－state－battery/.

电池，并将利用 Solid Power 卷对卷（roll to roll）技术生产设施试产电池。

2. 美国24M 公司

24M 是一家成立于 2010 年的电池公司，技术源于 MIT，它获得了由美国先进电池联盟（US Advanced Battery Consortium）与美国能源部（US Department of Energy）签订的一份 300 万美元的 3 年期合同，目标是在 2019 年底前开发出能量密度为 350Wh/kg 的电池，大多数能量密度提升来自使用硅负极材料。

24M 表示，它还向一家工业合作伙伴提供了能量密度为 280Wh/kg 的电池，希望在不久的将来能产生能量密度为 400Wh/kg 的电池。①

3. Infinite Power Solutions 公司

2009 年，Infinite Power Solutions 曾推出了全固态薄膜微能量电池 THINERGY 系列，微能量电池（MEC，Micro-Energy Cell），其中 THINERG MEC101 电池的规格为 25.4mm × 25.4mm，只有两张纸厚，15 分钟能充到 90% 的电量。2013 年，苹果收购 Infinite Power Solutions 公司，研究用于可穿戴设备上的固态电池。

4. 法国博洛雷公司（Bolloré）

法国的博洛雷（Bolloré）公司子公司 BatScap 生产 PEO 基固态锂离子电池用于共享电动汽车，是国际上第一个采用金属锂电池的电动汽车案例，博洛雷集团还负责运营巴黎的 Autolib 系统，这是一个电动汽车租赁网络。但该聚合物固态电池需要在 80℃ 下工作，且比能量不够高，未显示出相较于液态电解质电池的优势。②

5. 美国 Seeo 电池公司

德国博世（BOSCH）于 2015 年以 8000 万欧元收购了一家名为“Seeo”

---

① “24M Ships First High Energy-Density Semi-Solid State Batteries.” Last modified August 11. https://cleantechnica.com/2019/02/26/24m-ships-first-high-energy-density-semi-solid-state-batteries/.

② Blue Storage. “LMP ©: Cutting-Edge, Effective and Safe Technology.” Last modified August 11. https://blue-storage.com/en/our-technology/.

的美国电池公司，重点开发固态电解质技术。据报道，Seeo 公司目前所研发的新型电池能量密度可达到350Wh/kg。博世和 Seeo 还与 GS YUASA（日本汤浅）电池公司和三菱重工共同建立了新工厂，主攻高效轻量化的锂离子电池制造。

博世已经在 2019 年法兰克福车展上展示其目前的固态锂离子电池，该公司声称这些电动汽车（EV）电池可以在短短 5 年或更短的时间内投入生产，且新的固态电池可以使能量密度增加一倍，同时实际上降低了成本，而不是增加成本。①

6. 美国 Sakti3公司

英国戴森公司于 2015 年以 9000 万美元收购了固态电池企业 Sakti3，并将投资近 10 亿美元用于研发大批量生产固态电池。Sakti3 公司的固态电池采用薄膜沉积技术进行生产，电池内部没有液体电解质，取而代之的是一种“夹层”装置，该“夹层”既能充当隔离器，阻止正负电极的接触反应，又能充当电解质，保证电离子间的正常传输。②

7. 美国 QuantumScape 公司

QuantumScape 是斯坦福大学于 2010 年成立的创新子公司，技术路线不详。2014 年获得大众汽车投资 1 亿美元，旨在开发前沿固态电池技术，使电动车的续航里程达到目前的 3 倍。

（三）日本固态电池公司进展

1. 日本丰田汽车公司

丰田希望 2022 年实现市场化所研究的固态电池，该电池可具有分钟级快速充电能力。借助仅为 2 ~ 3μm 厚的固态电解质薄层可显著降低电池体积

---

① Susten. energy. “Bosch Solid-State Lithium-Ion Batteries Could Hit EV Market Within 5 Years.” Last modified August 11. http：//www. sustencorp. com/bosch – solid – state – lithium – ion – batteries – could – hit – ev – market – within – 5 – years/.

② VB. “Dyson Acquires Sakti3 For ＄90M to Help Commercialize ‘Breakthrough’ Solid-State Battery Tech.” Last modified August 11. https：//venturebeat. com/2015/10/19/dyson – acquires – sakti3 – for – 90m – to – help – commercialize – breakthrough – solid – state – battery – tech/.

和重量，提升电池比能量和能量密度。但丰田也表示固态电池从实验室到产业化过程中依旧存在巨大挑战，而到2022年还具有很长时间，而且在这段时间内会发生很多变化。

2013年丰田公司在其报告中说，到2020年，它将市场化其硫化物固态电解质。四年后，该公司将预计日期进一步推迟两年，但丰田表示固态电池研究市场化始终是一个移动目标。①

2. 日本日立造船

在2月27日至3月1日在日本东京举行的国际二次电池展上，日立造船对外展示了基于硫化物系材料作为固态电解质的全固态锂电池“AS-LiB”。日立造船称，目前该产品已经提供样品，计划在2019财年开始批量生产。日立造船所展示的AS-LiB电池尺寸为52mm×65.5mm×2.7mm，重量为25g。额定电流容量为140mAh（在25°C时恒流放电，0.014A），放电期间的平均输出电压为3.65V，放电期间的工作温度范围为-40°C至120°C。

之所以先在航天领域应用，日立造船称，特殊领域用途与汽车领域相比价格空间较大，无须将价格压缩到极限，因此可望早日达到实用化。日立造船也表示出于气温或压力的特殊环境条件，而仅能使用全固态电池的场所为导入目标。

此外，日立造船也计划在2025年后投入汽车用途市场。但对此行业内普遍关注，日立造船所展示的固态电池所需的制造成本和生产投资总量。②

3. 日本TDK

2019年慕尼黑光电子展中，TDK展示了首批CeraCharge固态二次充电

① Extrametech. “Toyota Unveils Solid-State Battery Design for EVs.” Last modified August 11. https://www.extremetech.com/extreme/253065-toyota-wants-leapfrog-competitors-new-solid-state-lithium-ion-battery-design.

② 《日本电池展观察：日立造船硫化物固态电池2019量产》，高工锂电，http://sh.qihoo.com/pc/9e53507789ace3f60?cota=4&sign=360_e39369d1&refer_scene=so_1，最后访问日期：2019年8月11日。

电池，该电池的主要目标是取代传统的纽扣电池和超级电容，目前 CeraCharge 固态电池用于工业电气领域，原最高工作温度为 85℃。①

（四）韩国固态电池

2018 年 11 月，三星 SDI、LG 化学和 SK 创新同意联手开发核心电池技术，此外，三家公司将成立一个规模 1000 亿韩元（约合 9000 万美元）的基金，来打造下一代电池产业生态系统。三家公司还将就下一代电池相关材料、工艺和设备进行合作。

根据协议，他们将共同投资于研发项目，即固态电池、锂金属电池和锂硫电池，同时支持下一代电池材料、工艺和设备的开发，并加速核心技术的早期商业化。②

（五）中国固态电池公司进展

1. 卫蓝新能源

卫蓝新能源公司针对界面问题着手研究解决方案，极片表面包覆固态电解液、凝胶界面、原位形成 SEI 电解质膜等。

在全固态电池的研发上，卫蓝公司有了一定的进展，卫蓝的开发理念是混合固液电解质电池向氧化物聚合物复合全固态锂电池挺进，同时能在低温和 90℃循环，兼顾倍率和安全性。

2019 年 3 月，江苏卫蓝新能源电池有限公司固态电池溧阳中试基地启动建设，计划于 2020 年 3 月投产，建成后预计形成年产 1 亿瓦时的规模。

2. 清陶（昆山）能源发展有限公司

清陶（昆山）能源发展有限公司于 2018 年 11 月 19 日宣布其建成的全国首条固态锂电池产线已正式投产。据悉，这条总投资达 1 亿元的生产线产

---

① 《2019 慕尼黑电子展在上海开幕　TDK 固态电池首次亮相》，有色资讯，https：//news. smm. cn/news/100883592，最后访问日期：2019 年 8 月 11 日。

② 《LG 化学、三星 SDI 和 SK 联手开发核心电池技术》，第一电动，https：//www. d1ev. com/news/qiye/80966，最后访问日期：2019 年 8 月 11 日。

能规模为 0.1GWh，目前可以日产 1 万颗电芯。

3. 台湾辉能科技公司（ProLogium）

辉能科技获得来自软银中国、丹丰资本等机构投资，2013 年起陆续推出 3 款固态锂电池产品 FLCB、PLCB 和 BLCB，供货 HTC，并将产品应用于皮带、安全帽等智能穿戴产品，而后再进入智能卡与 IoT 市场。2019 年 4 月，天际汽车与辉能科技合作签约，双方将联合进行固态电池商业化合作。① 辉能不能在封装内部进行纵向与横向的串联，片状 24 串电池电压达到了 85.2 伏电压，再在其空隙中填充散热胶后将 56 片串联电池堆栈并联后装入特制的铝壳内，形成高密度模块，与水冷板密切结合，电池包空间利用率高。②

① 《辉能固态电池供不应求　辉能建超级工厂抢占先机》，易看天下，http：//sh.qihoo.com/pc/94f325653ba4d149c？cota＝4&tj_ url＝so_ rec&sign＝360_ e39369d1&refer_ scene＝so_ 3，最后访问日期：2019 年 8 月 11 日。

② 《辉能固态电池新能源车解决方案细节全球首度公开》，北方网，http：//sh.qihoo.com/pc/935e7168a4b01b186？cota＝3&sign＝360_ e39369d1&refer_ scene＝so_ 1，最后访问日期：2019 年 7 月 30 日。

B.14
动力电池系统集成及测试评价研究

王 芳　林春景*

摘　要： 本报告从测试评价的角度，基于市场上的产品数据，分析了动力电池系统的关键技术特征、能量密度和热管理技术现状，以及 SOC/SOH 的技术现状及趋势。

关键词： 动力电池系统　能量密度　热管理系统　SOC　SOH

一　动力电池系统关键技术特征

经过近几年产品技术的快速革新，电动汽车由原来的在燃油车基础上进行改装，进化为目前的完整的正向开发。与之相应的，动力电池系统的关键技术特征也发生了根本性的改变，例如标准化模组设计、滑板式电池包外形等。其中一体式（或称滑板式）电池包设计方案出现在了越来越多的车型上。这种方案中电池包外形更加规则，以电池包和底盘作为对象进行一体化设计，具有诸多优点。例如电池包设计方案具有较强的扩展性，便于整车企业基于相同平台进行多车型研发（例如大众的 MEB 平台）。同时，电池包作为整车底盘，便于调整整车重心位置，提升车辆操纵稳定性。在安全方面，能够实现电池包和底盘的双向结构防护。在电池选型和轻量化方面，便于采用标准化电池模组，平铺在车辆底盘上，有利于简化

* 王芳，博士，教授级高工，中国汽车技术研究中心有限公司试验研究所副总工程师；林春景，博士，工程师，中国汽车技术研究中心有限公司试验研究所。

电池包结构设计，提升轻量化。在续驶里程方面，可以尽可能地挖掘可用空间，更利于满足整车长续驶里程需求。图 1 为某款电动汽车滑板式电池包设计方案。

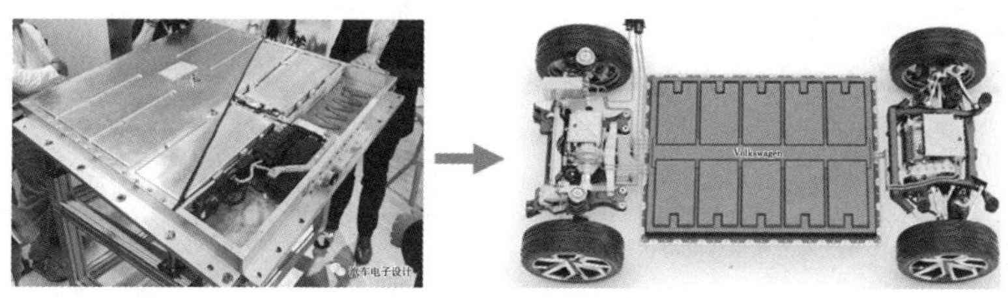

图 1　某款电动汽车滑板式电池包设计方案

二　动力电池系统能量密度

为了进一步提升电动汽车续驶里程，电池系统能量密度近些年增长迅速。对比 2017 年和 2018 年的数据可以发现，基于统计样本，电池能量密度水平提升非常明显。其中，磷酸铁锂电池单体能量密度提升 13%，系统能量密度提升 17%；三元材料电池单体能量密度提升 13%，系统能量密度提升 21%。此外，在集成率方面也有明显提升。

对于 2018 年的电池系统能量密度，统计分析若干款电池系统和对应单体的测试数据，磷酸铁锂电池单体能量密度平均值为 163. 5Wh/kg，最高值为 179. 1Wh/kg，系统能量密度平均值为 137. 5Wh/kg，最高值为 145. 7Wh/kg。三元体系电池单体能量密度平均值为 208. 6Wh/kg，最高值为 245. 1Wh/kg，系统能量密度平均值为 143. 7Wh/kg，最高值为 176. 7Wh/kg，如图 2 所示。

此外，对于具有不同结构形式（圆柱、方形、软包）的动力电池能量密度情况，统计若干款三元材料体系电池单体和系统的能量密度数据，如图 3 所示。基于统计结果，可以发现对于电池单体而言，圆柱形样品能量密度平均值最高，软包次之，方形最低。集成为电池系统后，能量密度的比较结

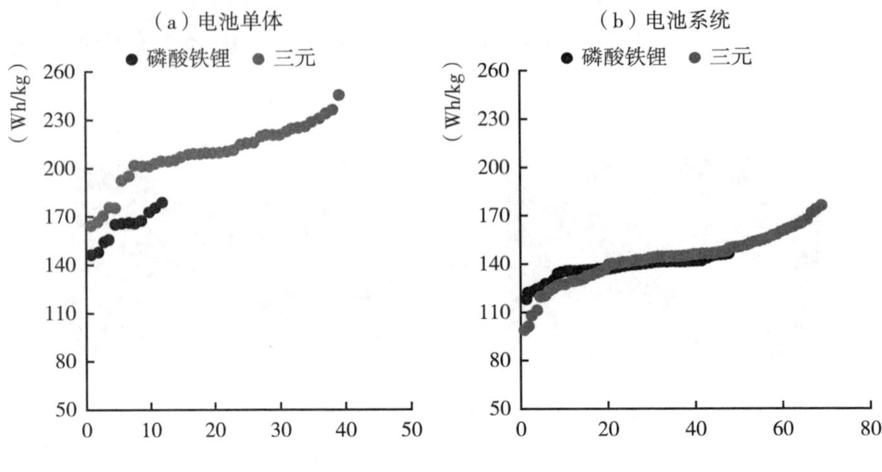

图 2　2018 年若干款电池系统和对应单体能量密度：
（a）电池单体，（b）电池系统

果仍然如此。在集成率（集成率 = 单体能量密度/系统能量密度）方面，则是方形最高，圆柱最低，原因是圆柱电池受结构形式限制，在集成方面需要牺牲一定的空间和质量。

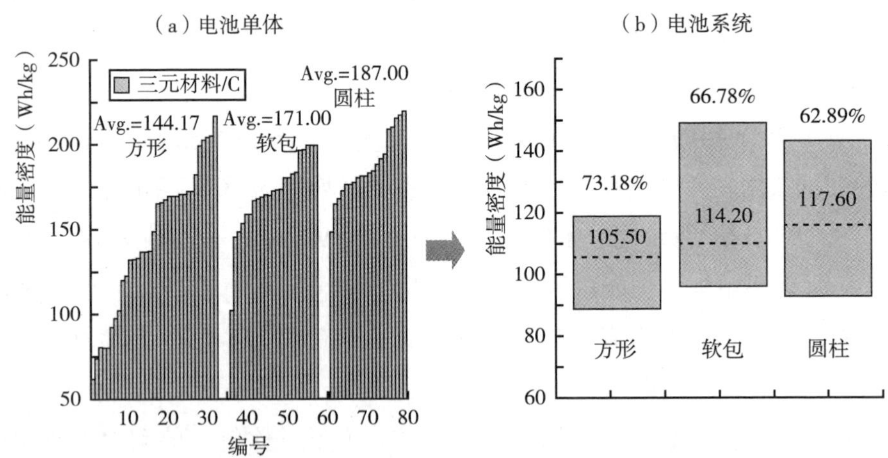

图 3　不同结构形式的电池单体及电池系统的能量密度：
（a）电池单体，（b）电池系统

三 热管理技术现状及趋势

电池的电性能、寿命和安全性与温度的相关性极大，热管理的目的是为电池提供舒适的环境温度，同时尽量减少电池包内部的温差。在电动汽车出现之初，主流的热管理方式主要包括自然对流空气冷却和强制对流空气冷却。随着电池能量密度的提升，为了达到更好的控温效果，液体冷却（分为底部冷却和侧部冷却）得到越来越多的应用。此外，冷媒直冷作为与液冷较为相似的解决方案，最近开始兴起并已在国外某些高端车型上得到应用。表1 总结了上述几种方式的优缺点，以及在目前量产车型上的应用情况。

表1 主流热管理方式优缺点对比以及在量产车型上的应用情况举例

<table>
<tr><th colspan="2">热管理方式</th><th>原理</th><th>优点</th><th>缺点</th><th>典型应用车型</th></tr>
<tr><td colspan="2">自然对流空气冷却</td><td>借助车辆形成的自然风从电池包壳体表面带走热量来降低电池温度</td><td>结构简单、密封性好、温度均匀</td><td>换热量小、冷却能力差、响应慢</td><td>日产 Leaf</td></tr>
<tr><td colspan="2">强制对流空气冷却</td><td>借助风扇等形成的气流在电池包内流动带走电池热量</td><td>技术成熟可靠、成本低、重量轻、便于维护</td><td>密封设计困难，防尘效果较差</td><td>丰田 Prius、起亚 Soul EV、三菱 i-MiEV</td></tr>
<tr><td rowspan="2">液冷</td><td>底部冷却</td><td rowspan="2">当前应用最广的热管理技术，通过液体对流换热方式将电池热量带走</td><td>冷却能力强、加热温升中等、结构简单、密封性好、温度均匀</td><td>占用 Z 向空间</td><td>雪佛兰 Bolt、特斯拉 Model 3</td></tr>
<tr><td>侧部冷却</td><td>冷却能力强、加热温升快、密封性好、温度均匀</td><td>结构复杂</td><td>特斯拉 Model S、雪佛兰 Volt</td></tr>
<tr><td colspan="2">冷媒直冷</td><td>利用制冷剂蒸发潜热，将空调系统的蒸发器安装在电池系统中，制冷剂在蒸发器中蒸发并快速将电池系统热量带走</td><td>系统复杂程度低、换热效率非常高</td><td>温差不易控制、温度控制策略较为复杂</td><td>宝马 i3
宝马 X5 PHEV</td></tr>
</table>

对于上述几种典型热管理方式应用情况的定量分析，统计分析 2017 年国内若干款电池系统产品情况，结果表明 91.7% 的样本采用自然冷却，

2.8%的样本采用强制风冷却，5.5%的样本采用液体冷却。2018年，情况发生了很大变化，72.7%的样本采用自然冷却，采用液冷的样本的比例提升到27.3%。液冷方案采用率显著提升的原因主要是电池能量密度的提升和充电电流倍率的增加等。例如在夏天高温天气，如果对电池系统进行大功率充电，电池发热明显，需要主动冷却方式的介入，否则不便于使用。

四　SOC及SOH技术现状及趋势

电池状态分析主要包括SOC和SOH两方面。电池荷电状态SOC的确定是BMS中的重点和难点，影响电池SOC的主要因素包括充/放电电流的大小、环境温度、电池自放电率、电池老化，除以上的影响因素以外，电池内阻、初始荷电状态、均衡情况、不一致性等因素均对电池荷电状态存在不同程度的影响。由于电动汽车电池在使用过程中表现出的高度非线性，使准确估计具有很大难度。传统的基本估算方法有开路电压法、内阻法、安时积分法、负载电压法等，下面对各种方法的原理进行简单介绍。

（一）内阻法

在内阻法中，电池通常被分为两部分，即直流电阻以及交流阻抗。直流电阻能够表征出当电池有直流电通过时，电池对其的反抗能力。同一段极短的时间内，电池两端电池的变化量同流经电池的电流的变化量的比值即为直流内阻的值。而交流阻抗要通过交流阻抗仪来获得，其值为复数变量，它表征的是电池反抗交流电的能力。内阻法估计电池SOC的依据是电池本身内阻与其电量间的函数关系，这二者之间的关系非常复杂，容易受到SOH、环境因素等的影响，而且成组的单体电池间本身就存在内阻上的客观差异，因此，该方法基本不用于电动汽车，也很难根据电池样本得到电池内阻与SOC之间的确定关系。①

① 马建新、朱东、方运舟：《BSG混合动力汽车铅酸电池性能预测方法的研究》，《汽车工程》2008年第3期；李革臣、古艳磊：《电化学阻抗谱法预测锂电池荷电状态》，《电源技术》2008年第9期。

（二）负载电压法

对电池进行放电的瞬间，相当于为电池接入了负载，若流经电池负载的电流不发生改变，则负载电压与 SOC 之间的对应关系同 OCV - SOC 呈现出相似的趋势。负载电压法估算 SOC 的优势在于，可以对 SOC 进行实时估计，恒流放电的状态下效果良好。负载电压估计电池 SOC 的方法很少用于实车，因为实际工作中，电池电压的剧烈波动会增大负载电压法的应用难度。一般情况下，这种方法用以为电池充放电的截止提供依据。①

（三）安时累积法

安时累积法是电池 SOC 估算方法中较多采用的一种，它是指估算过程中，提前获得上一时刻的 SOC 状态，通过统计一定时间中充入或从电池放出的电荷最终确定电池剩余电量的方法。这种估计方法相对来说较为简单，精度有所改善。估计方法以精确测量电流值为基础，若对电流的测量出现误差，则会极大程度地影响到电池剩余电量估计的准确程度。而且，该方法存在对初始值的依赖性的缺点以及在估算过程中会产生累积误差、无法及时应对电池自放电的缺点。②

（四）开路电压法

开路电压法是指电流为零时，测量出电池的 OCV，进而根据 OCV - SOC 之间的对应关系，即可查找出对应的 SOC 值。该方法多用于对电池初始荷电状态的估计。开路电压法通常有三个使用条件，它们分别为：第一，在 SOC 的取值范围内，对于任一时刻的电池剩余电量，电池平衡电

① 李相哲、苏芳、林道勇：《电动汽车动力电源系统》，北京：化学工业出版社，2011，第 80 ~ 85 页

② Zhiwei He，Mingyu Gao，Jie Xu，EKF - Ah Based State of Charge Online Estimation for Lithium-ion Power Battery，Beijing：International Conference on Computational Intelligence and Security，2009，1，pp. 142 - 145.

动势都存在唯一值能够与其呼应；第二，电池长时间静置的情况下；第三，默认忽略温度、SOH 等外界影响。开路电压法最大的缺陷是电池必须要静置足够长的时间直至稳定，而这个过程消耗的时间较长，至少要数小时。因此，使用该方法估算电池 SOC 较为困难，且电池达到平衡状态的判定也较难衡量。因此，若单独使用该方法，则仅仅适用于驻车状态下的新能源汽车。①

近年来又相继研发出许多新型算法，例如模糊逻辑法模型、自适应神经模糊推断模型、卡尔曼滤波（KF）估计模型算法以及新出现的线性模型法和阻抗光谱法等。其中扩展卡尔曼滤波（EKF）算法原理是 EKF 对非线性函数的 Taylor 展开式进行一阶线性化截断，忽略其余高阶项，将非线性问题转化为线性，可以将 KF 应用于非线性系统。但该方法有两个明显的缺点，首次按 Jaeobian 矩阵推导复杂应用困难，其次当时间步长过大，局部线性的假设就不再成立，线性化处理会造成滤波器的不稳定。无痕卡尔曼滤波（UKF）算法解决了扩展卡尔曼滤波算法的问题。与 EKF 不同，UKF 放弃了对系统方程的矩阵进行线性化处理，通过选取 Signui 点来捕获系统相关统计参量，将非线性函数统计线性化。精度远高于 EKF，缺点是计算量大以及 Sigma 点的选择难，观测噪声和系统噪声会严重影响采样点的精度。

在实际应用中，安时积分法是目前最常用的方法，且常与其他方法组合使用，如安时内阻法、安时开路电压法，这些组合的算法通常比单纯使用安时积分法精度更高。其他各种智能算法和新型算法由于还不是很成熟，有些复杂算法在单片机系统上难以实现，所以在实际应用中还不多见。目前主流的 SOC 估算方法所达到的误差精度如表 2 所示。

---

① Snihir I, Rey W, Verbitskiy E, et al, "Battery Open-Circuit Voltage Estimation by a Method of Statistical Analysis," *Power Sources* 2 (2006): 1484 – 1487; Dubarry M., Svoboda V., Hwu R., et al., "Capacity Loss in Rechargeable Lithium Cells During Cycle Life Testing: The Importance of Determining State-of-Charge," *Power Sources* 2 (2007): 1121 – 1125.

表2　估计方法及其所对应的误差

估算方法	传统 Ah 积分法与开路电压法结合	改进 Ah 积分法与开路电压法结合	开路电压法与神经网络法结合	平方根无极卡尔曼滤波法	优化的神经网络算法	建立支持向量机(SVM)模型
误差精度	3%以内	1.1%以内	3.4%以内	1.5%以内	1%~4.4%	2.5%以内

电池 SOC 的估计方法预计将会在下面几个方向进行完善。第一，完善电池等效模型或提出更精确便于实现的化学模型，针对影响电池 SOC 的温度、放电率等因素更好地融合进电池模型和融合算法，提高模型精度；第二，提高数据测量度，提高仪器的电压、电流精度；第三，扩大数据库，完善数据驱动法以确保 SOC 的估计精度。

SOH 表述为剩余寿命，其寿命衰减源于电池存储导致的日历寿命衰减和运行时引起的循环寿命衰减，外在性能上根据能量型和功率型电池的不同特性表现为容量能力的下降或功率的降低。SOH 至今仍然没有一个明确的定义，目前在锂离子电池及其相关行业中通常用电池的充/放电循环次数、容量和内阻来估计 SOH，如果其中的任何一个量的数值达到临界点就会认为电池寿命已经终结。通常当电池充满电的容量低于电池额定容量的 80%时，认为电池已经失效。

由于 SOH 是一种高度的非线性时变系统，影响因素众多，主要包括环境温度、充/放电倍率、放电深度和充/放电周期。SOH 离线估计算法主要有容量法、部分放电法、内阻法、电化学阻抗法、双脉冲放电负载测试法和初期电压跌落法。随着 SOH 研究方法的不断发展，上述传统离线 SOH 估计方法已经不再使用或者不单独使用，但是这些方法依然是现代在线智能算法的基础，在 SOH 早期的估计中依然发挥了其重要作用。SOH 在线估计算法近些年在离线估计算法的基础之上，研究人员提炼出了一些在线估计算法，包括电压曲线拟合法、滑模观测器法、粒子滤波法、支持向量机法、相关向量机法、模糊逻辑推理法、自回归模型法，以及基于卡尔曼滤波法、神经网络法等可实现实时在线估计的现代智能方法。

（1）电压曲线拟合法。当电池健康状态恶化以后，对电池进行大电流充/放电时，电压的变化比较剧烈。电压曲线拟合法的原理是：利用在不同老化程度的电池上充入相等电量时，电压的波动值不同来估计电池当前SOH值。汽车运行实时工况不断变化，放电电压不易控制，因而通常采集电池充电电压。对已经标定过的不同老化程度电池，进行充/放电循环实验，将采集到的充电电压曲线进行归一化处理，最终选定基准曲线来估计SOH。[①] 索尔（Sauer）等人加入了自适应的方法，很好地解决了传统电压曲线拟合法误差过大的问题。[②]

（2）滑模观测器法。滑模观测器法被用于电动汽车动力电池健康状态估计的最大优点是其具有良好的鲁棒性。金（Kim）利用双滑模观测器估计锂电池的SOH，一个快速时变滑模观测器用来估计电池的基本参数，一个慢速时变滑模观测器被用来得到最终的SOH值。[③]

（3）卡尔曼滤波。基于卡尔曼滤波方法，依据测量值和估计值之间的误差来对系统进行最优化估计，先建立老化模型和电池基础模型相结合的模型，根据一系列的递归方程，通过已知k时刻的状态xk和输入值uk，对第k+1时刻的状态做出最优估计，然后用当前时刻的观测值作为修正量对其进行修正，以递推方式逐步逼近实际值。基于卡尔曼滤波产生多种衍生方法，包括拓展卡尔曼滤波法、西格玛点卡尔曼滤波法、双拓展卡尔曼滤波法和自适应无迹卡尔曼滤波法等。卡尔曼滤波估算方法能够在大量非精确的数据中获取准确的信息，即若输入模型的参数不准确，Kalman估算方法能够从中获取最合适的数据，进而用来对系统数据进行更新，该方法对于多输入系统较为适用，带有卡尔曼滤波的电池模型估算出的SOC值的准确程度能够得到较好的完善。

（4）神经网络法。神经网络法能够很好地适应电池的非线性时变系统，

① 刘希闻：《电动汽车锂离子电池模型仿真与SOH研究》，硕士学位论文，吉林大学，2014。

② Auerdu, Wenzl H., "Comparison of Different Approa-Ches for Lifetime Prediction of Electrochemical Systems-U-Sing Lead-Acid Batteries as Example," *Power Sources* 176 (2008): 534–546.

③ Kim I. S. A., "Technique for Estimating the State of Health of Lithium Batteries through a Dual-Sliding-Mode Observer," *IEEE Transactions on Power Electronics* 4 (2010): 1013–1022.

因而被用来进行电池 SOH 估计。安德烈（Andre）等人提出结构神经网络法，并与拓展卡尔曼滤波法一起使用。[①] 梅成林等人基于 WNN 神经网络预测了阀控式密封铅酸蓄电池的寿命，并与实际测得的结果进行对比，取得了较好的效果。[②] 相关学者依据神经网络法建立模型，通过拓展卡尔曼滤波法得到了 SOC 值，然后结合开路电压法通过模糊逻辑法得到 SOH 值，实现了 SOH 的在线估计。[③]

（5）粒子滤波法。粒子滤波法是一种基于模型的非线性滤波方法，相关学者利用粒子滤波法在线估计了锂电池 SOH，并与指数多项式模型得到的数据进行对比，验证了该方法的准确性，该模型在电池的整个寿命期间的准确性均比传统经验模型高。[④]

（6）支持向量机法。支持向量机采用的是结构风险最小化原则，只需要训练小部分的数据作为支持向量，不存在神经网络的局部最小值问题，因而计算量比神经网络法明显减少。安德烈等人使用双卡尔曼滤波法结合支持向量机法来估计锂离子电池内部状态，取得了较好的效果，并且通过实车进行实验验证了预测结果。[⑤] 此外还衍生了一些其他的支持向量机法，如基于最小二乘支持向量机法预测了锂电池寿命。[⑥]

---

① Andred, Nuhica, " Soczka-gutht. Comparative Study of a Structured Neural Network and an Extended Kal-Man Filter for State of Health Determination of Lithium-Ion Batteries in Hybrid Electric Vehicles," *Engineering Appli-cations of Artificial Intelligence* 3 (2013): 951 -961.

② 梅成林、王文强、刘波峰：《小波神经网络预测变电站 VRLA 电池工作寿命》，《电池》2014 年第 6 期。

③ Shah Ria Rim. , "On-Line State of Health Esti-Mation of VRIA Batteries Using State of Charge," *IEEE Transactions on Industrial Electronics* 1 (2012): 191 -202.

④ Xing Y. , Maewm, Tsui K. L. , " An Ensemble Model for Pre-Dicting the Remaining Useful Performance of Lithium-Ion Batteries," *Microelectronics Reliability* 6 (2013) : 811 - 820; Ovaresbe, " Particle-Filtering-Based Prognosis Framework for Energy Storage Devices With A Statistical Characterization of State-of-Health Regeneration Phenomena," *IEEE Transactions on Instrumentation and Measurement* 2 (2013) : 364 -376.

⑤ Andred, Appelc, "Advanced Mathe-Matical Methods of SOC and SOH Estimation for Lithium-Ion Batteries," *Journal of Power Sources* 224 (2013): 20 -27.

⑥ 解冰：《基于支持向量机的锂离子电池寿命预测方法研究》，硕士学位论文，华中科技大学，2012。

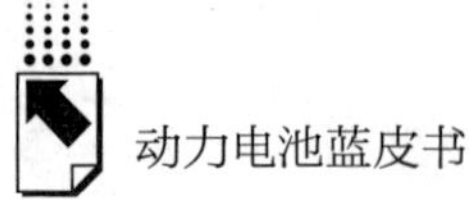

（7）模糊逻辑推理法。模糊逻辑推理法基于电池寿命模型来估计电池的健康状态，无需精确的数学模型，且即使是针对复杂的非线性不确定系统仍然具有很好的适应性。相关学者在不同的 SOC 和温度条件下测量了不同老化程度的电池，作为模糊逻辑模型的输入参数，估计了电池的 SOH，得到了较好的结果。① 相关学者基于开路电压和 SOC 之间的关系，通过最小二乘法和模糊逻辑推理在线估计了 VRLA 电池的 SOH，实验证明该方法响应速度快，估计精度高。② 黄（Huang）等人介绍了模糊逻辑控制法则在电池能量管理策略上的应用，用模型来追踪电池的老化趋势，最终通过归纳得到电池的剩余寿命。③

在线估计算法大多以离线估计方法为基础，并能够衍变出很多其他的方法，与离线估计方法相比，在线估计方法显著提高了估计精度，同时也意味着计算量的增加，对硬件要求的提高，部分新型在线估计算法，对模型或者数据有着特殊的要求或者是得到的结果不够稳定，因而尚未完全商业化应用。尽管 SOH 与 SOC、电池均衡系统在电动汽车动力电池 BMS 系统中，处于同等重要的地位，然而 SOH 估计方法的研究成果，还远远滞后于 SOC 和电池均衡系统等的研究成果。

---

① Zenati, Desprezph, Razik H., Estimation of the SOC and the SOH of Li-Ion Batteries By Combining Impedance Measurements with the Fuzzy Logic Inference, Glendale, USA: IECON 2010 – 36th Annual Conference on IEEE In-dustrial Electronics Society, 2010, pp. 1773 – 1778.

② Shahriari, Farrokhi, State of Health Estimation of VRLA Batteries Using Fuzzy Logic, Electrical Engineering (ICEE), 2010.

③ Huang Wei, Zhang Jianjie, Wang Xu, A New Battery Energy Management Strategy for Electric Vehicle Based on Fuzzy Control, Wuhan, China: Transportation Informa-tion and Safety, 2013, pp. 1686 – 1693.

B.15
动力电池智能制造研究

方凯正*

摘　要： 世界工业正在进行第四次工业革命，各工业强国正在积极寻求转型升级。面对新能源汽车产业的快速发展，动力电池要实现大规模、高品质、低成本的制造方式，智能制造是重要的突破方式。本报告通过对动力电池生产实现智能制造的基础前提进行研究分析，提出动力电池企业智能制造的工作方向。

关键词： 工业转型　动力电池　智能制造

一　智能制造的发展背景

当前世界工业飞速发展，信息技术和计算技术深度融合，但是也存在发展中的深层次问题，尤其是受到金融危机的影响，世界各国制造业面临着市场增长力度萎缩、产值下降等困境，而终端客户个性化需求增加、交货期要求越来越短、低能耗、高资源利用率的发展方向等挑战倒逼制造业转型升级，因此世界制造业先进的许多国家将发展方向对准了下一代的制造方式——智能制造，以期在新一轮的工业革命以及竞争中占据有利的位置。纵观世界工业发展史，已经历经了三次工业革命，分别是以蒸汽动力为标志的

---

* 方凯正，博士，中国汽车技术研究中心有限公司新能源汽车技术服务中心新能源汽车动力电池产业发展研究室，总监。

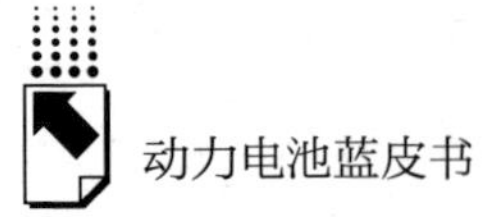

第一次工业革命，以电力为标志的第二次工业革命和以计算机技术为标志的第三次工业革命。而以智能制造为标志的第四次工业革命正处于起步阶段，正在世界各工业传统强国争相开展。

2011 年，美国提出了重返制造业的“再工业化”战略。2012 年美国智能制造领导联盟提出“先进制造业国家战略计划”，提出建设“智能”制造技术平台以加快智能制造的技术创新，随后，大力推动以“工业互联网”和“新一代机器人”为特征的智能制造战略布局。工业互联网是美国智能制造实施方式的精髓，是万物互联互通在工业当中的应用。“工业互联网”的概念最早由通用电气于 2012 年提出，其打破了机器与智慧的边界，并汇集了两大革命的成果，即工业革命带来的无数的机器、设施、机群和系统网络方面的成果，与互联网革命中涌现出的计算、信息与通信系统方面近期取得的强有力的成果。工业互联网的核心是解决设备利用率与运行成本的问题。

2011 年 12 月，德国通过政府、弗劳恩霍夫研究所和各州政府合作投资于数控机床、制造与工程自动化行业应用制造研究，并于 2013 年正式实施以智能制造为主体的“工业 4.0”战略，巩固其制造业领先地位。德国所谓的工业 4.0 是指利用信息物理系统（Cyber-Physical System，简称 CPS）将生产中的供应、制造、销售信息数据化、智慧化，最后达到快速、有效、个人化的产品供应。强调的是产品的柔性生产与个性化定制，达到快速生产和高效的目的。比如西门子的安贝格工厂是数字化的典型代表，将工艺的规划与工程实施、生产系统的规划与工程实施、仿真优化及验证全部实现数字化，并且能够达到数字与实体信息同步，达到设计、制造、调试信息一体化的联动，其中任何一个环节的数据变化，都能在整个环节上同步变更，强调的是集成的、统一的数据标准。工厂内实现了从管理、产品研发、生产到物流配送全过程的数字化，并且通过信息技术，与世界其他生产基地和研发中心进行数据互联。

日本和英国也都提出了相应的工业转型发展战略，日本提出通过加快发展协同式机器人、无人化工厂提升制造业的国际竞争力。英国提出科技改变生产，信息通信技术、新材料等科技将在未来与产品和生产网络相融合，极大地改变产品的设计、制造、提供甚至使用方式。

在中国，国家工信部推动工业化和信息化“两化”融合，在技术、产品、业务以及产业四个方面进行融合，并以智能制造为主攻方向，实现由“中国制造”向“中国智造”的转型。在两化融合过程中，深度利用工业互联网、工业大数据来实现工业制造的转型升级，提高企业发展的内生动力，实现经营层面综合效益的提升。

图 1 为不同智能制造内涵。

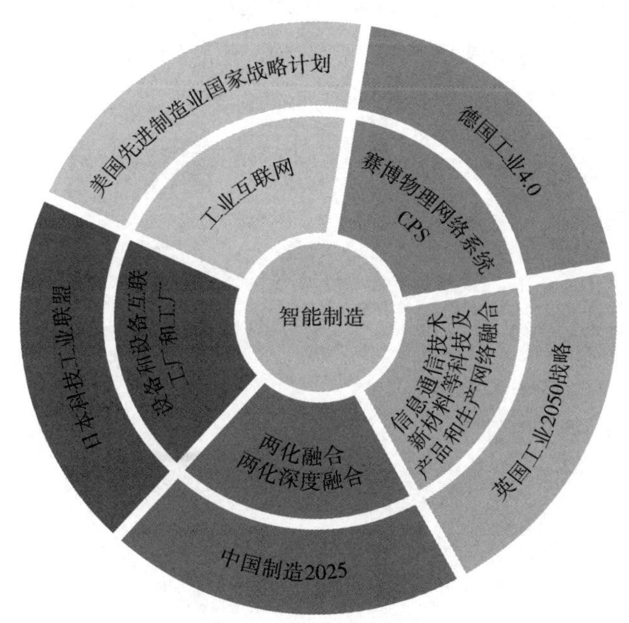

图 1　不同智能制造内涵

资料来源：《智能制造能力成熟度模型白皮书 1.0》。

二　智能制造的定义理解

从智能制造开始发展，业内对智能制造的认知和理解并不能统一并达到同等深度，往往有一些炒作概念出现，混淆视听。而有些企业为了扩大宣传和炒作，也经常抛出一些技术手段如大数据、云计算、VR、AR、黑灯工厂、赛博空间等概念来声称自己做到了智能制造。事实上这些概念只是智能制造某一方面的具体体现或基础能力，并不能算上是真正意义的智能制造。对比我国对智能制造的定义描述，“智能制造是基于新一代信息通信技术与先进制造技术深度融合，贯穿于设计、生产、管理、服务等制造活动的各个环节，具有自感知、自学习、自决策、自执行、自适应等功能的新型生产方式”①。可以发现，智能制造的实现需要借助信息通信技术的深度作用，使生产过程能够具备智能思考和智能决策，生产制造过程中的难点和痛点能够有效解决，生产效率能够显著提升，使产品品质处于优质状态（具体见图2）。

图2　智能制造的热点概念

三　动力电池智能制造技术路径

（一）动力电池智能制造现状

从2015年，工信部推动两化融合在企业落地，开始进行智能制造试点

---

①　参见《智能制造发展规划（2016～2020年）》。

示范。在 2015 年，全国支持了 46 个项目，但是动力电池未能进入。2016 年，全国支持 63 个项目，动力电池领域纳入 1 个项目，是中天储能。2017 年，全国支持 97 个项目，动力电池领域纳入 7 个项目，分别是北方奥钛、河北银隆、孚能科技、妙盛动力、亿纬锂能、比克以及青海时代新能源。2018 年，全国支持 99 个项目，动力电池领域纳入 3 个项目，分别是天津力神、微宏动力和湖南科霸（具体见图 3）。

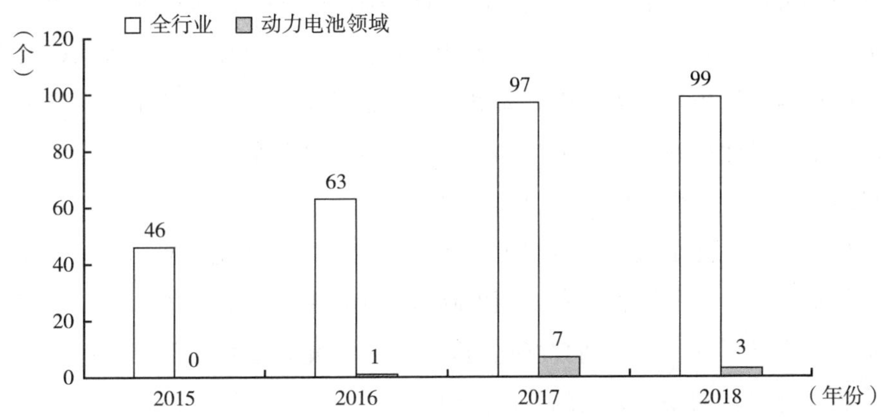

图 3　动力电池智能制造试点示范数量统计

以天津力神为例，天津力神一直在积极探索动力电池智能制造的实现方式和落地方案。天津力神的智能工厂采用全自动生产线，建立了从原材料到成品的全方位自动化仓储物流系统，实现了卷绕、装配、注液、化成、后处理等各工序的生产自动化。同时，通过引进 MES 系统，可以对产品进行严格的在线检测、判定，实时传输数据信息，实现了电池全生命周期的监控和追溯。自动化的提升避免了由员工操作不当而带来的不良和浪费，同时也大大提升了生产效率。企业还建设了大数据平台，采用全新一代工业物联网技术实现企业和用户各个环节的数据互通互联，资源的整合优化，并在此基础上，建设基于新一代电动汽车动力电池研发、设计、生产以及使用的数据平台，实现对于新一代高比能电池数据分析和仿真应用。通过上述方式的实现使企业的生产效率大幅提升，产品不良率明显降低。

（二）动力电池智能制造技术路线

动力电池实现智能制造的终极目标是提高产品一致性、安全性等产品品质，提高生产效率，实现大规模批量化制造进而降低生产成本，降低运营成本和资源能源消耗。无论传统制造还是智能制造，都是要达到这个目的。而智能制造可以说是达此目标的有效手段。国家发改委发布的《汽车产业投资管理规定》指出，新建和扩建的车用动力电池项目要具有较高的智能化水平，在厂房布置、生产线设计、智能装备投入、数字化信息管理，以及生产环境控制和过程控制等方面，要满足智能制造的要求。该政策的制定和实施也是根据产业最新的发展形势和当下以及未来的发展需求，对动力电池行业提出夯实基础、提升能力的引导建议。

智能化是智能制造的最终实现方式，智能工厂是智能制造的载体。实现智能化水平之后，工厂将具备一颗大脑，对生产制造进行智能调控，达到智能制造的终极目标。在实现智能化的同时，动力电池智能工厂需要进行自动化、数字化以及网联化方面的基础建设。

1. 自动化

锂离子动力电池的生产工艺复杂，工序繁多，而且每道工序对电池的最终性能都有影响。整个制造过程需要对环境进行严格控制，保障生产高质量产品必需的温湿度和空气洁净度。生产过程要科学、合理、标准化，减少人为操作。因此高度的自动化是动力电池生产企业必须要升级的目标。当前阶段，我国动力电池生产企业的自动化水平明显提高，从过去的半手动半自动化水平到现在已经完全实现了单机自动化。部分先进工厂在工序衔接方面也实现了自动化，普遍实现了 AGV 小车的运输和机器人的上下料辅助。另外，采取高精度和稳定的设备，对电池生产环节的每个关键的质量节点如匀浆、涂布、分切等关键环节进行严格而有效的实时监测和控制，减少生产过程中的差异性，从而提升产品的质量。

动力电池企业提高自动化的工作方向如下。

第一，目前，大部分企业已经实现了单机自动化，在部分工序环节还有人工参与，因此首先需要梳理目前企业内部还需要人工参与的工序环节、人工数量，以及确定人工参与对生产效率以及产品质量的影响。

第二，制定机器代替人工的行动计划，考虑使用机器人、AGV 小车等进行工序衔接处的人工替代。

第三，在新工厂设计时，充分考虑实现全自动化生产模式的实际要求，应用 CPS 系统进行产线设计，实现数字双胞胎的生产仿真。

2. 数字化

两化融合中，数字化是信息化的重要基础，对于动力电池工厂来说，数字化涉及工厂数字化、机器数字化、零件数字化、工艺数字化、人员数字化，还有数据平台、信息系统、云平台等的统筹和协作。传统操作层面上有一些信息化的手段通常被认为是数字化，如基础的企业信息流向，从下至上，逐级反馈到不同层级的决策者，而这些信息往往是人工输入到系统的，有些甚至不能真实反映出企业运行的实际状态，不能算是真正意义上的数字化。目前来看动力电池数字化转型和升级还有很多工作要做，需要进行细节层面的深入，数字化的结果在效率提升方面将具有非常重要的意义和作用，如提高材料利用率、设备利用率，及时发现设备故障减少维修等待的时间，方便企业可视化管理，综合调度分配资源，科学决策。

动力电池企业数字化的工作方向如下。

第一，思考和梳理如果将整个工厂用数字来定义需要做哪些工作，涉及哪些环节，需要哪些基础条件以及必要手段。思考层次可以从工厂、车间、工序、设备、零件、辅件、人员等方面逐级展开。进而扩展到研发板块、供应链采购板块、市场销售板块以及售后服务板块。在每一板块均有不同的层级需要在进行数字化定义，比如在研发板块，需要对材料、组件、附件、中试工艺等进行数字化定义。

第二，在生产过程中采用先进的数控仪器以及信号传感器，对制造过程以及环节中的各项指标和参数进行采集、监控，如影响动力电池产品质量的因素有温度、湿度、空气洁净度、压力、粘度、细度、粒度、浓度、厚度、毛刺、注液量等。如对设备精度以及稳定性具有影响的因素有温度、湿度、水平度、强度、硬度等；对重点数据运用雾计算、边缘计算或云计算等手段，根据一定的模型功能对产品一致性以及设备稳定性进行监控和预测，起到提前干预、提前预防的目的。

第三，企业需建设基础的数字信息管理系统，如企业层面的 ERP、生产层面的 MES 以及产品层面的 PLM。企业可以通过这些平台化的信息管理系统将企业在运营中产生的数据管理起来，形成企业自己的大数据库并能及时调用以及有效分析和利用。现阶段 ERP、MES、PLM 等在企业的应用还仅仅停留在信息收集、汇总以及管理流程制度化等较浅的层次。一方面没有进行功能的深度挖掘，一方面企业自身的数字化转型力度不够，没有支持模型计算的有效数据及海量数据。这也是未来需要重视和发力的一个方向。

3. 网联化

网联化是支持两化融合的必要条件，从美国的工业互联网行动计划到德国工业 4.0 的信息物理系统都是要搭载一个在工业制造领域万物互联互通的大网络。美国的工业互联网最初由 GE 公司提出，其主要针对企业内部生产环节的互联互通，机器能够相互通信和协助，达到为企业提高效率以及节约成本的目的。后来经过美国智能制造领导联盟的发展演化，逐渐扩展为企业经营的全链条以及企业与企业之间的互联互通。德国倡导的发展信息物理系统也是工业万物互联的一种形式，是在虚拟世界映射出的实体世界，虚拟世界的万物和实体世界的万物均实现互联互通。通过对虚拟世界的操作可以模拟仿真出实体世界的结果，对于缩短研发周期、缩短工艺调整周期、设备预测性维护具有比较突出的作用。对于当前的动力电池企业来说，互连互通还处于初级阶段，需要发展和提升的地方还有很多（具体见图 4）。

动力电池企业网联化的工作方向如下。

第一，企业需要梳理和界定企业内部需要的互联互通的设备、机器、零件、附件、工序、工艺以及链条等。需要明确哪些环节的互连互通能够帮助企业提升效率、降低成本和提高产品质量，并在这些方面制定可操作、可落地的实施方案。

第二，动力电池企业目前采用的一些联网技术手段，比如现场总线、工

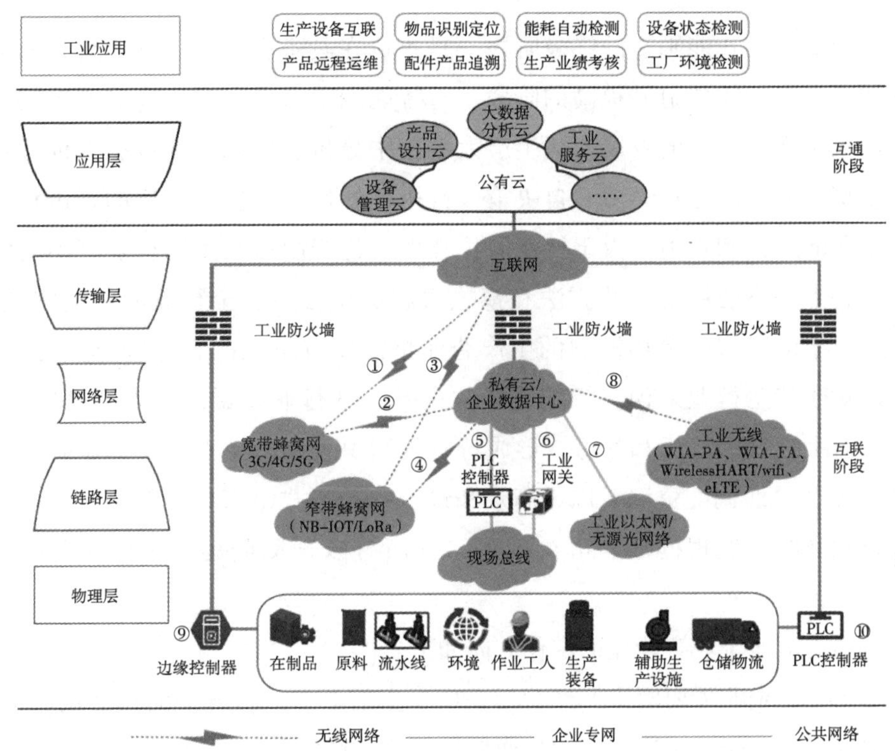

图 4　工业互联互通架构

资料来源：《工业物联网互联互通白皮书（2018）》。

业以太网、窄带蜂窝网、Wi-Fi、蓝牙以及 4G 等。但是也存在一些问题。现场总线连接需要布线具有灵活性和可操作性，对于某些空间紧张以及体积微小的零件无法有效操作。Wi-Fi、蓝牙以及 4G 等无线连接对于可靠性、低能耗以及低延迟方面的问题还不能很好地解决。因此也需要更加有效的连接手段，未来的 5G 发展将能够有效应用。

第三，对于已经联网的各种要素，企业如果已经完成了数字化改造，将能够对各要素进行统筹管理和调度，所有联网数据可以上升到大数据平台，通过边缘计算或云计算等手段实现分析处理进而反馈作用到需要改进提升的各环节。

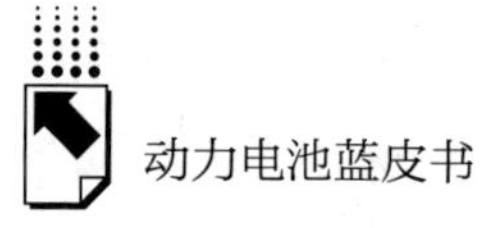

4. 智能化

智能化是智能制造的终极阶段，是企业在具备自动化、数字化、网联化的基础之后需要上升提高的阶段。与智能网联汽车一样，智能制造同样依靠人工智能科技的发展，从生产大数据中分析、提炼有效数据去训练数字模型，使之能够自学习、自决策、自执行的作用于生产制造的全过程以及企业的运营和管理。由于行业的特殊性，智能制造在不同行业有不同的发展特点，不能用统一的方法和模式去解决全社会、全行业的制造问题，并且对于流程型以及离散型的生产企业也需要有不同的思考和解决方案。所以对于特定行业来说，智能化必须是基于本行业特定的生产活动特征，基于对大数据的分析和学习，形成特有的知识库和思想库，使企业的“大脑”能够灵活调配资源，以最高效和最节约的方式组织生产制造，并且可以自动及时地发现问题、解决问题，进而可以预测问题，防止问题的出现。

动力电池企业智能化的工作方向如下。

第一，企业需要对生产经营活动中产生的数据进行统一的标准化定义，数据在各环节能够互通互认，打通信息孤岛。在数据标准化方面需要行业的共识，同时需要有龙头企业的引领和示范，为智能制造在动力电池行业的实施和应用打下基础。

第二，企业需要有大数据分析处理的能力，对数字化企业生产活动中产生的海量数据能够有效处理，通过清洗、筛选、过滤等处理过程得到的优质数据，可以通过装备层级的边缘计算、车间层级的雾计算以及企业层级的云计算进行分析处理，进而得到决策依据去及时干预调整生产过程，使之保持优秀的生产状态。

第三，对于大数据计算，需要企业具有针对具体方面的数据模型，如各工序的工艺模型等，在此基础上通过模型的自学习以及自诊断功能，实时发现问题，然后通过自决策去解决问题，同时模型能够进行不断的训练和学习而具备越来越高级的人工智能层级。

第四，对于其他智能使用技术的应用，增强现实以及虚拟现实技术可以提供非常直接和便捷的人机交互和人与场景的交互，在研发设计和工艺设计方面能够有效提高工作效率。

四　小结

当前动力电池智能制造仍然处于初级阶段，企业对智能制造的理解也是参差不齐，人工智能的发展正在扩展和深入，未来的智能技术也会更加丰富和完善，智能制造虽然还有很长的道路要走，但是分阶段、分步骤还是可以逐渐达到更高的层级，对企业生产出更好的产品、降低生产经营成本具有积极的作用。

B.16
2018年动力电池产业投资现状及趋势分析

黄　斌*

摘　要： 投资是产业景气度的风向标。未来动力电池及材料等关键零部件的产能规划反映了各厂商对未来市场需求的预期，也在一定程度上塑造了产业的未来形态。在本报告中，我们从供给趋势、产品路线、产业聚集效应和国内外对比四个角度，对动力电池产业的变化和趋势进行梳理分析，致力于在行业发展核心驱动逐渐从政策扶持转向市场需求后，对2019～2020年行业竞争格局进行前瞻。

关键词： 供给趋势　产品路线　产业集聚　国际比较

一　供给趋势：从资本开支跟踪未来行业竞争格局

（一）现状：动力电池及关键材料产能迅速增长，产能利用率存在明显季节性特征

根据高工锂电统计，近几年动力电池产能逐年增长，2018Q4产能为51.54GWh，较2014Q4增长1741%，年化复合增长率为204.3%。产能利用率呈现明显的季度特征，2015Q4产能利用率达到93.21%，为2014～2018

* 黄斌，华泰证券股份有限公司，电力设备新能源行业首席研究员。

年最高水平。我们认为产能利用率的季节性特征与新能源汽车补贴政策调整带来的年底、过渡期结束前抢装密切相关。

抢装预期影响企业排产，电池库存熨平跨期波动。2014～2018年动力电池的出货量呈现三个阶段不同特点：第一，2014Q4、2015Q4的动力电池出货量为当年最高，与2015、2016年财政补贴方案均在年初落地，整车企业选择在年底抢装有关；第二，2016Q3、2017Q3为当年动力电池单季出货量最高季，与市场预期2017、2018年补贴政策调整带来对动力电池性能、技术路线等需求面临变化，动力电池企业在Q4选择去库存有关；第三，2018年财政补贴首次设置过渡期，电池企业在去库存、迎抢装预期下排产逐级提升（具体见图1）。

2019年补贴方案已落地，与2018年类似，同样设置了3个月左右的过渡期（6月25日开始执行新的补贴办法），因此2019年动力电池排产或有可能呈现与2018年类似特点，车企的抢装行为仍将导致电池排产前低后高。

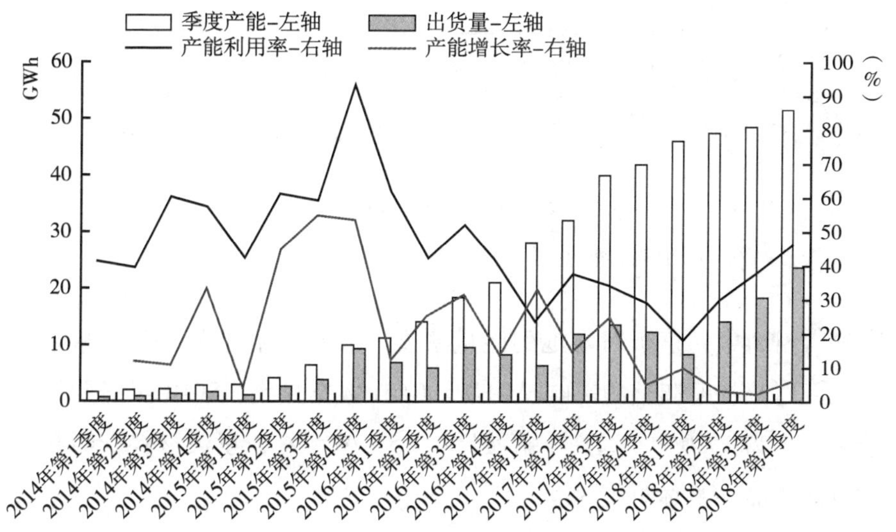

图1　动力电池季度产能、出货量及利用率

从材料环节看，产能利用率也呈现显著季节性特征，且基本与电池排产同步。

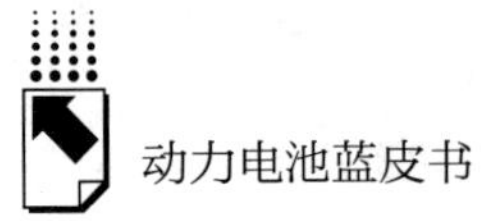

第一，正极材料：2017 年开始一直保持在 30% 以下的产能利用率，与正极材料行业供给分散、技术迭代快有关；

第二，负极材料：供给增长趋缓，近五年来基本保持在 40% 以上；

第三，隔膜：新增供给高，尤其是湿法隔膜，产能利用率波动较大；

第四，电解液：产能利用率较高，与玩家减少、产能调节灵活有关（具体见图 2）。

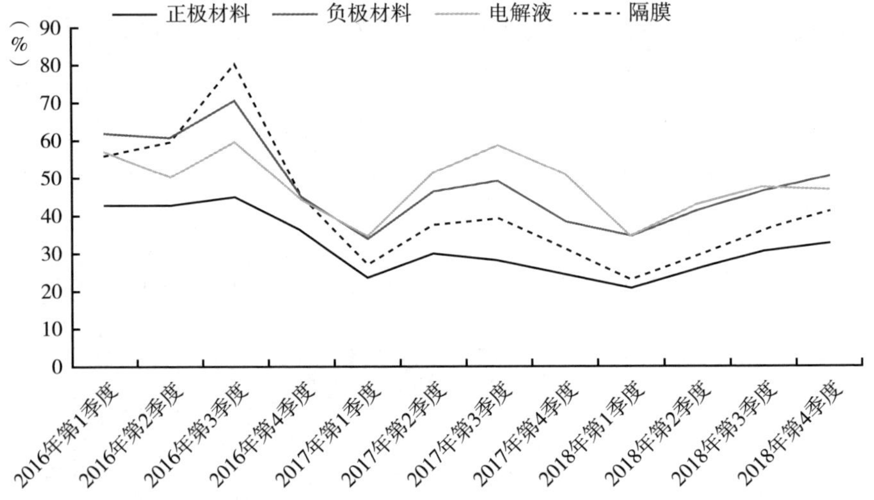

图 2　各材料环节产能利用率对比

资料来源：高工锂电、华泰证券研究所。

四大材料中，正极对电池的能量密度、成本、循环寿命等指标影响最大，因此财政补贴调整的影响最明显。GGII 数据显示，2018 年三元材料的产能利用率为 33.0%，远高于磷酸铁锂 15.1% 水平，正极材料产能利用率结构分化明显（具体见图 3）。

负极材料环节，由于人造石墨更受动力电池青睐，其 2018 年产能利用率高于天然石墨（见图 4）。

隔膜中，由于厚度更薄，更有利于高能量密度动力电池设计，2018 年湿法隔膜的产能利用率为 34.4%，高于干法隔膜 30.7%（见图 5）。

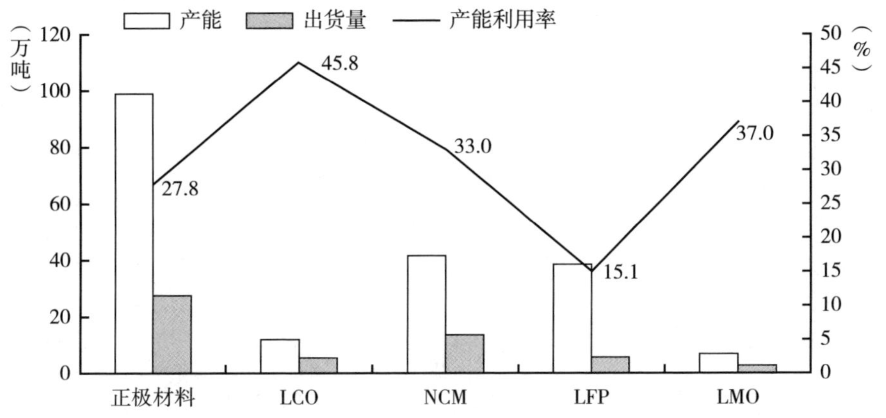

图 3　2018 年各种正极材料产能利用率情况

资料来源：高工锂电、华泰证券研究所。

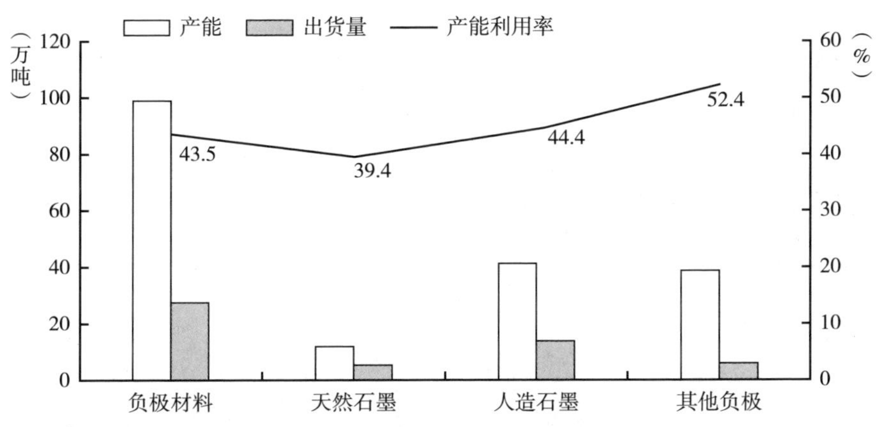

图 4　2018 年负极材料产能利用率情况

（二）趋势：电池和三元材料为主要投资方向

从投资金额上看，与 2017 年类似，2018 年至今的投资仍集中投向三元电池、三元正极材料、湿法隔膜等领域（具体见图 6 和图 7）。

根据国内主流电池厂商公告信息，2019 ~ 2022 年动力电池年均产能增加 120GWh，但增长速度逐渐趋缓。动力电池产能投放节奏主要与政策、市

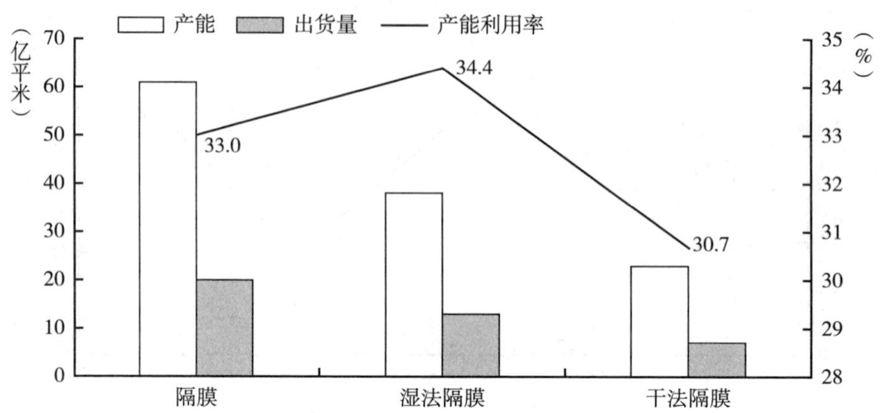

图 5　2018 年隔膜产能利用率情况

资料来源：高工锂电、华泰证券研究所。

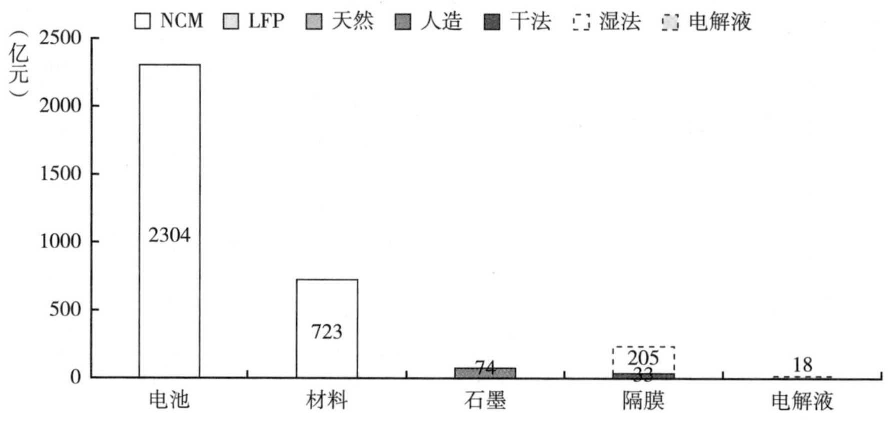

图 6　2018 年至今不同环节投资金额汇总

资料来源：公司公告、华泰证券研究所。

场需求两方面因素有关。随着 2021 年财政补贴完全退出，海外电池企业进入国内市场的速度或加快，国内动力电池行业或面临更大竞争压力。从需求看，大众、宝马、戴姆勒三家传统汽车巨头近期表态重视以纯电动作为未来发展重点，海外需求或迎来爆发期（具体见图 8）。

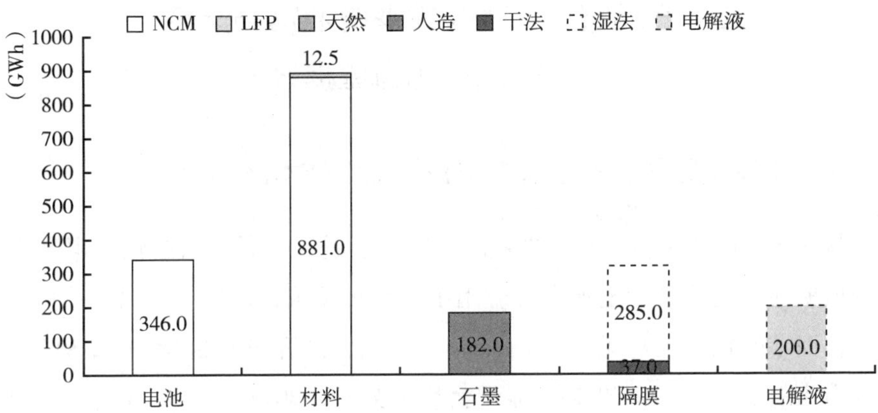

图 7　不同环节归一化产能对比

注：本图中只统计了提供投资金额的项目，材料需求方面，假设 1GWh 电池需要三元正极 1700 吨，磷酸铁锂 2000 吨，负极 1100 吨，隔膜 1500 万平方米。

资料来源：公司公告、华泰证券研究所。

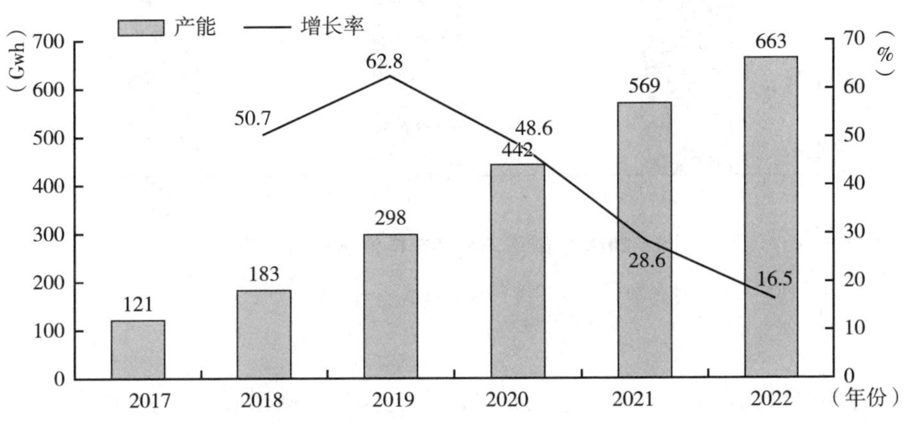

图 8　动力电池产能释放情况预测

注：产能预测根据前二十家电池厂产能规划估算得出。

资料来源：高工锂电、公司公告、华泰证券研究所。

二　产品路线：磷酸铁锂电池格局渐稳，软包占比有望提升

（一）技术路线：补贴政策调整使电池技术路线分化

从2018年乘用车和客车的装机量口径上看，三元和磷酸铁锂电池在应用领域明显分化。三元电池主要应用于乘用车领域，占当年乘用车装机量的90%，而磷酸铁锂电池主要应用在客车领域，占客车装机量的92.9%。与2017年相比，受财政补贴对高能量密度的鼓励，2018年三元电池占比有所提升。具体见图9、图10和图11。

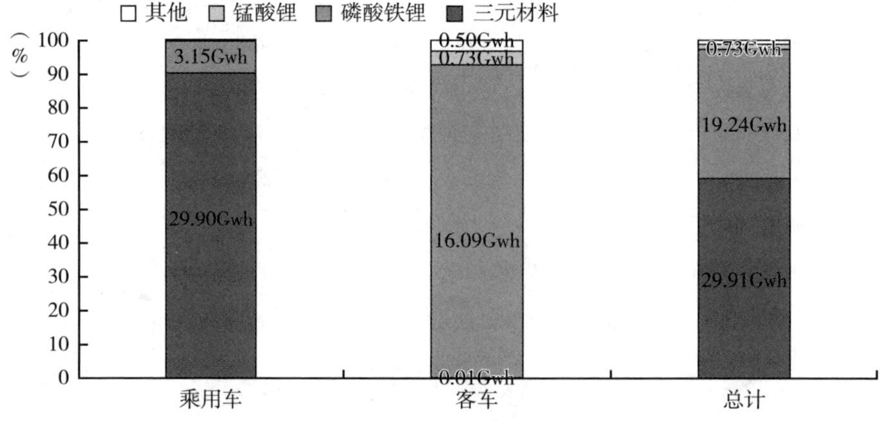

图9　2018年乘用车和客车电池选择差异明显

注：图中文字为该类别下车辆2018年总装机量。
资料来源：中汽协、华泰证券研究所。

补贴政策调整推动乘用车三元电池占比提升，磷酸铁锂电池主要搭载低级别乘用车型。在财政补贴对高能量密度的引导下，2018年乘用车装机三元电池29.9GWh（占比为90.4%），占比较2017年提高14.7个百分点。从不同级别的乘用车来看，A00级别车型价格较低，对成本相对敏感，使用磷酸铁锂电池的比例最高，具体见图12和图13。

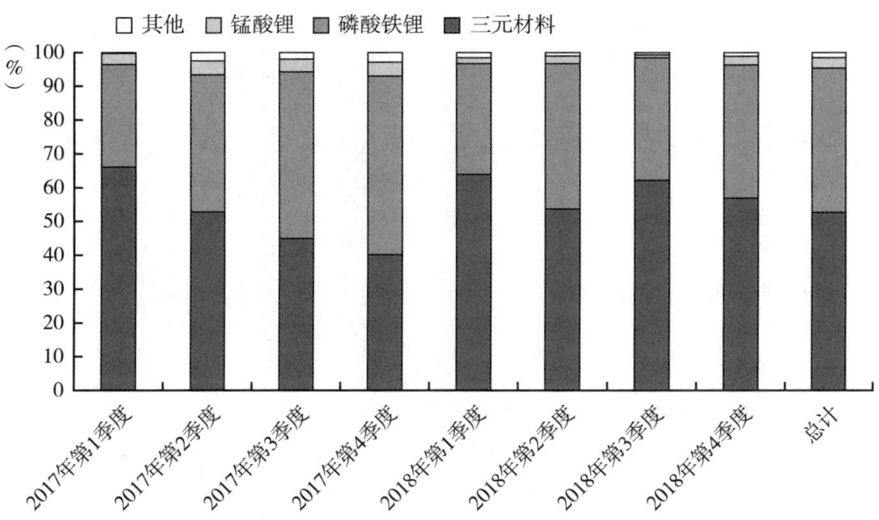

图 10　三元电池装机占比存在季节效应

注：该图采用乘用车和客车统计口径。
资料来源：中汽协、华泰证券研究所。

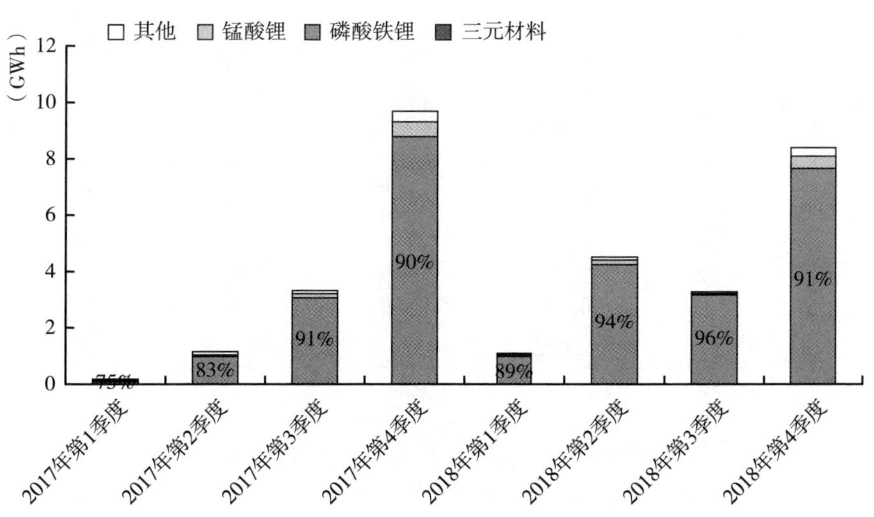

图 11　客车电池需求呈显著季节特征

资料来源：中汽协、华泰证券研究所。

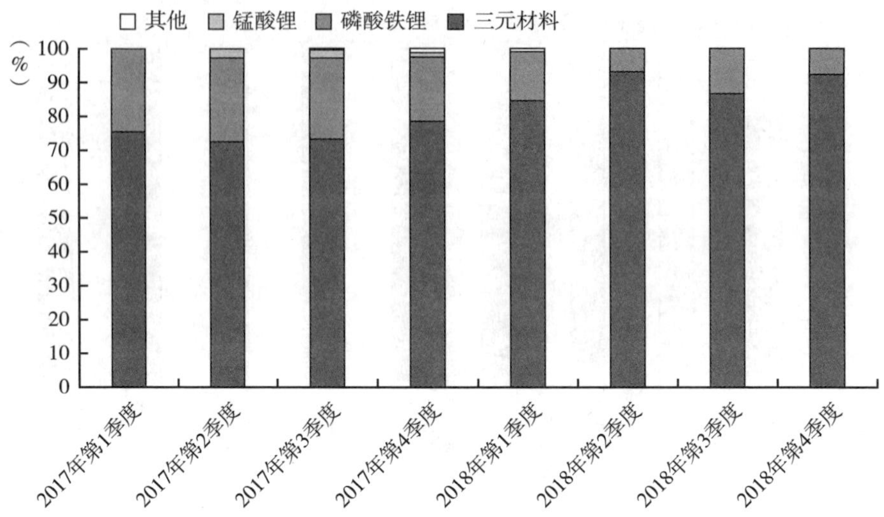

图 12 乘用车中三元电池占主导

资料来源：中汽协、华泰证券研究所。

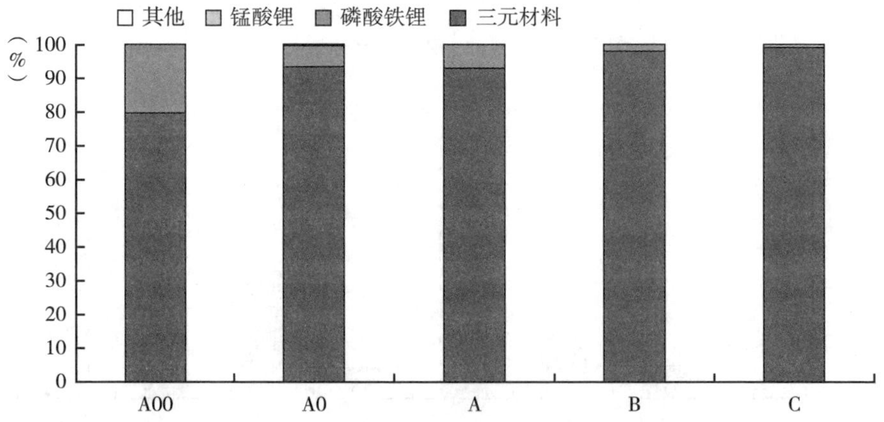

图 13 2018 年磷酸铁锂电池主要应用于 A00 级乘用车

资料来源：中汽协、华泰证券研究所。

2018 年乘用车电池装机量 29. 90GWh，同比增加 19. 52GWh，从装机增量—能量密度瀑布图来看，低于 120Wh/kg 的能量密度的三元电池共减少装机 2.22GWh，低能量密度产品逐步被市场淘汰。2018 年财政补贴政策对 140Wh/kg 以上能量密度的车辆给予 1.1 倍的补贴系数，因此 2018 年 140～150Wh/kg 能量密度区间的电池装机同比增加 13.35GWh，呈现明显的政策导向作用。在乘用车车内布置空间限制和续航里程增加的双重压力下，能量密度提升的趋势会持续。

乘用车用磷酸铁锂电池占比较小，2018 年磷酸铁锂电池装机量为 3.15GWh，同比仅增加 0.15GWh。2018 年的补贴政策中，电池系统能量密度位于 105～120Wh/kg 区间的给予 0.6 倍的补贴系数。因此 120Wh/kg 以下的磷酸铁锂电池装机急剧减小，产品多集中在 120～130Wh/kg 区间，具体见图 14 和图 15。

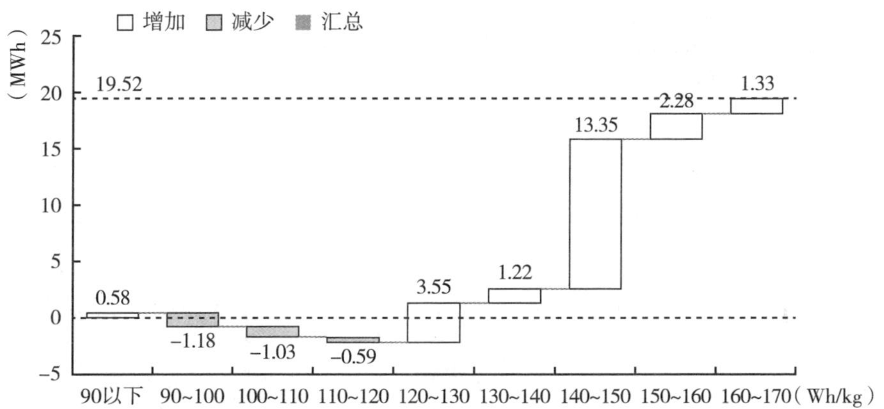

图 14　乘用车用三元电池新增装机量—能量密度瀑布图

注：图中柱状表示 2018 年对应能量密度区间的电池装机同比增量；装机量单位为 MWh，能量密度的单位为 Wh/kg。

资料来源：中汽协、华泰证券研究所。

磷酸铁锂电池自 2017 年下半年以来鲜有新增投资项目，预计 2019 年前排名二十的企业年产能将达到 81GWh。考虑财政补贴退坡对车企成本控制的要求，部分厂商或转向具有成本优势的磷酸铁锂电池，预计磷酸铁锂电池供需或逐渐趋稳，具体见图 16 和图 17。

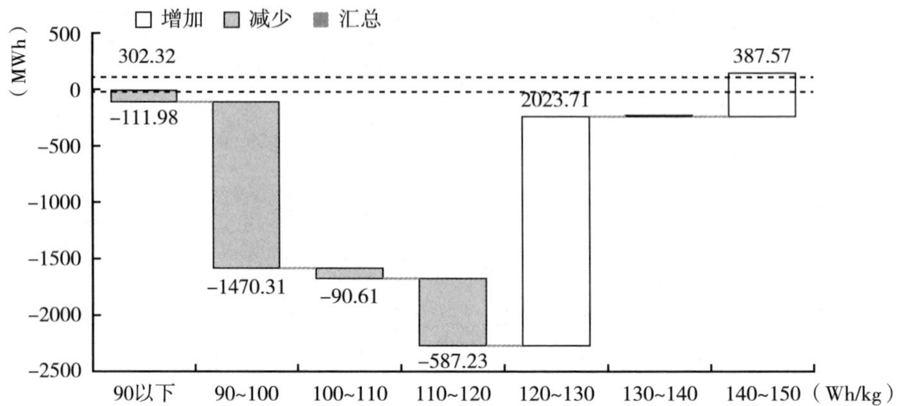

图 15 乘用车用铁锂电池新增装机量—能量密度瀑布图

注：图中柱状表示 2018 年对应能量密度区间的电池装机同比增量；装机量单位为 MWh，能量密度的单位为 Wh/kg。

资料来源：中汽协、华泰证券研究所。

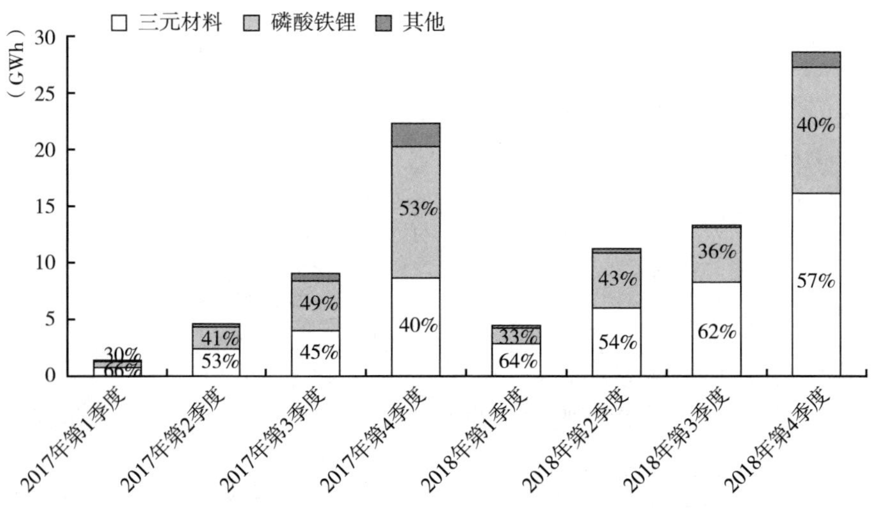

图 16 2017 ~ 2018 年磷酸铁锂电池装机量

资料来源：中汽协、华泰证券研究所。

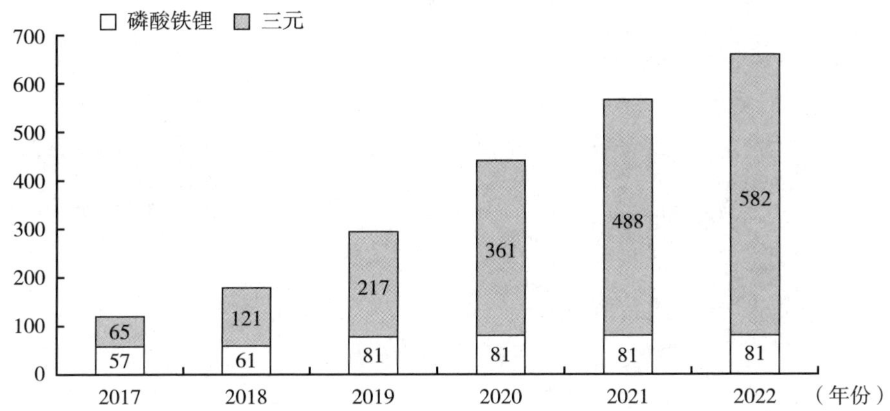

图 17　2019 年后排名前二十的企业磷酸铁锂产能增长趋缓

资料来源：公司官网、华泰证券研究所。

（二）产品：软包电池占比或将提升

现阶段方形电池占据主导地位，装机量同比有所上升。2018 年方形电池装机量为 42.97GWh（同比增长 94.2%），占电池装机量的 75.4%（同比增长 14.6 个百分点）。从产能利用率上看，2018 年方形、软包和圆柱的产能利用率分别为 51%、13% 和 16%，随着下游需求的增长，软包电池产能利用率有较大提升空间。

2018 年乘用车中方形电池装机量为 23.7GWh（增长 181%），软包电池装机量为 5GWh（增长 158%），圆柱电池装机量为 4.4GWh（增长 32%），方形电池市场占有率为 72%，装机量和增速超过软包、圆柱形两类电池。2018 年 A00 级车型圆柱电池占比较 2017 年降低 13%，而同级别车辆里方形电池装机量增加 12%，方形电池对圆柱形电池的替代趋势明显。软包电池在 A 级纯电动车型中装机占比为 11%，较 2017 年增加 5%，在所有级别中增长较为明显，具体见图 18 和图 19。

从产能规划看，方形和软包电池产能与占比均有所提升，或为未来包装路线的趋势。根据排名前二十的企业现有产品布局和产能规划，预计 2019～

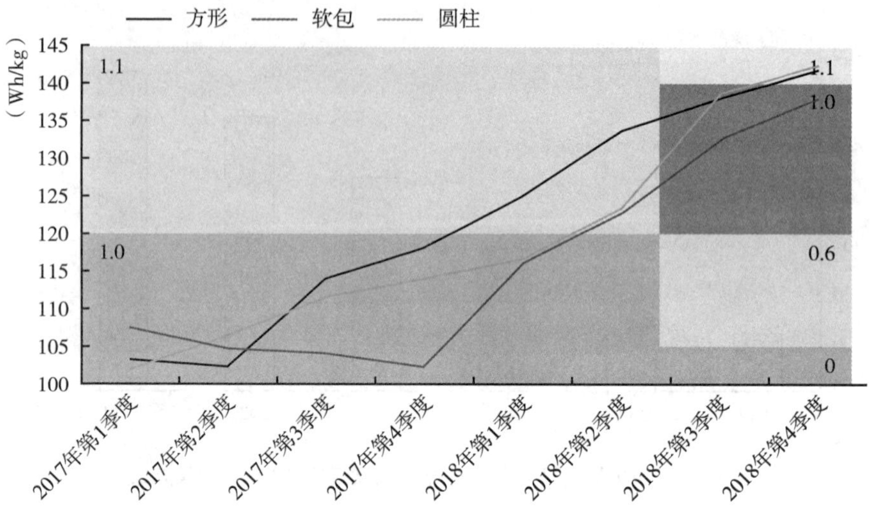

图 18　方形和圆柱电池平均能量密度占优

注：图中数字表示补贴金额倍率。

资料来源：中汽协、工信部、华泰证券研究所。

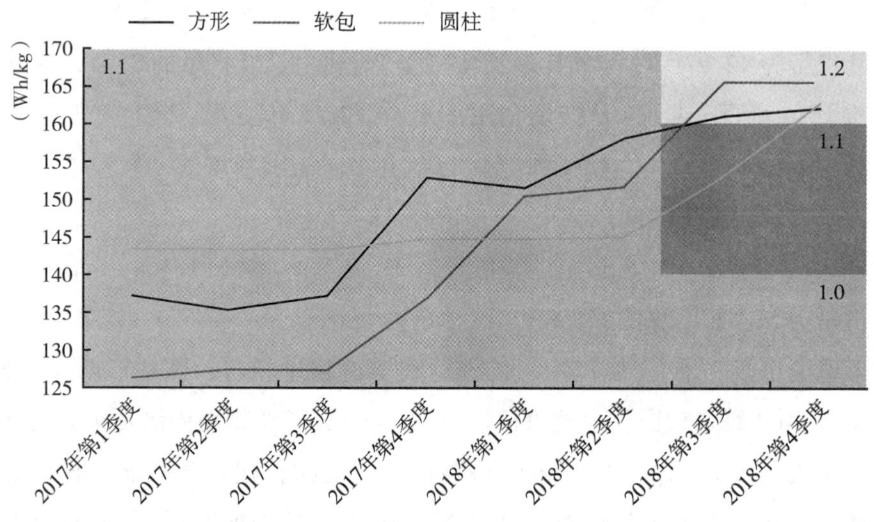

图 19　软包电池最高能量密度占优

注：图中数字表示补贴金额倍率。

资料来源：中汽协、工信部、华泰证券研究所。

2020年方形和软包电池占比均有所提升，随着软包电池产品性能提升和产能爬坡，软包电池的产能利用率有望提升（见图20）。

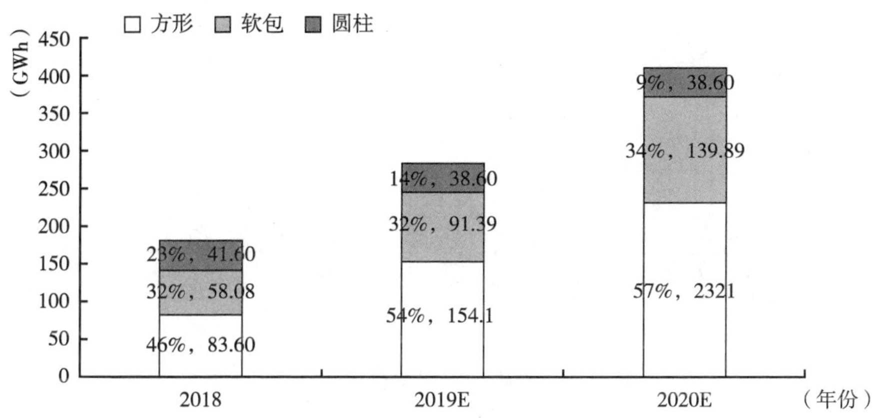

图20　软包电池产能增长显著

注：柱中第一个数字为该包装电池产能占比，第二个数字为规划产能总量（GWh）。
资料来源：公司官网、华泰证券研究所。

三　产业集聚：产业配套及市场需求使产业进一步集聚

动力电池产业集聚现象显著，其中长三角地区规划产能规模居首，珠三角、京津冀紧随其后，另有重庆、陕西、青海等地正在不断加大产业布局。产业集聚能够有效降低运输成本，技术人才和高端装备等关键生产要素的集中也有利于带动产业升级。江苏、浙江经济发达，拥有众多新能源汽车企业，相关动力电池和材料企业集聚效应显著。此外，资源禀赋也是企业进行布局的重要考量因素。青海地区锂资源丰富，当地政府依托锂资源制定各项产业刺激政策，也吸引了包括宁德时代、比亚迪等企业在当地的布局（见图21）。

（一）江苏：产业向经济实力、制造业发达地区集聚

长三角地区制造业发达，拥有很多新能源整车生产企业，江苏省处于其

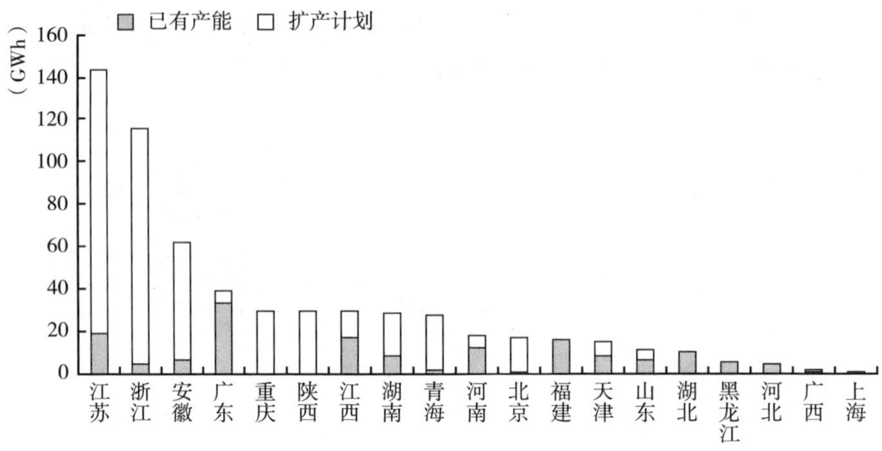

图 21　各省市动力电池产能扩张计划

资料来源：公司公告、华泰证券研究所。

中核心地位。为了便于服务整车企业，许多动力电池企业在江苏布局。目前，江苏省已经形成了南京、常州、苏州等动力电池生产集聚地，动力电池企业数量超过 40 家，其中包括江苏时代、时代上汽等一批行业优势生产企业，初步形成较为完整的动力电池产业集群。江苏省动力电池产业调研报告显示，截至 2018 年底，江苏动力电池已建和未来规划总产能约 188GWh，远远领先国内其他省份，产能完全释放后可配套近 400 万辆新能源汽车。

目前江苏省动力电池产业链持续完善，其中，溧阳市相继吸引北大先行电池隔膜、贝特瑞高性能锂离子电池材料、科达利锂电池精密结构件等一批电池新材料重大项目落地，正逐渐成为国内动力电池重要的生产基地（具体见表 1）。

（二）青海：锂资源丰富，政策支持促进产业集聚

青海依托丰富的锂资源，吸引了宁德时代、比亚迪等龙头动力电池企业及北大先行等正负极材料企业入驻，已逐渐形成一条“盐湖提锂 – 正负极材料 – 电解液 – 隔膜 – 锂电池制造 – 新能源汽车产业及配套”完善的产业链（具体见表 2）。

表 1　江苏省新能源产业链企业布局情况

城市	企业	行业	城市	企业	行业
常州	贝特瑞(江苏)	正/负极材料	苏州	天齐张家港	锂
	常州星源	隔膜		江苏国泰	电解液
	溧阳月泉	隔膜		江苏华盛	电解液添加剂
	常州百利锂电	锂电设备		苏州捷力	隔膜
	江苏时代新能源科技	锂电池		天鸥电源	锂电池
	时代上汽	锂电池		力神苏州	锂电池
	常州普莱德	锂电池		星恒电源	锂电池
	中航锂电(江苏)	锂电池		新海宜	整车
	鹏辉能源常州	锂电池	扬州	亚星客车	整车
	北汽常州	整车		九龙汽车	整车
无锡	无锡格林美	正极材料	南京	寒锐钴业	钴
	无锡恩捷	隔膜		中利科技	隔膜
	先导智能	锂电设备		南京国轩	锂电池
	远东福斯特	锂电池		江苏卡耐	锂电池
	华策汽车	整车		南京金龙	整车

资料来源：公司公告、华泰证券研究所。

表 2　青海省省新能源产业链企业布局情况

公司	布局
比亚迪	一期6GWh/年动力锂电池生产建设项目已于2018年6月顺利投产,同时比亚迪在南川工业园区建设年产能可达24GWh/年的动力电池工厂,成为全球最大的动力电池工厂
青海时代(宁德时代)	2019年2月,3条磷酸铁锂动力及储能电池生产线正式投料生产
	在南川工业园区追加投资10亿元的宁德时代新能源新增6条磷酸铁锂电池生产线项目正在对接具体工作
北大先行	早在2011年,控股子公司就在青海开始建设5GWh动力及储能电池、5万吨储能电池正极材料项目
	青海北捷新材料科技有限公司年产20亿平方米动力及储能锂离子电池隔膜项目一期3栋厂房主体建设已完成,两条进口生产线设备正在安装,预计2019年年内投入试生产
诺德控股	在青海投资的两个项目,总占地面积20多万平方米,规划年产能6.5万吨,累计总投资50亿元,精心打造青海诺德锂电产业园

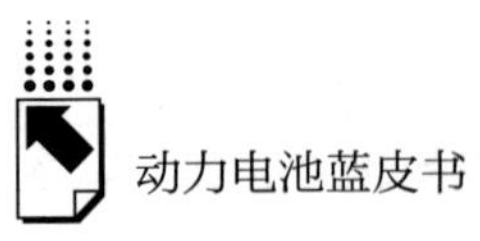

续表

公司	布局
菲特锂电池电解液	生产项目环评、安评已通过专家评审，施工单位已入场
瑞德丰精密制造	公司在南川工业园区投资建设的青海锂电池及车用高端结构件产业化基地项目总投资15亿元，分三期实施
沃特玛	此次与沃特玛联盟签约的“新能源动力电池产业园”和“（整车）产业园”项目总投资约210亿元，计划用地3500亩，分三期建设。一期建设“新能源动力电池产业园”项目，计划占地1500亩，投资约100亿元
华泰汽车	推进年产5万辆电动汽车项目
云南航天工业	推进电动车组装项目
山东齐鲁水务	推进年产1万吨正极材料项目
华泰汽车	计划推进正极材料项目落地，并逐步规模化生产高纯碳酸锂、电池级氢氧化锂、高纯金属锂和锂材料等锂电基础材料

资料来源：公司官网、华泰证券研究所。

1. 丰富的锂资源

青海锂资源占国内锂资源储量超80%，占全球三分之一。

2. 政策支持

2018年5月，青海省人民政府发布《关于促进青海省锂电产业可持续健康发展的指导意见》。意见指出，到2025年，青海省碳酸锂生产规模达到17万吨/年，锂电池电芯产能达到60GWh/年。其中，动力电池产能达到25GWh/年，3C及储能电池产能达到35GWh/年。

3. 产业链完备

国内电池龙头宁德时代、比亚迪等都陆续在青海布局。其中，比亚迪一期6GWh/年动力锂电池生产建设项目已于2018年6月顺利投产，并计划在南川工业园区建设年产能24GWh/年的动力电池工厂，2019年第三季度完成建设并投产。届时，该工厂将超过比亚迪深圳本部16GWh/年的年产能，成为其全球最大的动力电池工厂。2019年2月，宁德时代的3条磷酸铁锂动力及储能电池生产线在青海南川工业园区正式投料生产。

四　国际比较：国内企业的“出海”与国外企业的“入华”布局

（一）国内：马太效应明显

宁德时代和比亚迪到2022年产能预计分别约为129GWh、110GWh，合计占当年总规划产能的37.78%（具体见图22）。

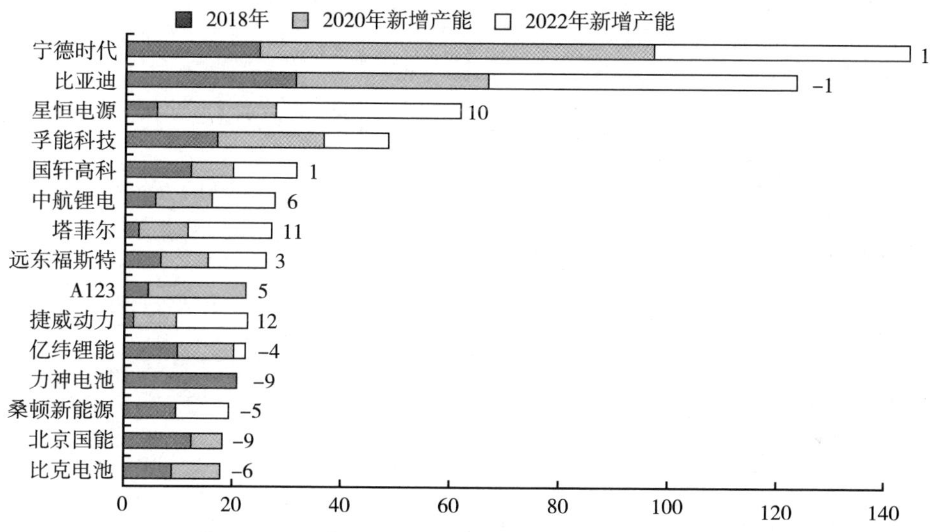

图22　截至2022年国内主要动力电池企业产能规划

注：图中数字代表2022年产能排序较2018年变动值。

资料来源：公司公告、华泰证券研究所。

（二）变化：整车与电池的分与合

现阶段主流电池企业的高质量产品供不应求，主流车企多选择两条思路保障电池供给：①与龙头电池企业合作建厂；②自建电池产能。其中，宁德时代已基本与国内主流整车企业实现合资建厂，其未来几年电池订单或已基本锁定，优势或进一步增加（具体见表3）。

表 3　电池厂和整车厂的资本合作

电池厂	车厂	投资额	产能规模	投产	备注
华霆动力	江淮汽车	6000 万元			注册资本 6000 万元人民币，各占股比 50%
宁德时代	上汽集团	20 亿元	36GWh	2019	时代上汽负责电芯生产，宁德时代持股 51%
		3 亿元			上汽时代负责 PACK 生产，上汽持股 51%
	广汽集团	10 亿元			时代广汽
		1 亿元			广汽时代
	东风集团	1 亿元			东风时代
	北汽集团	6750 万元			普莱德原股东东莞新能德科技有限公司将普莱德 25% 的股份转让给宁德时代，转让价格为 6750 万元
	一汽集团	20 亿元			宁德时代持股 51%
	吉利汽车	10 亿元			宁德时代持股 51%
比亚迪	长安汽车	50 亿元	10GWh	2019	位处重庆两江新区，分两阶段，一期达成 5 ~ 6GWh
国轩高科	北汽新能源	多次参与投资入股			
天津力神	东风实业	5000 万元	3GWh	2018. 6	21700 动力电池 PACK 生产
	北汽福田	—			
孚能科技	北汽新能源	80 亿元	8GWh	2019	
江森自控	北汽集团	19 亿元	750 万只汽车电池	2019. 1	落地滨州，占地面积 200 亩，达产后可实现年销售收入约 35 亿元
A123	上汽集团	1. 03 亿元			捷新动力，上汽持股 51%
海博思创	东风汽车	—			东风海博襄阳新能源科技有限公司，持股各占 50%
钱江摩托	吉利汽车	—			软包三元 50Ah 锂电池、软包三元 37Ah 锂电池、软包三元 47Ah 锂电池、48V 启停锂电池及以上锂电池系统的开发
智慧能源	底特律汽车				智慧能源出资 2.4 亿美元，占股 40%。合资公司底特律规划于 2017 年开工建设，2019 年第一辆自主生产的汽车下线

续表

电池厂	车厂	投资额	产能规模	投产	备注
珠海银隆	兰州宇通客车				珠海银隆及其关联方占公司股份的80%。在未来3~5年内,珠海银隆在兰州新区投资100亿元打造新能源客车产业基地

资料来源：公司公告、华泰证券研究所。

此外，整车企业除培养第二梯队动力电池供应商外，正在逐渐加大在电池环节的布局，其中最具代表的为万向、长城。

万向。2019年3月25日，占地约10平方公里、总投资达2000亿元的浙江省重大项目万向创新聚能城在杭州市萧山区钱塘江畔正式开工。创新聚能城主要涉及锂离子动力电池、新能源乘用车、国际金融科技社区、智慧城市CBD社区、研究院等12个重点建设项目。一期项目主要包括万向创新聚能城的80GWh锂电池项目和年产5万辆新能源乘用车项目，项目总投资约716亿元。

长城。长城控股全资子公司蜂巢能源科技有限公司（简称“蜂巢能源”，聚焦于方形铝壳叠片电芯及模组的研发生产）与复星高科子公司天津市捷威动力工业有限公司（简称“捷威动力”）拟成立江苏威蜂动力工业有限公司，捷威动力持股51%，蜂巢能源持股49%。合资项目拟在江苏盐城投资15亿元，建设4条三元软包动力电池生产线，首期实现产能2.5GWh，计划于2020年上半年建成投产。

（三）海外：外资电池企业加速入华，备战后补贴时代

2017年外资电池企业已开始为国内的合资品牌新能源汽车提供动力电池，2018年同比明显下滑。根据中汽协数据，2017年国内生产新能源汽车中，外资电池装机量约为166.2MWh，主要客户为合资品牌。以LG化学为例，其动力电池在国内主要搭载在奥迪A6L、凯迪拉克CT6和别克Velite 5等合资中高端车型上，主要原因与所搭载合资车型售价较高、对补贴敏感性较低有关（具体见图23）。

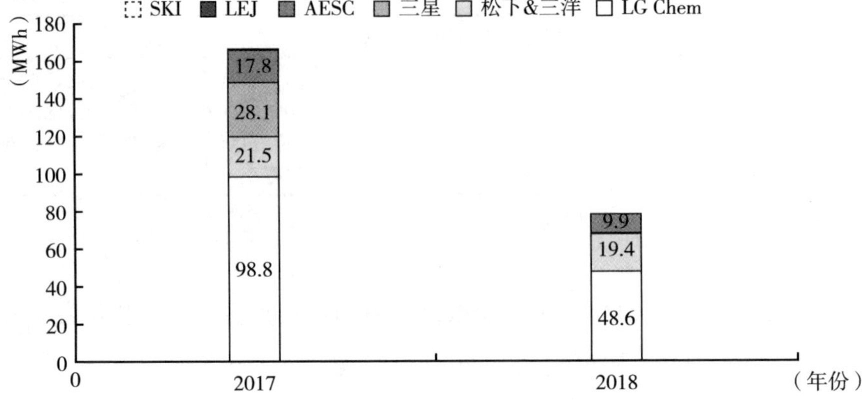

图 23　2017～2018 年国内新能源汽车中使用外资品牌电池情况

资料来源：中汽协、华泰证券研究所。

当前 LG 化学在南京已有 3GWh 产能，未来计划在南京滨江区投入新产能，根据其产能规划，预计到 2023 年将达到 32GWh。此外，松下、三星 SDI、SKI 和 AESC 等海外电池厂商也纷纷在国内展开电池厂布局。结合其产能投产节奏，预计 2020 年补贴完全退出后，外资电池玩家的加入或使国内动力电池市场竞争变得更加激烈（具体见表 4）。

表 4　外资厂商在国内建厂

公司	生产基地	现有产能	产能情况(扩产计划)
LG 化学	南京栖霞区	3GWh	2015 年 10 月,LG 化学南京的第一座电池工厂竣工,2016 年投产,产能 3GWh,配套 5 万辆电动车
	南京江宁滨江	—	2018 年 7 月,LG 化学投资建厂,根据规划将持续投资约 20 亿美元,2019 年 10 月开始投产,预计 2023 年实现产能 32GWh
松下	大连	5GWh	投资 27 亿元,2018 年投产,总产能 20 万辆,主要生产电动车和插电式混合动力车使用的方形电池。2018 年底,计划花费“数亿美元”部署两条新生产线,使产能增加 80% 至 9GWh
	苏州	1 亿支	与苏州捷新合资建造,2017 年投产,总产能 1 亿支,生产 18650 型三元特斯拉“特供电池”

续表

公司	生产基地	现有产能	产能情况(扩产计划)
三星 SDI	西安	1GWh	西安工厂 2016 年底建成,可配套 4 万辆电动车。2018 年 12 月,拟投资共 1.7 万亿韩元(约合 105 亿元人民币),重启西安二期 15GWh 的扩产项目,形成 5 条 60Ah 锂离子动力电池生产线
	无锡	—	主要是 PACK 产能,配套 5 万辆电动车,预计 2019 年投产
SKI	常州	—	2018 年 8 月底,投资 50 亿元建年产 7.5GWh 动力电池厂,预计 2019 年下半年完工,2020 年初正式启动量产
AESC	无锡江阴	—	远景集团 2018 年 11 月宣布将在无锡投资建厂,2019 年 2 月 19 日正式开工,以 NCM811 为主。总投资 220 亿元,分三期建设,产能规模达 20GWh,预计 2019 年底实现量产,待全部达产每年可满足约 40 万辆新能源汽车使用需求

资料来源：公司官网、BNEF、Wind、华泰证券研究所。

（四）突围：国内龙头电池企业加速海外产能布局

在欧洲龙头车企加速电动化产品开发的背景下，欧洲市场或成为动力电池未来更大的增长点。宁德时代从 2012 年就开始与宝马合作开发动力电池，后陆续进入大众、戴姆勒等的供应链。此外，孚能科技、亿纬锂能、欣旺达、国轩高科等公司也在近几年逐步进入海外主流车企的供应体系。国内电池厂商已逐渐加大在海外的产能布局，以进军海外市场（具体见表 5）。

表 5　国内电池企业陆续进入海外主流车企供应链

电池厂	客户	布局形式	备注
宁德时代	宝马、大众、戴姆勒、捷豹路虎、PSA 等	设立海外生产基地	德国时间 2018 年 7 月 9 日下午,宁德时代 CATL 与德国图林根州州政府签署了一份投资协议。根据协议内容,宁德时代将在联邦德国图林根州埃尔福特市设立电池生产基地及智能制造技术研发中心。 2019 年 2 月 13 日,宁德时代宣布德国工厂规划产能增至 100GWh
	本田	设立海外生产基地	2019 年 2 月初,宁德时代宣布,将与本田合作共同开发锂离子电池,并将以截至 2027 年的长期合约向本田供应 56GWh 的电池。为配合本田的研发,宁德时代 2019 年上半年将在日本栃木县内投建基地

续表

电池厂	客户	布局形式	备注
亿纬锂能	戴姆勒	签订“供货合同”	2018 年 8 月 2 日，公司公告与戴姆勒签订“供货合同”，在本合同签署生效之日起至 2027 年 12 月 31 日期间，向戴姆勒提供零部件的供应
孚能科技	戴姆勒	签订供货协议	2018 年 12 月 5 日，孚能科技召开战略发布会，宣布公司与戴姆勒签订 2021 ~ 2027 年供货协议，供货规模合计 140GWh，并要求上游供应商 2019 年满足其 10GWh 的产能布局
国轩高科	博世	签订采购协议	2019 年 2 月 13 日晚间公告称，全资子公司合肥国轩高科动力能源有限公司与 RobertBoschGmbH 于近日在合肥签订了采购协议。合肥国轩作为 BOSCH 合格供应商，将为 BOSCH 提供锂离子电池、模组和电池包（零件、产品）等

资料来源：公司公告、第一电动网、华泰证券研究所。

五　总结

通过梳理现有动力电池产业链竞争格局及近两年资本开支，与 2017 年比，2018 年动力电池产业的马太效应更加显著，有进一步扩张计划的也多为行业现有的龙头企业。预计在行业发展核心驱动逐渐从政策扶持转向市场需求后，2019 ~ 2020 年供需格局或进一步有序化，产品路线或更加合理，产业集聚现象进一步加速结构升级。而面对外资电池企业入华节奏的加速，国内优质企业正在通过海外客户开拓和产能布局以实现突围。

第一，供给趋势。资本开支仍集中在三元动力电池、三元材料、湿法隔膜等环节，包括外资企业在华产能布局。龙头企业为现阶段扩张主力。

第二，产品路线。随着新增产能的投放，三元电池在乘用车领域的应用比例将进一步提升，但三元电池的竞争或加剧。磷酸铁锂的供需格局将趋稳，A0 级及以下乘用车等成本敏感车型、储能应用等或提供未来需求弹性。

第三，产业集聚。产业配套和市场需求使国内动力电池及关键材料布局的集聚效应更加显著，长三角、珠三角、青海等地或具备较明显竞争优势。

第四，国际比较。优质动力电池产品供给难以满足日益增长的新能源汽车需求，是现阶段新能源汽车及关键零部件的核心矛盾，外资动力电池企业在中国的产能布局，在缓解整车企业配套压力、提供关键材料需求弹性的同时，也加剧了国内动力电池企业的竞争压力，而在潜在弹性巨大的欧洲等市场加快产品导入和产能布局，成立国内优质动力电池企业方是实现突围的上策。

附　　录

Appendices

B.17 产业数据表

表1　2018年新能源各车型（按电池材料统计）产量数据表

单位：辆/套

电池	乘用车										客车				专用车	总计
	A00	A0	A	B	C	D	MPV	SUV	跑车	微面	≤6m	6m < 车长≤8m	8m < 车长≤10m	车长 > 10m		
三元材料	167706	86374	210711	60173	33465	16967	39745	280303	115	12836					60723	969118
磷酸铁锂	29587	54480	4	1652	1610		9979	602		519	698	9130	33306	41323	45102	227992
锰酸锂							125				49	537	3474	5048	7674	16907
钛酸锂						426						848	309	4865		6448
超级电容														111		111
燃料电池												2		19	57	78
镍氢电池														41		41
富锂锰基															26	26
总计	197293	140854	210715	61825	35075	17393	49849	280905	115	13355	747	10517	37089	51407	113582	1220721

表 2　2018 年新能源各车型（按电池形状统计）产量数据表

单位：辆/套

电池	乘用车										客车				专用车	总计
	A00	A0	A	B	C	D	MPV	SUV	跑车	微面	≤6m	6m＜车长≤8m	8m＜车长≤10m	车长＞10m		
方形	66112	98469	174161	12873	28052	13686	36635	230020		4494	27	8991	31479	40297	63317	808613
软包	53782	8626	32253	42183	105	3707	1404	35435	115	5690	718	676	5190	6234	18462	214580
圆柱形	77399	33759	4301	6769	6918		11810	15450		3171	2	850	420	4876	31803	197528
总计	197293	140854	210715	61825	35075	17393	49849	280905	115	13355	747	10517	37089	51407	113582	1220721

表 3　2018 年按集团前十新能源乘用车产品（按大分类统计）产量数据表

单位：辆

企业名称	纯电动（NEDC 单位：km）				插电式	合计
	100≤R＜200	200≤R＜300	300≤R＜400	R≥400		
比亚迪集团			35697	72689	104104	212490
上汽集团	6509	27426	28455	6587	82678	151655
北汽集团	39170	48692	38849	20654	1537	148902
吉利集团	11086	2808	19678	22844	18182	74598
江淮集团	13375	22365	27067	1726		64533
奇瑞集团	1405	18453	36097	7515		63470
江铃集团	15328	22815	7346			45489
长安集团	1800	9358	18270	3660	4637	37725
东风集团	12	12106	13908	8481	1258	35765
众泰集团	8544	8570	15002			32116
总计	97229	172593	240369	144156	212396	866743

表4　2018年各集团新能源乘用车产品（按电池材料类型统计）产量数据表

单位：辆

企业名称	纯电动			插电式			总计
	三元材料	磷酸铁锂	锰酸锂	三元材料	磷酸铁锂	钛酸锂	
比亚迪集团	96794	11592		104102	2		212490
上汽集团	60663	8191	123	82678			151655
北汽集团	118542	28823		1537			148902
吉利集团	56350	66		18182			74598
江淮集团	28108	36425					64533
奇瑞集团	63470						63470
江铃集团	44162	1327					45489
长安集团	33086		2	4637			37725
东风集团	30312	4195		1258			35765
众泰集团	32116						32116
广汽集团	10481			14062			24543
华晨集团	2321			21596			23917
福汽集团	9844						9844
一汽集团	4110	520		2872		426	7928
铁牛集团	1291			135			1426
其他企业	61728	7292		3958			72978
总计	653378	98431	125	255017	2	426	1007379

表5　2018年部分集团新能源乘用车产品（按不同级别统计）产量数据表

单位：辆

企业名称	纯电动									插电式						总计
	A00	A0	A	B	C	MPV	SUV	跑车	微面	A	B	C	D	MPV	SUV	
比亚迪集团			52456	2864	4081	13697	35188		100	30426	8366				65312	212490
上汽集团	28857		8293			23084	8743			2	40954	5713	280		35729	151655
北汽集团	30053	56077	44610				16053		572			1536	1			148902
吉利集团	12012	2300	31541				10563			550		11190	401	5	6036	74598
江淮集团		44887		2047			17599									64533
奇瑞集团	44677		1374	2712		335	14372									63470
江铃集团	32993	1596			6918		3982									45489
长安集团	9002	4853	2553		2448	9645	4494		93	2485		2152				37725
东风集团		4207	22252			458	338		7252			1037			221	35765
众泰集团	25031	6523		131			428		3							32116
广汽集团							10481			839	3				13220	24543
华晨集团									2321				13413		8183	23917
福汽集团		483					9349		12							9844
一汽集团	1	2952	924			4	230		519				3298			7928
铁牛集团							1291								135	1426
其他企业	14667	16976	12410	4748		2621	15000	115	2483						3958	72978
总计	197293	140854	176413	12502	13447	49844	148111	115	13355	34302	49323	21628	17393	5	132794	1007379

表 6　2018 年部分新能源汽车企业客车产品（按大分类统计）产量数据表

单位：辆

企业名称	纯电动				插电式	燃料电池	总计
	车长≤6m	6m<车长≤8m	8m<车长≤10m	车长>10m			
郑州宇通	23	1900	10756	9747	1850	57	24333
比亚迪		1255	2384	8329			11968
中通客车		1864	2771	1373	260	90	6358
珠海广通		93	473	4775			5341
湖南中车时代		484	1168	3347	255		5254
厦门金龙		657	1628	1457	670		4412
南京金龙	668	61	1269	2240	5	35	4278
厦门金旅	39	202	1565	1769	631		4206
申龙客车		738	1191	1095	52	34	3110
苏州金龙		406	1060	1160	359	5	2990
中汽宏远			2375	276			2651
安徽安凯		458	816	954	247		2475
成都广通		750		1281			2031
北汽福田	11	153	716	694	309	84	1967
东风汽车		25	1452	379	50	21	1927
亚星客车			517	1079	310		1906
陆地方舟			469	1033			1502
济南豪沃客车			150	660	521		1331
广西源正			88	529	101		718
江苏九龙	2	101	428			5	536
其他企业	4	1166	3797	4747	373	379	10466
总计	747	10313	35073	46924	5993	710	99760

表 7　2018 年部分新能源汽车企业客车产品（按电池材料类型统计）产量数据表

单位：辆

企业名称	纯电动					插电式		燃料电池			总计
	磷酸铁锂	锰酸锂	钛酸锂	镍氢电池	超级电容	磷酸铁锂	锰酸锂	磷酸铁锂	锰酸锂	燃料电池	
郑州宇通	21985	441				296	1554	57			24333
比亚迪	11968										11968
中通客车	5937	71					260	40	50		6358
珠海广通	1686		3655								5341
湖南中车时代	4687	312				255					5254
厦门金龙	3344	398				100	570				4412
南京金龙	4172	65		1		1	4	3	21	11	4278
厦门金旅	3325	250				272	359				4206
申龙客车	3024					47	5	34			3110
苏州金龙	2596	30					359	5			2990
中汽宏远	1777	874									2651
安徽安凯	1999	189		40		10	237				2475
成都广通			2031								2031
北汽福田	964	610					309		84		1967
东风汽车	1856					50		21			1927
亚星客车	1596					310					1906
陆地方舟	1502										1502
济南豪沃客车	810						521				1331
广西源正	509	108				81	20				718
江苏九龙	531							5			536
其他企业	8497	770	336	0	111	39	334	66	303	10	10466
总计	82765	4118	6022	41	111	1461	4532	231	458	21	99760

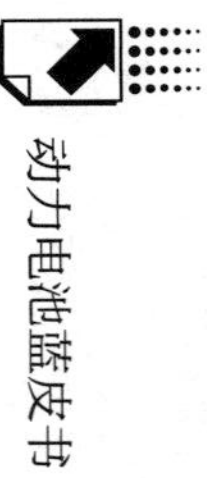

表 8　2018 年部分新能源汽车企业专用车产品（按大分类统计）产量数据表

单位：辆

企业名称	纯电动			插电式	燃料电池	总计
	总能量≤30kWh	30kWh＜总能量≤50kWh	总能量＞50kWh			
奇瑞		16068	172			16240
东风汽车	524	4224	9685	1	57	14491
重庆瑞驰		6001				6001
陕西通家		5963				5963
新楚风汽车		1031	4041			5072
北汽新能源		4804				4804
河北长安		4596				4596
吉利		578	3834	2		4414
江铃汽车			3552			3552
安徽江淮		243	3304			3547
山西成功		3430				3430
南京金龙		2753	357			3110
上汽大通		9	3005			3014
一汽大连客车		1381	753			2134
厦门金旅		130	1708			1838
重庆长安		1730	48			1778
北汽福田		14	1725		25	1764
陕汽集团			1732			1732
南京汽车集团		2	1400			1402
中通客车		160	303		700	1163
其他企业	2566	9073	11771	0	127	23537
总计	3090	62190	47390	3	909	113582

表 9　2018 年部分新能源汽车企业专用车产品（按电池材料类型统计）产量数据表

单位：辆

企业名称	纯电动				插电式	燃料电池				总计
	磷酸铁锂	三元材料	锰酸锂	富锂锰基	三元材料	磷酸铁锂	三元材料	锰酸锂	燃料电池	
奇瑞	10228	6012								16240
东风汽车	4816	9506	111		1	5	1	51		14491
重庆瑞驰	453	1512	4036							6001
陕西通家	160	5803								5963
新楚风汽车	4069	1003								5072
北汽新能源		4804								4804
河北长安	2110	2486								4596
吉利	2628	1784			2					4414
江铃汽车	3531	21								3552
安徽江淮	3547									3547
山西成功		3430								3430
南京金龙	19	3091								3110
上汽大通	1949	11	1054							3014
一汽大连客车		2134								2134
厦门金旅	1709	129								1838
重庆长安		976	802							1778
北汽福田	253	998	488				25			1764
陕汽集团	1076	656								1732
南京汽车集团	1124	278								1402
中通客车	302	161				100		600		1163
其他企业	7023	15899	462	26	0	0	0	70	57	23537
总计	44997	60694	6953	26	3	105	26	721	57	113582

表 10　2018 年部分新能源汽车电池单体供应商配套动力电池数据表

单位：辆/套

企业名称	三元材料			磷酸铁锂			锰酸锂		钛酸锂			超级电容	富锂锰基	镍氢电池	燃料电池			总计
	方形	软包	圆柱形	方形	软包	圆柱形	方形	软包	方形	软包	圆柱形	软包	软包	方形	方形	软包	圆柱形	
宁德时代	360353	8992		67424											5			436774
比亚迪	200936			24342														225278
国轩	2643			51861		30744									2			85250
比克			54495															54495
A123		48948			448													49396
孚能		43607	5146															48753
力神	5821		32846	4212			2										57	42938
卡耐		27484																27484
福斯特			19731															19731
鹏辉能源	145	1292	3742	14041														19220
哈尔滨光宇	16843			1														16844
桑顿		13300																13300
星恒	8092						5074											13166
捷威动力		10819																10819
北京国能		1437		4909	4404													10750
中航锂电	5104	27		4692														9823
亿纬锂能			4094	5587	11										6			9698
多氟多		9112																9112

续表

企业名称	三元材料			磷酸铁锂			锰酸锂		钛酸锂			超级电容	富锂锰基	镍氢电池	燃料电池			总计
	方形	软包	圆柱形	方形	软包	圆柱形	方形	软包	方形	软包	圆柱形	软包	软包	方形	方形	软包	圆柱形	
江苏智航			8824															8824
广东天劲		7735																7735
塔菲尔	7322			271														7593
浙江衡远		6437																6437
江苏天鹏			6167															6167
东莞振华			6166															6166
银隆									1		6021							6022
盟固利		34					12	5749										5795
德朗能			4707															4707
微宏								4124				101				8		4233
惠州亿鹏		500			1932			1580										4012
遨优		2494			1309								26					3829
河南锂动		3524			1													3525
LG		2986								426								3412
江西安驰				3211														3211
松下	2152																	2152
骆驼集团	15	2033																2048
其他企业	7550	2443	13020	5943	881	1768		366				10		41				32022
总计	616976	193204	158938	186494	8986	32512	5088	11819	1	426	6021	111	26	41	13	8	57	1220721

表 11　2018 年部分新能源汽车电池单体供应商（按车型大分类统计）配套动力电池数据表

单位：辆/套

企业名称	三元材料			磷酸铁锂			锰酸锂			钛酸锂		超级电容	富锂锰基	镍氢电池	燃料电池	总计
	纯电动	插电式混合动力	燃料电池	纯电动	插电式混合动力	燃料电池	纯电动	插电式混合动力	燃料电池	纯电动	插电式混合动力	纯电动	纯电动	纯电动		
宁德时代	279033	90287	25	66503	767	154									5	436774
比亚迪	96834	104102		24340	2											225278
国轩	2508	135		82593	10	2									2	85250
比克	54495															54495
A123	523	48425		448												49396
孚能	48753															48753
力神	38171	495	1	4212					2						57	42938
卡耐	27484															27484
福斯特	19731															19731
鹏辉能源	5179			14035		6										19220
哈尔滨光宇	16843			1												16844
桑顿	13300															13300
星恒	8092						5074									13166
捷威动力	10819															10819
北京国能	1437			9313												10750
中航锂电	5131			4692												9823
亿纬锂能	4094			5594	1	3									6	9698
多氟多	9112															9112

续表

企业名称	三元材料			磷酸铁锂			锰酸锂			钛酸锂		超级电容	富锂锰基	镍氢电池	燃料电池	总计
	纯电动	插电式混合动力	燃料电池	纯电动	插电式混合动力	燃料电池	纯电动	插电式混合动力	燃料电池	纯电动	插电式混合动力	纯电动	纯电动	纯电动		
江苏智航	8824															8824
广东天劲	7735															7735
塔菲尔	7322			121		150										7593
浙江衡远		6437														6437
江苏天鹏	6167															6167
东莞振华	6166															6166
银隆										6022						6022
盟固利	34						2071	2902	788							5795
德朗能	4707															4707
微宏							3589	433	102			101			8	4233
惠州亿鹏	500			1932			111	1182	287							4012
遨优	2494			1309									26			3829
河南锂动	3524			1												3525
LG		2986									426					3412
江西安驰				3211												3211
松下		2152														2152
骆驼集团	2048															2048
其他企业	23012	1		7888	683	21	351	15				10		41		32022
总计	714072	255020	26	226193	1463	336	11196	4532	1179	6022	426	111	26	41	78	1220721

盟固利			0.01836				0.00636	3.19454449										3.21926449
广东天劲			3.08793832															3.08793832
塔菲尔	2.5219954			0.19216456														2.71415996
德朗能		2.6788022																2.6788022
多氟多			2.60150518															2.60150518
东莞振华		2.4354061																2.4354061
春兰	0.10514098			2.306148588														2.411289568
芜湖天弋	0.272696			1.96978208														2.24247808
遨优			1.29475744			0.75367904							0.008865792					2.057302272
河南锂动			1.9915295			0.0005939												1.9921234
惠州亿鹏			0.2035			1.11949399		0.6460966										1.96909059
力信	0.44097786			1.4132603														1.85423816
江西安驰				1.4032488														1.4032488
江苏天鹏		1.3071873																1.3071873
金阳光		1.0146277																1.0146277
其他企业	2.7789668	4.720576418	2.6461225	1.71168782	1.02654257	0.94003702		0.20400176			0.0599808	0.0025		0.047664				14.13807969
总计	218.1896304	57.61165466	55.57973204	206.6537987	8.5129468	7.88275793	2.1436438	8.64214995	0.001093	5.278276	0.0599808	0.1550504	0.008865792	0.047664	0.01041168	0.020976	0.0048384	570.8034703

表 12　2018 年部分新能源汽车电池单体供应商（按车型大分类统计）配套动力电池数据表

单位：亿 Wh

企业名称	三元材料			磷酸铁锂			锰酸锂		钛酸锂			超级电容	富锂锰基	镍氢电池	燃料电池			总计
	方形	圆柱形	软包	方形	圆柱形	软包	方形	软包	方形	圆柱形	软包	软包	软包	方形	方形	圆柱形	软包	
宁德时代	127.8318652		3.41696	102.8852419											0.00311			234.137177
比亚迪	69.6876371			44.73701298														114.4246501
国轩	1.04357008			22.61417878	7.48640423										0.000286			31.14443909
力神	2.1363856	15.33792785		2.88779404			0.001166									0.020976		20.38424949
孚能		0.8507664	18.42333															19.2740964
比克		17.6975732																17.6975732
亿纬锂能		1.67249252		11.11275243		0.0212883									0.00701568			12.81354893
北京国能			0.64897164	3.796766581		3.80903528												8.254773501
中航锂电	2.1687752		0.023841	4.97096834														7.16358454
卡耐			6.35167036															6.35167036
鹏辉能源	0.1641248	1.041448	0.3441888	4.65250452														6.20226612
A123			4.7593678			1.2386304												5.9979982
星恒	3.513054708						2.1361178											5.649172508
哈尔滨光宇	5.5244407			0.000287														5.5247277
桑顿			5.4163361															5.4163361
银隆									0.001093	5.278276								5.279369
微宏								4.5975071				0.1525504					0.0048384	4.7548959
福斯特		4.520704																4.520704
捷威动力			4.3513534															4.3513534
江苏智航		4.33414298																4.33414298

❧ 皮书起源 ❧

“皮书”起源于十七、十八世纪的英国，主要指官方或社会组织正式发表的重要文件或报告，多以“白皮书”命名。在中国，“皮书”这一概念被社会广泛接受，并被成功运作、发展成为一种全新的出版形态，则源于中国社会科学院社会科学文献出版社。

❧ 皮书定义 ❧

皮书是对中国与世界发展状况和热点问题进行年度监测，以专业的角度、专家的视野和实证研究方法，针对某一领域或区域现状与发展态势展开分析和预测，具备原创性、实证性、专业性、连续性、前沿性、时效性等特点的公开出版物，由一系列权威研究报告组成。

❧ 皮书作者 ❧

皮书系列的作者以中国社会科学院、著名高校、地方社会科学院的研究人员为主，多为国内一流研究机构的权威专家学者，他们的看法和观点代表了学界对中国与世界的现实和未来最高水平的解读与分析。

❧ 皮书荣誉 ❧

皮书系列已成为社会科学文献出版社的著名图书品牌和中国社会科学院的知名学术品牌。2016 年，皮书系列正式列入“十三五”国家重点出版规划项目；2013~2019 年，重点皮书列入中国社会科学院承担的国家哲学社会科学创新工程项目；2019 年，64 种院外皮书使用“中国社会科学院创新工程学术出版项目”标识。

中国皮书网

（网址：www.pishu.cn）

发布皮书研创资讯，传播皮书精彩内容
引领皮书出版潮流，打造皮书服务平台

栏目设置

关于皮书：何谓皮书、皮书分类、皮书大事记、皮书荣誉、皮书出版第一人、皮书编辑部

最新资讯：通知公告、新闻动态、媒体聚焦、网站专题、视频直播、下载专区

皮书研创：皮书规范、皮书选题、皮书出版、皮书研究、研创团队

皮书评奖评价：指标体系、皮书评价、皮书评奖

互动专区：皮书说、社科数托邦、皮书微博、留言板

所获荣誉

2008 年、2011 年，中国皮书网均在全国新闻出版业网站荣誉评选中获得“最具商业价值网站”称号；

2012 年，获得“出版业网站百强”称号。

网库合一

2014 年，中国皮书网与皮书数据库端口合一，实现资源共享。

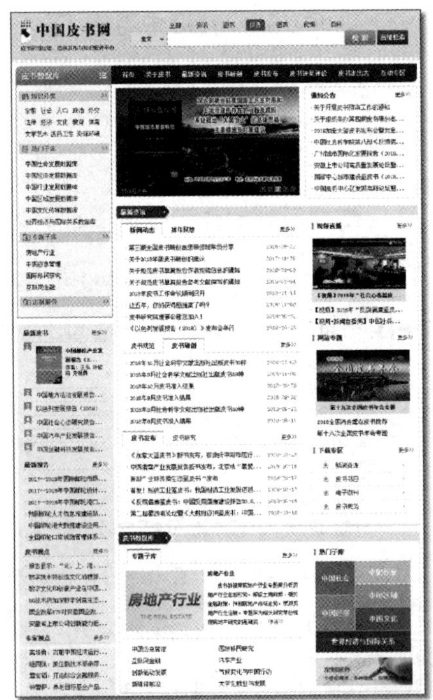

S 基本子库
UB DATABASE

中国社会发展数据库（下设 12 个子库）

全面整合国内外中国社会发展研究成果，汇聚独家统计数据、深度分析报告，涉及社会、人口、政治、教育、法律等 12 个领域，为了解中国社会发展动态、跟踪社会核心热点、分析社会发展趋势提供一站式资源搜索和数据分析与挖掘服务。

中国经济发展数据库（下设 12 个子库）

基于“皮书系列”中涉及中国经济发展的研究资料构建，内容涵盖宏观经济、农业经济、工业经济、产业经济等 12 个重点经济领域，为实时掌控经济运行态势、把握经济发展规律、洞察经济形势、进行经济决策提供参考和依据。

中国行业发展数据库（下设 17 个子库）

以中国国民经济行业分类为依据，覆盖金融业、旅游、医疗卫生、交通运输、能源矿产等 100 多个行业，跟踪分析国民经济相关行业市场运行状况和政策导向，汇集行业发展前沿资讯，为投资、从业及各种经济决策提供理论基础和实践指导。

中国区域发展数据库（下设 6 个子库）

对中国特定区域内的经济、社会、文化等领域现状与发展情况进行深度分析和预测，研究层级至县及县以下行政区，涉及地区、区域经济体、城市、农村等不同维度。为地方经济社会宏观态势研究、发展经验研究、案例分析提供数据服务。

中国文化传媒数据库（下设 18 个子库）

汇聚文化传媒领域专家观点、热点资讯，梳理国内外中国文化发展相关学术研究成果、一手统计数据，涵盖文化产业、新闻传播、电影娱乐、文学艺术、群众文化等 18 个重点研究领域。为文化传媒研究提供相关数据、研究报告和综合分析服务。

世界经济与国际关系数据库（下设 6 个子库）

立足“皮书系列”世界经济、国际关系相关学术资源，整合世界经济、国际政治、世界文化与科技、全球性问题、国际组织与国际法、区域研究 6 大领域研究成果，为世界经济与国际关系研究提供全方位数据分析，为决策和形势研判提供参考。

法律声明